权威·前沿·原创

皮书系列为
"十二五""十三五""十四五"时期国家重点出版物出版专项规划项目

BLUE BOOK

智库成果出版与传播平台

广州大学数字经济与数字文化交叉创新平台项目"数字经济创新管理理论研究及实验平台建设"（PT252022031）资助项目成果

广东省决策咨询研究基地广州大学粤港澳大湾区改革创新研究院、广东省高校特色新型智库及广州市首批新型智库广州大学广州发展研究院研究成果

广州蓝皮书
BLUE BOOK OF GUANGZHOU

丛书主持　涂成林

2023年中国广州经济形势分析与预测

ANALYSIS AND FORECAST ON ECONOMY OF GUANGZHOU IN CHINA (2023)

主　编／涂成林　陈小华　薛小龙
副主编／谭苑芳　李文新　陈泽鹏

社会科学文献出版社
SOCIAL SCIENCES ACADEMIC PRESS (CHINA)

图书在版编目(CIP)数据

2023年中国广州经济形势分析与预测/涂成林,陈小华,薛小龙主编;谭苑芳,李文新,陈泽鹏副主编.--北京:社会科学文献出版社,2023.7
（广州蓝皮书）
ISBN 978-7-5228-2102-3

Ⅰ.①2… Ⅱ.①涂… ②陈… ③薛… ④谭… ⑤李… ⑥陈… Ⅲ.①区域经济-经济分析-广州-2022②区域经济-经济预测-广州-2023 Ⅳ.①F127.651

中国国家版本馆CIP数据核字（2023）第127230号

广州蓝皮书
2023年中国广州经济形势分析与预测

主　　编／涂成林　陈小华　薛小龙
副 主 编／谭苑芳　李文新　陈泽鹏

出 版 人／王利民
组稿编辑／任文武
责任编辑／郭　峰
文稿编辑／张　爽
责任印制／王京美

出　　版／社会科学文献出版社·城市和绿色发展分社（010）59367143
　　　　　地址：北京市北三环中路甲29号院华龙大厦　邮编：100029
　　　　　网址：www.ssap.com.cn
发　　行／社会科学文献出版社（010）59367028
印　　装／天津千鹤文化传播有限公司

规　　格／开　本：787mm×1092mm　1/16
　　　　　印　张：25.5　字　数：381千字
版　　次／2023年7月第1版　2023年7月第1次印刷
书　　号／ISBN 978-7-5228-2102-3
定　　价／128.00元

读者服务电话：4008918866

版权所有 翻印必究

广州蓝皮书系列编辑委员会

丛书执行编委（以姓氏笔画为序）

丁旭光　王宏伟　王桂林　王福军　邓成明
邓佑满　邓建富　冯　俊　刘　梅　刘瑜梅
孙　玥　孙延明　李文新　李海洲　吴开俊
何镜清　沈　奎　张　强　张其学　陆志强
陈　爽　陈小华　陈泽鹏　陈雄桥　欧阳知
孟源北　贺　忠　顾涧清　徐　柳　涂成林
陶镇广　谭苑芳　薛小龙　魏明海

《2023年中国广州经济形势分析与预测》
编 辑 部

主　　编　涂成林　陈小华　薛小龙

副 主 编　谭苑芳　李文新　陈泽鹏

本 书 编 委　（以姓氏笔画为序）

丁艳华　王国栋　王学通　区海鹏　叶思海
叶祥松　刘　研　孙晓茵　李长平　肖穗华
张秀玲　张贻兵　陆财深　陈　骥　陈幸华
陈晓霞　陈婉清　林清才　金永亮　周林生
周冠峰　聂衍刚　高跃生　郭　黎　黄小娴
黄琼宇　傅元海　缪晓苏　魏绍琼

编辑部成员　周　雨　曾恒皋　粟华英　张　薇　李　俊
王　龙　于荣荣

主要编撰者简介

涂成林 博士，现任广州大学智库建设专家指导委员会常务副主任，二级教授、博士生导师、博士后合作导师；兼任广东省区域发展蓝皮书研究会会长，广东省体制改革研究会副会长，广州市粤港澳大湾区（南沙）改革发展研究院执行院长；广东省政府重大行政决策论证专家、广州市政府第三、第四、第五届决策咨询专家；享受国务院政府特殊津贴；获中宣部"文化名家暨四个一批"领军人才、广东省"特支计划"领军人才、广州市杰出专家等称号。目前主要从事城市综合发展、文化科技政策、国家文化安全及马克思主义哲学等方面的研究。在《中国社会科学》、《哲学研究》、《教育研究》、《光明日报》（理论版）等刊物发表论文100余篇，出版专著10余部；主持和承担国家社科基金重大项目2项，国家社科基金一般项目、省市社科规划项目、省市政府委托项目60余项。获得教育部及广东省、广州市哲学社会科学奖项和人才奖项20余项，获得多项全国"优秀皮书奖"和"优秀皮书报告奖"；2017年获评"皮书专业化20年致敬人物"，2019年获评"皮书年会20年致敬人物"。

陈小华 现任广州市统计局党组书记、局长，中共广州市委委员，广东省第十三次党代会代表，管理学硕士学位。曾在广州市荔湾区、花都区、黄埔区、增城区等行政区和广州经济技术开发区、增城经济技术开发区2个经济功能区工作。有镇委书记、街道党工委书记的基层经历和多层次、多岗位、多领域的实践历练。

薛小龙　博士，现任广州大学管理学院院长、数字化管理创新研究院院长，教授，博士生导师。获教育部新世纪优秀人才，广州市杰出专家。2011~2017年，曾担任哈尔滨工业大学管理学院副院长，兼任住房与城乡建设部高等教育工程管理专业评估委员会委员、中国发展战略学研究会社会战略专业委员会副主任委员、广东省本科高校管理科学与工程类专业教学指导委员会副主任委员、中国管理科学与工程学会工程管理委员会副主任委员、中国建筑业协会建筑管理现代化专业委员会副会长、广东省经济学家企业家联谊会常务副会长、《工程管理学报》副主编。主持国家社科基金重大项目、国家自然科学基金重大项目课题（合作负责）、国家重点研发计划等国家级课题8项，发表论文100余篇，获教育部科技进步一等奖等省部级奖项5项。工程管理"国家一流本科专业建设点"负责人。主要研究方向为重大工程建设与运营管理、技术创新管理、数字经济、数字化转型与创新。

谭苑芳　博士，现任广州大学广州发展研究院副院长、教授，研究生导师；兼任广东省区域发展蓝皮书研究会副会长、广州市粤港澳大湾区（南沙）改革创新研究院理事长、广州市政府重大行政决策论证专家等。主持国家社科基金项目，教育部人文社科规划项目，其他省市重大、一般社科规划项目10余项；在《宗教学研究》、《光明日报》（理论版）等刊物发表学术论文30多篇。获广东省哲学社科优秀成果奖二等奖及全国"优秀皮书报告奖"一等奖等多个奖项。主要研究方向为宗教学、社会学以及城市文化、城市发展战略等。

李文新　现任广州市政府研究室党组成员、副主任。中山大学行政管理专业毕业，硕士学位。主要研究方向为城市发展规划、城市管理、社区治理等。参与政府工作报告、街道和社区建设意见、简政强区事权改革方案、投资管理实施细则等多个政府政策文件起草工作，参与广州新型城市化发展系列丛书的编写。

陈泽鹏 博士，现任中共广州市委政研室副主任兼市委财经办副主任，曾任广州市发展改革委党组成员、副主任。长期在广州市党委、政府从事产业规划和政策研究工作，组织和参与了广州城市发展规划、财政税收体制创新、党建和基层社区治理创新等领域的专题调查研究。

摘　要

2022年，广州多措并举、有力有效统筹经济社会发展，实现全年经济发展以韧克坚，整体增长态势承压而上，新兴动能持续增强，产业格局优化升级，经济复苏行稳致远。

2023年，广州经济面临机遇与挑战并存、危机与先机同在的局面。一方面，广州贯彻落实党中央、国务院扎实稳经济的一揽子政策措施，全市上下集中资源推动新项目加快释放产能、促进消费政策对消费潜力的激发、狠抓项目建设促进投资增长，消费有望回升，民间投资的信心也将逐步恢复，广州经济运行整体呈现加快好转的良好态势。另一方面，外部风险挑战加剧等给经济运行带来的新困难、新挑战也不容忽视。

建议广州守住制造业立市"底线"，以产业升级拓展高质量发展空间；充分利用"千年商都"形成的商业文化优势，以及充分融合"大院""大所"集聚形成的创新人才优势，进一步提升广州的城市首位度；率先打造三大开放系统，内外开放双管齐下激发高质量发展活力；强化体制机制改革，率先跨越"中等技术陷阱"，真正实现经济增长的新旧动能转换；利用好南沙平台构建国内国际双循环，加快将南沙打造成地域嵌入型世界级经济平台。

关键词： 高质量发展　数产融合　广州

目 录

Ⅰ 总报告

B.1 2022年广州经济形势分析与2023年展望
………… 广州大学广州发展研究院 广州市统计局联合课题组 / 001

Ⅱ 行业发展篇

B.2 2022年广州市规模以上服务业运行分析报告
………………………………… 广州市统计局服务业处课题组 / 031

B.3 2022年广州市外贸、外资运行分析报告
………………………………… 广州市统计局贸易外经处课题组 / 046

B.4 广州市租赁和商务服务业发展研究报告………………… 李嘉惠 / 061

B.5 2022年广州房地产市场发展动向分析报告
………………………………… 广州大学广州发展研究院课题组 / 081

B.6 2022年广州交通运输邮电业运行情况分析与新阶段发展建议
………………………………… 广州市统计局服务业处课题组 / 093

B.7 广州网络直播带货业态规范化发展调研报告…………… 潘 旭 / 103

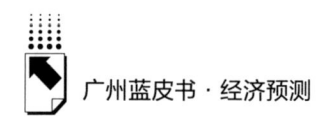

Ⅲ 现代产业篇

B.8 广州构建现代产业体系发展成效研究
　　……………………………… 广州市统计局综合处课题组 / 113

B.9 新时代广州推动产业有序转移的实践与探索研究
　　……………………………… 广州市政府研究室课题组 / 122

B.10 推进广州生物医药产业发展的对策研究 …… 易卫华　李依莲 / 132

B.11 广州跨境电商发展的现状分析和对策研究
　　……………………… 广州大学广州发展研究院课题组 / 144

B.12 提升广州产业园区专业化建设运营水平的建议
　　……………………………… 民进广州市委员会课题组 / 153

Ⅳ 高质量发展篇

B.13 广州科技企业高质量发展评价报告
　　……… 广州日报数据和数字化研究院（GDI 智库）课题组 / 162

B.14 "制造业立市"视阈下广州制造业高质量发展的对策研究
　　………………………… 刘　胜　陈逸城　刘幼倩 / 185

B.15 "链长制"推动广州工信产业高质量发展的对策研究
　　……………………………… 广州市"链长制"办公室课题组 / 202

B.16 "双碳"战略背景下的广州制造业能源消费及产业转型研究
　　……………………………… 广州市统计局能源处课题组 / 216

Ⅴ 数字经济篇

B.17 2022年广州数字经济发展情况分析与2023年展望
　　………………………………………… 王宇同　梁海珍 / 231

B.18 2022年广州区块链产业现状分析与发展建议
　　………………………… 广州大学广州发展研究院课题组 / 244
B.19 数字经济赋能广州制造业高质量发展研究
　　……………………………… 民盟广州市委员会课题组 / 256
B.20 广州美妆日化行业数字化转型对策研究
　　……………………………… 广州市工商联合会课题组 / 269
B.21 "数字化、国际化、绿色产品化"助力广州期货交易所
　　创世界一流交易所研究 …… 民建广州市委员会课题组 / 281
B.22 广州越秀区数字经济高质量发展的路径研究
　　………………………………… 任欣虹　王永红　杨俊杰 / 293

Ⅵ 财税金融篇

B.23 RCEP背景下发挥进出口税收职能作用促进广州外贸发展的
　　调研报告 …………………………… 广州市税务学会课题组 / 304
B.24 基于税收经济数据分析的广州上市公司发展研究
　　………………………………………… 广州市税务学会课题组 / 319

Ⅶ 南沙专题篇

B.25 关于支持南沙民营企业高质量发展的调研报告
　　………………………… 广州大学广州发展研究院课题组 / 332
B.26 关于支持南沙打造国际高端会展新平台的建议
　　………………………… 广州大学广州发展研究院课题组 / 340
B.27 广州南沙建设协同创新试验区的路径探讨
　　………………………………………………………… 贾帅帅 / 349

Ⅷ 附 录

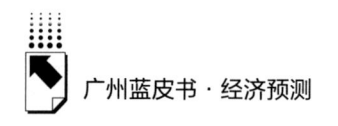

B.28 附表一 2022年广州市主要经济指标 …………………… / 357
B.29 附表二 2022年国内十大城市主要经济指标对比 ………… / 359
B.30 附表三 2022年珠江三角洲主要城市主要经济指标对比 …… / 361

Abstract ……………………………………………………………… / 363
Contents ……………………………………………………………… / 365

总报告
General Report

B.1
2022年广州经济形势分析与2023年展望[*]

广州大学广州发展研究院　广州市统计局联合课题组[**]

摘　要： 2022年，广州在"爬坡过坎"中攻坚克难稳定经济大盘，并交出了2.88万亿元GDP的不错成绩单。2023年是"十四五"规划进程中承上启下、继往开来的关键一年，也是新阶段推动各行各业重回正轨的关键一年，在机遇与挑战并存、危机与先机同在

---

[*] 本报告系广东省决策咨询基地广州大学粤港澳大湾区改革创新研究院、广东省高校新型特色智库及广州市新型智库广州大学广州发展研究院的研究成果。

[**] 课题组组长：涂成林，广州大学二级教授，博士生导师，广东省区域发展蓝皮书研究会会长，研究方向为城市综合发展、文化科技政策、国家文化安全及马克思主义哲学；冯俊，广州市统计局副局长。课题组成员：谭苑芳，博士，广州大学广州发展研究院副院长，教授，研究方向为宗教学、社会学以及城市文化、城市发展战略；黄燕玲，广州市统计局综合统计处处长；周雨，博士，广州大学广州发展研究院政府绩效评价中心主任，讲师，研究方向为公共政策绩效评价、创新创业管理；曾恒皋，广州大学广州发展研究院软科学研究所所长，研究方向为科技创新政策、国家文化安全研究；吴迪军，广州市统计局综合统计处一级主任科员；林婵玉，广州市统计局综合统计处部长；于晨阳，广州大学博士后研究员，研究方向为区域经济、环境经济；臧传香，博士，广州市粤港澳大湾区（南沙）改革创新研究院研究员，研究方向为区域经济和区域规划。执笔人：涂成林、臧传香。

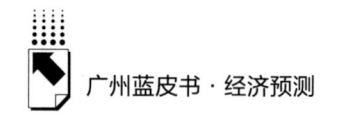

的多重背景下，广州将继续以高质量发展为现代化建设的首要任务和重要抓手，持续提振市场信心、稳定增长预期，贯彻落实系列引项目稳生产、促消费稳内需、暖企业稳主体举措，进一步激发经济动力、恢复城市活力、增强发展潜力，全力推进经济运行加快整体好转，率先实现高质量发展的目标。

关键词： 经济形势　制造业立市　高质量发展　广州

一　2022年广州经济运行基本情况分析

2022年，广州深入学习领会习近平总书记系列重要指示精神，准确、完整、全面贯彻党的二十大精神，多措并举，实现全年经济发展以韧克坚，整体增长态势承压而上，新兴动能持续增强，产业结构优化升级，经济复苏行稳致远。

（一）经济发展以韧克坚，整体态势承压而上

1. 经济总量持续攀升，增长速度稳中见韧

2022年，国内外形势复杂严峻，多重超预期因素频繁冲击社会经济发展，种种不利因素对广州经济加快恢复发展造成了严重阻碍。尽管如此，广州仍然交出了超2.88万亿元GDP的经济成绩单（见图1）。重重阻碍下这一成绩殊为不易，但2022年广州的GDP仍被重庆以微弱的优势赶超。

从GDP同比增长率来看，第二季度与第四季度经济增速均有不同程度的回调。作为全国的物流枢纽和交通枢纽，广州一直以来默默肩负着"守国门"的重任，从产业数据和行业数据来看，广州经济"稳增长"的各项政策效应在2022年已逐步显现，经济形势较2021年底逐渐好转。仅2022年上半年，生产、需求等主要经济指标已经得到边际改善，规模以上工业增

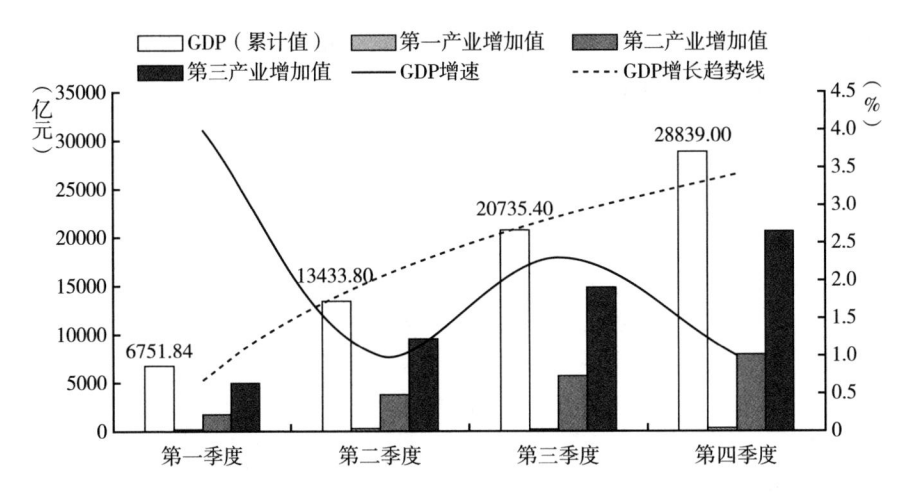

图 1　2022 年第一季度至第四季度广州市 GDP、三次产业增加值及 GDP 增速

资料来源：广州市统计局。

加值、社会消费品零售总额、固定资产投资增速等指标均有不同程度的提升。6 月，主要行业生产经营活动进一步恢复，规模以上工业总产值当月增速、社会消费品零售总额累计增速实现由负转正；餐饮业营业额同比增长44.6%，重燃"人间烟火气"；客流、货流双提升，铁路客运量和航空客运量环比分别增长 59.2% 和 92.6%。对于第三产业比重接近 4/5 的广州而言，流量代表着希望、代表着活力、代表着信心，广州人流、物流、资金流的逐步恢复是一个强势的利好信号，这意味着广州的经济动脉逐渐畅通，复苏动力正在集聚，经济"稳增长"的基础仍然坚实。

2. 农业生产总体稳定，主要农产品产量增势良好

2022 年，广州的农业生产结构持续优化，在上年高基数的基础上保持了较好的增势，全市农业实现总产值 575.30 亿元（见图 2）。其中，种植业作为主导行业保持稳定增长态势，实现产值 312.71 亿元，同比增长 1.5%；牧业和渔业产值增长更为明显，同比分别增长 4.1% 和 5.8%；农林牧渔业及辅助性活动发展态势良好，产值同比增长 7.8%。主要农产品保供工作卓有成效，全年蔬菜及食用菌产量达 411.57 万吨。生猪产能稳定增长，全市全年累计生猪出栏 63.84 万头，同比增长 3.7%。水产品增势乐观，全市全年水产品产量超50万吨,产值达132.25亿元。其中,海水产品产值贡献度最高,全年实现总产量14.91万吨,总产值达63.96亿元。

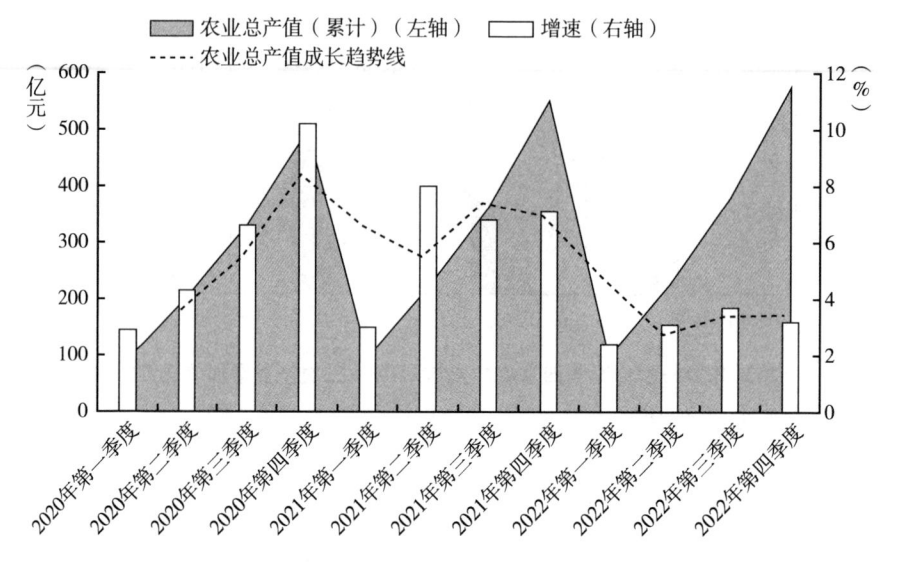

图2　2020年第一季度至2022年第四季度广州农业总产值及增速

资料来源:广州市统计局。

在农业生产领域,一方面,广州重视政策支撑和引领效应,先后发布《广州市"穗农奔富"行动方案(2022—2025年)》《广州市促进农业龙头企业做大做强若干措施》等政策文件,有针对性地突破农业增收难点和堵点,并找准发力点打出利好方针"组合拳",夯实了农业增收基础。另一方面,广州狠抓农业生产,全市蔬菜、水产品和水果自给率分别超过100%、90%和70%,花卉种植面积和产值稳居全省第一。在落实强农惠农补贴方面,2022年广州安排种粮大户地力保护补贴、能繁母猪饲养补贴、农机购置、商品有机肥购置等各类补贴补助共计4.97亿元。各项政策利好下,现代农业产业园带动农户10.74万户,户均增收超20%。在技能培训方面,2022年广州共建成农村电商服务站点(平台)171家,其中返乡创业基地2家、农村电商产业园1家。培训"粤菜师傅"、"百万农民"、家政人员超10万人次,农民致富本领持续提升。

3. 工业生产承压回落，企业盈利边际改善

2022年，广州全市规模以上工业增加值为5144.53亿元，2022年2~12月广州规模以上工业增加值及增速如图3所示。直观来看，增速逊于往年，第四季度规模以上工业增加值同比增速较第三季度回落3.6个百分点。

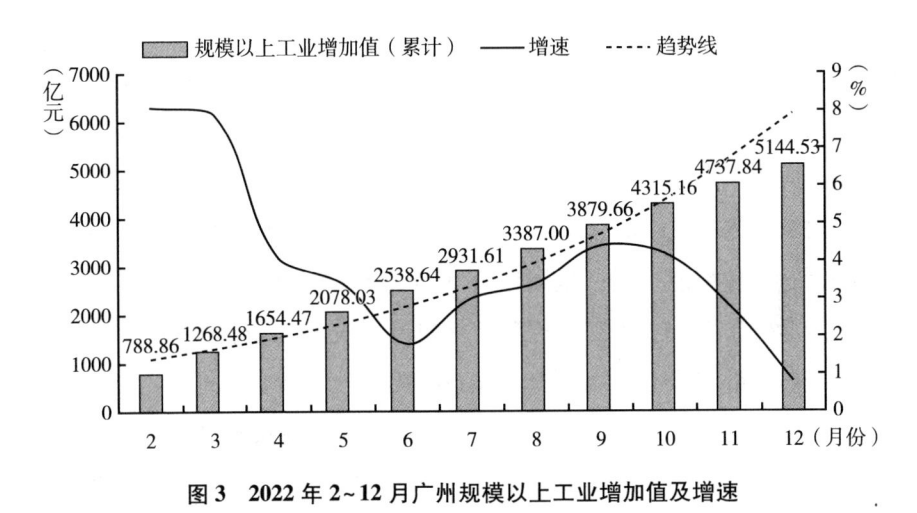

图3 2022年2~12月广州规模以上工业增加值及增速

资料来源：广州市统计局。

尽管如此，分行业看广州规模以上工业产能依然乐观。首先，主导产业——汽车制造业贡献突出。在克服产业链痛点、堵点后，2022年广州各大企业加快补产和全力释放产能，全年汽车产量达313.68万辆，连续4年居全国第一，是全市工业经济增长的主要动力，对全市经济恢复起到了重要支撑作用。其中，广州加快推进新能源汽车全产业链布局，有效带动了产业链上下游及周边配套释放产能，向"新"而生，仅充电桩产量全年就增长了4.2倍，新能源汽车全年产量突破30万辆，同比增长1.1倍。从龙头企业来看，2022年广汽丰田正式迈入合资品牌头部阵营，年产销量首次突破100万辆，标志着广汽丰田具备了"百万台生产力"，其新能源汽车产能扩建项目二期在南沙区正式投产；自主品牌广汽埃安的发展按下快进键，全年实现产量27.78万辆，实现产值392.19亿元，超千亿元的估值使其成为广州第一家"超级独角兽"企业。此外，随着广汽埃安集团旗下百亿项目因

湃电池的动工和世界500强企业采埃孚"百亿级汽车电子工厂"项目在广州落户，广州新能源汽车产业稳扎稳打、补齐补强核心产业链的节奏更加有条不紊。这也意味着，广州传统汽车产业的存量优势正在逐步转化为新能源汽车领域的新兴动能优势，汽车产业转型升级带来的强劲动力也将使广州传统支柱产业的根基扎得更牢，更好地支撑广州经济行稳致远。其次，高技术制造业表现良好，增加值以接近两位数的速度领跑。其中，医药制造、计算机及办公设备制造业增加值同比分别增长35.6%、11.1%，这说明广州工业经济趋势向好。最后，传统优势行业电气机械及器材制造业在2022年保持了稳定增长态势，其中部分新产品产量增长较快。例如，新一代信息技术产品中的显示器和智能电视产量同比分别增长19.4%和84.0%，全年集成电路圆片产量增长12.4%；工业控制计算机及系统和工业机器人等工业数字化转型产品产量增势也十分可观，同比分别增长32.8%和25.7%。

从全年全局来看，广州规模以上工业企业的盈利状况自2022年8月起已经出现边际改善，企业年初以来的亏损情况得到改善和扭转，与全国8月以来的弱下行趋势形成鲜明对比。企业盈利状况的边际改善可能有以下几个方面因素的作用。一是利润结构的改善，例如汽车制造、电气机械及器材、专用设备、通用设备等利润占比较高的几个行业的利润增长。二是减税降费、降息让利以及延期还本付息等各项政策利好下企业各项费用支出明显减少。从大环境来看，2022年全年广东省落实退税、减税、缓税、降费达4656亿元，减降力度为历年最大。根据中国人民银行广州分行统计数据，截至2022年末，广东辖内银行机构新发放企业贷款加权平均利率为3.76%，比上年同期降低了0.5个百分点，持续释放LPR[①]改革促进降低贷款利率的效能。三是裁员降薪等各项缩减用工成本措施的推动。美国科技企业裁员信息追踪网站Layoffs.fyi近期公布的数据显示，2022年全球有930家互联网及科技公司裁员14万人以上，互联网及科技公司已经把裁员作为降本增效的首选方案，而广州有77.8万家互联网及科技公司，互联网及科技公司数量排名全国第一。

---

① LPR：贷款市场报价利率（Loan Prime Rate，LPR）。

4. 营利性服务业恢复稳中趋缓，高技术服务业发展强劲

广州市统计局官方数据显示，2022年1~11月（错月数据），广州全市规模以上营利性服务业营业收入总额为8131.14亿元，增速比1~8月有微弱回落。整体来看，全市规模以上服务业营业收入增速较上年同期有明显下降。分领域看，在规模以上营利性服务业主要行业中，互联网和相关服务业、科学研究和技术服务业增速加快，实现全年营业收入比上年同期分别增长5.3%和6.6%，增速比1~8月分别提高3.4个和1.6个百分点。软件信息服务业和租赁商务服务业营业收入增速稍有回落，较上年同期分别增长4.5%和3.8%，增速分别比1~8月回落0.5个和2.3个百分点。居民服务、修理和其他服务业营业收入同比增长4.5%，增速比1~8月回落2.1个百分点。受疫情影响，文化、体育和娱乐业营业收入同比下降约12个百分点，降幅较1~8月有所扩大。令人欣慰的是高技术服务业发展韧劲强，1~11月，科技成果转化服务业、检验检测服务业和研发与设计服务业营业收入均强势增长，较上年同期分别增长32.9%、20.4%和15.5%。

（二）"三驾马车"协同发力，经济复苏行稳致远

1. 消费市场保持稳定，新型消费依旧畅旺

2022年，广州全市社会消费品零售总额为10298.15亿元，同比增长1.7%，增速比前三季度回落1.4个百分点。从消费类型看，出行类消费整体趋稳，全市限额以上汽车类商品零售额同比增长4.4%，其中新能源汽车零售额增速最快，较上年同期增长近80%；限额以上石油及制品类商品零售额也保持了两位数增长，较上年增长12.1%。基本生活类消费品依然热销，限额以上饮料类、粮油食品类和日用品类商品零售额较上年同期分别增长10.6%、8.2%和3.6%。在第四季度，药品市场需求较旺，限额以上中西药品类零售额同比增长超15%，增速比前三季度有所提高。"宅经济"持续火爆，餐饮外卖、网络购物等优势不减，全市限额以上批发零售业实物商品网上零售额较上年同期增长13.4%，限额以上住宿和餐饮企业通过公共网

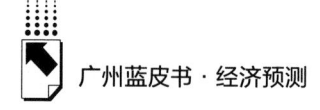

络实现餐费收入同比增长超22%。

2022年下半年消费复苏趋势遭遇挫折,连续两个月增速出现下滑。值得欣慰的是,第四季度广州消费增速的下滑幅度并不大,且相对于全国-0.2%的增速,其消费仍处于领先水平。

2. 固定资产投资稳中有降,制造业投资持续发力

从趋势上看,受房地产开发投资增速下滑、疫情影响部分项目施工进度等因素影响,2022年广州固定资产投资累计同比增速承压下行,全市全年完成固定资产投资额同比下降2%,比前三季度回落2.2个百分点(见图4)。

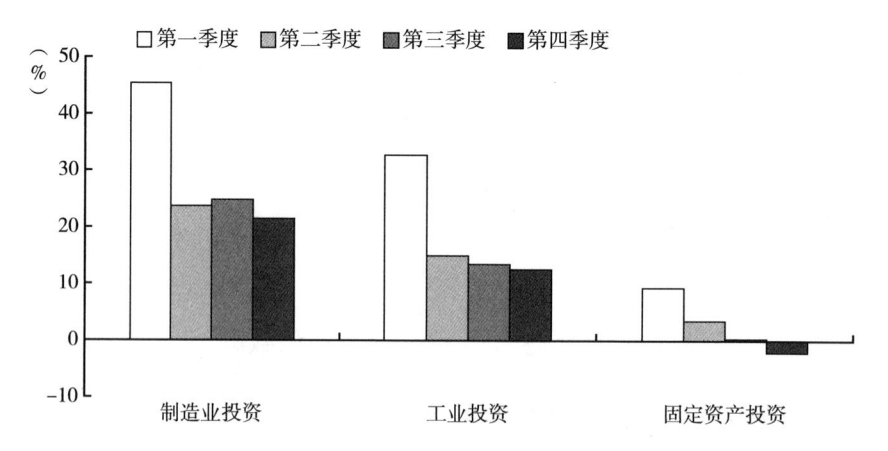

图4 2022年广州各季度制造业投资、工业投资和固定资产投资累计同比增速

资料来源:广州市统计局。

从投资领域看,基础设施投资较上年下降1.5%,但其中交通项目投资保持了较好增势。房地产开发投资较上年下降了5%左右,从8月起持续在负增长区间徘徊;工业投资累计同比增速仍保持较高水平,为12.6%,其中制造业投资稳定发力,较上年增长超20个百分点。高技术制造业投资表现亮眼,投资额较上年增长48.2%,占工业投资的比重达40.2%,占比较上年提高了9.6个百分点。其中,电子及通信设备制造业投资起到了重要的引领作用,同比增速达69.6%;医药制造业和计算机及办公设备制造业投

资较上年同期分别增长7.8%和5.5%。服务业投资增速出现负向变化，且第四季度同比增速进一步下滑。从投资主体看，民间投资同样受到了疫情的严重冲击，2022年1~11月广州的民间投资累计同比增速为-10.0%，较1~9月下降了0.6个百分点，而同期全国平均水平为1.1%。广州作为民营企业的重要集聚地，提振民营企业信心刻不容缓。令人欣慰的是，12月广州的民间投资累计增速为-9.3%，跌幅有收窄迹象，这在某种程度上反映了民间投资的信心在逐步恢复。

3. 进出口贸易结构改善，进口额实现平稳增长

2022年，全市进出口总额为1.09万亿元，较上年同期增长1.1%。其中，出口额持续上升，12月出口额达6194.8亿元，较上年同期下降1.8%，虽然增速仍为负，但降幅较前三季度收窄近13个百分点。与出口不同，广州的进口额累计同比增速的走势相对平缓，12月进口额达4753.6亿元，较上年同期增长5.3%，增速比前三季度提高了0.3个百分点。各类贸易方式中，一般贸易（含跨境电商）进出口额同比增长18%左右，保税物流进出口额同比增长超20%。12月，全市外贸进出口总额达1057.4亿元，较上年同期增长12%左右。其中，出口额和进口额双双增长，较上年同期分别增长5.6%和20.3%。

（三）宏观调控多措并举，助力经济成效显著

1. 金融市场运行较为稳健，银行信贷支持力度加大

2022年，广州全市金融机构本外币存贷款余额为14.94万亿元，较年初增长9.6%。其中存款余额为8.05万亿元，比年初增长7.4%；贷款余额为6.89万亿元，比年初增长12.3%（见表1）。银行信贷支持力度加大，有效"贷"动经济复苏。实体经济等重点领域的信贷支持力度不断加大，截至2022年末制造业贷款余额较上年同期增长27.5%，租赁和商务服务业、教育等现代服务业贷款余额同比分别增长14.7%、16.7%，科学研究和技术服务业贷款余额同比增长33.9%。

表1 2022年广州金融机构本外币存贷款余额及其比年初增长情况

单位：亿元，%

指标	年末数	比年初增长
各项存款余额	80495.07	7.4
其中：非金融企业存款	25045.45	5.3
住户存款	26878.13	16.1
各项贷款余额	68918.60	12.3
其中：境内住户贷款	24322.44	4.9
境内企（事）业单位贷款	43393.72	17.0

资料来源：广州市统计局。

在货币政策方面，2022年中国人民银行广州分行持续加大稳健货币政策实施力度，一是利用降准、再贷款、再贴现等货币政策工具，保持合理的流动性，两次降准累计为辖区释放长期流动性资金363亿元，发放支农支小再贷款和再贴现2016亿元，"保交楼"再贷款77亿元，撬动辖内银行机构发放优惠贷款2110亿元。二是充分发挥结构性货币政策工具的作用，引导金融资源持续流向基础设施、制造业、科技企业、绿色信贷、普惠金融、乡村振兴等重点领域和薄弱环节，相关贷款余额均较上年同期有大幅增长。三是引导金融机构减费让利，推动银行贷款利率随LPR下行，12月广东省（不含深圳）金融机构新发放贷款加权平均利率为3.98%，同比下降0.58个百分点；银行及支付机构累计减免支付服务手续费22亿元，有效降低实体经济融资成本。

2. 交通运输邮政业恢复速度放缓，机场旅客吞吐量表现良好

交通运输邮政业受疫情影响较为显著，2022年第四季度，广州全市客运量和货运量较上年同期分别下降21.5%和7.8%，降幅仍呈扩大趋势，分别比前三季度扩大4.2个和0.5个百分点。但广州作为全国核心交通枢纽城市，2022年公路客运量仍达6650.62万人次，较上年增长1.8%。机场旅客吞吐量连续3年稳居国内第一。铁路货运量增势平稳，较上年增长3.0%，但铁路客运量降幅有所扩大，较上年下降了25.9%（见表2、表3）。港口生产稳步恢复，全年港口货物吞吐量和集装箱吞吐量分别较上年增长 0.7%和 1.6%，其中港口货物出港量较上年增长超 5%。网购、直播带货等新消费模式带动了快递、物流业务量稳步提升，全年快递业务量达到 101.31 亿件，稳居全国第二。

表 2　2022 年广州各种运输方式完成货物运输量及增速

指标	单位	绝对数	比上年增长（%）
货物运输总量	万吨	90510.96	-7.8
铁路	万吨	2360.03	3.0
公路	万吨	48844.94	-8.2
水运	万吨	36976.81	-9.3
民航	万吨	109.84	-7.5
管道	万吨	2219.34	23.6
货物运输周转量	万吨公里	221815184.00	1.4
铁路	万吨公里	333667.00	2.3
公路	万吨公里	6840408.00	-6.2
水运	万吨公里	213696917.00	1.6
民航	万吨公里	685912.00	-3.3
管道	万吨公里	258280.00	46.1

资料来源：广州市统计局。

表 3　2022 年广州各种运输方式完成旅客运输量及增速

指标	单位	绝对数	比上年增长（%）
客运量	万人次	17280.79	-21.5
铁路	万人次	6708.37	-25.9
公路	万人次	6650.62	1.8
水运	万人次	121.62	-39.2
民航	万人次	3800.18	-38.9

资料来源：广州市统计局。

3. 房地产市场回归理性，居民需求端放量缩价

经过一年多的深度调整，房地产市场逐渐回归理性，虽然房地产开发投资仍呈负向增长，但跌幅趋于稳定，且呈现明显的区域分化迹象。"商改住"成为增加居住用地供应的重要途径。2022 年 10 月 24~25 日，

中国人民银行、银保监会、证监会、外汇局"一行两会一局"四部门齐发声，要维护股市、债市、楼市健康发展，加大力度助推"保交楼、稳民生"工作。11月11日，中国人民银行、银保监会发布《关于做好当前金融支持房地产市场平稳健康发展工作的通知》，提出金融支持房地产发展的16条措施，进一步缓解了房企资金链压力，提振了楼市信心。居民需求端则呈现放量缩价的现象，住宅成交数量抬升，价格进一步下降。随着广州频频推出楼市新政，刺激力度逐渐加大，且推进速度超过预期。第四季度，广州的住宅成交量虽然少于第三季度，但12月单月的成交量有明显增长。这一方面与房企年底冲量、去库存有关，另一方面反映了降首付、降利率、上调公积金额度等各项楼市利好政策对需求端信心的提振作用。

（四）新兴动能持续增强，产业格局优化升级

2022年，广州"3+5"战略性新兴产业实现增加值8879亿元，占GDP的比重首次提升至30.8%，这意味着广州经济已经有近1/3的增长动力来源于新兴动能。其中，智能与新能源汽车、新一代信息技术、生物医药与健康三大新兴支柱产业充分发挥了引领作用，总计实现增加值增长超5%，发展潜力逐渐迸发。同时，工业和服务业两大生产领域的创新发展和提质增效也为提升广州产业综合竞争实力积蓄了力量。

1.工业新动能加快集聚成势

受多重因素影响，2022年广州工业生产增速虽有所放缓，但在"制造业立市"的战略引领下，产业升级发展态势依旧持续。从发展后劲来看，工业产业高端化趋势越发显著，2022年全市高技术制造业投资同比增长近50%。尤其是在广东粤芯能半导体、粤芯半导体二期、华星第8.6代氧化物半导体新型显示器生产线等项目的带动下，电子及通信设备制造业投资较上年同期大涨69.6%。从增量项目看，全年新启动的工业项目共计1001个，其中制造业项目占比达80%。同时，一些存量重点项目的建设进程加快推进，在全年累计完成投资额超10亿元且投资进度超80%的34个工业项目

中，智能与新能源汽车、新一代信息技术、生物医药与健康项目占比超40%，随着这些项目产能的释放，广州工业经济高质量发展的创新引擎动力将会更加强劲。

2. 现代服务业能级迅速提升

服务业对广州经济来说具有"压舱石"的作用，近3年，广州服务业始终坚持推进创新型改进和动力变革，象征中心城市辐射带动能力和聚合发展能力的现代服务业能级不断提升，对经济增长的支撑作用和带动作用日益凸显。2022年，广州金融业规模进一步扩大，全年实现增加值2596亿元，较上年增长7.2%，占GDP的比重已接近1/10。广州工业也加快了向绿色化、智能化、高端化发展的步伐，制造业与生产性服务业融合互动、双向赋能。根据广州市统计局公布的相关数据，2022年1~11月（错月数据）广州全市科研成果转化服务、质检技术服务、互联网生产服务和研发与设计服务营业收入较上年同期分别增长32.9%、20.4%、18.9%和15.5%。2022年12月，广州获国务院批复开展服务业扩大开放综合试点，这意味着广州现代服务业将在更宽领域、更大范围、更深层次集聚全球高端生产要素，内生发展动力进一步增强，加快实现以服务业高质量发展带动全市经济稳健增长。

3. 创新企业活力逐步迸发

近年来，广州迭代实施的营商环境改革（1.0~5.0）成效显著，已有50项改革措施在全国复制推广，3项代表全国向世界推介，广州连续两年获得全省营商环境评价一档。优越的营商环境是稳定市场主体的基石。截至2022年12月末，广州全市市场主体达315.55万户，较上年同期增长近4%；全年实际使用外资574.13亿元，较上年增长5.7%。企业培育成效凸显，特别是创新企业活力逐步迸发。年末在库并被纳入统计的有正常生产经营活动的"四上"企业达3.94万家，较上年同期增加4159家，增长超11%。其中，全年入库并被纳入统计的新投产（设立）企业有1323家，较上年增加92家。2022年广州全市高新技术企业已突破1.23万家，胡润研究院"2022年中全球独角兽榜"显示广州有19家企业上榜，其中新增独角兽企业9家，是全球新增独角兽企业数量最多的3个城市之一。工信部官方网站显示，2022年广州新增专精特新"小巨人"企业55家、国家级制造业单项冠军8家。课题组通过统计发现，这些企业大多分布在高端装备、信息软件、生物医药、集成电路等新兴产业领域，这既是企业创新主体地位不断提升的利好信号，也是广州新动能持续演进升级的稳定动力来源，意味着广州的科创产业生态正逐步形成，向好壮大。

（五）民生保障有力有效，福祉改善有绩可循

1. 居民收入继续提高

2022年，广州全市城镇居民人均可支配收入为76849元，较上年增长3.3%。其中，全市农村居民人均可支配收入为36292元，较上年增长5.1%，增速已连续15年快于城镇居民，在全国省会城市中名列前茅。城乡居民人均收入比值为2.12，较上年下降0.03。此外，民生保障力度也持续加大，在地方一般公共预算支出中，用于卫生健康和教育的支出继续保持增长趋势，分别较上年增长13.2%和6.5%；社会保障和就业支出较上年增长3.2%。城镇居民人均消费支出为46825元，较上年下降0.7%；农村居民人均消费支出为26230元，较上年增长0.5%。食品烟酒、居住、交通通信支出占广州城镇居民人均生活消费支出比重位列前三，分别为32.0%、25.3%、12.9%（见图5）。

2. 民生保障产品供给稳定

农产品保供稳价成效明显。2022年广州实现蔬菜产量超400万吨、园林水果产量超80万吨、水产品产量超50万吨。第四季度，市场充分考虑居民居家囤货的需求，加快生产便于长时间保存的冷冻食品和部分速食食品，速冻米面食品、冻肉和方便面产量单季度较上年同期分别增长68.3%、51.8%和12.9%，带动其全年产量同比增速分别提升至26.2%、61.5%和4.2%。主要民生物资稳生产、保供给，全市物价总体保持稳定，2022年居民消费价格指数（CPI）同比上涨2.4%，涨幅比前三季度回落0.1个百分点。

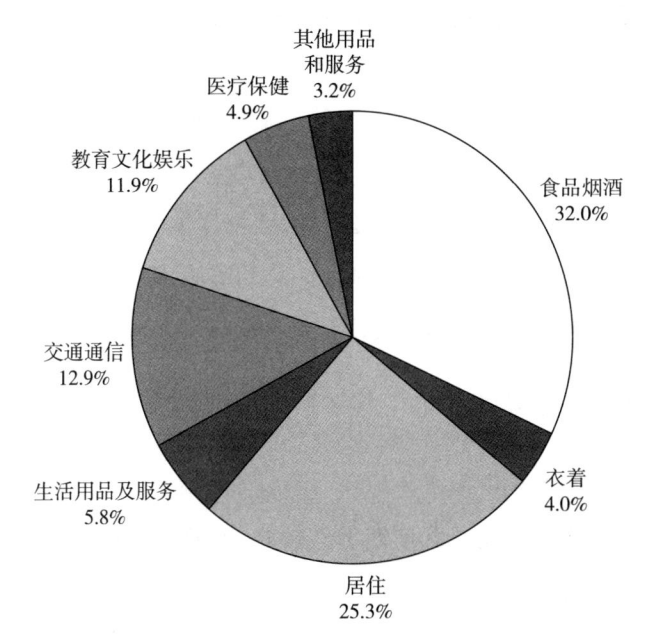

图5 2022年广州城镇居民人均生活消费支出构成

资料来源：广州市统计局。

3. 民生服务消费潜力释放

除民生物资需求外，疫情期间居民在线订餐、在线购物、在线教育、在线办公等需求也保持旺盛，全年限额以上实物商品网上零售额、限额以上住宿和餐饮业网上销售额较上年分别增长13.4%、22.9%，带动相关领域趋稳回暖；全市电信产业表现良好，1~11月（错月数据）业务总量较上年同期增长超16%，规模以上互联网、软件和信息技术服务业营业收入较上年同期增长近5%，增速比1~8月（错月数据）提升近1个百分点。同时，伴随市民生命健康意识的不断增强，医疗健康需求快速增长，"互联网+问诊"、健康大数据与云计算等兴起，1~11月广州全市规模以上卫生行业营业收入较上年同期增长13.1%。

4. 民生保障支出增长较快

广州始终坚持财政支出优先保障民生。2022年在全市一般公共预算支出中，民生领域支出占比近七成。其中，社会保障和就业、教育、卫生健康支出较上年分别增长3.2%、6.5%、13.2%。在民生保障支出力度加大的同时，全市公共服务水平在稳步提升。全年城镇新增就业人数30.55万人，社会保险参保缴费人数累计达1423.9万人次，城乡低保、残疾人补贴标准和退休人员养老金进一步提高；新增公办基础教育学位14.5万个，新增基础教育集团27个；三甲医院增加至44家，广州呼吸中心、市妇女儿童医疗中心增城院区、中大附一南沙医院等正式投入使用。

（六）政策效应提振信心，经济预期乐观积极

1. 资本经营信心不减

近年来，广州的企业经营预期仍然较好。2022年末，一般用于资本开支、与固定资产紧密相关的企事业单位中长期贷款余额较上年同期增长超15%，增速比9月末提高了1.6个百分点，这说明在各类政策性、开发性金融工具的作用下，信贷对经济复苏的支持力度保持了较好的增长态势。其中，小型、微型企业贷款余额较上年分别增长了14.1%、37.1%，合计占境内企业贷款余额的比重较上年同期提高了0.6个百分点；制造业企业贷款余额较上年增长27.5%，保持了良好的增长态势。

2. 项目投资信心回稳

2022年第四季度，广州全市开工、竣工、签约重大项目共计454个。仅12月，新增被纳入统计的固定资产投资项目就有288个，计划总投资额较上年同期增长近90%。其中，计划总投资超50亿元的项目有15个，超100亿元的项目有7个。对外贸易方面表现乐观，外贸进出口趋于年末画出明显的上扬曲线，2022年10~12月，全市外贸进出口额连续突破千亿元大关，单月进出口额同比增速稳定在12%以上，带动全年外贸进出口额累计增速回升至1.1%。外商投资规模也稳步扩大，全市全年实际利用外资较上年增长近6%；在穗投资的世界500强企业累计335家，投资项目累计1658个。

二 广州经济运行需关注的问题

2022年,广州经济运行的表现,既有共性的,也有个性的;既有长期性的,也有阶段性的;既受结构性因素,也受超预期因素的影响。这里面既存在产业结构不优、存量竞争力不强、转型动力不足的问题,也存在增量的储备不多、发展后劲薄弱的短板。

(一)广州的城市特征使经济稳增长压力较大

一方面,疫情对第三产业冲击最大,而广州第三产业占比超过70%;另一方面,作为全国的核心物流枢纽和交通枢纽,广州长期以来默默肩负着"守国门"的重任,这样的城市使命和城市特征使广州相关行业业绩的波动远大于一般城市。

(二)工业经济增长支撑点不多问题依然突出

工业增长缺乏新亮点,汽车和医药制造业一直发挥拉动工业增长的核心作用,其他规模以上工业行业增长乏力(扣除汽车和医药制造两个行业后,其他规模以上工业行业全年累计增加值下降近6%,降幅较前三季度扩大3.6个百分点)。汽车和医药制造业因市场需求、高基数等因素增速回调,其对工业增长的支撑作用不断减弱。

(三)相对传统的服务业动能不足且易受冲击

从总量来看,广州的第二、第三产业总量仍然位于全国前列,但支柱产业相对较弱,尤其是第二产业,2022年广州第二产业增加值低于GDP排名第六的苏州。在第三产业中,广州的批发和零售、房地产、交通运输3个行业增加值占GDP的比重在北上广深四大一线城市中都是最高的,合计占比达30%。广州相对传统的服务业产业结构存在较大劣势。而金融、信息服务等现代服务业占比偏低,占GDP比重之和(2021年为8.7%)与北上深杭(占比均超过10%）差距较大，也略低于重庆（8.8%），仅与苏州持平，虽保持稳健运行但对经济增长的拉动作用不如其他城市突出。广州信息软件服务业龙头企业主要集中在互联网游戏、线上直播、网购平台等娱乐消费方面，与先进制造业的融合度不高，近两年受疫情、行业监管严格、各地惠企政策相继出台等因素以及企业因市场形势变化经营业务有所收缩的影响，同比增速持续下行，从年初两位数的增速回落至1~11月（错月数据）4.8%的增速，增长动能持续走弱。

（四）在科技创新方面仍然存在短板和弱项

在科技创新方面，广州还有很大的进步空间，需加快补齐短板。2022年12月5日，国家知识产权局正式发布了《中国民营企业发明专利授权量报告（2021）》，广东省有6家民营企业名列前10，包括深圳3家、东莞2家、珠海1家，广州民营企业数量虽位居中国城市榜首，但没有一家企业名列其中。在中国城市中，广州发明专利拥有量总数排名第4，落后于北京、上海和深圳。依据城市体量，若以每万人拥有的专利量为标准，广州则下降至第9位，数量不足深圳的1/2，甚至落后于珠海。依据产业体量，广州作为国家汽车第一制造大市，已形成以12家整车制造企业为核心，包含并带动1200多家汽车零部件企业的相对完整的汽车产业链，汽车产量和营业收入均高居全国第一。然而，在新能源汽车研发制造领域，广州汽车企业专利申请数量目前尚落后于深圳的比亚迪。

（五）人均GDP差距明显，并面临"中等技术陷阱"挑战

在人均GDP方面，广州与全国领先城市尚存差距。与北京、深圳、上海相比，2022年广州人均GDP为10.7万~11.2万元，深圳、上海为17万~18万元，北京则以19万元位居全国第一。对标全球四大湾区的主要城市，广州的差距则更加明显，其人均GDP仅是纽约的1/4、洛杉矶的1/5、东京的49%。尽管广州已经跨越了世界银行"高收入经济体"标准的门槛，但从技术创新看，广州仍面临跨越"中等技术陷阱"的挑战。广州的产业

基础好、起点高，较早进入全国领先方阵，如今这一优势却成了"甜蜜的负担"。

综合而言，尽管广州产业"家底丰厚"，但是产业结构比较传统，一方面其优势在于充当稳定经济的"压舱石"；另一方面则意味着产业能级有限，面临经济增速放缓却难以创造新经济增长点的困境，拉动经济增长的渠道比较有限。

三 国内外经济发展环境分析

（一）国内经济发展环境分析

2019年，我国GDP同比增速超6%，2020年这一指标下跌至2.3%。2021年经济加速恢复，GDP同比增速超8%，但2022年再次下降为3%。从经济学角度来说，经济长时间的低速甚至"怠速"增长往往潜藏着巨大风险，对经济可持续发展、社会和谐稳定、国家安全和参与大国竞争等多方面均有不利影响。2022年12月召开的中央经济工作会议指出，2023年经济工作的中心任务是推动我国经济运行实现整体好转，为此提出了"九个坚持"、"六个更好统筹"和"五大重点任务"。其中特别指出，"要努力实现经济质的有效提升和量的合理增长，坚持以质取胜，以量变的积累实现质变"。从经济增长的预测结果来看，国际机构普遍认为中国经济将自2022年底逐步恢复上行趋势。世界银行2023年1月的报告预测，中国经济将在2023年实现4.8%的增长。其他国际机构也纷纷上调了对中国经济的预期，比较乐观的如摩根士丹利对2023年中国经济的增长预期达5.7%，中国智库和学者对中国经济的未来预期也普遍在5%以上。

本报告认为，虽然世界经济处于增长停滞的不利局面，但随着阻碍中国经济发展的"硬约束"和"软约束"的逐一破解，2023年中国经济一定会强势复苏。预计2023年中国GDP增速将从2022年的3%左右加速恢复至5%~6%。如果经济复苏的基础进一步巩固，各项稳增长、稳信心的政策效应良好，不排除经济增速在6%以上的可能，但同时要注意部分亟待优化和改善的方面。

1. 线下消费需求将迅速回升，消费能力与消费意愿有待增强与激发

2020年以来，国民储蓄率大幅提高，但国内整体消费需求疲软，居民消费意愿减弱，尤其线下消费受挫。2023年以来，国民消费潜力得到释放，线下消费门店恢复营业，预计全国全年社会消费品零售总额较2022年将大幅提升。但预防性储蓄行为可能还会持续，居民边际消费倾向或仍下降。

2. 房地产市场将逐步回暖，需重视供给侧制度设计

2022年11月，央行、银保监会联合发布出台"金融16条"，对房地产市场给予了空前支持；证监会也出台了"新五条"，释放了下定决心使房地产市场回归到正常轨道的重要信号。在系列政策的强力支持下，预测2023年中国房地产市场将出现回暖迹象，尽管回升速度可能趋缓。我国房地产市场仍存在结构性矛盾，即一线城市需求潜力大但市场供给不足；三、四线城市供给过剩但需求侧动力不足，解决这个主要矛盾需要长期的顶层设计和体系化安排，任重道远。

3. 制造业向好，仍需注意补短板和防止产业过快转移

我国制造业根基牢固、韧性强劲，全年制造业增速较2021年有较大回升。但不容忽视的是，一方面，我国制造业的核心技术和高端技术对外依存度较高；另一方面，近些年我国制造业加速向国外转移产能，2023年中国制造业产业链高级化、现代化的步伐仍需加快。

4. 投资信心将有所回升，仍需激发社会投资活力

2023年投资者信心和投资意愿将逐步回升，资本市场将发挥更大的作用。主要表现在以下几个方面：一是考虑到中高风险资产"触底反弹"后可能出现的超额收益，以及受到全球经济增速放缓、美联储持续加息、通胀高企等问题的负面影响，全球投资将进一步向中国转移，未来会有更多资本主动流入中国资本市场。二是随着房地产政策放松、保障性住房投资增加和地方政府对"保交楼"的干预，会有更多投资进入中国房地产市场。三是在政府重点支持扩大制造业有效投资、推动实体经济高质量发展的政策号召下，会有更多社会资本加大对制造业的投资力度。四是数字化转型、网络化协同、智能化变革进程加快，数字基础设施投资将进一步增长。五是新商业业态将成为投资热点。应该指出的是，政府加大固定资产投资固然可以立即拉动经济增长，但促进社会资本投资从而激发"乘数效应"更为重要，这也是投资回升后稳定经济发展的重要基础。

（二）国际经济发展环境分析

本报告认为，2023年全球经济形势有望发生三个方面的主要变化：第一，疫情对于全球经济增长和供应链稳定的负面冲击正在逐渐消退。第二，美国的通货膨胀率已几近触顶，但仍将在高位盘旋较长时间。第三，大宗商品价格可能持续在较高位置波动，一方面是俄乌冲突的持续将对其形成支撑，而另一方面全球经济增速在2023年下降的前景会抑制商品价格的上涨。因此，本报告认为全球经济新一轮的滞胀风险已经存在，部分经济体（如欧元区）可能陷入衰退。此外，未来两三年内，地缘政治冲突可能是全球面临的重要威胁。政策方面，2023年全球宏观政策将持续偏紧，2023年的政策关注点将是使总体通胀率回到目标水平。短期内，包括美联储在内的各国央行将继续收紧货币政策。除非出现重大经济衰退，否则主要央行很难考虑降息。与此同时，由于许多经济体的财政赤字仍高于预期，各国2023年将逐步收紧财政政策。

1. 欧美经济可能陷入衰退期

债务危机后，欧洲经济没有彻底恢复，叠加中途出现的叙利亚难民危机、能源价格上涨危机、俄乌冲突等，大部分贸易渠道被非正常因素打断，欧洲经济增长疲软已是不争的事实。美国过去十几年始终依赖"放水"刺激经济，2020年疫情之后美国的通货膨胀率已经超过8%，失业率达3%，这些数据严重违背了经济发展的正常规律，因此美国持续加息。很难判定加息会不会导致经济衰退，但是大概率会导致经济增速下滑。

2. 东南亚国家是值得关注的市场

一方面，东南亚国家总体上政治稳定，且有大量华裔华人。例如，马来

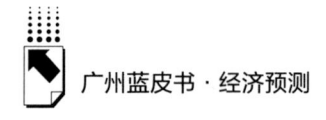

西亚20%的华人控制了全国80%的资产。另一方面，东南亚人口载量巨大，需求旺盛，这些国家的工业化、城镇化发展离不开钢铁，离不开中国的科技企业。庞大的市场需求将成为中国未来经济发展的重大机遇。

3. 大国竞争博弈进入白热化阶段

如今俄乌冲突已持续一年有余，2023年的世界环境并不是一片"歌舞升平"。近10年特别是近5年，国际形势变化非常大，大国竞争博弈进入白热化阶段。在这种情况下，未来10年特别是未来5年的发展对中国而言是极其关键的。未来中国要想发展就要"爬坡过坎"，要补短板，要把自己的事情做好。这不是一句空话，党的二十大擘画了以中国式现代化全面推进中华民族伟大复兴的宏伟蓝图，蓝图的实现需要依靠每一天每一个人在每一项工作上的努力。

四 2023年广州经济发展展望与对策建议

（一）广州经济发展展望

2023年初，广州各行各业的生产生活逐步有序恢复，各项宏观经济政策和调控措施及时落地，为经济恢复提供有力支持。广州贯彻落实国务院扎实稳经济的一揽子政策措施，全市上下集中资源推动新项目加快释放产能、促进消费政策对消费潜力的激发、狠抓项目建设促进投资的带动作用，2023年广州经济呈现恢复性增长，且增长形势十分乐观。其中，大众消费有望回升，甚至可能加速复苏；民间投资对经济发展的信心也将逐步恢复，将极大地支持经济高质量发展。

在各项利好消息纷至沓来的同时应认识到，百年未有之大变局给广州经济高质量发展带来了诸多困难和挑战。具体表现在两方面：一是外部风险挑战加剧。近年来，美国对中国实施供应链脱钩、人才脱钩、技术脱钩，使得大部分以出口导向为主的广州企业几度面临"卡脖子"的巨大压力。二是就国内环境而言，广州经济发展也面临诸多"追兵"。2017年广州GDP被深圳超越，2022年被重庆赶超，后面还有苏州、成都、杭州等城市奋力追赶。广州被赶超的压力不仅来自GDP增长，更来自高质量发展等多方面的综合要求。作为改革开放排头兵、国家中心城市、第一经济大省的省会城市和粤港澳大湾区的核心引擎，广州在感知到内外压力的同时更感觉到了责任。2023年是实施"十四五"规划承上启下的关键一年，面对机遇与挑战并存、危机与先机同在的局面，广州应当从创新能力提升、产业优化升级、城市现代化治理、社会民生建设、城市整体精神风貌改造，到城市综合竞争力、核心竞争力、国际竞争力提升等多方面、多维度进行整体设计与突破，探索中国式现代化的广州路径，打造中国式现代化的标杆城市。

2023年，广州全市上下将继续以高质量发展为现代化建设的首要任务和总抓手，持续提振信心稳定预期、引进项目稳定生产、促进消费稳定内需、回暖企业稳定主体，进一步激发经济动力、恢复城市活力、增强发展潜力，在加快整体好转的基础上全力推动经济运行，实现经济高质量发展的步履更实、根基更牢。

（二）对策建议

1. 守住制造业立市"底线"，以产业升级拓展高质量发展空间

第一，广州要转换发展思路，加快由"规模利益导向"向"附加值利益导向"转变。近年来，广州企业普遍面临发展空间难题。一方面是需求减少，尤其是这几年美国技术封锁、逆全球化浪潮等多种因素叠加导致的内外需求减少；另一方面是竞争更加激烈，特别是劳动力成本更低的东南亚国家生产制造基地的兴起造成的市场挤压使广州相当一部分企业面临市场空间和利润空间"双重缩减"的挑战。要破解这一困境，关键要转变思维，由"规模利益导向"转变为"附加值利益导向"。以快递行业为例，在快递业务量上，广州远大于上海，是上海的3.5倍，但反观快递收入，广州却不及上海的1/2。低成本优势支撑的利润模式和规模经济已经不适应高质量发展的客观要求，未来广州只有在品牌化经济、标杆/标准化经济、文化经济、数字经济等领域伸长触角，才能改变产业"大而不强"的局面。

第二，广州要坚守"制造业立市"底线。从世界范围看，目前中国制造业在全球的占比已接近1/3，而美国仅占15%。从全国范围看，制造业增加值占GDP的比重约为26%，这一比重还有很大的提升空间。制造业是大国博弈的重要筹码，制造业占比只能提高不能降低。2022年广州首次提出了"制造业立市"，《2023年广州市政府工作报告》再次明确，要"坚持产业第一、制造业立市，加快构建现代化产业体系"。目前，广州第三产业占比超70%，其中相当一部分属于生产性服务业，尽管纳统困难，但实际上生产性服务业和制造业一样服务于实体经济，这是广州制造业升级的优势而不是劣势。目前，广州打造8个万亿级产业集群和13个千亿级产业集群的目标已经十分明确，正通过数字经济赋能制造业，促进制造业与现代服务业深度融合。另外，广州的汽车、半导体、生物医药等行业发展基础稳固、发展潜力巨大，可以持续提高其产品质量，加快锻长板、补短板，提升整体发展质量。同时，串联中间产品贸易的中小微企业也应受到重点关注，特别是"专精特新"企业，由创新型中小企业和头部企业共同构成产业集群，带动粤港澳大湾区、带动广东全省建立在全球市场上具有更强抗风险能力、更具韧性、更可持续、更高质量的产业链、供应链体系，这应是未来广州最主要的努力方向。

第三，继续推动制造业向高新技术产业升级。广州制造业是中国制造业的排头兵，广州制造业的强大意味着中国制造业的强大。从全国范围看，广州制造业的高端制造能力具备良好的发展基础。以新型显示产业为例，全球近一半的大尺寸OLED电视面板出自广州工厂，根据赛迪顾问发布的《2022新型显示十大城市及竞争力研究》，广州位列榜首，合肥、深圳紧随其后。然而若"按亩产论英雄"，广州的土地产出效益还不到深圳的1/4，在中国内地地均GDP万亿级城市中，广州的地均GDP仅排第四，落后于同属粤港澳大湾区城市的东莞。因此，广州的制造业更应该努力在全球产业链、价值链上争上游，既拼投资，更拼创新；既拼规模，更拼效益；既拼成本，更拼质量。广州应努力做大做强有基础、有产业配套优势的高端制造业集群。同时，广州致力推动产业升级与产业转移相结合，在加快自身产业升级的同时把握好2022年《区域全面经济伙伴关系协定》落地实施的机遇，引导传统劳动密集型产业有序向国内西部地区和东南亚等其他劳动力成本较低的地区转移，与这些国家和地区深化分工合作，达到供应链共赢的效果。

2. 多措并举，提升城市首位度

作为国家中心城市与粤港澳大湾区核心城市，广州要想提高首位度，不仅要提升GDP，更重要的是要注重高质量发展，充分发挥广州既有优势，挖掘存量资源，把存量资源真正转化为新型竞争优势。

首先，充分利用"千年商都"形成的商业文化优势。这一优势既是广州打造国际消费中心城市的良好基础，也让广州在拉动广东消费、拉动全国消费方面有能力走在前列。作为经济大省、外贸大省广东的省会，广州具备充足的人流、物流、信息流、资本流以及创新资源集聚等优势，在拉动消费方面可以起到支撑作用。第一，完善现代市场体系。按照建设全国统一大市场的要求，形成市场集群和现代市场体系，通过供给侧结构性改革来满足消费端需求，不仅能释放广州、广东的消费潜力，而且能迎合全国消费需求，广州在这方面大有可为。第二，要想把广州打造成国际消费中心城市，就要建设好与之相匹配的金融中心、结算中心和物流中心，使全球的人流、消费流进一步向广州集聚。第三，要充分发挥广州产业优势，也就是供给侧优势，通过打造自主品牌，进一步释放国内市场消费需求，并吸引海外消费回流。比如广州是全国三大化妆品生产基地之一，番禺也是全国最大的珠宝首饰生产制造基地，珠宝产品约占全球市场份额的三成，约占港澳地区市场份额的七成，这些产业是广州的优势产业，但很多消费者并不了解。广州未来应依托强大的产业配套能力，在供给端持续提升产品质量，同时推动企业积极打造自主消费品牌，进一步提高产品价值。

其次，充分融合大型科研院所集聚形成的创新人才优势。一批大型科研院所在广州落地，集聚一批创新的国家级团队、省级团队、市级团队，逐步形成高端创新团队品牌，这也是首位度的体现。此外，广州应充分重视广、佛、肇一体化发展带来的区域联动优势，与佛山、肇庆的产业联动，可以进一步带动粤北云浮、清远以及广西柳州、贺州等周边区域发展，解决广东区域发展不平衡的问题，这也是广州提高首位度的一个重要方面。

最后，广州提升首位度还要在中央布局的一系列重大战略方面发挥引领带动作用，比如在构建"双循环"新发展格局，共建"一带一路"，建设西部陆海新通道，推进共同富裕，建立自主可控的产业链、供应链体系等国家重大战略布局上，起到引领、创新、探索、带动作用。

3. 内外开放双管齐下激发高质量发展活力

从全球主要发达城市的发展经验来看，科技创新和产业结构升级的关键秘诀在于开放。不仅要对外开放，而且要对内开放。在这方面，广州有丰富的历史经验和独特的认知视角，未来仍可进一步发力。

第一，对内开放重点在于激发民资民企活力。近年来，广州减税降费卓有成效，企业税费成本的下降带来了总体收益的增加，但也应看到，区域间规则的碎片化和差异化导致的企业制度性交易成本仍然较高。在民营企业家的诉求中，稳定的政策环境始终排在第一位，另外也有土地供给、创投资本、专业人才等方面的增值类诉求。

第二，对外开放重点在于推动规则和标准与国际接轨。当前，我国正积极参与全球行业规则的制定，加快进行以制度型开放为核心的开放，根本目的在于提升大国综合竞争力和推动经济高质量发展。广州作为国家改革开放的前沿阵地，完全有理由、有资本继续走在开放的前列。广州要充分认识到推进高质量的"引进来"和"走出去"，不仅要在资本、服务、产品和人才领域下功夫，更要在行业规则和行业标准等领域率先实现突破。一方面，要率先全面对接国际规则和先进标准，包括抢抓 RCEP 落地实施机遇，加快与 RCEP 成员国在规则、标准等方面的对接。另一方面，努力引领新规则、新标准的制定，特别是利用南沙战略平台率先对接《全面与进步跨太平洋伙伴关系协定》（Comprehensive and Progressive Agreement for Trans-Pacific Partnership，

CPTPP)、《数字经济伙伴关系协定》（Digital Economy Partnership Agreement，DEPA）等规则，以香港成熟合理且被国际社会所认可接纳的规则制度为基础，率先探索建立"香港+"规则制度和标准体系，更充分地发挥广州在促进形成以国内大循环为主体、国内国际双循环相互促进的新发展格局中的枢纽功能和开放门户功能。

第三，率先打造三大开放系统。一是率先打造开放的科教和人才系统。广州的人文历史悠久、教育资源丰富，有能力带头推动粤港澳大湾区教育资源的整合，进而打造并丰富粤港澳大湾区的创新型科技人才库。例如，推动粤港澳大湾区内地城市和港澳全面放开在大湾区的招生政策，先行探索实施粤港澳大湾区各高校的联合培养机制和学分互认机制，加强高校间的资源共享。二是带头打造开放的企业与科创系统。引导企业间相互开放、信息共享，国有企业向民营企业开放、大型民营企业向小微企业开放，共同塑造一个信息流通、让利共赢的科创环境。三是率先打造开放的金融系统。让金融服务实体经济，同时在创投、风投等领域加强与香港方面的合作。

4. 强化体制机制改革，率先跨越"中等技术陷阱"

跨越"中等收入陷阱"，必须首先跨越"中等技术陷阱"，真正实现经济增长的新旧动能转换，即由资源禀赋驱动的增长方式向创新驱动的增长方式转变。要想跨越"中等技术陷阱"，广州依然需要靠经济体制改革来保驾护航。

第一，经济体制改革的核心任务是市场化改革。"十三五"时期广州在"放管服"方面做足了功课，率先完成大规模市级行政权力事项调整，在市级承担行政权力的单位中，75%以上完成了事项精简。2023年，市场继续向简政放权"要活力"，社会继续向简政放权"要空间"，广州简政放权依旧任重道远。首先，核心还是进一步理顺政府、市场、社会三者的关系，政府职能部门的重心应向提高中长期规划的科学性和有效性、强化公共服务"软基建"、打造公平竞争的市场环境以及维护社会安全稳定等方面倾斜。其次，进一步深化行政机构改革，提升行政效率。最后，要强化市级统筹，让"放权强区"服务于激发基层动力，而非转化为规划碎片化、招商引资恶性竞争等行为。

第二，推进社会领域的体制改革要重视"软基建"。近年来，广州在硬基建上投入力度很大，包括5G、新能源汽车配套设施等新基建已相对成熟和完善，硬基建的发展水平已处于全国前列。此外，广州还应重视教育、医疗、公共住房、社会保障等"软基建"建设，这既是保证社会平稳运行的重要机制，也是促进社会正义和公平，营造和谐美好的创新环境的重要手段。

5. 加大科技创新支持力度，打造多元共享的绿色技术创新生态平台

近年来，广州在科技创新领域取得的成就较多，企业已成为科技创新的主体，尤其是"专精特新"企业迎难而上、发展势头强劲。广州应培育更多具有市场影响力和行业影响力的科技创新企业，尤其是在先天基础好、后续劲头足的优势产业，如新能源、人工智能、电子商务、先进制造、物联网、信息技术等产业，继续培育行业"独角兽"。

一方面，广州要充分借助深圳的研发能力和香港的金融实力，错位竞争，加强合作，形成一个包容共享的开放型技术创新生态。世界知识产权组织（WIPO）发布的《2021年全球创新指数报告》显示，"深圳—香港—广州"科技集群连续3年在全球科技集群100强中排第2位。深圳的优势在于研发人才集聚和创新创业企业家众多，香港的优势在于创投和风投，广州的优势则在于强大的制造能力和供应链。广州所做的科技创新方面的努力不应局限于人力资源和市场竞争，而是转换思维，前瞻性地参与全球一流制造城市的对标和竞争，充分借势深圳的强大研发能力和香港的金融实力，将"广州品牌"、"广州制造"和"广州标准"推向全球。

另一方面，广州要率先打造包容中小微企业的开放型科技创新生态平台。广州拥有一群数目可观且"小而不凡"的中小微企业，这些企业体量虽小，集聚在一起却是"群星闪耀"。目前，广州开发区的中小微企业数量已有近4万家，国家高新技术企业有2300家，"瞪羚"企业超过500家，科

技型中小企业占该区域规模以上工业企业的比重达80%，并包揽了近80%的发明专利和创新成果，已经形成一批行业内的"配套专家"和"单打冠军"，在生物医药等领域也取得了核心关键技术零的突破。未来，广州应充分发挥优势，率先打造大中小企业共生、共创、共融、共享的开放型科技创新生态平台。

6. 把南沙打造成地域嵌入型世界级经济平台

目前，世界三大湾区——纽约湾区、洛杉矶湾区、东京湾区都已形成了"地域嵌入型世界级经济平台"，这些平台吸引了大量国际资本入驻，集聚了相当规模的高新技术和人才，优质生产要素也在这些平台上得到了长足发展。在《广州南沙深化面向世界的粤港澳全面合作总体方案》（以下简称《南沙方案》）的加持下，南沙已成为广州发挥"老城市新活力"的重要抓手，南沙被打造成粤港澳大湾区地域嵌入型世界级经济平台的潜力巨大。利用好南沙构建国内国际双循环新发展格局，加速推进南沙从湾区地理中心走向湾区功能中心是广州的重大机遇和重要任务之一。

第一，加快将南沙打造成地域嵌入型世界级经济平台。《南沙方案》打破了功能区的局限，强调城市的整体概念，其最大的亮点是全方位和综合性，目标是吸引香港、澳门及全球国际化高端人才和顶级要素集聚南沙。因此，广州要抓住机遇，把南沙打造成一个既能够吸引全球高端人才和高端资本，也能够留下全球高端人才和高端资本的世界级经济平台。当前，粤港澳大湾区的内地9个城市与香港、澳门的规则对接尚未完备，即使是内地9个城市的规则之间也不尽相同，尤其是税收、土地、劳动等方面的规则不统一，这是粤港澳大湾区招商引资的主要阻碍之一。把南沙打造成地域嵌入型世界级经济平台，率先对接国际先进规则和标准，然后由点带面，赋能周边区域乃至全市，再逐步发挥扩散效应，辐射到粤港澳大湾区"9+2"城市，将大大加快粤港澳大湾区经济发展一体化的进程。

第二，发挥南沙推进制度型开放的战略价值。南沙不仅是广州发挥"老城市新活力"的重要抓手，也是中国开放的重要抓手，应当率先对标CPTPP、DEPA等高水平经贸规则，全方位、系统化承载将中国规则和中国

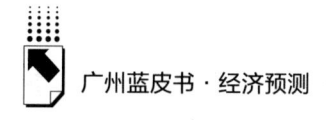

标准推向世界的压力测试。由于CPTPP实施时间不长，潜在风险尚难预测，在南沙等重大合作平台中进行试点可以加快全方位、系统化"满载负荷"压力测试，带动广州乃至粤港澳大湾区进一步深化改革、扩大开放。

第三，在南沙多角度、多思路探索"香港+"模式。一方面，致力于全面、系统、深入地梳理与港澳地区的规则和标准衔接清单，包括科创、营商、税赋、贸易、公共服务等领域与国际接轨的规则和标准。另一方面，探索香港尚未形成的规则和标准，例如新能源、互联网等新兴领域的规则和标准。在此基础上，尽快研究制定在竞争政策、市场准入、政府采购、财政补贴、资源配置、知识产权、金融服务、国际仲裁等领域制度的南沙版"香港+"模式。这一层面成功了，南沙就可以以点带面，先逐步带动广州人工智能与数字经济试验区、中新知识城等广东自贸试验区和联动发展区发展，最终将南沙实行"香港+"模式的成功经验推广到整个粤港澳大湾区，形成大湾区内标准统一且与国际全面接轨的规则体系。

参考文献

陈文玲：《2023年中国经济将有五个"明显回升"》，《中国集体经济》2023年第6期。

王红茹：《扩内需促消费　多渠道增加居民收入是关键》，《中国经济周刊》2023年Z1期。

广州市统计局：《十年跨越成就非凡　出新出彩奋进未来——党的十八大以来广州市经济社会发展综述》，2022。

广州大学广州发展研究院、广州市统计局联合课题组：《2021年广州经济形势分析和2022年展望》，载涂成林等主编《广州蓝皮书：2022年中国广州经济形势分析与预测》，社会科学文献出版社，2022。

《中共中央政治局召开会议　分析研究当前经济形势和经济工作　中共中央总书记习近平主持会议》，中国政府网，2023年4月28日，http://www.gov.cn/yaowen/2023-04/28/content_5753652.htm。

行业发展篇
Industry Development

B.2 2022年广州市规模以上服务业运行分析报告

广州市统计局服务业处课题组*

摘 要： 2022年，面对疫情和复杂的外部环境，广州市规模以上服务业承压运行，增速放缓。随后各项政策成效逐步显现，社会效益有所提升，在5个重点城市中广州市营业收入增速位居第二。2023年广州市规模以上服务业有望加快企稳回升、提质增效。仍需持续关注交通运输、仓储和邮政业等接触性行业的恢复情况，做好行业复苏的政策服务，引导产业升级优化，扩大内需提振消费信心，促进经济高质量发展。

关键词： 规模以上服务业 扩大内需 广州市

---

* 课题组成员：刘钰，广州市统计局服务业处处长；莫广礼，广州市统计局服务业统计处副处长；陈善盈，广州市统计局统计师。以上作者研究方向均为服务业统计。执笔人：陈善盈。

一 2022年广州市规上服务业总体运行情况

（一）营业收入增速高开低走

2022年①，全市规模以上服务业②（以下简称"规上服务业"）实现营业收入16773.66亿元，同比增长1.3%，增速较1~11月和1~9月分别回落0.9个百分点和2.5个百分点和从增长趋势看，规上服务业营业收入呈高开低走趋势，特别是第四季度规上服务业受本土疫情冲击较大，整体运行呈现加快筑底的趋势，增速从1~2月的12.0%回落至1~12月的1.3%（见图1）。

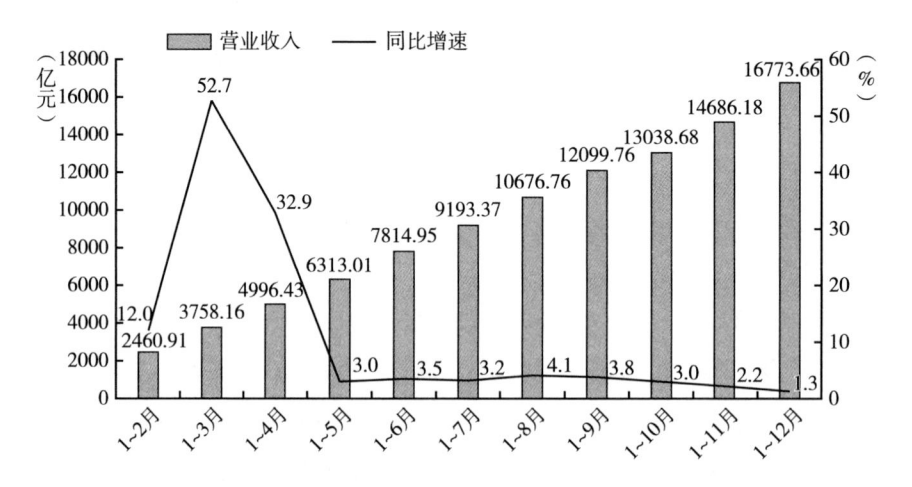

图1 2022年广州规上服务业各月累计营业收入及同比增速

说明：同比增速数据按可比口径计算。
资料来源：广州市统计局。

---

① 本报告2022年的数据均为2022年1~12月快报数据。
② 规模以上服务业指辖区内年营业收入达到规模的服务业法人单位。包括：年营业收入2000万元及以上的交通运输、仓储和邮政业，信息传输、软件和信息技术服务业，水利、环境和公共设施管理业3个门类和卫生行业大类的法人单位；年营业收入1000万元及以上的租赁和商务服务业、科学研究和技术服务业、教育3个门类，以及物业管理、房地产中介服务、房地产租赁经营和其他房地产业4个门类的法人单位；年营业收入500万元及以上的居民服务、修理和其他服务业，文化、体育和娱乐业2个门类，以及社会工作行业大类的法人单位。

（二）企业经营效益下降

2022年，广州1.29万家规上服务业企业实现营业利润1229.24亿元，同比下降21.3%，降幅分别比1~11月和1~9月扩大8.8个百分点和17.8个百分点。2022年规上服务业企业营业利润率仅为7.3%，分别比1~11月和1~9月回落1.1个百分点和1.3个百分点。从企业盈利的数量占比看，2022年实现盈利的规上服务业企业占全市规上服务业企业的比例为59.2%，比2021年下降了8.0个百分点，其中居民服务、修理和其他服务业，文化、体育和娱乐业，租赁和商务服务业等接触性服务业受疫情影响明显，企业盈利面均大幅回落（见表1）。

表1　2021~2022年广州市规上服务业各行业企业实现盈利的占比及变化情况

单位：%，个百分点

行业门类	2021年占比	2022年占比	比2021年增减
规上服务业	67.2	59.2	-8.0
交通运输、仓储和邮政业	70.7	64.3	-6.4
信息传输、软件和信息技术服务业	66.8	59.9	-6.9
房地产业（不含房地产开发经营）	68.0	62.8	-5.2
租赁和商务服务业	66.7	56.9	-9.8
科学研究和技术服务业	75.1	67.6	-7.5
水利、环境和公共设施管理业	77.6	71.2	-6.4
居民服务、修理和其他服务业	65.7	51.7	-14.0
教育	48.8	40.3	-8.5
卫生和社会工作	55.0	47.4	-7.6
文化、体育和娱乐业	49.0	36.8	-12.2

资料来源：广州市统计局。

（三）社会用工保持稳定

2022年规上服务业期末用工人数为232.96万人，同比下降0.2%；人均薪酬为15.60万元，同比增长6.6%。"六稳""六保"发挥积极作用，用工总体保持稳定，但各行业用工人数变动不一。其中，从吸纳就业的规模来看，租赁和商务服务业吸纳人数最多，达72.51万人，同比增长3.1%，主要原因是疫情下企业为降低用工成本，通过业务外包、灵活用工等方式降低用工成本，带动人力资源服务行业期末用工人数增长11.2%。此外，"双减"政策实施，导致教育行业期末用工人数同比下降18.3%。

（四）百强企业支撑作用显著

2022年，规上服务业百强企业实现营业收入6720.65元，同比增长6.2%。百强企业中，信息传输、软件和信息技术服务业企业有34家，合计实现营业收入2367.71亿元，同比增长11.1%。

二 2022年广州市规上服务业各行业发展情况

2022年，在规上服务业十大行业中，除交通运输、仓储和邮政业，房地产业（不含房地产开发经营），水利、环境和公共设施管理业，教育，文化、体育和娱乐业等5个行业营业收入同比下降外，其他行业门类营业收入均实现不同程度的增长（见表2）。具体来看，科学研究和技术服务业营业收入持续增长，信息传输、软件和信息技术服务业营业收入增长较为平稳；交通运输、仓储和邮政业营业收入受疫情、高基数和远洋货运价格走低影响持续下降；租赁和商务服务业等接触性服务业受疫情影响明显，部分活动无法正常开展，营业收入表现持续低迷。

表2 2022年广州规上服务业分行业营业收入及同比增速

行业	营业收入（亿元）	同比增速（%）	比1~11月增减（个百分点）	比1~9月增减（个百分点）
规上服务业	16773.66	1.3	-0.9	-2.5
交通运输、仓储和邮政业	5004.81	-1.5	-1.4	-5.7
信息传输、软件和信息技术服务业	4879.63	3.6	-0.9	-0.7
房地产业（不含房地产开发经营）	1276.45	-2.0	-1.7	-1.7

续表

行业	营业收入（亿元）	同比增速（%）	比1~11月增减（个百分点）	比1~9月增减（个百分点）
租赁和商务服务业	3087.66	3.0	-0.8	-2.9
科学研究和技术服务业	1672.63	7.8	1.2	2.8
水利、环境和公共设施管理业	115.44	-9.9	2.1	3.2
居民服务、修理和其他服务业	150.64	4.1	-0.4	-3.7
教育	130.29	-20.6	-0.2	1.5
卫生和社会工作	213.78	10.7	-1.3	-5.5
文化、体育和娱乐业	242.32	-11.7	0.4	-4.0

资料来源：广州市统计局。

（一）科学研究和技术服务业营业收入持续增长

科学研究和技术服务业营业收入增速创新高，1~12月同比增长7.8%，比1~11月提高1.2个百分点，主要原因是年底按照项目进度、工程完工情况确认收入，企业结算增多。其中，广东省电力设计研究院、广州安茂铁路建设管理有限公司、中石化广州工程有限公司营业收入增长较快，带动行业营业收入增长。另外，全市核酸检测投入增加，核酸和抗原检测相关企业收入增加。如广州华银医学检验中心、广州艾迪康医学检验所等核酸检测企业营业收入大幅增长。此外，新增企业拉动作用显著，如2022年新纳入统计的广州沃森健康科技有限公司。

（二）信息传输、软件和信息技术服务业营业收入稳定增长

2022年，广州市信息传输、软件和信息技术服务业实现营业收入4879.63亿元，同比增长3.6%。其中，互联网和相关服务业与软件和信息技术服务业合计实现营业收入4285.17亿元，同比增长3.6%，较1~11月回落1.2个百分点。从增长走势来看，互联网和相关服务业与软件和信息

技术服务业年末表现有所不同。一是互联网和相关服务业年末呈现翘尾行情。1~12月互联网和相关服务业营业收入同比增长7.3%，增速较1~11月提高2.0个百分点，较1~9月提高2.6个百分点。主要是广东今日头条网络技术有限公司、一点灵犀信息技术（广州）有限公司等新增企业以及广州网易、广州腾讯和数字广东等重点企业增势较好，拉动作用明显。二是软件和信息技术服务业全年一直承压下行。软件和信息技术服务业累计营业收入增速回落，主要原因有以下几个方面。第一，在游戏监管趋严以及游戏版号暂停审批8个月的双重压力下，游戏开发类企业营业收入增长明显放缓，部分企业营业收入大幅下降。受到监管政策收紧与流量成本上升的影响，游戏直播企业处于低位运行态势。第二，疫情影响、经济环境不明朗、房地产交易市场低迷、企业压缩支出等因素导致企业营业收入减少。部分从事房地产软件开发的企业整体运营收入大幅减少。第三，集团企业之间发生跨行业业务转移，部分重点企业成为独立法人，将部分业务移至互联网和相关服务业，导致软件和信息技术服务业企业营业收入大幅回落。此外，电信、广播电视和卫星传输服务业营业收入为594.46亿元，实现小幅增长，增速为3.2%。

（三）交通运输、仓储和邮政业营业收入持续下降

2022年，全市交通运输、仓储和邮政业实现营业收入5004.81亿元，同比下降1.5%，增速分别较1~11月和1~9月下降1.4个百分点和5.7个百分点。客运方面，受疫情影响，市民出行意愿降低，铁路、公路、水运和航空旅客运输业营业收入增速逐步下降，分别下降至-10.0%、-12.0%、-36.0%和-16.6%。货运方面，在高基数和运价走低双重因素影响下，水上货物运输业营业收入增速回落至5.8%，对交通运输业营业收入增长的拉动作用减弱。铁路、公路和航空货物运输业营业收入增速均有所回落，分别回落至31.4%、0.5%和14.0%。受高基数因素影响，多式联运和运输代理业营业收入增速逐月回落，全年营业收入增速回落至4.2%，较1~9月回落11.6个百分点。

（四）租赁和商务服务业营业收入增速逐步回落

受疫情影响，租赁和商务服务业营业收入增速自9月以来逐步回落，1~12月同比增长3.0%，增速回落至本年最低点。其中，广告业客户需求萎缩、线下业务开展受限，1~12月营业收入下降4.9%。会议、展览及相关服务和旅游业营业收入2022年全年处于负增长状态，同比分别下降34.8%和22.0%，降幅分别比1~9月扩大了7.3个百分点和4.2个百分点。咨询与调查业部分线下业务受限，但同时线上咨询调查业务发展较快，全年营业收入增长较平稳，1~12月同比增长2.1%。人力资源服务业营业收入增速继续领跑租赁和商务服务业，但是随着基数抬升，增速逐步回落至14.0%，拉动全市租赁和商务服务业营业收入增长3.9个百分点，但支撑作用有所减弱，拉动作用比1~9月减弱了1.2个百分点。

（五）居民服务、修理和其他服务业恢复态势放缓

受疫情影响，居民服务、修理和其他服务业自1~9月营业收入增速恢复到7.8%后逐步走低，1~12月同比增长4.1%，较1~11月回落0.4个百分点。其中，居民服务业营业收入同比下降4.1%。部分行业企业业务开展受限，理发及美容服务和摄影扩印服务受影响程度较大，全年累计营业收入分别同比下降18.1%和16.0%。行业实现增长主要得益于机动车、电子产品和日用品修理业营业收入增长较快，1~12月营业收入同比增长15.7%，较1~11月提高0.2个百分点。新增企业广州视嵘信息技术有限公司和重点企业广东宝悦汽车销售服务有限公司营业收入快速增长，对行业营业收入增长的拉动作用较大。

（六）文化、体育和娱乐业营业收入降幅扩大

受疫情影响，文化、体育和娱乐业消费需求萎缩，第三季度营业收入

降幅虽有所收窄，但第四季度营业收入增速快速下滑，全年营业收入同比下降11.7%，降幅比1~9月扩大4.0个百分点。其中，电影院线处于业务开展困难或停业状态，广东大地电影院线、广州金逸珠江电影院线、珠江影业传媒、广州金逸影视传媒和广州万达国际电影城等影院全年营业收入降幅较大。在此冲击下，广播、电视、电影和影视录音制作业全年营业收入同比下降27.5%，降幅较1~9月扩大3.7个百分点。娱乐业营业收入累计增速在8月由负转正后于11月再度转负，全年同比下降5.1%。受疫情影响，部分游乐园和景区不定时关闭，游乐园营业收入同比下降40.2%，休闲观光活动营业收入同比下降26.6%。

（七）房地产业营业收入增速小幅下降

2022年，房地产业（不含房地产开发经营）实现营业收入1276.45亿元，同比下降2.0%。其中，受房地产调控政策、疫情和外部经济环境等因素影响，房地产中介服务处于低迷状态，全年累计营业收入同比下降20.3%。物业管理和房地产租赁经营状况相对平稳，营业收入增速分别为-0.5%和3.0%。

（八）卫生和社会工作发展较快

2022年，卫生和社会工作自年初以来营业收入增速保持在10.0%以上，全年营业收入同比增长10.7%，增速较快。由于人口老龄化趋势明显，养老医疗需求增加，卫生和社会工作企业数量比上年同期增加32家。

（九）教育行业持续低迷

受"双减"政策和疫情影响，2022年教育行业持续低迷，年内累计营业收入降幅均在20%以上，全年累计营业收入同比下降20.6%。其中，技能培训、教育辅助及其他教育行业全年累计营业收入同比下降45.9%。

三 2022年广州市规上服务业新业态运行情况

（一）高技术服务业稳步回升

2022年，广州市高技术服务业①营业收入同比增长4.5%，增速分别比1~9月和1~6月提高0.1个百分点和0.6个百分点。其中，信息服务是高技术服务业最重要的支柱产业，规模占比达68.0%。与此同时，随着年底工程项目类企业负责的工程项目确认结算，研发与设计服务业营业收入同比增长14.8%，增速较1~9月提高7.4个百分点。

（二）高端专业服务业保持平稳

2022年，高端专业服务业营业收入同比增长3.9%，增速分别比1~11月和1~9月回落0.7个百分点和0.5个百分点。其中，人力资源服务业对高端专业服务业支撑作用明显，1~12月人力资源服务业营业收入占高端专业服务业的29.8%，但拉动力分别比1~11月和1~9月回落0.6个百分点和1.1个百分点。自9月以来，质检技术和专业设计服务业营业收入稳步回升，全年营业收入均同比增长20.2%。

（三）现代物流业增长放缓

2022年，现代物流业②营业收入同比增长4.5%，增速分别比1~11月和1~9月回落3.0个百分点和8.0个百分点。其中，由于国际经济复苏不确定性增加，远洋运输市场正从之前的供不应求、一箱难求向供需平衡、运力宽松转变，国际远洋货运价格走低，叠加上年底运价上涨带来的高基

---

① 本报告中高技术服务业按2018年国家统计局划分标准，营业收入按该标准相关行业营业收入进行汇总。
② 本报告中现代物流业按照广东省统计局现代服务业产业分类中的现代物流业43个行业小类进行统计，不含餐饮配送、外卖送餐服务。

数效应，远洋货物运输业营业收入增速逐步回落。同时由于基数抬升，货物运输代理业营业收入增速回落至3.1%，航空货物运输业营业收入回落至14.0%。

四 广州市规上服务业与国内4个主要城市对比

与全省对比，2022年广州市规上服务业和营利性服务业营业收入增速（1.3%、3.7%）均低于广东省增速（2.1%、4.9%）。从10个门类行业来看，除信息传输、软件和信息技术服务业，水利、环境和公共设施管理业，居民服务、修理和其他服务业，教育行业外，其余6个行业营业收入均高于全省平均水平。

与北、上、深、杭4个城市相比，从规模来看，北京市和上海市规上服务业营业收入均超4万亿元。上海市规上服务业营业收入规模总量与北京市差距有所扩大，但仍占据较大优势，与北京市同属第一梯队，领跑重点城市；深圳市规上服务业营业收入挺进2万亿元关口，达20424.20亿元；广州市、杭州市规上服务业营业收入分别为16773.66亿元、16674.62亿元，两城市营业收入水平相当。

从增速来看，广州市规上服务业营业收入增速在5个城市中位居第二，仅次于深圳市。从具体行业来看，一线城市的支柱产业均为交通运输、仓储和邮政业，信息传输、软件和信息技术服务业，租赁和商务服务业，科学研究和技术服务业。其中，广州市科学研究和技术服务业营业收入同比增长7.8%，增速领跑其余4个城市；租赁和商务服务业同比增长3.0%，增速仅低于杭州市；但广州市信息传输、软件和信息技术服务业规模在5个城市中最小，增速偏低，仅高于杭州，发展劲头不足，且这个行业营业收入在主要城市规上服务业营业收入中占比均超过1/4，特别是杭州市，信息传输、软件和信息技术服务业营业收入占杭州规上服务业营业收入的比重达61.0%，支柱产业较为单一，受阿里巴巴等互联网龙头企业增速放缓的影响，2022年杭州市规上服务业营业收入呈现负增长（见表3）。

2022年广州市规模以上服务业运行分析报告

表3 2022年全国主要城市规上服务业分行业营业收入情况

单位：亿元，%

行业名称	北京市 营业收入	北京市 增速	上海市 营业收入	上海市 增速	广州市 营业收入	广州市 增速	深圳市 营业收入	深圳市 增速	杭州市 营业收入	杭州市 增速
规上服务业	55761.9	0.3	47806.38	0.3	16773.66	1.3	20424.20	2.4	16674.62	-1.5
交通运输、仓储和邮政业	8223.5	-0.3	17249.01	-2.9	5004.81	-1.5	4457.89	-5.5	2118.46	-9.5
信息传输、软件和信息技术服务业	24761.9	7.4	12288.75	7.9	4879.63	3.6	9066.01	9.0	10169.98	-2.1
互联网和相关服务业	8071.9	7.0	5783.51	14.6	1538.34	7.3	3661.82	3.3	4841.33	1.7
软件和信息技术服务业	15077.5	8.3	5481.02	1.8	2746.83	1.6	4773.42	14.4	4849.67	-6.5
房地产业（不含房地产开发经营）	2673.7	-5.5	1619.66	-8.7	1276.45	-2.0	1615.94	-1.0	532.97	1.8
租赁和商务服务业	9254.5	-7.6	9390.75	-0.6	3087.66	3.0	2947.99	0.2	2008.65	7.4
科学研究和技术服务业	7378.5	0.9	5294.04	5.9	1672.63	7.8	1562.53	2.0	1248.32	6.4
水利、环境和公共设施管理业	601.1	-7.2	587.38	-0.1	115.44	-9.9	158.19	-4.5	100.34	-0.6
居民服务、修理和其他服务业	214.1	-9.8	349.13	-9.8	150.64	4.1	206.32	5.8	83.79	-1.6
教育	558.0	-40.7	155.55	-54.1	130.29	-20.6	102.05	-21.8	49.71	-31.3
卫生和社会工作	412.5	1.8	402.19	10.6	213.78	10.7	156.79	18.0	177.37	7.7
文化、体育和娱乐业	1683.8	-11.4	469.92	-23.0	242.32	-11.7	150.49	-12.9	185.04	-9.2

资料来源：广州市统计局。

041

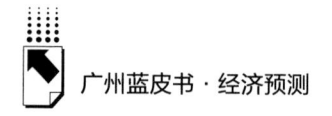

五 广州市规上服务业发展需关注的问题

（一）部分行业持续低迷

自2022年以来，受疫情影响，会展服务和旅行社、影院、室内娱乐场所、游乐场等场所接触性、聚集性经营活动受限，相关行业持续低迷，第四季度以来营业收入增速逐月走低。2022年1~12月，文化、体育和娱乐业，租赁和商务服务业，居民服务、修理和其他服务业3个行业门类营业收入增速分别比1~9月回落4.0个百分点、2.9个百分点和3.7个百分点；3个行业营业收入实现增长的企业占比均不超过五成，分别仅为27.3%、37.3%和40.9%，企业盈利面（指样本企业实现盈利的数量在总体样本数量的占比）分别为36.8%、56.9%和51.7%。

（二）信息传输、软件和信息技术服务业增长乏力

信息传输、软件和信息技术服务业是广州市营利性服务业中营业收入占比最大的行业，软件和信息技术服务业前三季度营业收入增速逐月回落，尽管回落幅度不大，但增长动力不足，这是导致广州市规上服务业营业收入增速低于广东省和深圳市的主要原因。由于2022年该行业缺少新增大企业、存量龙头企业增速放缓，加上游戏、直播等业务受政策约束、需求饱和等因素影响，龙头企业对行业营业收入的拉动作用减弱。另外，腾讯、阿里巴巴等企业集团随着体量的增大难以长期维持高速增长，增速逐步放缓，且这类企业容易受各地优惠政策吸引，集团总部会根据各地政策进行业务布局，广州市相关政策竞争优势不明显。同时与北、上、深、杭等主要城市相比，广州市集团总部企业数量较少，缺少千亿级的龙头企业，部分本土企业的业务还会向周边城市分流，上述因素造成广州市该行业增速相对较低。

（三）2023年部分行业实现"开门红"面临压力

多式联运和运输代理，装卸搬运和仓储业，软件和信息技术服务业等行业开局良好，2022年第一季度营业收入均实现两位数增长，尽管随着基数增长营业收入增速逐步回落，行业发展呈现高开低走的态势，但已形成较大基数，这对2023年相关行业实现"开门红"形成较大压力。另外，从新增纳统企业的角度来看，全市规上服务业新增企业特别是新增大企业较少，增量拉动力减弱，2023年广州市规上服务业营业收入第一季度实现"开门红"面临较大压力。

六 广州市规上服务业发展建议

（一）做好服务业的夯基蓄能

服务业是人们生产生活中不可或缺的重要组成部分，做好服务业的培育和扶持，是关系社会发展和稳定的重要工作。各行业主管部门要深入开展规上服务业企业调研工作，梳理疫情中受影响企业的诉求，重点关注经营效益下滑的企业，了解企业复工经营实际困难并及时帮助其解决，多帮业务对口企业"牵线搭桥"，促成企业合作，增加业务量，在政策和资金上向规上服务业企业倾斜，帮助企业加快纾困"回血"，让企业切实感受到升规纳统后的实惠，增强企业信心。通过行之有效的稳企安企政策为企业的生产经营活动提供保障，为2023年规上服务业发展夯基蓄能。

（二）深化产业融合，推进数字产业升级

党的二十大报告指出，高质量发展是全面建设社会主义现代化国家的首要任务。加快数字经济发展，促进数字经济和实体经济深度融合是实现高质量发展的重要一环。当前，广州市明确以"制造业立市"为发展目标，信

息传输、软件和信息技术服务业需要抓住新一轮发展机遇，以数字化转型推动制造业升级，从而促进广州市经济高质量发展。一方面，发挥"软件名城"优势，加快推进产业数字化应用，通过数字科技赋能生产，解决企业降本增效问题，从而促进产业高质量发展。另一方面，面对消费互联网市场日益饱和的激烈竞争局面，亟须推进互联网产业从消费互联网向产业互联网转变，开拓行业版图，打造数字经济发展新优势。

（三）助力龙头企业提质增效，推动中小企业做大做强

一方面，继续引导重点企业、重点项目加快发展。对龙头企业有针对性地给予政策帮扶，通过采取产业导入、链主带动、内培外引等手段，加快产业载体建设，吸引行业龙头企业来穗扎根发展，带动中小企业集群发展。在发挥龙头企业引领作用的同时，吸引外地产业链上下游优质企业来穗发展，培育壮大本地配套企业，形成规上服务业企业培育梯队，实现储备一批、培育一批、入库一批的良性循环。另一方面，重点关注并扶持服务业特别是互联网行业腰部企业发展壮大，为行业提速发展实现新增量。通过政策、项目的支持，发挥市级投资引导类基金作用，鼓励各区立足自身产业创新方向设立子基金，引导社会金融机构提供多元金融服务，支持具备核心技术与创新能力的服务业腰部企业发展壮大，努力实现企业成长与规模化盈利的双赢局面。

（四）加大促消费力度，提振消费信心

目前，市民消费需求得到释放，消费预期乐观。一是建议加大对餐饮、购物、旅游、电影院线等促消费力度，开展广州文旅惠民消费活动，重点支持旅行社、A级旅游景区、旅游度假区等文旅企业开展各种文旅促消费活动，刺激市民出行、旅游和娱乐需求，拉动广州市旅游消费，在促进相关行业营业收入增长的同时带动交通运输行业恢复。二是结合元宇宙、沉浸式体验活动等潮流元素创新消费场景，增强消费者的体验感，从而充分激发市民消费活力。

参考文献

朱纪广、李小建：《产业集聚对区域经济高质量增长的影响效应——基于空间溢出效应视角》，《经济地理》2022年第10期。

袁晓婕：《释放潜力 壮大规上企业培育库》，《南通日报》2022年6月20日。

谭苑芳：《打造世界级旅游目的地和国际旅游消费中心城市》，《南方日报》2022年9月27日。

商务部新闻办公室：《2022年国家级经济技术开发区综合发展水平考核评价结果》，2023年1月13日。

B.3
2022年广州市外贸、外资运行分析报告

广州市统计局贸易外经处课题组[*]

摘　要： 2022年，广州市全力落实稳外贸、稳外资工作部署，全市全年进出口总值、实际使用外资金额均创历史新高，外贸结构持续优化，发展质量稳步提升。但外贸出口承压、机电产品和高新技术产品出口下降、外资新设企业数量下降等问题依然存在，建议从优化营商环境、夯实产业基础、深化贸易多元化、发挥创新平台作用等方面入手，不断推动外贸、外资稳健发展。

关键词： 进出口　实际使用外资　广州市

2022年，广州市全力落实稳外贸、稳外资工作部署，积极谋划、主动作为，出台了一系列政策措施，进一步深化跨境贸易便利化、营商环境改革，推进试验区、开发区等改革创新，多措并举、多点发力，保畅、促稳、提质，持续激发市场主体活力，为外贸、外资稳增长提供有力的支撑，全市外贸、外资规模再创新高，外贸结构持续优化，发展质量稳步提升。

一　2022年广州市商品进出口情况分析

2022年，广州市全面贯彻落实各项稳外贸政策，研究出台了一系列稳

---

[*] 课题组组长：黄子晏，广州市统计局贸易外经处处长，统计师，研究方向为政府统计与公共管理。课题组成员：黄健芳，广州市统计局贸易外经处副处长、三级调研员，统计师，研究方向为政府统计与公共管理；周晓雯，广州市统计局贸易外经处商调队员，研究方向为政府统计与公共管理。执笔人：周晓雯。

外贸措施，不断激发市场活力，外贸规模再创新高，对外开放步伐持续加快。

（一）进出口韧性逐步增强，外贸规模创新高

在一系列保障外贸供应链稳定畅通的政策措施支持下，2022年，广州市商品进出口总额再次超万亿元，达到10948.40①亿元，较上年增加122.52亿元，规模再创新高，同比增长1.1%。其中，进口额为4753.61亿元，同比增长5.3%；出口额为6194.79亿元，同比下降1.9%。贸易顺差（出口额减进口额）为1441.18亿元，比上年减少357.28亿元。分季度看，进出口规模逐季增加，第一季度至第四季度进出口总额分别为2470.26亿元、2530.21亿元、2635.07亿元、3312.86亿元（见图1），第四季度进出口规模较前三个季度明显扩大。

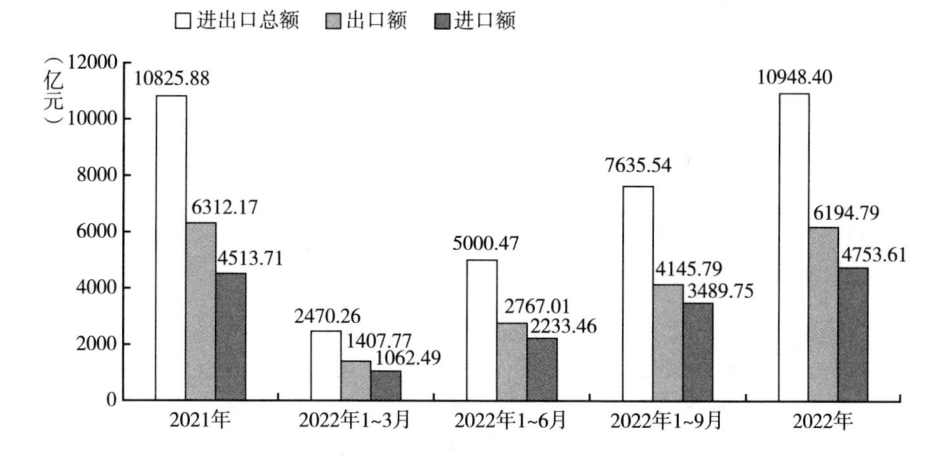

图1　2021~2022年广州市进出口规模

说明：2021年数据为快报数。
资料来源：中华人民共和国广州海关网站。

---

① 本报告部分数据由于四舍五入而产生的计算误差，未做机械调整。

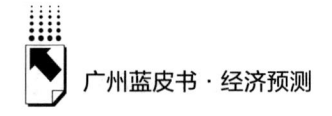

（二）进口走势好于出口，全年表现"一增一降"

从全年增长趋势看，进出口总额增速先是逐步放缓再稳步回升。2022年1~2月增速（4.1%）为全年峰值，随后受复杂严峻的国际形势和国内疫情等因素影响，增速逐步放缓，1~4月出现负增长，同比下降1.8%，1~8月降幅扩大至7.3%，随着稳外贸政策措施落地见效，9月当月增速由负转正，11月当月增速达到30.1%，1~11月累计增速由负转正，同比增长0.2%，1~12月累计增速回升至1.1%。

出口发展承压，出口增速呈"U"形趋势。1~2月降幅（-0.2%）为2022年最低，比降幅最大的1~8月（-14.7%）高14.5个百分点，1~12月降幅收窄至1.8%。

进口增速总体呈"前快后稳"的趋势。1~2月增速（11.0%）为全年峰值，随后增速放缓，1~4月增速（1.5%）为全年最低，1~5月以来累计增速稳定在3.6%~5.3%，总体发展平稳，1~12月进口增速为5.3%。出口增速与进口增速差距最大的是1~9月，相差18.9个百分点，1~12月差距收窄为7.1个百分点。（见图2）

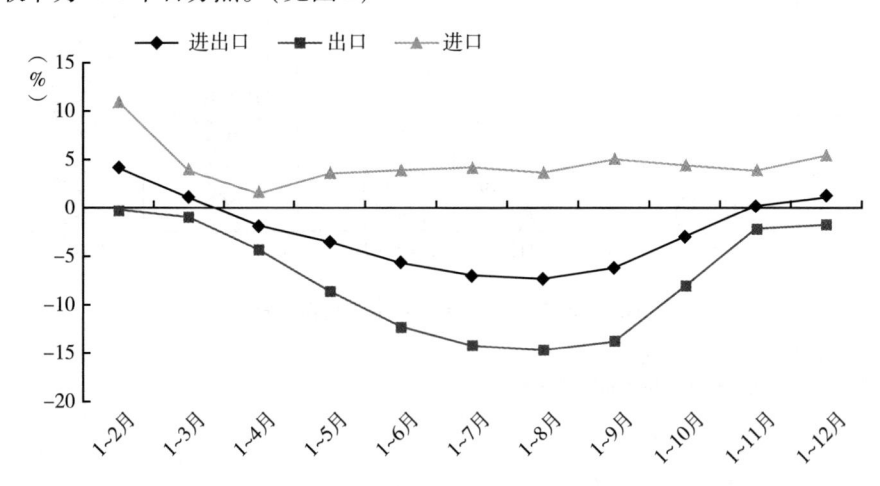

图2　2022年广州市进出口各月累计增速

资料来源：中华人民共和国广州海关网站。

（三）进出口增速低于全国、高于全省，进口表现良好

从规模看，2022年广州市进出口规模占全省进出口总值的13.2%，占比分别比深圳、东莞低31.0个百分点和3.6个百分点。在国内主要城市中广州市的进出口规模位居第七，上海、深圳、北京、苏州、东莞和宁波的进出口规模分别是广州的3.8倍、3.4倍、3.3倍、2.3倍、1.3倍和1.2倍；广州的进出口规模分别比厦门、青岛和天津多1723亿元、1831亿元和2500亿元。从增速看，广州市进出口总值同比增长1.1%，比全国平均增速低6.6个百分点、比全省平均增速高0.6个百分点；在10个城市中增速位居第八，分别比东莞和天津高9.8个百分点和2.5个百分点，比其余7个城市增速低0.5~18.6个百分点。

其中，广州市出口规模在国内10个主要城市中位居第六，增速位居第7位，同比下降1.8%，增速分别比天津、东莞和北京高0.1个百分点、1.5个百分点和2.0个百分点，低于其余6个城市5.8~15.7个百分点。广州市进口规模在10个城市中位居第五，增速位居第二，同比增长5.3%，增速低于北京20.4个百分点，高于其余8个城市0.2~22.9个百分点（见表1）。

表1 2022年全国十大外贸城市进出口情况

单位：亿元，%

地区	进出口 规模	进出口 同比增速	出口 规模	出口 同比增速	进口 规模	进口 同比增速
全国	420678.00	7.7	239654.00	10.5	181024.00	4.3
上海	41902.75	3.2	17134.21	9.0	24768.53	-0.5
深圳	36737.52	3.7	21944.80	13.9	14792.72	-8.5
北京	36445.51	19.7	5890.02	-3.8	30555.48	25.7
苏州	25721.11	1.6	15475.04	4.0	10246.07	-1.9
东莞	13926.63	-8.7	9240.13	-3.3	4686.50	-17.6
宁波	12671.30	6.3	8230.60	8.0	4440.70	3.4
广州	10948.40	1.1	6194.79	-1.8	4753.61	5.3
厦门	9225.59	4.0	4657.39	8.2	4568.20	0.1
青岛	9117.20	7.4	5361.10	9.0	3756.10	5.1
天津	8448.52	-1.4	3803.59	-1.9	4644.93	-1.0

资料来源：各市统计局官网。

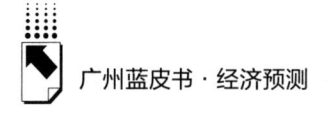

（四）一般贸易比重提高，保税物流增势较好

2022年，广州市一般贸易进出口额为7019.06亿元，同比增长17.6%，实现较快增长，占全市外贸进出口总值的比重由上年的55.1%上升至64.1%，比重不断提升，外贸升级成效进一步显现，一般贸易成为拉动全市进出口总值增长的重要贸易方式。加工贸易进出口额为2222.23亿元，同比下降2.6%，占全市进出口总值的比重为20.3%。其中，来料加工装配贸易进出口额为717.08亿元，同比增长11.9%；进料加工贸易进出口额为1505.15亿元，同比下降8.2%。一般贸易进出口额占全市外贸进出口总值的比重比加工贸易高43.8个百分点。保税物流进出口额为1157.98亿元，同比增长23.2%，增速较上年提高14.3个百分点。保税物流进出口额占全市进出口总值的10.6%，占比较上年提高1.9个百分点。

（五）私营企业比重过半，国有企业表现亮眼

稳经济一揽子政策和接续措施有效激发了包括私营企业在内的各类市场主体活力，私营企业持续发挥外贸"稳定器"作用。2022年，广州市私营企业进出口规模最大，达到5729.86亿元，分别是外资企业和国有企业的1.6倍和3.9倍，同比增长0.6%，占全市进出口总值的52.3%。外资企业进出口额为3678.13亿元，同比下降4.7%，占全市进出口总值的33.6%。国有企业进出口额为1484.98亿元，占全市进出口总值的13.6%，但增势较好，同比增长29.8%，增速分别比私营企业和外资企业高29.2个百分点和34.5个百分点。其他企业进出口额为55.43亿元。

（六）机电产品出口占主导，农产品进口快速增长

出口方面，机电产品、高新技术产品出口额均有所下降，其中机电产品出口额为3010.71亿元，同比下降4.2%，占全市出口总值的48.6%。其中，乘用车出口额为38.22亿元，同比增长89.7%；商用车出口额为6.51亿元，同比增长5.5倍；汽车零配件出口额为152.79亿元，同比下降13.2%。家用

电器出口额为231.48亿元，同比下降4.8%。高新技术产品①出口额为878.66亿元，同比下降12.0%。农产品出口额为80.17亿元，实现两位数增长，同比增长11.7%。劳动密集型产品②出口额为1313.45亿元，同比下降25.1%，占全市出口额的21.2%。成品油出口额为87.79亿元，同比增长69.3%。

进口方面，机电产品和高新技术产品进口额分别为1678.43亿元和1077.61亿元，同比分别下降0.6%和增长4.3%。农产品进口额为687.10亿元，同比增长23.8%。其中，粮食进口额为125.14亿元，同比增长18.4%；乳品进口额为115.78亿元，同比增长14.5%。受益于芯片等高科技产业投资建设，半导体制造设备进口额为122.87亿元，同比增长2.1倍；计量检测分析自控仪器及器具进口额为147.70亿元，同比增长12.8%。天然气进口额为364.30亿元，同比增长3.0倍。钻石进口额为197.06亿元，同比增长17.3%。

（七）对六大主要贸易伙伴进出口规模表现为"两升四降"

2022年，广州市主要贸易伙伴依次为东盟10国、欧盟、美国、日本、中国香港和韩国，进出口规模分别为1751.12亿元、1695.17亿元、1356.06亿元、945.99亿元、685.32亿元和536.72亿元，合计占全市进出口总值的63.7%。从进出口增速看，对美国、欧盟进出口额实现增长，同比分别增长14.7%和0.5%；对韩国、中国香港、东盟10国、日本进出口额出现下降，同比分别下降7.9%、6.9%、1.0%和0.8%（见表2）。对外开放持续深化，广州对共建"一带一路"国家进出口额为3190.80亿元，同比增长3.9%，占全市进出口总值的29.1%，比重较上年提高0.7个百分点；其中对印度尼西亚、马来西亚和阿联酋进出口额同比分别下降8.0%、16.0%和11.0%，对越南、泰国、俄罗斯和新加坡进出口额同比分别增长8.0%、5.7%、74.0%和20.1%。

---

① 与机电产品有交叉，下同。
② 主要指塑料制品，箱包及类似容器，纺织纱线、织物及其制品，服装及衣着附件，鞋靴，家具及其零件，玩具7类产品。

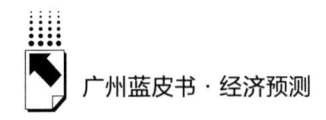

表2　2022年广州市对主要贸易伙伴进出口情况

单位：亿元，%

贸易伙伴	进出口 规模	进出口 同比增速	出口 规模	出口 同比增速	进口 规模	进口 同比增速
东盟10国	1751.12	-1.0	1085.67	-2.7	665.45	2.0
欧盟（27国，不含英国）	1695.17	0.5	860.59	-11.1	834.58	16.1
美国	1356.06	14.7	960.25	16.9	395.80	9.6
日本	945.99	-0.8	253.16	17.5	692.83	-6.2
中国香港	685.32	-6.9	645.04	-7.6	40.28	7.3
韩国	536.72	-7.9	165.47	24.5	371.25	-17.5

资料来源：中华人民共和国广州海关网站。

二　2022年广州市使用外资[①]情况分析

2022年，广州市持续完善体制机制，强化政策服务供给，积极构建招商引资"强磁场"，取得成效，不断推进高端资源和大项目加速集聚，推动形成稳中提质的良好发展态势。

（一）实际使用外资金额增势良好

2022年，广州市外商直接投资新设企业3442家，同比下降15.0%；实际使用外资金额规模再创新高，实现574.13亿元，同比增长5.7%，比全国平均增速（6.3%）低0.6个百分点，比广东省（-1.1%）高6.8个百分点。从增速看，自2022年初以来，实际用外资金额各月累计同比增速保持3%以上，其中1~2月、1~7月、1~8月、1~10月均实现两位数增长（见图3）。从企业类型看，外资企业仍占主导地位但增速放缓，实际使用外资金额为405.25亿元，占全市实际使用外资金额的70.6%，占比较上年回落

[①] 使用外资为外商直接投资。

11.1个百分点；同比增速由上年的正增长转为下降8.7%。中外合资企业实际使用外资金额为92.07亿元，占全市实际使用外资金额的16.0%，同比增长1.0%。合伙企业实际使用外资金额为74.03亿元，占全市的12.9%，实现大幅增长，同比增长314.3倍。另外，中外合作企业实际使用外资金额为2.7亿元，外商投资股份制企业实际使用外资为0.02亿元。

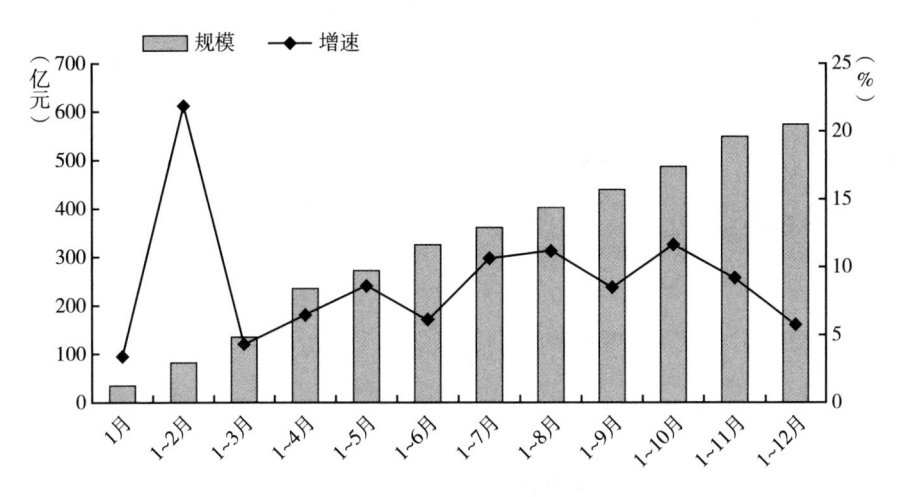

图3 2022年广州市实际使用外资各月累计金额及增速

资料来源：广州市商务局。

（二）第二产业实际使用外资金额增长势头强劲，制造业引资成亮点

2022年，广州市第三产业新设外资企业3313家，占全市外商直接投资新设企业的96.3%；实际使用外资金额为459.86亿元，同比下降1.9%，占全市的比重达80.1%，占比较上年回落6.2个百分点。第三产业实际使用外资金额是第二产业的4.0倍。第二产业新设企业119家，实际使用外资金额为114.26亿元，同比增长53.9%，占全市实际使用外资金额的19.9%，占比较上年提高6.2个百分点。其中，制造业大项目为"制造业立市"提供有力支撑，是第二产业增长的主要动力。制造业实际使用外资金额为97.82亿元，同比增长71.8%，增速高于全市实际使用外资金额66.1个百分点。

（三）租赁和商务服务业仍为引资焦点行业，占比、增速均提高

从国民经济行业分类看，2022年，租赁和商务服务业实际使用外资金额为237.78亿元，同比增长33.1%，增速比上年提高3.5个百分点，占全市的41.4%，占比较上年提高8.5个百分点，引资规模稳居行业第一。科学研究和技术服务业引资规模排第2位，实际使用外资金额为126.05亿元，占全市的22.0%，增速由上年的负增长转变为同比增长28.6%。制造业实际使用外资金额占全市的比重为17.0%，占比从上年的第4位上升至第3位，同比增速为71.8%。此外，实际使用外资金额占比超5%的房地产业，信息传输、软件和信息技术服务业发展放缓，实际使用外资金额同比分别下降74.2%和2.6%（见图4）。

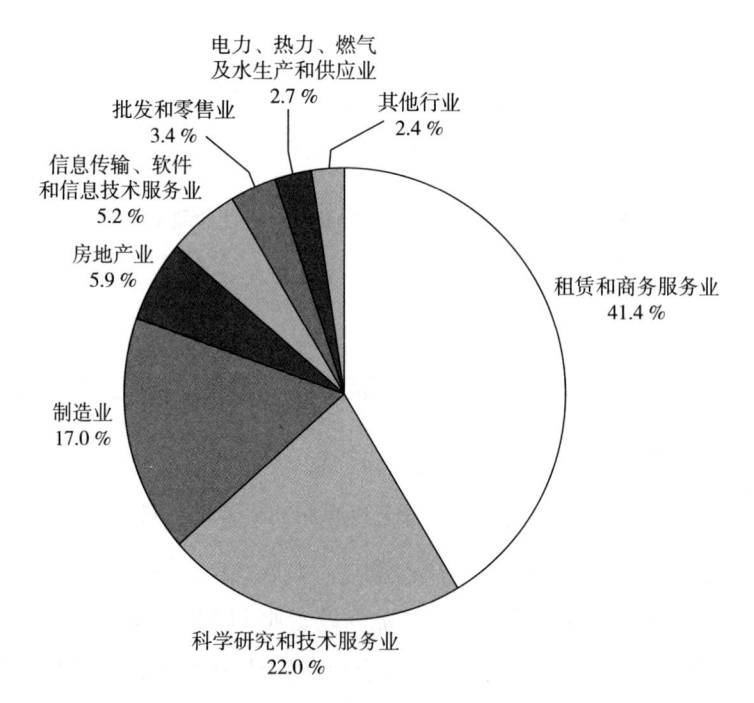

图4 广州市实际使用外资金额分行业占比

资料来源：广州市商务局。

（四）超九成资金来自香港，增速超两位数

2022年，中国香港在穗新设外资企业数量减少，为1429家，同比下降8.2%。中国香港在穗实际使用外资规模持续居首位，金额达535.32亿元，占全市实际使用外资金额的93.2%，占比较上年提高5.6个百分点。中国香港在穗实际使用外资金额同比增长12.5%，引资规模远超其他地区，为广州市最大外资来源地。其次是新加坡、英属维尔京群岛、日本、开曼群岛等外资来源地，实际使用外资金额合计为34.51亿元，实际使用外资金额合计占比为6.0%。前5位外资来源地，实际使用外资金额合计占比达99.2%。其中，开曼群岛和新加坡实际使用外资金额同比分别增长39.4倍和6.6%，英属维尔京群岛和日本实际使用外资金额同比分别下降68.4%和25.6%。

（五）对外开放平台带动外资增长作用明显

从各区新设外资企业数量看，2022年天河区、越秀区和南沙区位列前三，分别为959家、645家和367家，合计占全市的57.3%；其中南沙区同比增长近三成，是全市唯一实现新设企业数量正增长的区。从各区实际使用外资金额看，2022年，受益于发展国家级经济技术开发区、自贸试验区等配套政策，黄埔区、南沙区引资优势突出，实际使用外资金额均超100亿元，分别为193.81亿元和172.80亿元，分别占全市的33.8%和30.1%，比重分别较上年提高1.6个百分点和11.7个百分点；两区实际使用外资金额均实现两位数以上增长，黄埔区同比增长10.9%，南沙区同比增长72.7%。在营商环境持续优化、《广州南沙深化面向世界粤港澳全面合作总体方案》出台等政策措施带动下，南沙区新设企业数量、实际使用外资金额表现出加速增长的趋势。商务部公布了2022年国家级经济技术开发区综合发展水平考核评价结果，对217家国家级经济技术开发区2021年度综合发展水平进行考核评价，在实际使用外资方面，广州经济技术开发区、广州南沙经济技术开发区分别位居第一、第二。

表3　2022年广州市各区外商直接投资情况

区域	新设企业（家）	新设企业同比增速(%)	实际使用外资金额(亿元)	实际使用外资金额同比增速(%)
合计	3442	-15.0	574.13	5.7
越秀区	645	-13.4	16.17	15.4
海珠区	135	-51.8	26.15	-32.7
荔湾区	272	-25.7	12.45	-4.1
天河区	959	-3.9	55.23	-33.8
白云区	327	-31.5	12.11	6.3
番禺区	336	-18.1	41.98	-10.3
花都区	91	-21.6	16.32	3.4
黄埔区	195	-20.7	193.81	10.9
南沙区	367	29.7	172.80	72.7
增城区	87	-8.4	23.90	-22.0
从化区	20	-4.8	0.90	-29.1

资料来源：广州市商务局。

三　广州市外贸、外资发展需要关注的几个问题

（一）出口增速持续低于全国、全省平均水平

受外部环境不确定性增加、外需走弱、国内疫情、高基数压力等因素影响，全市商品出口承压。自2022年2月以来，全市出口额持续负增长，全年出口累计增速仍未能转正，各月累计增速均低于全国、全省平均水平；其中，1~7月和1~8月出口累计增速同比下降，分别比全国平均水平低29.0个百分点和28.9个百分点，比全省平均水平低21.2个百分点和19.6个百分点。

（二）外资企业进出口明显放缓

2022年外资企业进出口业务不理想，比国有企业、私营企业进出口额

增速低 34.5 个百分点和 5.3 个百分点。出口方面，外资企业出口额降幅小于私营企业，但发展压力较大，出口额同比下降 1.9%；进口方面，国有企业、私营企业均较上年实现两位数以上增长，但截至年末外资企业仍未能扭转自 2022 年 2 月以来各月累计增速持续为负的局面，全年进口额同比下降 7.5%。从比重看，外资企业进出口额占全市进出口总值的 33.6%，较上年回落 2.1 个百分点，比私营企业进出口额占比低 18.7 个百分点。其中，外资企业进口额占全市进口总值的比重较上年回落 5.3 个百分点。

（三）机电产品、高新技术产品、劳动密集型产品出口规模均有所下降

机电产品、高新技术产品出口规模收缩。2022 年，机电产品和高新技术产品出口增速由上年的两位数以上变为同比分别下降至 4.2% 和 12.0%，占全市出口总值的比重分别较上年回落 1.2 个百分点和 1.6 个百分点。汽车出口增长快速但规模较小，汽车产业对外贸支撑不足，广州汽车产能主要面向国内，尚未能很好把握当前汽车出口快速增长的"风口"。劳动密集型产品出口额同比下降 25.1%，除箱包及类似容器同比增长 4.0% 外，其余 6 类产品出口规模均有所下降，占劳动密集型产品出口比重超三成的服装及衣着附件出口额同比下降 43.2%，玩具，鞋靴，塑料制品，家具及其零件，纺织纱线、织物及其制品出口额同比分别下降 48.6%、16.2%、8.4%、8.1% 和 6.3%。

（四）外商直接投资新设企业数量降幅超两位数

国际环境严峻复杂、全球经济增长放缓、国际贸易需求收缩、供应链不畅通等各种因素叠加影响投资信心。在需求收缩和上年基数等因素影响下，2022 年广州市外商直接投资新设企业数量同比下降，自 2 月以来连续 11 个月累计降幅超两位数，其中 1~5 月降幅达 32.0%。在企业类型中体量最大的外资企业出现"双双下降"，新设企业数量同比下降 18.6%，实际使用外资金额同比下降 8.7%，拉低全市实际使用外资金额增速 7.1 个百分点。分

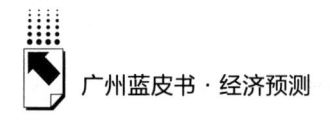

行业看，房地产业、信息传输、软件和信息技术服务业，科学研究和技术服务业，批发和零售业，制造业，租赁和商务服务业等新设企业数量降幅均超两位数。

（五）资金来源集中度偏高

广州市外商直接投资实际使用外资金额超1亿元的国家和地区有6个，其中超九成资金来源于中国香港，占比为93.2%，较2021年提高5.6个百分点，资金来源集中度连续4年提高。除了来自英国的实际使用外资金额有所增长，来自德国、法国、美国等国家的实际使用外资金额几近于无，来自英国的资金仅占全市的0.6%，规模偏小。来自日本、中国澳门、中国台湾等周边国家和地区的资金出现大幅下降。资金来源地过于集中不利于引资风险的分散，从长远来看不利于进一步优化引资结构、完善政策制度、营造更加健康良好的投资环境。

四 促进广州市外贸、外资稳健发展的建议

（一）持续优化营商环境，提升通关便利化水平

继续有效推进"放管服"改革，研究出台促进外贸、外资稳健发展的配套政策，打造市场化、法治化、国际化的一流营商环境。多点发力，积极推进政策引领、降本增效、通关便利、外汇结算、信贷支持、出口退税、市场风险防范、市场准入等各环节进一步优化提升。不断优化通关措施，持续提升口岸基础设施建设及通关便利化水平，大力发展多式联运，积极推动智慧口岸建设，提升口岸平台效能。加大产业链承保规模等，加强对产业链细分领域的精准服务；强化金融支持产品等模式创新，为企业提供个性化服务方案；全流程优化涉企服务，提升贸易便利化水平、便利企业跨境投融资；引导外资流入先进制造业与现代服务业，鼓励企业在广州市设立总部、研发中心等。

（二）不断夯实产业基础，增强产品竞争力

促进行业技术进步和产业结构升级，提升出口企业竞争力，提高出口产品科技含量和附加值，以传统优势出口产品为基础、以高新技术产品培育新增长点。着力发展实体经济，持续推进传统产业改造升级和战略性新兴产业培育壮大，加快补链、强链项目建设，推动制造业高端化、智能化、绿色化发展，延长对外贸易产业链，巩固提升汽车产业等优势产业地位，支持开拓海外市场。在发展传统货物贸易的同时，积极发展新兴服务贸易，推进文化、旅游、数据服务、中医药服务等特色贸易发展。把握建设服务业扩大开放综合试点的重大机遇，推进现代服务业同先进制造业融合发展，塑造国际竞争和合作新优势，增强引领示范效应，推动重点外资项目落地，加强"全生命周期"服务，及时协调解决各种问题和困难，提升城市和产品国际竞争力。

（三）推动贸易伙伴多元化，挖掘对外开放新增长点

巩固欧盟、东盟、美国、日本等传统贸易市场，拓展中东、拉美、非洲、大洋洲等新兴贸易市场，重视抢抓共建"一带一路"重大机遇，常态化运行国际货运班列，切实打通外贸企业进出口环节堵点，使其深度融入国内国际双循环经济发展格局。充分对接《区域全面经济伙伴关系协定》（Regional Comprehensive Economic Partnership，RCEP），深挖外贸潜力和制度红利，鼓励企业积极拓展海外市场。拓宽国际合作平台，盘活海外供应链，支持跨境电商、市场采购贸易等新业态、新模式健康发展，鼓励企业面向RCEP成员国、共建"一带一路"国家、中欧班列重要节点城市等建设海外仓，形成对外贸易的有力支撑点。立足产业比较优势，实现优势产能与相关国家（地区）的先进技术和资金有效对接，推进国际产能合作，深化多双边经贸合作，培育国际经贸合作新增长点。

（四）发挥创新平台作用，营造开放新格局

进一步发挥综合保税区、自贸试验区、经济技术开发区等开放平台作

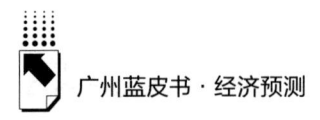

用，先行先试，对接高标准国际经贸规则，加快推动制度型开放。发挥平台政策优势，支持外贸、外资企业依托各平台进一步拓展国际国内市场。立足区域优势，打造外贸产业链、建设产业集群，持续增强平台的溢出效应和辐射效应。抓住《广州南沙深化面向世界的粤港澳全面合作总体方案》为广州外贸带来的重大发展机遇，推动南沙外贸发展。完善招商机制，紧紧围绕重点产业链、供应链、价值链、创新链，以开放平台为龙头，以高质量发展为导向，鼓励国家级开发区等运用自身优势更好发展开放型经济，吸引高质量企业和项目落地广州市。

参考文献

王红茹：《外贸突围》，《中国经济周刊》2023年2月28日。

民建广州市委员会课题组：《"数字赋能"推进广州营商环境4.0创新改革研究》，载涂成林等主编《2022年中国广州经济形势分析与预测》，社会科学文献出版社，2022。

B.4
广州市租赁和商务服务业发展研究报告

李嘉惠[*]

摘 要： 作为经济发展中的专业化辅助服务，租赁和商务服务业已持续渗入各行业的价值链条，在促进全行业企业创新的同时促进了自身效益的提升。本报告从多个维度分析了广州市规模以上租赁和商务服务业（以下简称"规上租赁和商务服务业"）的发展情况，结合与国内其他重点城市行业发展情况的对比，剖析广州市规上租赁和商务服务业发展的薄弱环节，最后有针对性地提出新阶段继续推动租赁和商务服务业高质量发展的对策建议。

关键词： 租赁和商务服务业 高质量发展 广州市

租赁和商务服务业是第三产业的重要组成部分，涉及2个行业大类、12个行业中类、58个行业小类，具体包括机械设备等租赁、企业管理服务、法律服务、咨询与调查、广告、人力资源、会议展览、旅行社等行业。[①] 随着经济全球化趋势加快，我国经济结构不断优化，租赁和商务服务业已成为促进国民经济发展的重要动力。加快推动租赁和商务服务业高质量发展，积极开发新的服务渠道和项目，不断提升服务质量和降低服务成本，对促进广州市经济结构优化升级、增加就业、提升人民生活质量等都具有重要作用。

---

* 李嘉惠，广州市统计局服务业处三级主任科员，研究方向为服务业统计。
① 参见《国民经济行业分类》。

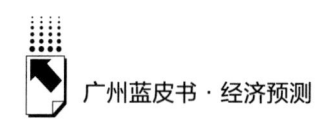

一 广州市租赁和商务服务业总体运行情况

在供给侧结构性改革的大趋势下，持续增强供给侧结构对需求变化的适应性和灵活性、不断提升产品和服务的专业化水平是各产业转型升级的必要手段。作为产业分工精细化的主要产物，租赁和商务服务业为产业提供各种专业化辅助服务，新模式、新业态不断涌现，迎来升级发展的新机遇。

（一）行业实力稳固，增加值占地区生产总值的比重稳步提升

党的十九大以来，广州市租赁和商务服务业保持强劲发展态势，各项指标稳步向好。近年来，租赁和商务服务业发展受到一定冲击，但在全行业高端化、专业化转型升级的背景下，行业增加值占全市地区生产总值的比重逐年企稳微升。2022年①，广州市租赁和商务服务业实现增加值1555.39亿元，占全市地区生产总值的比重为5.4%，占比自2018年突破5.0%后逐年提高，租赁和商务服务业为国民经济平稳健康发展提供了有力的支撑（见表1）。

表1 2018~2022年租赁和商务服务业增加值及其占比情况

单位：亿元，%

项目	2018年	2019年	2020年	2021年	2022年（快报数据）
地区生产总值	21002.44	23844.69	25019.11	28225.21	28839.00
租赁和商务服务业增加值	1048.94	1205.25	1279.01	1505.05	1555.39
占比	5.0	5.1	5.1	5.3	5.4

资料来源：广州市统计局。

---

① 本报告2022年数据均为快报数据。

广州市租赁和商务服务业发展研究报告

（二）规上单位规模壮大，营业收入突破3000亿元

党的十九大以来，广州市规上租赁和商务服务业迅速发展，单位数量、营业收入等主要指标均有所突破。2022年，广州市规上租赁和商务服务业单位共有3542家，占全市规模以上服务业（以下简称"规上服务业"）单位数量的27.5%，是单位数量最多的行业门类，比2018年增加1110家；实现资产总计29201.66亿元，比2018年规模增长近六成；实现营业收入3087.66亿元，占规上服务业营业收入的18.4%，2018~2022年营业收入年均增长10.5%，总体保持两位数快速增长；实现营业利润612.19亿元，同比下降12.9%，比2018年增加96.83亿元，营业收入利润率[①]为19.8%；实现投资收益678.40亿元，投资收益高于营业利润，这表明2022年规上租赁和商务服务业的经营性利润[②]为负（见图1和图2）。

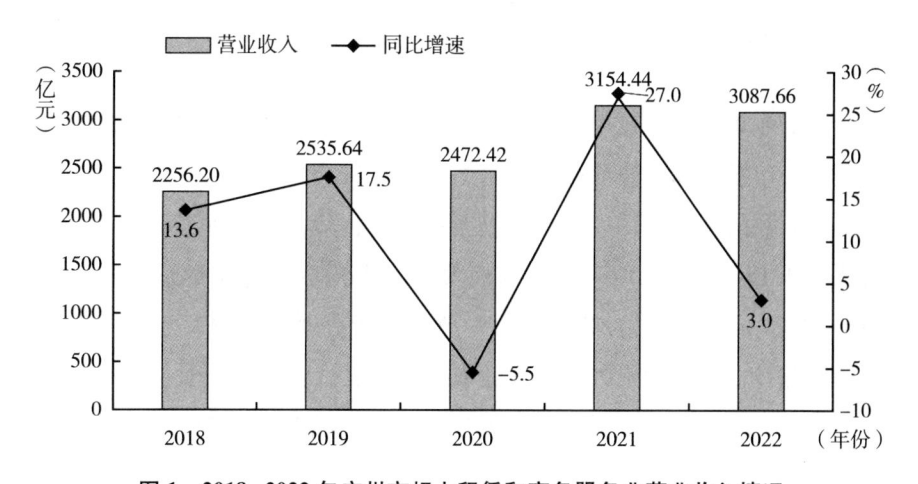

图1　2018~2022年广州市规上租赁和商务服务业营业收入情况

说明：由于统计局每年计算增速是以当年在库单位的本年数和上年同期数据计算得出，不是以每年汇总数据与往年数据计算，所以会导致直接计算的增速和图表增速不一致。
资料来源：广州市统计局。

---

① 营业收入利润率=营业利润/营业收入×100%，单位：%。
② 经营性利润指营业利润减去投资收益后的部分，以反映企业通过生产经营获得的利润情况。

063

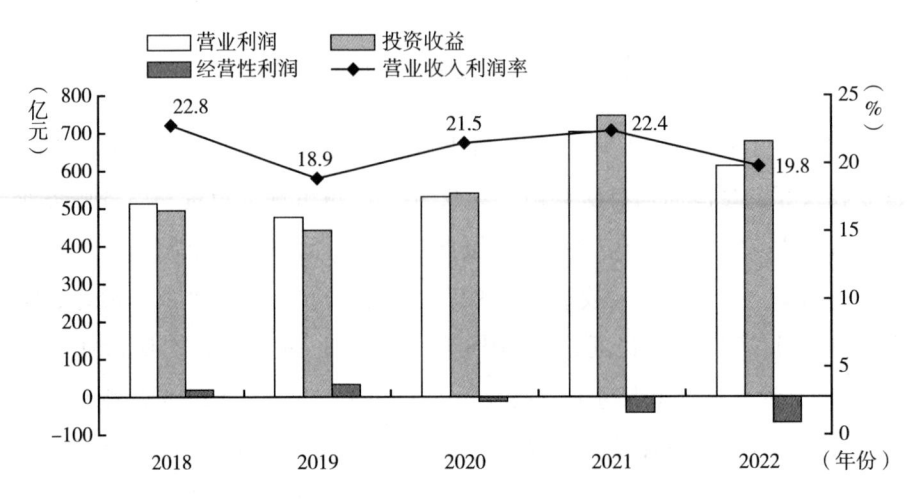

图 2 2018~2022年广州市规上租赁和商务服务业盈利情况

资料来源：广州市统计局。

（三）用工人数迅速增加，社会效益不断提升

从稳就业来看，行业用工人数快速增长，就业吸纳效应明显。2022年，广州市规上租赁和商务服务业期末用工人数为72.51万人，占规上服务业期末用工总人数的31.1%，明显高于其营业收入占规上服务业营业收入比重，且占比自2018年（23.0%）起逐步提高；规上租赁和商务服务业用工人数比2018年多34.44万人，其中人力资源服务行业增加27.62万人，显示人力资源服务行业自党的十九大以来迎来新的发展机遇期，各行业企业用工需求向专业化、精细化、灵活化方向发展。年人均薪酬从2018年的10.66万元提升到11.37万元，用工情况"质量双升"。

从促税收来看，行业税收贡献突出。两税合计①91.26亿元，同比增长22.1%，税收规模占规上服务业税收规模的20.8%，2018年至今占比均维持在20%以上。

---

① 两税合计=税金及附加+应交增值税（本期累计发生额）。

（四）超亿元投资项目数量稳定增长，固定资产投资情况良好

自 2018 年以来，广州市租赁和商务服务业固定资产投资项目数量持续增长，其中超亿元项目数量稳定增长，由 2018 年的 20 个逐步增长至 2022 年的 84 个；完成固定资产投资额总体快速增长。2022 年广州市租赁和商务服务业固定资产投资实现 295.64 亿元，比 2018 年增长 2.4 倍（见表2）。

表2 2018~2022 年广州市租赁和商务服务业完成固定资产投资情况

年份	项目数量（个）	其中：超亿元项目数量(个)	固定资产投资额（亿元）	同比增长（%）
2018	66	20	87.93	-11.5
2019	111	29	112.17	27.6
2020	174	46	202.03	80.1
2021	247	78	328.63	62.7
2022	298	84	295.64	-10.0

资料来源：广州市统计局。

二 广州市租赁和商务服务业发展特点

租赁和商务服务业通过为产业提供专业化辅助服务、实现规模经济效益，成为促进产业功能优化、品质提升和业态升级的强劲动能。近年来，租赁和商务服务业高端化、专业化程度不断提高，高端专业服务业[①]营业收入占比日益扩大。2022 年，广州市规上高端专业服务业企业合计实现营业收入 2015.53 亿元，占规上租赁和商务服务业营业收入的 65.3%，同比增长 3.6%，增速比租赁和商务服务业营业收入快 0.6 个百分点。发展多元的租赁和商务服务业能够为产业链的上中下游提供各种专业支持，促进区域全产

---

① 高端专业服务业包括法律服务、财税服务、咨询服务、广告服务、人力资源服务、会展服务、质检技术服务、专业设计服务、工程技术服务、知识产权服务等行业类别。

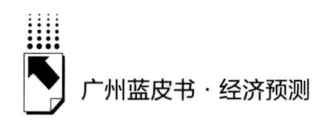

业的协同共赢。2022年,广州市租赁和商务服务业细分行业继续向高端化、数字化发展,国有经济、民营经济运行良好。

(一)行业专业化程度提高,发展趋势逐步向好

租赁和商务服务业在市场需求的推动下不断演变,与其服务对象良好互动、共同发展,实现双赢。近年来,广州市规上租赁和商务服务业各细分行业稳步发展、各有特点,机械设备租赁、法律服务、咨询与调查、人力资源服务等迎来快速发展机遇,但部分行业受疫情影响,规模总量与疫情前相比有所下降(见表3和图3)。

表3 2022年广州市规上租赁和商务服务业细分行业发展情况

行业名称	行业代码	单位数(家)	营业收入规模(亿元)	营业收入同比增速(%)	2020~2022年年均增速(%)	2018~2022年年均增速(%)	营业收入利润率(%)	用工人数数量(万人)	用工人数同比增速(%)
租赁和商务服务业	L	3542	3087.66	3.0	7.3	10.5	19.8	72.51	3.1
机械设备租赁	711	258	137.88	-3.6	12.6	21.7	7.7	1.21	-21.1
组织管理服务	721	433	400.37	4.9	7.0	7.9	102.4	5.49	2.1
综合管理服务	722	378	271.14	3.8	12.5	13.5	31.4	2.86	-0.8
法律服务	723	147	76.46	-2.2	8.3	14.2	16.4	1.69	1.1
咨询与调查	724	611	354.87	2.1	6.8	11.2	20.5	6.97	-13.4
广告业	725	684	573.53	-4.9	7.5	5.8	0.6	2.42	-6.2
人力资源服务	726	462	963.83	14.0	23.4	27.2	0.1	41.29	11.2
安全保护服务	727	98	85.89	8.8	9.3	13.6	3.0	8.42	-2.5
会议、展览及相关服务	728	172	46.85	-34.8	-22.1	-9.9	12.3	0.52	-14.5
其他商务服务业	729	293	175.88	-5.6	-24.4	-11.0	4.9	1.61	-10.9

注:表中主要列举规模较大、企业数量较多的细分行业,未包括租赁和商务服务业的所有行业。
资料来源:广州市统计局。

1. 社会用工需求灵活化,人力资源服务行业营业收入与用工人数快速增长

社会分工精细化和国家规范灵活用工的趋势不断推动企业组织经营方式

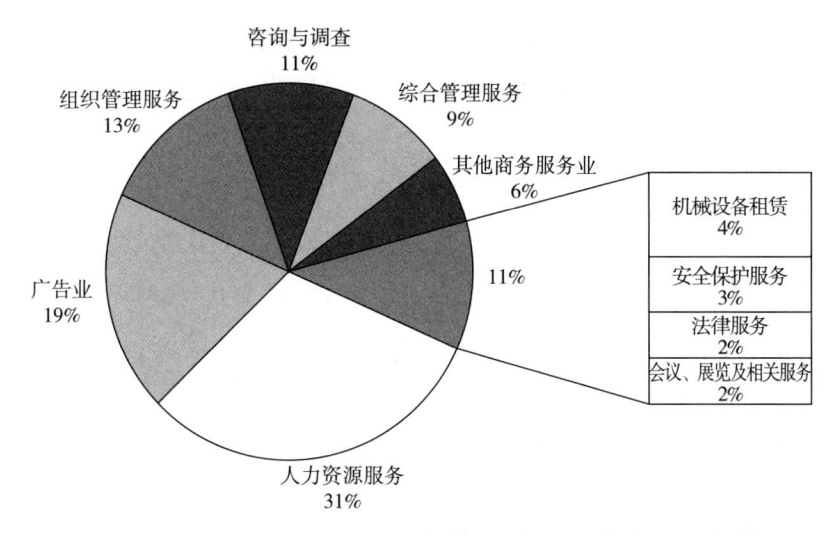

图 3　2022 年广州市规上租赁和商务服务业营业收入细分行业占比情况

资料来源：广州市统计局。

变革，同时引导人力资源服务行业快速规范化发展。2022年，广州市规上人力资源服务行业共462家单位，比2018年增加244家，实现营业收入963.83亿元，占规上租赁和商务服务业营业收入的比重由2018年的21.8%提升至31.2%。2022年，广州市规上人力资源服务行业营业收入同比增长14.0%，2018~2022年年均增长27.2%。行业用工人数从2018年的13.67万人骤增至2022年底的41.29万人，占规上租赁和商务服务业用工人数的比重超过五成。

2. 在企业降本增效需求驱动下，广告业、咨询与调查行业稳步发展

在日趋激烈的市场竞争中，企业为保持竞争优势，树立品牌形象，常通过购买广告服务以增强品牌效应，提高企业的知名度和影响力。2022年，广州市规上广告业单位有684家，是细分行业中单位数量最多的行业门类，单位数量占规上租赁和商务服务业的19.3%；实现营业收入573.53亿元，同比下降4.9%，2020~2022年营业收入年均增长7.5%。其中，随着现代生活信息化、智能化程度的提升，互联网广告快速发展。2022年，广州市规上互联网广告业实现营业收入227.69亿元，占规上广告业营业收入的比

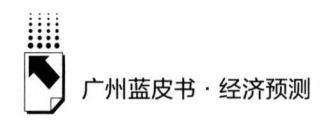

重近40%，营业收入同比增长7.1%，增速比广告业整体高12.0个百分点，是广告业稳步发展的主要动力。

咨询与调查是企业优化决策的"金钥匙"，市场调研和可行性研究可以降低企业开发成本、提高企业市场占有率；专业化的管理咨询能够为企业提供有效的管理服务、优化管理方案、实现降本增效等。2022年，广州市规上咨询与调查行业企业共有611家，企业数量在细分行业中仅次于广告业；实现营业收入354.87亿元，同比增长2.1%，2018~2022年年均增长11.2%，2020~2022年年均增长6.8%，增速与疫情前相比有所放缓，主要是由于市场调查部分线下业务开展受限，但总体仍保持稳步发展态势。

3. 企业运营精细化，管理服务规模壮大

受专业化管理和精细化运营需求驱动，市场衍生出企业总部管理、投资与资产管理、单位后勤管理等独立机构。2022年，广州市规上组织管理服务实现营业收入400.37亿元，同比增长4.9%，2018~2022年年均增长7.9%。实现资产总计22568.53亿元，占租赁和商务服务业资产的比重为77.3%；实现利润总额407.94亿元，其中投资收益为487.25亿元，占租赁和商务服务业投资收益的比重超七成。由于专业化程度高、中高层管理人员集中，组织管理服务的年人均薪酬达到21.82万元，是租赁和商务服务业中人均薪酬最高的行业。

综合管理服务行业主要为区域、产业提供跨界管理服务。2022年，广州市规上综合管理服务实现营业收入271.14亿元，其中供应链管理服务营业收入占综合管理服务的45.7%，同比增长11.3%，比综合管理服务增速高7.5个百分点，2018~2022年年均增长35.1%，增长态势迅猛。

4. 社会基建提速增效，机械设备租赁发展良好

党的十九大以来，全国上下全力推动重大基础设施投资建设提速增效，机械设备租赁为基础设施建设提供辅助配套设施，需求潜力巨大。2022年，机械设备租赁业受年底本土疫情影响较大，全年实现营业收入137.88亿元，同比下降3.6%，但2018~2022年仍保持年均21.7%的快速增长，营业收入

比2018年翻一番；用工人数规模迅速扩大，从2018年的0.91万人增长到2022年1.21万人，年均增速达8.7%。

5. 高端化专业化服务需求提升，法律服务盈利情况较好

在加快建设法治社会、提升社会法治水平的背景下，法律服务快速发展，除了满足基层群众日益增长的法律服务需求，也为企业提供专业的法律服务，帮助其规避经营风险。2022年，广州市规上法律服务行业企业数量为147家，比2018年增加66家。2022年实现营业收入76.46亿元，同比下降2.2%，2018~2022年营业收入年均增长14.2%。从业人数为1.69万人，2018~2022年从业人数年均增长9.4%。法律服务行业总体发展态势平稳向好。与其他行业门类相比，法律服务行业营业利润以经营性利润为主，这显示其专业化服务可持续发展情况较好。

6. 会议、展览及相关服务与旅行社及相关服务总量双双下降

以"中国第一展"广交会、各行业博览会为代表的会议、展览及相关服务为企业精准对接需求方提供广阔舞台，是产业链参与国内国际双循环的重要途径。但自2020年疫情发生以来，春、秋广交会等大型线下展会无法正常举办，导致行业营业收入规模不断萎缩。2022年，广州市规上会议、展览及相关服务实现营业收入46.85亿元，同比下降34.8%，2020~2022年年均下降22.1%，总量仅为2018年的六成。

旅行社及相关服务是其他商务服务业主要行业之一。受国内外疫情影响，境外、境内游均受限，旅行社及相关服务营业收入骤降。2022年，广州市规上旅行社及相关服务实现营业收入63.48亿元，同比下降22.0%，2020~2022年年均降幅超过40%，2022年营业收入规模已不足2018年的两成。

（二）中心城区稳居前列，东进南拓效应明显

租赁和商务服务业呈现与其他产业高度协同发展的特点，这使其在空间上易集聚于经济发展水平较高、高端化转型需求较强的区域，加之租赁和商务服务业细分行业业态较广泛，区域间易呈现不同的发展趋势。

党的十九大以来，广州市规上租赁和商务服务业以高质量发展为主线，分区域发展各具特点。从企业数量看，企业主要集聚于越秀区、海珠区和天河区，这3个区的企业数量占全市企业总数比重超过六成。2018~2022年，全市11个行政区规上租赁和商务服务业企业数量均有所增长，其中天河区新增企业数量超过300家，黄埔区和南沙区新增企业数量均超过100家。从营业收入规模看，越秀区、天河区居第一梯队，2022年营业收入规模均超过600亿元，海珠区、黄埔区和南沙区居第二梯队，营业收入均超过300亿元。从规模增量看，2018~2022年天河区、黄埔区、南沙区、海珠区营业收入规模增长均超过100亿元；越秀区、荔湾区两区因企业外流以及多个大型旅行社受疫情影响，营业收入与2018年相比有所下降。从用工人数看，由于企业用工习惯改变，人员主要集中在人力资源服务发展较好的区域，黄埔区、南沙区、天河区、越秀区用工人数增长明显（见表4）。

表4 2018年和2022年广州市规上租赁和商务服务业分区域发展情况对比

地区	2018年					2022年			
	单位数（家）	营业收入		用工人数		单位数（家）	营业收入		用工人数	
		规模（亿元）	同比增速（%）	数量（万人）	同比增速（%）		规模（亿元）	同比增速（%）	数量（万人）	同比增速（%）
广州市	2432	2256.20	13.6	38.08	-4.1	3542	3087.66	3.0	72.50	3.1
荔湾区	129	110.81	10.2	1.22	-68.5	154	67.02	-26.0	1.08	-3.8
越秀区	606	784.82	9.8	7.70	-3.4	654	647.96	3.8	11.92	-14.4
海珠区	597	237.57	-9.5	6.35	-6.4	680	349.58	-7.7	5.10	-10.8
天河区	450	522.55	10.8	8.01	-1.8	825	779.91	2.8	12.56	0.3
白云区	234	184.61	19.7	3.02	6.0	333	234.43	12.0	4.01	-6.6
黄埔区	135	171.75	32.7	4.16	-7.7	300	378.12	10.9	18.96	25.1
番禺区	126	74.74	22.1	2.17	4.4	216	127.57	1.0	2.62	-9.2
花都区	36	40.45	16.6	0.72	56.6	95	96.72	11.2	1.03	-5.5
南沙区	61	87.45	150.6	2.86	44.4	189	357.45	5.6	13.67	11.9
从化区	24	14.68	18.2	0.73	11.8	31	16.67	21.9	0.57	12.4
增城区	34	26.77	169.4	1.14	200.9	65	32.23	3.2	0.98	12.6

资料来源：广州市统计局。

从区域发展方向来看，广州市租赁和商务服务业已形成以天河区、越秀区和海珠区为中心，并向黄埔区、南沙区等区东进南拓的发展格局，2022年上述5区营业收入规模占全市比重超过八成（见图4和图5）。

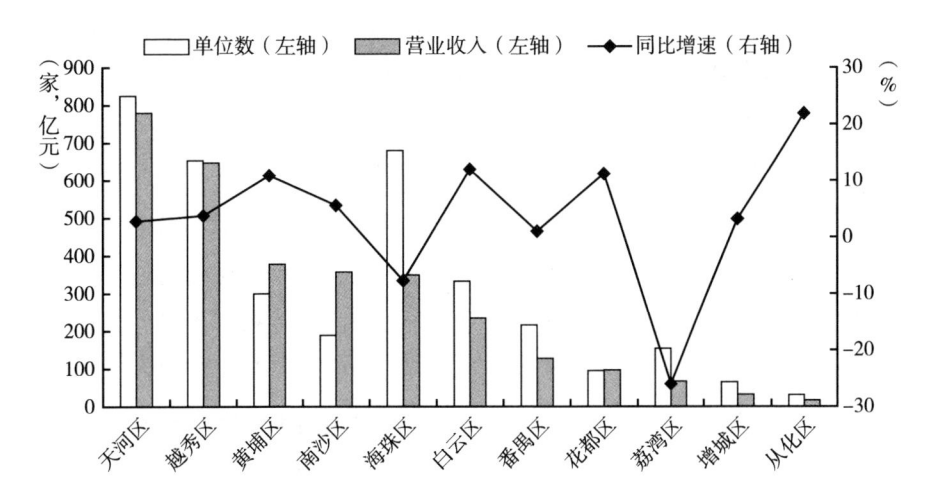

图4 2022年广州市规上租赁和商务服务业分区域发展情况

资料来源：广州市统计局。

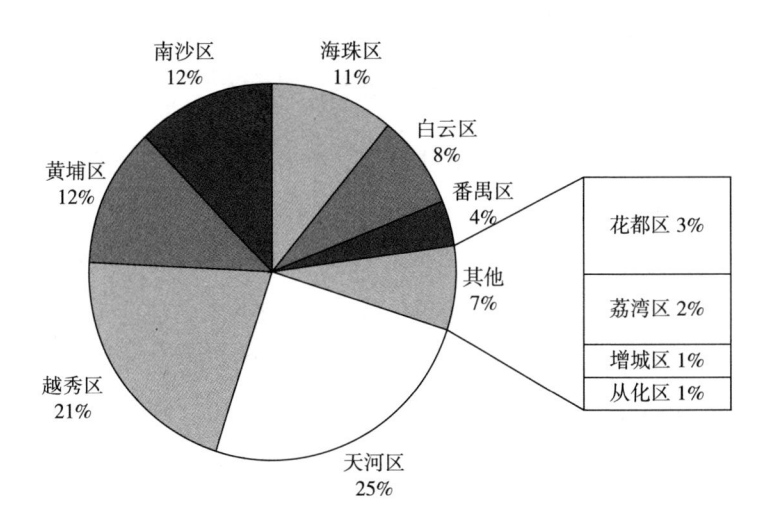

图5 2022年广州市规上租赁和商务服务业营业收入分区域占比情况

资料来源：广州市统计局。

天河区规上租赁和商务服务业营业收入占广州市的1/4，作为全市金融、服务业发展中心，汇聚广州汽车集团、邮电人才、方胜人力、公诚管理咨询、电声市场营销、省广博报堂整合营销等各细分行业龙头企业；各类产业服务配套齐全，法律服务、咨询与调查、广告业营业收入在全市占比均超过三成，其中法律服务营业收入规模占全市的比重超过75%。越秀区作为政治文化中心、传统商务服务业强区，其组织管理服务、广告业、人力资源服务、旅行社及相关服务等行业营业收入占全市的比重均超两成。海珠区商务服务业主要以国内最大的营销传播集团省广集团为代表；另外，依托"中国第一展"广交会的举办，会议、展览及相关服务营业收入占全市的比重超过五成。黄埔区以人力资源服务为主，该行业营业收入占全区租赁和商务服务业营业收入的48.8%，占全市人力资源服务营业收入的19.1%。黄埔区依托位于黄埔科学城的中国广州人力资源服务产业园，打造粤港澳大湾区高端人力资源产业新标杆，目前已引进外企德科、人力窝、君润人力、广东省留学人员服务中心等20多家人力资源企业及配套服务机构。南沙区作为携手港澳建设高水平对外开放门户的创新发展示范区，在推动构建新发展格局中发挥重要作用，投资与资产管理服务、人力资源服务规模快速增长。

（三）国有经济运行稳定，民营经济迅速壮大

从资本结构看，国有企业多为资本密集、技术密集的大型企业，在行业发展中发挥"压舱石"的作用；民营企业则以劳动密集、就业密集的中小企业为主，呈现有机融合、彼此促进的"双赢"态势。2022年，在广州市规上租赁和商务服务业中，国有经济单位数量共381家，占比为10.8%；资产总计占行业总体比重在75%以上；实现营业收入952.89亿元，占全市规上租赁和商务服务业营业收入的30.9%，户均值为2.30亿元，约为行业平均水平的2.5倍；实现利润总额426.28亿元，同比增长18.1%，占行业利润总额的74.3%。

自党的十九大以来，民营经济发展进入快车道，企业数量由2018年的1957家增加至2022年的2940家，数量占比由80.5%上升至83.0%。营业

收入占比突破六成。两税合计占比提升，达58.2%。吸纳用工人数超过七成（见表5）。

表5 2018年和2022年广州市规上租赁和商务服务业分经济类型发展情况对比

指标	单位	2018年 国有经济	2018年 民营经济	2018年 总计	2022年 国有经济	2022年 民营经济	2022年 总计
单位数	家	334	1957	2432	381	2940	3542
资产总计	亿元	15172.28	2638.52	18294.91	22238.30	4843.79	29201.66
同比增速	%	10.1	13.6	10.6	8.5	1.9	7.3
营业收入	亿元	768.87	1310.69	2256.20	952.89	1861.60	3087.66
同比增速	%	13.0	14.5	13.6	9.2	1.7	3.0
营业利润	亿元	418.26	82.67	515.36	460.92	122.80	612.19
同比增速	%	25.1	5.1	17.1	-13.0	1.5	-12.9
投资收益	亿元	460.91	28.56	496.78	549.36	96.77	678.40
同比增速	%	10.5	25.8	11.1	-7.1	30.6	-5.5
两税合计	亿元	23.97	39.44	69.53	26.97	53.08	91.26
同比增速	%	5.7	30.8	19.5	15.3	2.2	6.5
应付职工薪酬	亿元	167.93	189.93	405.71	260.58	471.65	824.29
同比增速	%	27.8	11.3	18.9	8.5	13.3	11.0
期末用工人数	万人	10.49	23.65	38.07	14.88	52.64	72.51
同比增速	%	4.0	-6.1	-4.1	-1.2	5.3	3.1

资料来源：广州市统计局。

三 国内六大重点城市对比分析

党的十九大报告提出，我国经济已由高速增长阶段转向高质量发展阶段。作为社会生产的专业化辅助行业、生产性服务业的重要组成部分，租赁和商务服务业在提高生产效率、促进就业等方面显示出比其他产业更大的优势，是推动经济高质量发展的重要引擎，已成为各主要城市的重要抓手。通过比较不同城市的行业发展情况，能在一定程度上反映地区高质量发展现

广州蓝皮书·经济预测

状,寻找并补齐广州市行业与产业发展的短板。

通过对比广州与北京、上海、深圳、杭州、重庆5个重点城市2022年数据发现:广州市规上租赁和商务服务业企业数量位居主要城市前列,行业市场活跃;但同时存在户均营业收入较低、盈利情况不及其他一线城市等问题(见表6和图6)。

表6 2022年国内6个重点城市规上租赁和商务服务业发展情况

地区	单位数(家)	营业收入规模(亿元)	营业收入增速(%)	占规上服务业比重(%)	户均营业收入(亿元)	营业利润(亿元)	营业收入利润率(%)	应付职工薪酬(亿元)	期末用工人数(万人)	年人均薪酬(万元)
全国	49929	57418.25	4.5	17.9	1.15	12956.10	22.6	11889.68	1062.75	11.19
北京	5115	9254.50	-7.6	16.6	1.81	7130.60	77.1	2043.20	96.17	21.24
上海	4956	9390.80	-0.6	19.6	1.89	1369.90	14.6	2338.20	104.47	22.38
广州	3542	3087.66	3.0	18.4	0.87	612.19	19.8	824.29	72.51	11.37
深圳	2233	2947.99	0.2	14.4	1.32	840.59	28.5	664.97	49.07	13.55
杭州	958	2008.65	7.4	12.0	2.10	576.53	28.7	240.62	19.55	12.31
重庆	864	1161.60	2.9	21.8	1.34	139.10	12.0	177.40	23.86	7.43

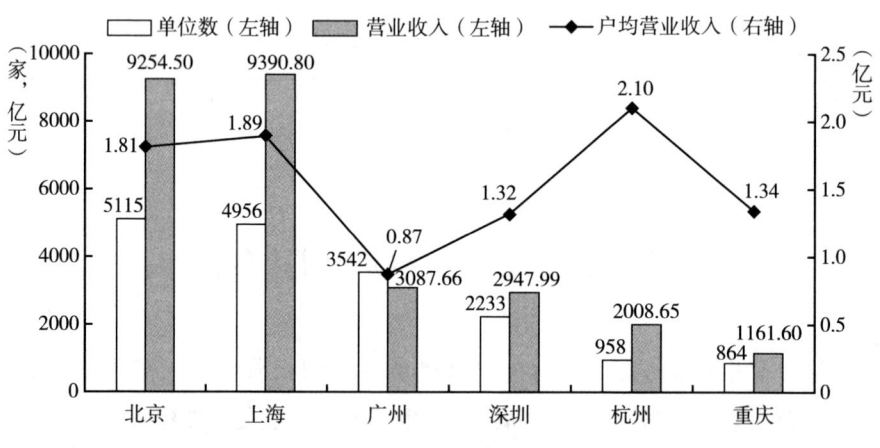

图6 2022年国内6个重点城市规上租赁和商务服务业企业营业收入情况

从企业数量看,广州市规上租赁和商务服务单位数量超过3500家,位居第三,仅次于北京、上海,杭州、重庆企业数量不足千家。

从营业收入看，北京、上海规上租赁和商务服务企业营业收入规模突破9000亿元，与其他四市拉开较大差距，广州营业收入总量在六市中排第三，规模与深圳相近。

从营业收入增速看，2022年全国租赁和商务服务业营业收入仍维持4.5%的增速，展现了行业整体发展韧性强劲；在疫情影响下，各市发展速度不一，但总体处于较为缓慢的增速区间。广州市规上租赁和商务服务业营业收入同比增长3.0%，不及全国平均水平，但在六市中高于北、上、深、渝，仅次于杭州（7.4%）。

从营业收入占比看，广州市租赁和商务服务业营业收入总量占规上服务业的18.4%，与全国平均水平相近。六市中深圳、杭州互联网、软件和信息技术服务业营业收入占比偏高，其租赁和商务服务业营业收入占规上服务业比重仅分别为14.4%和12.0%。

从效益看，广州规上租赁和商务服务业营业收入利润率为19.8%，在六市中仅高于上海、重庆，略低于全国平均水平（22.6%）。北京规上租赁和商务服务业营业收入利润率高达77.1%，企业盈利情况较好，主要是总部企业收益贡献较大，组织管理服务利润占行业比重为95.4%。

从用工人数看，北京、上海吸纳就业人数均超90万人，广州紧随其后，达72.51万人，稳居前三。从人均薪酬看，广州市年人均薪酬突破11万元，超过全国平均水平，与深圳、杭州水平相近，高于重庆，但明显低于北京、上海。

从户均营业收入看，广州市规上租赁和商务服务业户均营业收入（0.87亿元）居六市末位，与重庆（1.34亿元）、深圳（1.32亿元）户均营业收入有一定差距，主要是广州会议、展览及相关服务和旅行社及相关服务占比较大，疫情以来相关行业营业收入规模大幅缩减，拉低整体户均值。上海、北京、杭州户均营业收入均在2亿元左右，明显高于广州。

从行业构成看，各城市行业发展既有共性又各具特点。除杭州外，其余五市的广告业、组织管理服务、人力资源服务、咨询与调查4个行业营业收入合计占租赁和商务服务业比重均超过七成；其中，北京（82.0%）、上海（84.5%）和重庆（80.1%）占比更是均超过八成，这4个行业在各大城市中均属于优势行业。从各市发展特点来看,北京、上海总部经济优势明显,以总部经济为主的组织管理服务在两市租赁和商务服务业中的占比均超过两成,分别为22.8%和23.2%,而广州组织管理服务占比仅13.0%,低于深圳(16.5%),仅高于杭州(6.1%)和重庆(4.5%)。杭州规上租赁和商务服务业以综合管理服务为主,占比近四成;重庆则以广告业为核心,占比达44.5%(见图7)。

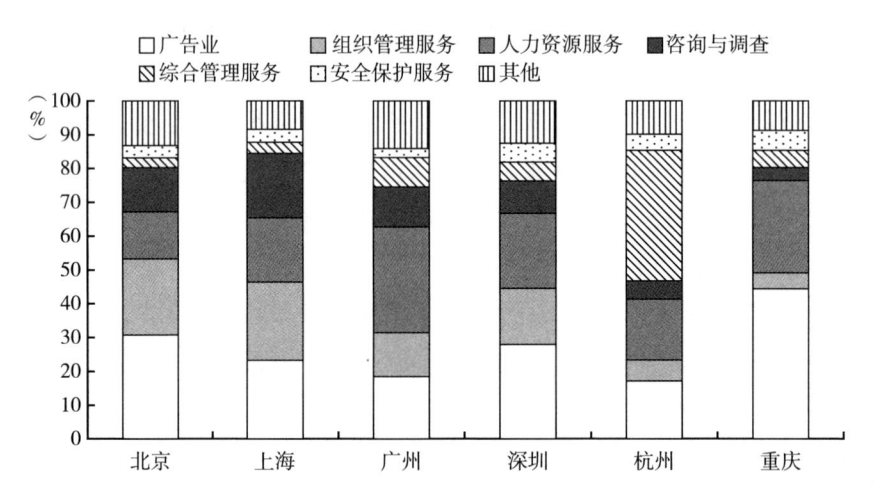

图7 2022年国内6个重点城市规上租赁和商务服务业营业收入细分行业构成情况

四 广州市租赁和商务服务业发展中存在的痛点和难点

目前,租赁和商务服务业需紧抓机遇恢复壮大,才能更好地服务各产业。通过上述数据分析,广州市租赁和商务服务业发展仍存在以下痛点和难点。

(一)从行业增速看,受市场影响波动大,疫情后增速明显回落

作为产业的辅助活动,疫情期间服务供给方业务开展受阻,需求方出于成本考虑,市场活跃度降低。从细分行业看,规上会议、展览及相关服务,

旅行社及相关服务收入大幅缩水，2022年营业收入仅分别为2019年的51.1%和38.0%，远未恢复至疫情前水平。2022年，租赁和商务服务业增速低于2018年增速（13.6%），也低于2020~2021年两年平均增速（9.5%）。

（二）从行业结构看，传统行业占比较大，高端化、专业化水平待提升

从广州市细分行业分布看，机械设备租赁，会议、展览及相关服务，旅行社及相关服务等传统服务行业占比偏大，易受疫情等不可控因素影响，而投资管理、法律服务、管理咨询、猎头服务等高端行业规模较小；从各重点城市细分行业占比看，广州市租赁和商务服务业中广告业、组织管理服务占比偏小，人力资源服务占比偏大，而人力资源服务以劳务派遣或劳务外包企业为主，公共就业服务、职业中介服务、创业指导服务单位数量合计占比不足两成，营业收入合计仅占人力资源服务的1/4。综合来看，行业整体高端化程度不高，九成以上是小微企业，企业抗风险能力较差。

（三）从集聚效应看，总部经济、品牌价值对比其他一线城市仍有差距

在租赁和商务服务业中，北、上、深三个一线城市总部经济带动效应明显，北京和上海分别集聚了各种国内大企业集团总部和跨国公司地区总部，深圳主要是国内民营企业总部。总部经济集聚效应强，为总部企业提供配套商务服务的企业多布局在集团所在地。有一个或多个租赁和商务服务业法人主体支持集团各项业务运营，这些主体营业收入较高、增速较快，极大地拉动了当地租赁和商务服务业营业收入的增长。而广州市租赁和商务服务业龙头企业，以独立发展的人力资源服务、广告业企业为主，少有为辅助总部企业运营而设立的大型企业。

品牌集聚方面，在清华大学经济管理学院中国企业研究中心发布的

"2022中国商业服务行业上市公司品牌价值榜"中，商业服务行业品牌价值榜前10位中无广州本地企业；另外，在英国品牌评估机构"品牌金融"（Brand Finance）发布的2022"全球商业服务品牌价值100强"排行榜中，亦鲜有将中国地区总部落户广州的全球知名品牌。从品牌数量上看，广州与上海、北京、深圳的上榜本地企业及外国品牌中国地区总部企业集聚效应差距明显。

（四）从行业分布看，细分行业涉及范围广，难以统一规划促进行业发展

租赁和商务服务业业态跨度广，其中共有12个行业中类，各中类几乎分属不同的行业主管部门，主要涉及发改、市场监管、交通、商务、财政、人社、司法、文旅等多个部门，统筹制定全门类发展规划难度较大，普惠性政策作用难以评估。

五 对策建议

党的二十大报告提出"构建优质高效的服务业新体系，推动现代服务业同先进制造业、现代农业深度融合"，为服务业高质量发展指明了方向。作为服务业的重要组成部分，租赁和商务服务业亟须通过针对性政策引导各领域走专业化、高端化发展路径，做好企业品牌、高端人才的"引、培、留"，积极创新拓宽市场，紧抓机遇接轨国际。

（一）提升企业专业化水平，引导行业高质量转型

随着社会分工的日益深化和企业专业化水平的提高，提供专业辅助服务的租赁和商务服务业成为提升供给侧质量和效益的关键一环。应健全商务服务全产业链条，着力引导企业不断提升品质化、专业化供给水平，保持竞争优势，扩大市场需求。从人才培育层面建立完善的人才培养与引进机制，加强高端专业服务业青年后备人才和专业型、复合型、国际型人才培养与引进机制；从创新层面促进商务中介服务产品创新，大力培育和发展有较大潜力的咨询调查、战略策划、资产评估、投资顾问、法律服务等专业服务。要关注细分行业发展中涌现的优秀案例，支持各类社会组织和专业机构在广州举办有重大影响力和带动力的行业研讨、专家论坛、人才培训、资质评定等活动。提倡以补链、延链、强链为思路实现高质量转型升级，强化产业精细化分工下的规模经济效应，以租赁和商务服务业的专业服务品质提升带动全产业链高质量发展。

（二）积极拓宽协同合作渠道，实现产业间良性互动

通过建立协同合作渠道，可以更好地连接专业辅助服务的供给端和需求端，实现租赁和商务服务业与其他产业的良性互动、共同发展。一是通过中国广州法律服务交易会、中国广州人力资源服务产业园发展大会暨人力资源服务业高峰论坛等行业重大展会，拓宽产业间协同合作渠道。二是建立细分专业服务类型的企业信息库，为需求端提供标准的检索、咨询、获取服务渠道，更大程度地对服务供给端信息资源进行归集和开发，为产业协同合作提供更加有效的数据资源。三是在构建现代产业体系过程中，强化服务赋能，激发"两业"融合发展动能，助力柔性化定制、供应链协同等路径发展，推动先进制造业和现代服务业深度融合。

（三）加速建设优势产业生态圈，打造本地特色品牌

围绕广州辖区内优势发展领域，加速推进国家广告产业园、国家级人力资源服务产业园、广州湾区中央法务区等高端专业服务业机构集聚平台建设，加大各集聚区招商引资力度，促进大、中、小高端专业服务业机构协同发展。加强本地品牌的宣传推广，强化专业人才培训、企业宣传推广和项目对接，支持品牌企业加快成长。支持鼓励本地企业参与专业领域评比和认定，打造本地知名特色品牌，对创新型、快速成长型企业给予针对性政策扶持。在发展过程中，还应充分发挥商务服务业各行业协会的桥梁和纽带作用，在市场准入、信息咨询、规范经营行为、规避行业损害调查等方面发挥

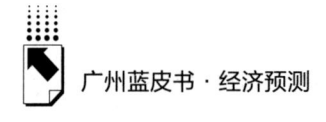

自律作用，切实维护和保障商务服务业各行业企业的合法权益，强化政府、中介组织、行业协会和企业间沟通联系及协同配合。

（四）建设粤港澳大湾区协同体系，加快与国际市场接轨

贯彻落实《粤港澳大湾区发展规划纲要》《广州南沙深化面向世界的粤港澳全面合作总体方案》战略部署，推动穗港澳深度合作，抓住机遇打造领先全国、面向全球的高端专业服务品牌。加快落实《广州市加快发展高端专业服务业的若干措施》，充分结合国情，推动租赁和商务服务业各细分行业标准和规则与港澳、与国际接轨，鼓励专业服务出口、拓展多元化境外市场。积极在南沙建设粤港澳专业服务业集聚区，大力推动专业领域的国际组织分支机构、具备境外服务能力的专业服务业机构、计划拓展境外业务的中资机构入驻，加强与外国驻穗领团、广州驻外办事处、外国商会、国际组织对接，推动产业项目、专业服务互为支撑、协同输出，进一步提升广州高端专业服务业境外服务能力。

参考文献

李沙沙、邹涛：《要素价格扭曲会诱导企业过度投资吗——来自中国制造业企业的经验证据》，《产业组织评论》2021年第1期。

吕梦婕：《供给侧结构改革下商务服务业发展机理研究》，《财会学习》2017年第23期。

王璐、李安渝：《商务服务业对国民经济各部门的影响研究》，《中国经贸导刊》2016年第8期。

曹清亮：《加快哈尔滨市生产性服务业发展的对策研究》，《哈尔滨市委党校学报》2014年第6期。

B.5
2022年广州房地产市场发展动向分析报告[*]

广州大学广州发展研究院课题组[**]

摘　要： 2022年，广州市房地产市场在政策方面出现了放松限价限购限贷、推出差别化人才落户政策等新变化，在市场表现方面呈现一、二、三级房地产市场供求均大幅下降，成交量创6年以来最低等特点，以及存在市场信心依然不足、住宅备案价调整困难、供需矛盾依旧存在等问题。

关键词： 房地产市场　动向分析　因城施策　广州

2022年，全球通胀高企导致全球经济增速放缓，加上疫情影响了中国经济复苏，GDP增速大幅下降。受世界和国内经济影响，广州经济发展速度有所下降，包括房地产开发投资在内的固定资产投资同比大幅下降。房地产政策方面，中央层面的政策基调为"稳中求进"，行业发展进入相对宽松的周期。根据中央精神，广州"因城施策"，一是放宽供给侧限价政策，二是放宽需求侧限购限贷政策，释放购房需求。广州市进一步推出差别化人才落户政策，将在花都区、从化区和增城区制定实施差别化落户政策，建立有序的城乡人口迁移制度。此外，广州还结合国家人口政策进一步出台了购房

---

[*] 本报告系广东省高校新型特色智库及广州市新型智库广州大学广州发展研究院、国家自然科学基金项目"流空间视角下粤港2澳大湾区的空间结构及其影响机制研究"（批准号：41801110）的研究成果。

[**] 执笔人：戴荔珠，博士，广州大学广州发展研究院助理研究员，研究方向为区域经济地理。

优惠政策。在这些措施的共同努力下，广州房地产市场的现状：土地市场尚未恢复，二级房地产市场供求明显下降，成交量达到6年来的最低水平；存量住宅成交量和平均价格均已降至冰点。2022年，广州房地产市场存在的问题有市场信心仍然不足、住宅备案价调整困难、供需矛盾依然存在。

一 国际国内经济增长缓慢

（一）通胀高企导致全球经济增长缓慢

2022年，世界主要经济体连续采取加息措施，通胀率呈现持续上升趋势，美国、日本、英国、德国、法国、意大利和欧元区的全国消费者价格指数（CPI）仍处于高位，全球消费市场持续萎缩。通货膨胀导致的生活成本飙升给家庭支出带来压力，加上俄乌冲突导致的大宗商品价格上涨，导致2022年全球经济从疫情中复苏的动力减弱。国际货币基金组织预测，全球经济将在很长一段时间内保持低于平均水平的增长。与此同时，随着美联储的迅速加息，美元出现了多年来的最大涨幅，这虽然在一定程度上缓解了美国的通胀压力，但加剧了世界其他国家和地区的通胀压力。

（二）疫情冲击全年经济恢复，GDP增速显著回落

2022年中国国内生产总值超过120万亿，同比增长3.0%，与上年的增速（8.1%）相比较明显下降（见图1）。在产业结构上，全国三次产业的同比增速均较上年有大幅下降（见图2）。社会消费品零售总额累计同比下降0.2%，增速比2021年下降了12.7个百分点（而正常年份平均增速9.0%）。2022年，固定资产投资完成额累计同比增长5.1%，增速虽然比2021年上升0.2个百分点，但仍然低于正常年份的平均增速（6.0%）。其中，房地产开发投资额同比持续大幅下降，且降幅持续扩大。2022年1~12月，全国房地产开发投资额累计同比下降10%，各类型物业开发投资额同比均大幅下降，其中住宅投资额同比下降9.5%，第四季度的降幅较前三季度扩大2个百分点。

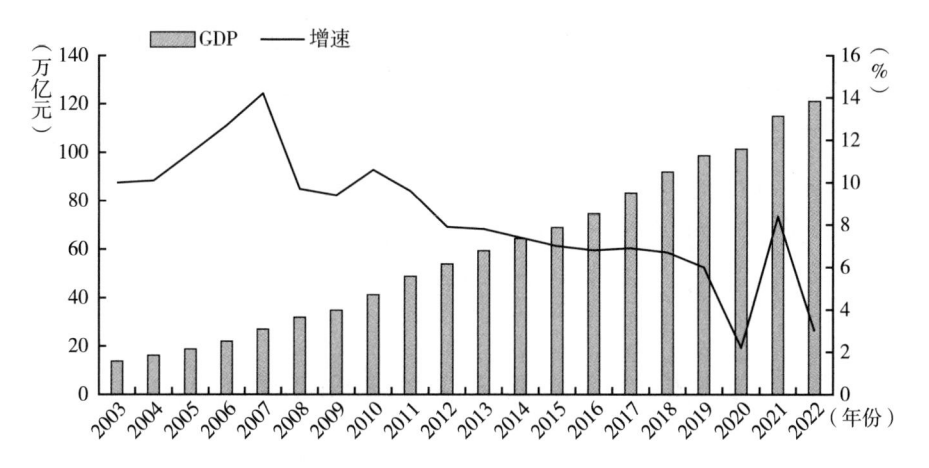

图 1　2003~2022 年 GDP 及增速

资料来源：国家统计局。

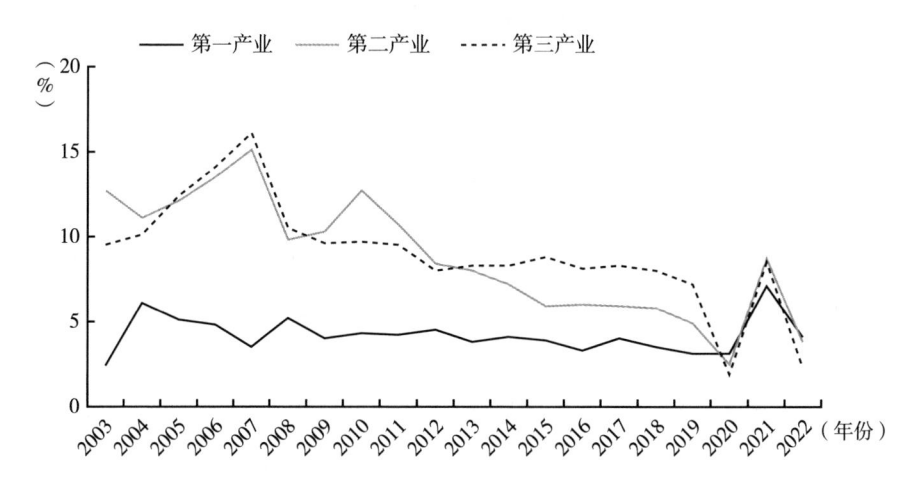

图 2　2003~2022 年三次产业增加值同比增速

资料来源：国家统计局。

（三）受疫情影响，广州经济发展速度放缓

2022年，广州市地区生产总值为28839.00亿元，同比增长1.0%，较上年增速（8.1%）下降了7.1%。其中，第一产业增加值为318.31亿元，

同比增长3.17%；第二产业增加值为7909.29亿元，同比增长1.07%；第三产业增加值为20611.40亿元，同比增长0.97%。2022年，全市规模以上工业增加值同比增长0.8%。三次产业增加值的增长速度均大幅回落。根据广州市统计局公布信息，广州完成固定资产投资额同比下降2.1%，比上年同期（11.7%）下降了13.8个百分点。其中房地产开发投资额同比下降5.4%，比上年同期（10.1%）下降了15.5个百分点。

二 2022年广州房地产市场的政策变化

2022年，中央层面的房地产政策基调由"稳中求进"进入相对宽松周期。广州进而推出差别化人才落户政策，将在花都区、从化区、增城区制定实施差别化落户政策，建立城乡有序流动的人口迁徙制度。此外，广州进一步结合国家人口政策推出优惠购房政策，二孩以上家庭如购买首套自住房，公积金贷款额度可以适当提高。

（一）国家房地产政策进入了相对宽松周期

2022年上半年中央在继续坚持"房住不炒"的同时，强调了稳定经济。在具体措施上，中央支持运用差异化的信贷政策为个人和企业纾解困难，支持满足其合理化的购房需求，从而实现"稳地价、稳房价、稳预期"。2022年下半年，在疫情影响下，部分重点房企出现债务违约问题，因而政策层面更突出风险的化解与防范，以"保交楼、稳民生"为方向，在房地产金融政策方面持续放松，进一步鼓励地方"因城施策"，激活和释放购房需求，积极修复房地产市场信心和预期。2022年11月前后，以"拼经济"为核心的宏观政策基调明确，房地产作为扩大内需的重要内容，其地方支柱产业的地位得到巩固，中央陆续出台了房地产相关利好政策，特别是出台了"金融16条"政策，同时发布了房地产信贷融资、债券融资和股权融资政策，政策支持和"托底"信号明确，房地产调控政策再次进入宽松周期（见表1）。

表1 2022年全国房地产政策

时间	事件
2022年3月4日	全国政协十三届五次会议和十三届全国人大五次会议相继召开。会议强调继续保障群众住房需求,坚持"房子是用来住的,不是用来炒的"定位,探索新的发展模式,坚持租购并举,加快发展长租房市场,推进保障性住房建设,支持商品房市场更好满足购房者的合理住房需求。
2022年4月25日	中国人民银行决定降准,释放长期资金5300亿元,下调金融机构存款准备金率0.25个百分点。
2022年5月15日	中国人民银行、中国银行保险监督管理委员会发布《关于调整差别化住房信贷政策有关问题的通知》,对于贷款购买普通自住房的家庭,首套住房商业性个人房贷利率下限调整为不低于相应期限贷款市场报价利率减20个基点。
2022年7月28日	中共中央政治局召开会议,提出要稳定房地产市场,坚持"房子是用来住的,不是用来炒的"定位,因城施策用足用好政策工具箱,支持刚性和改善性住房需求,压实地方政府责任,保交楼、稳民生。
2022年9月30日	财政部、国家税务总局发布"卖一退一"退个税政策,2022年10月1日至2023年12月31日,对出售自有住房并在现住房出售后1年内在市场重新购买住房的纳税人,对其出售现住房已缴纳的个人所得税予以退税优惠。
2022年11月28日	中国证监会决定在股权融资方面调整优化5项措施,恢复涉房上市公司并购重组及配套融资。

(二)广州放松限价政策

根据中央精神,广州"因城施策",首先在供给端放松限价政策。在限价政策上,广州严格实施住房价格指导制度,各个楼盘均有一个备案价,备案价是根据周边楼盘的整体情况进行通盘考虑,并且实施动态的价格指导。2021年,持销项目备案价的浮动范围仅为±楼栋均价×6%,而且新备案的均价不能大于上一次同面积段的备案均价。2022年9月中旬,根据市场消息,备案价浮动范围扩大。新项目的备案价由原来按±楼栋均价×6%调整为楼栋均价×[-20%,10%]。而且对于再续项目,针对

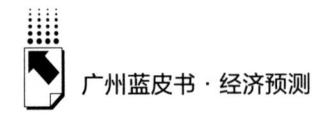

已完成价格备案超过3个月的未售单元，分户单价依然可按新项目的原则上浮10%和下浮20%进行调整。广东省城规院住房政策研究中心首席研究员李宇嘉表示差异化的定价政策可以实现精准营销和加速去化的目的，既能实现销售规模的扩大，还能稳定市场预期，也能针对不同购买力降低购房门槛。

（三）广州进一步放松限购限贷政策

在需求端，广州进一步放松限购限贷政策，释放购房需求。2022年6月1日，更新的限购政策规定，非本市户籍居民家庭提供购房之日前5年在广州市社会保险连续缴纳证明或个人所得税缴纳证明，允许除起止月外累计不超过3个月的断缴或补缴记录。在限贷政策上，2月部分银行首先降低了贷款利率。四大银行同步下调了广州市的房贷利率。首套房利率从此前的5.6%下调至5.4%，二套房利率由5.8%下调至5.6%，一二套房贷款利率均下调了20个基点。8月，多数银行进一步下调贷款利率，首套房贷款利率降至4.3%，二套房降至4.9%。同时进一步简化贷款过户手续，推出"带押过户"模式。9月15日，中国人民银行广州分行向辖内的各中心支行及银行机构发布了关于鼓励推广二手房"带押过户"模式的通知。12月，广州市规划和自然资源局发布《广州市规划和自然资源局关于进一步深化不动产登记便民暖企服务的通知》。深化二手房"带押过户"，通过相关银行机构的业务协作，灵活办理登记业务合并手续，简化流程。这使得企业和公众在办理不动产转移登记时，无须提前偿还旧贷款或取消抵押即可同时完成转让、新抵押设立和发放新贷款等手续。

（四）广州推出差别化人才落户政策

2020年，广州市人力资源和社会保障局发布的《广州市差别化入户市外迁入管理办法（公开征求意见稿）》提出，年龄在28周岁以内、具有全日制专科学历，并且在广州缴纳社保一年以上的，可以申请在白云、花都、黄埔、南沙、番禺、从化、增城这7个区域落户。2022年该管理办法被提上议事日程。2022年6月6日,《国家城乡融合发展试验区广清接合片区广州（片区）实施方案》正式颁布,广州将在花都区、从化区、增城区建构差别化入户政策,建立城乡有序流动的人口迁徙制度。学历条件由全日制本科降至全日制专科,将不符合当前广州户籍迁入政策的国内普通高校全日制本科学历或学位（单证）以及全日制技师学院预备技师班、高级工班毕业人员,也纳入差别化入户的学历条件范围。7月14日,广州市人力资源和社会保障局、广州市公安局印发了《广州市引进人才入户管理办法实施细则》,全日制本科学历并有学士学位,年龄在40岁以下的居民,在广州工作有参保记录,即可通过人才引进的方式办理入户。

（五）广州推出新优惠政策

广州进一步结合国家人口政策推出优惠购房政策。2022年4月29日,广东省政府发布《关于优化生育政策促进人口长期均衡发展的实施方案》,鼓励生育三孩,生育三孩的家庭购房将享优惠政策。此前广东省在鼓励生育方面只提到分配公租房层面,而此次已上升到指定购房优惠政策的层面,意义深远。5月4日,广州市卫生健康委员会发布的《广州市人口与计划生育服务规定（征求意见稿）》提出,符合法律、法规规定生育三孩且符合公积金贷款条件的家庭购买家庭首套自住住房,首次申请住房公积金贷款时,贷款额度可适当调整提高。12月,《广州市人口与计划生育服务规定》正式通过,规定放宽了购房优惠条件,生育二孩以上家庭购买首套自住房时公积金贷款额度可以适当调整提高。

三　2022年广州房地产市场的发展情况

（一）土地市场仍未回暖

2022年,广州土地市场整体受到疫情影响,尚未恢复。2022年,广州住宅用地供应规划建筑面积约751万平方米,但四批土地供应完成后,目标完成率仅为58%（见图3）。为提高房地产企业拿地的积极性，2022年广州的土地供应整体质量有了很大的提升。据统计，广州中心城区六区的住宅用地供应量在四批土地供应中达到33宗，占比为57%，比上年翻了一番。其中，第四批中心城区六区的供应量占83%。从拿地企业来看，市场仍以有实力的央企、国有企业和城投平台为拿地主力，而民营企业拿地较少。回顾广州四批集中土地拍卖，市场反应显示民营企业动力不足、国资成为主力军、区域分化依然明显。尽管缓解房地产危机的"金融16条"已经出台，房地产企业融资渠道也开始畅通，但实现资金到位、压力解除还需要一段时间。

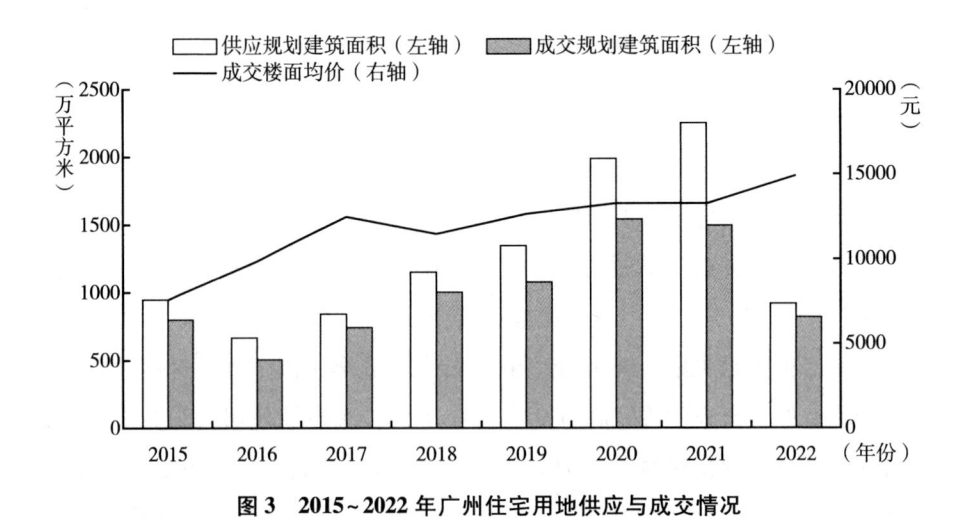

图3 2015~2022年广州住宅用地供应与成交情况

资料来源：国策视点。

（二）二级房地产市场供求大幅下降

2022年，二级房地产市场供求明显下降，成交量达到6年来的最低水平。广州市共新批商品住宅89403套，新批面积为987.5万平方米，同比下降19.3%；商品住宅共成交73520套，成交面积为791.3万平方米，同比下降34.2%。整体市场低迷。2022年第一季度，由于春节淡季的影响，整体交易量相对较低；第二季度，市场逐渐回暖，交易量有所增加；第三季度，受疫情影响，交易额创下年内新低；12月后，交易量有所增加。从区域来看，2022年广州商品住宅成交区域主要集中在增城区、黄埔区、番禺区、南沙区等。增城区以169万平方米的商品住宅成交面积位居全市第一；紧随其后的是黄埔区，成交面积为145万平方公里；番禺区成交面积为128万平方米，排名第三。供应方面，2022年黄埔区商品住宅供应面积为180万平方米，位居第一；其次是增城区，供应面积为166万平方米；番禺区位居第三，供应面积为128万平方米。

从价格走势来看，中心城区交易和改善型交易的比例有所上升，而一手住宅成交均价结构性上升，但增幅略有下降。一手住宅成交均价为3.78万元/平方米，同比增长约14%，其中5万元/平方米的住宅成交比例最高，达到20%；其次是3万~4万元/平方米的住宅，成交比例为16%。与往年相比，2022年5万元/平方米的住宅成交比例明显提高。80~100平方米的细分市场产品占比最高，占比为40.2%。购房刚性需求占主导地位，新房需求占据一定市场。

（三）存量住宅成交套数和均价均下降至冰点

2022年，广州二手住宅成交面积为637.06万平方米，同比下降40.60%；二手住宅成交套数为6.69万套，同比下降41.50%（见表2）。各个区域中，海珠区、番禺区、天河区等区域为广州二手住宅成交主力区域，共成交超过2.5万套，占城市住宅成交套数的38.8%。然而从各个区的住宅成交套数变化来看，成交套数同比下降幅度较大的区域有黄埔区、南沙区、天河区、增城区等，同比分别下降53.40%、61.40%、49.20%和47.60%。各区存量住宅成交全面大幅下降。从价格来看，相比于2021年的冰点，存量住宅均价进一步下降。根据估价系统对广州129个住宅板块共计约4100个存量住宅小区的监测，12月存量住宅均价为32453元/平方米，环比下降0.78%，同比下降1.40%。

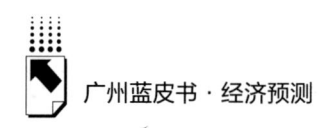

表 2　2022 年广州各区二手住宅成交套数、成交面积和同比增速

区域	成交套数(套)	成交套数同比增速(%)	成交面积(万平方米)	成交面积同比增速(%)
越秀区	6731	-38.10	49.31	-37.00
海珠区	9094	-42.30	71.56	-42.90
荔湾区	5124	-32.00	39.46	-33.00
天河区	7731	-49.20	71.10	-47.60
白云区	6987	-38.50	60.37	-38.80
黄埔区	2707	-53.40	24.70	-52.80
花都区	7551	-26.40	83.96	-24.30
番禺区	9095	-41.90	98.35	-41.50
南沙区	2025	-61.40	24.15	-58.50
从化区	3257	-20.80	35.94	-20.10
增城区	6587	-47.60	78.16	-44.70
合计	66889	-41.50	637.06	-40.60

资料来源：国策视点。

四　2022 年广州房地产市场存在的主要问题

（一）市场信心依然不足

一项对房地产中介机构的调查发现，2022 年，在购房者中，房地产投资的占比不到 20%，而出于刚性需求和改善性需求购房的占比 80% 以上。房地产市场在 12 月后略有反弹，房价保持相对稳定。然而，由于经济下行的影响，消费者对房地产市场的信心仍然不足，70% 的受访者认为，房地产市场将继续降温。

（二）住宅备案价调整困难

住宅备案价调整所需的周期比较长，调整困难。2022 年 3 月 29 日后价格备案的单元（网签已设下限为10%），若成交价超出备案价下浮的10%，开发商需要向区住建局提出申请，上报并经过市住建局的同意才可以调整下限范围。开发商不能马上降低价格，因而价格存在黏性。而对于已完成价格备案超过3个月的未售单元，分户单价可按照新项目的原则（上浮10%和下浮20%）进行价格调整。

（三）供需矛盾依旧存在

虽然2022年中心城区供给面积扩大，但由于需求端总体收缩，供需矛盾依旧存在，住宅市场库存集中在增城区、番禺区、南沙区、黄埔区等区。大部分区2022年去化时间处于历史高位。其中去化时间增长最多的仍为外围郊区——南沙区、番禺区、从化区、增城区、花都区。其中，南沙区的去化时间最长，达到了36.1个月；其次是番禺区，去化时间达到了25.4个月。从化区和花都区均需要21.5个月的去化时间（见图4）。

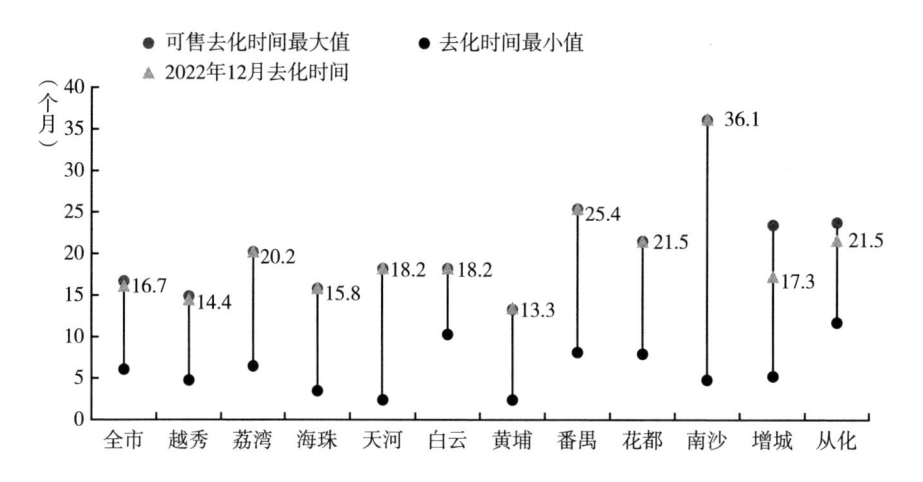

图4 2021年1月至2022年12月广州各区去化时间

资料来源：国策视点。

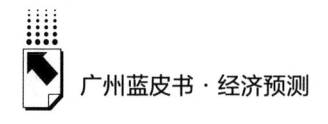

参考文献

周小平等：《中国住宅地价房价比的空间格局、演变特征及影响因素——基于35个大中城市的空间计量分析》，《中国土地科学》2019年第1期。

陈家文：《南沙未来15年最重要规划出炉！全力打造世界一流科学城》，《房地产导刊》2022年第1期。

孙炜、陆俊辉：《广州市房地产市场长效机制构建研究》，《中国集体经济》2022年第20期。

盛松成、宋红卫、汪恒：《新冠疫情对房地产市场的冲击与对策建议》，《中国房地产》2020年第8期。

詹缅璇：《双城驱动，擎动未来 广州向东迈进人居发展新时代》，《房地产导刊》2021年第4期。

B.6 2022年广州交通运输邮电业运行情况分析与新阶段发展建议

广州市统计局服务业处课题组*

摘　要： 2022年，广州市交通运输业总体延续2020年疫情以来的低位运行态势，货运量恢复缓慢，客运量震荡下行。电信业务快速增长，邮政业务持续回落。针对需求低迷、效率下降等制约交通运输邮电业发展的问题，广州在新阶段需聚力打造国际综合交通枢纽，推动各种交通运输方式联运深度融合发展，加大交通运输与旅游行业联合促销力度，为高质量发展畅通"血管命脉"。

关键词： 交通运输业　邮电业　承压运行

2022年，受俄乌冲突导致燃油价格走高，以及国内消费需求收缩、供给不畅以及疫情等多重超预期因素影响，广州市交通运输业发展承压。广州市坚持稳中求进的工作总基调，各部门通力协作，水路运输、港口生产顶住内、外部压力保持增长态势，广州白云国际机场旅客吞吐量连续3年蝉联国内机场第一，公路、铁路运输和邮政快递等行业为物资调配和加快生产恢复提供了高效服务。但也要看到，交通运输业仍需一段时间恢复，需在主动服务和融入新发展格局的基础上，充分挖掘交通运输业的增长潜力。

---

* 课题组组长：刘钰，广州市统计局服务业处处长。课题组成员：莫广礼，广州市统计局服务业处副处长；冯晓琦，广州市统计局三级主任科员。执笔人：冯晓琦。

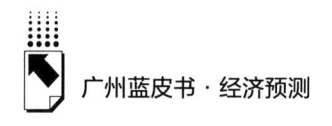

一 2022年广州运输邮电业总体运行情况

2022年,广州市交通运输业延续2020年疫情以来的低位运行态势,货运量恢复缓慢,客运量震荡下行。回顾广州市交通运输业全年走势,3月受国内部分区域疫情影响和俄乌冲突等超预期因素影响,广州市主要交通指标一改开局回暖态势,3~5月,客、货运量,港口、机场等相关指标"快速探底",5月跌至全年谷底。随着《扎实稳住经济的一揽子政策措施》等调控政策的颁布实施,7~8月全市运输业进入暑运的短暂恢复期,客、货运量有所恢复。进入9月,除港口货物吞吐量恢复至上年同期数值外,其余指标持续震荡回落。广州市全年交通运输多项指标仍低位徘徊,承压运行(见图1、图2)。

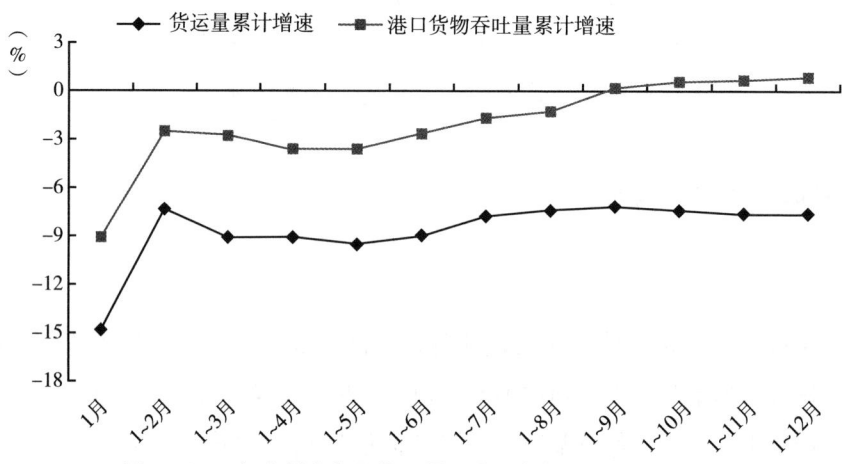

图1 2022年广州市各月货运量、港口货物吞吐量累计增速

资料来源:广州市统计局。

二 2022年广州运输邮电业各细分行业运行特点

(一)货运量恢复至上年同期九成以上

2022年,广州市完成货运量9.05亿吨,同比下降7.8%。其中,第四

2022年广州交通运输邮电业运行情况分析与新阶段发展建议

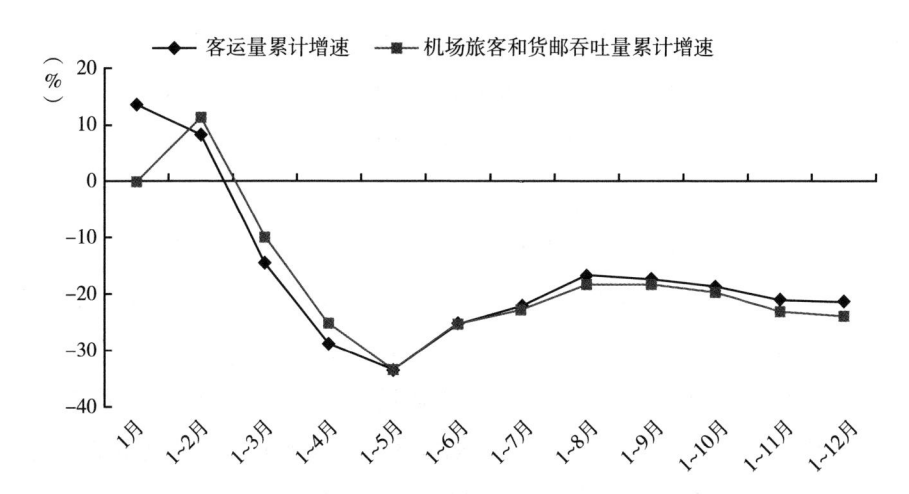

图2　2022年广州市各月客运量、机场旅客和货邮吞吐量累计增速

资料来源：广州市统计局。

季度生产、消费低迷，货运量随之呈现持续下降态势，导致全市货运量恢复乏力。

1. 公路货运量降幅持续扩大

2022年，全市公路完成货运量4.88万吨，同比下降8.2%。从10月开始，全市路网货运量处于低位运行状态，10月当月公路货运量同比、环比分别下降14.7%、8.3%；11月货运市场疲软，叠加上年公路货运量抬升的基数压力，第四季度货运量同比下降15.0%，环比下降7.6%。

2. 航空货运量旺季不旺

2022年，全市完成航空货运量109.84万吨，同比下降7.5%。从10月起航空货运利好逐步释放，一是民航局逐步恢复国际航班，二是国际航空油价在11月下降20%。但出于全球市场疲软、海运运费下降导致货源空转海等原因，圣诞节前后的传统国际货运旺季并未出现，12月当月航空货运量同比下降20.5%。

3. 水路货运量持续好转

2022年，全市完成水路货运量3.70亿吨，同比下降9.3%，降幅较1~9月、1~6月、1~3月分别收窄1.9个百分点、4.6个百分点、7.2

095

个百分点,呈现逐季恢复的特征,特别是年末水路货运量明显抬高,第四季度完成货运量1.09亿吨,环比增长22.2%,其中12月当月完成水路货运量4307.77万吨,比1~11月月均货运量(2969.91万吨)高45.0%。

4.铁路货运量超上年同期水平

2022年广州市铁路完成货运量2360.03万吨,同比增长3.0%。分货类看,煤炭和铁矿石增长情况表现不同,其中,煤炭货运量为809.47万吨,同比下降6.2%,第一、第三季度煤炭货运量同比增长30%以上,第二、第四季度同比下降30%以上,增速波动幅度较大;铁矿石货运量为802.94万吨,同比增长7.4%,呈现逐季增长的特征,特别是第四季度运量大幅增长,当季增速达69.8%。

(二)客运量跌至3年来新低

2022年,广州市完成客运量17280.79万人次,同比下降21.5%。从2020~2022年全市客运量来看,其中2022年铁路客运量仅为2020年的74.1%、2021年的77.1%,航空客运量为2020年的61.1%、2021年的63.8%,均为近3年最低[1]。

1.铁路客运量下降

2022年,广州市铁路完成客运量6708.37万人次,较2021年下降25.9%,较2020年下降22.9%。分季度看,全年仅第三季度实现正增长(同比增长0.7%),7~8月客运量得以较快恢复(同比增长15.3%)。而第四季度仅完成客运量1076.32万人次,同比下降49.5%,为3年来各季度新低。其中,10月、11月(2022年客运量最低月份)、12月当月客运量同比分别下降37.1%、71.8%、42.5%。

2.航空客运量低迷

2022年,广州市完成航空客运量3800.18万人次,较2021年下降

---

[1] 公路客运量口径从2021年起调整,故不可比。

38.9%，较2020年下降36.2%。自4月底上海发生疫情，国内最繁忙的"广州⇌上海"和"北京⇌上海"航线执飞航班班次大幅下降，直接造成航空头部企业南方航空客运量下降超七成，全市航空客运量在第二季度同比下降64.7%。暑运期间，仅完成客运量1292.38万人次，同比下降15.6%，未实现第三季度增速转正。第四季度广州航空客运量进一步下滑。

3. 公路客运量维持增长

2022年，广州市公路完成客运量6650.62万人次，同比增长1.8%。虽然公路客运量是全市交通运输业客运量中全年唯一保持正增长的指标，但是反观全市公路客运周转量，全年仅完成56.79亿人公里，同比下降14.6%。由此可知，公路客运呈现短途多人次的特征。

（三）机场旅客吞吐量稳居全国首位

2022年，广州白云国际机场完成旅客吞吐量2611.00万人次、货邮吞吐量188.46万吨，同比分别下降35.1%、7.9%，广州白云国际机场旅客吞吐量已连续3年蝉联国内机场第一，货邮吞吐量连续3年位居第二，仅次于上海浦东机场。但值得关注的是，从2020~2022年数据来看，广州白云国际机场旅客吞吐量持续下降的趋势明显，特别是2022年其旅客吞吐量跌至2006年水平（2622.20万人次），主要原因是疫情导致人员流动受限，4月、5月、11月其旅客吞吐量降幅均超过80%，其中，11月旅客吞吐量不足50万人次；货邮吞吐量也逐步回落，其增速自9月起，以每月近2个百分点的降幅持续下降。

（四）港口业务逐步向好

2022年，全市完成港口货物吞吐量6.56亿吨，同比增长0.7%；完成集装箱吞吐量2485.76万标箱，同比增长1.6%。从全年数据看，两项指标累计增速分别在7月、9月转正，随后保持稳定增长趋势。尤其

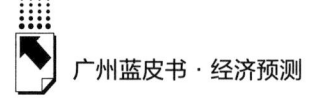

值得注意的是，自2022年以来，外贸集装箱业务表现优异，上半年持续保持两位数的较高增速，总量首次破1000万标箱（1030.74万标箱），这主要是由于年内拓展外贸集装箱业务，全市净增航线13条。此外，得益于外贸汽车需求快速增长，全市全年完成外贸汽车吞吐量50万辆，同比增长22%。

（五）电信业务快速增长，邮政业务增速持续回落

全市电信业务一直维持平稳快速增长态势，全年实现电信业务总额392.34亿元，同比增长19.7%。受跨区揽收专项打击活动冲击，以及申通统计口径变更和极兔收购百世等因素叠加影响，邮政业务总额累计增速在2月达到年内峰值（26.1%）后逐月快速回落，11月累计增速由正转负，全年完成业务总额875.72亿元，同比下降4.3%。

三 广州交通运输邮电业发展中存在的问题

（一）需求低迷，加之受俄乌冲突影响，行业持续承压运行

近3年，世界经济复苏乏力和国内外疫情是造成交通需求和流通效率下降的两个最主要原因。加之2022年俄乌冲突导致油价高企和美元持续升值，运输企业运营负担增大。需求下降、效率降低、成本升高导致交通运输业承压运行。

（二）货运效率和效益有待提升，市场潜力尚需挖掘

2020~2022年，受各地港口码头、机场、货物运输作业点防控措施提档升级影响，交通运输业"缺、堵、涨"的情况突出，海运船期拉长，一箱难求造成进出口货物积压，全球陆、海、空、铁运费飙升，运输成本一直维持在较高水平。另外，广州市多式联运发展相对缓慢，缺少基于港口、铁

路、航空枢纽与道路运输衔接的多式联运龙头企业。2022年，广州规模以上多式联运企业仅26家，实现营业收入235亿元，同比增长9.6%。其中超过九成的营业收入是京东旗下的京邦达和京东星佑创造的，主要业务集中在邮政快递，对各生产性行业带动作用有限。

（三）邮政行业业务总量增速趋缓，行业关注度亟待提高

2022年，广州市邮政行业业务总量增幅逐月下降，有以下3个主要原因。一是各品牌快递转运中心外迁、各地分拨中心独立统计影响邮政行业业务量增长；二是邮政行业企业业务布局调整，因业务并购，部分品牌企业内部网络及业务产线处于整合调整阶段；三是消费需求收缩导致增长乏力，近年来邮政行业业务量快速增长形成较大基数压力，加上需求收缩，导致"618""双十一""双十二"等电商购物节对当季邮政行业业务量增长的拉动作用有所减弱。

四 交通运输邮电业在新阶段的发展建议

2023年春节期间，旅客出行人次同比大幅提升，客运市场呈现快速复苏态势。春节后召开的广州市高质量发展大会用5个"未来的广州"描绘了广州如何在高质量发展之路上走在前列、当好示范，其中着力强调广州要聚力建设国际综合交通枢纽，为高质量发展畅通"血管命脉"，为行业加快复苏注入"强心剂"。

（一）立足新阶段支持行业加速恢复，推动实现行业高质量发展

2023年是全面贯彻落实党的二十大精神的开局之年，也是广州交通运输业提振发展的关键期与黄金期。要围绕提升城市枢纽能级和核心竞争力，以"高水平建设国际航空枢纽、国际航运枢纽、世界级铁路枢纽，加快推进数字港与空港、海港、铁路港联动赋能，着力构建'通

道+枢纽+网络'交通物流体系"为发展指引，推动重大项目建设有序推进，交通持续稳健保通保畅，交通服务保障能力有效提升，绿色智慧交通加快发展。职能部门要提前谋划、靠前服务，对交通运输各行业重点企业开展针对性调研走访，摸查企业恢复期的发展预期及诉求，实施精准帮扶与"暖企"。抓牢交通"先行官"定位和综合交通体系的发展方向，推动全域交通协调发展，争当广州高质量发展的开路先锋，努力实现量的合理增长和质的有效提升，为推动经济运行整体好转提供有力服务保障。

（二）推动各种交通运输联运方式深度融合发展，挖掘市场潜力和提质增效

在"交通+物流"带动产业融合发展的理念下，发展多式联运是调整优化运输结构、提升综合运输效率、降低社会物流成本、促进节能减排降碳的重要举措，广东省印发《推进多式联运发展优化调整运输结构工作方案》，广州可结合海陆空的货运能力和区位优势，完善仓储物流等基础设施建设，突出"多式联运"的物流模式、"高效便捷"的通关模式，提升广州国际物流枢纽能级。一是以南沙港疏港铁路开通为契机，发挥南沙枢纽港国际航线资源与珠江沿江内河码头的联通作用，推动粤港澳大湾区融通，大力发展海铁联运、海陆联运、江海联运等多式联运。2022年多式联运已初见成效，全市发送海铁联运班列35列，累计完成海铁联运集装箱量25.2万标箱，同比增长61%。二是依托广州铁路集装箱中心站、大朗货站等站点，打造国家物流枢纽、国际班列集结中心、国家铁路多式联运基地，加快推动和发挥中欧中亚班列铁路货运在稳定国际供应链、产业链中的作用。三是加快引进与产业发展紧密关联的一站式联托运、冷链、快运等多式联运龙头企业，健全物流服务功能，打造一体化供应链服务体系，提升运输质效，同时促进开拓高附加值货运市场。

（三）强枢纽、畅通道，推动内外贸一体化高质量发展

党的二十大报告明确指出，当前实现国内大循环、畅通国内国际双循环是十分重要而紧迫的一项工作。习近平总书记在中央财经委员会第八次会议重要讲话中强调，流通效率与生产效率同等重要，进一步凸显流通体系在推动国民经济高质量发展中的重要性。为此，一是要做到强枢纽。依托全市空港、海港扮演的关键角色加速基础设施建设，强化物流枢纽在经济活动中的"搅拌器"和"放大器"功能。二是要做到畅通道。相关部门及时化解流通中的堵点、痛点，最大限度地实现国内国际条条通、路路通、双向通。三是要做到给政策。充分激发和调动各类企业内外贸一体化发展的动力，提升企业创新能力和国际竞争力，提高对国内外商品资源的配置效率。

（四）加大交通运输业与旅游业联合促销力度，促进交通运输业复苏

2023年春节，部分对出行持观望态度的民众出行信心进一步增强。各地文旅市场逐步开放，特别是国家取消"五个一"等国际客运航班数量管控措施，有序恢复我国公民出境旅游，对交通运输业发展拉动作用明显。相关部门应抓住这一契机，促进旅行社与广铁集团、南方航空等企业合作，通过发放旅游消费券，高铁、机票交通补贴券等方式，带动增加广州南站、南方航空公司和广州白云国际机场客运量，促进全市旅游业和交通运输业的复苏。

参考文献

吴雨伦、黄舒旻：《广州向春出发 向"高"攀登》，《南方日报》2023年3月2日。

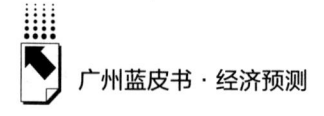

孙丽朝：《多地设定2023年交通投资高增长目标"适度超前"成高频词》，《中国经营报》2023年2月6日。

《交通运输部召开领导干部会议　埋头苦干担当奉献再接再厉再立新功　奋力加快建设交通强国努力当好中国现代化开路先锋　李小鹏主持会议》，《交通财会》2023年第2期。

韩保江：《加快构建新发展格局，着力推动高质量发展》，《科学社会主义》2022年第6期。

B.7
广州网络直播带货业态规范化发展调研报告

潘 旭[*]

摘 要： 近年来，随着互联网的快速发展网络直播带货飞速扩张，但同时衍生出许多有待解决的问题。本报告通过对170位有网络直播带货平台购物体验的居民开展调研，了解其在网络直播带货平台购物的消费体验、维权情况以及网络直播带货存在的问题，并提出进一步规范网络直播带货业态的政策建议。

关键词： 网络直播带货 消费维权 业态规范

近年来，随着信息科学技术快速发展，网络直播带货作为一种新的消费模式发展势头迅猛，通过网络直播平台购物成为居民新的消费潮流。广州作为"千年商都"，商业氛围浓厚，产业带资源丰富，贸易流通基础良好，在直播电商所需的要素资源禀赋方面优势明显。近年来，面对商业发展新形势、新变化，广州稳稳抓住直播电商等新业态、新模式机遇，通过大力扶持电商经济发展，创新出台全国首个直播电商产业政策，举办全国首个以城市为平台的直播电商节，设立国内首家专注直播电商研究的"广州直播电商研究院"等一系列举措，持续推动广州直播电商产业蓬勃发展，以"14个全国首创"引领国内直播电商制度创新，成为一线城市第一大直播之城，"直播电商之都"的城市新名片让"千年商都"焕发出新的活力。数据显

---

[*] 潘旭，国家统计局广州调查队，中级统计师，研究方向为经济发展和社会调查研究。

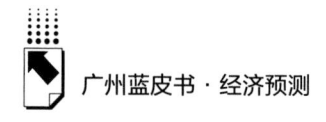

示，2022年，广州社会消费品零售总额为1.03万亿元，其中实物商品网上零售额超2200亿元，占全市社会消费品零售总额的比重比2019年提高了10个百分点。截至2022年，广州已经有超500个专业批发市场引入了直播电商模式，广州网络零售店铺数、直播场次、主播数量均位居全国第一，位列全国十大直播之城榜首。

为了解居民通过网络直播带货平台的购物消费及维权情况，本报告在2022年3月对170位有网络直播带货平台购物体验的居民开展了调研。调研结果显示，网络直播带货给消费者带来了独特的消费体验，在提振消费方面具有较大的潜力和积极意义，发展前景普遍被居民看好，但也存在夸大宣传、产品质量参差不齐等问题，受访居民反映网络直播带货购物维权难，仍需多方协同推进网络直播带货业态规范健康发展。

一 网络直播带货具有独特吸引力

（一）网络直播带货给消费者带来新的消费体验

调研结果显示，对于网络直播带货的出现对消费者的影响（多选题），64.1%的受访者表示可以以优惠价格购买许多产品；61.2%的受访者表示通过观看网络直播，可以接触和购买更多元化的产品；48.2%的受访者表示在观看网络直播时容易冲动消费；34.7%的受访者表示在直播间购物的体验感更好。受访者表示，通过主播的介绍讲解和现场使用，可以帮助消费者多维度、立体化地了解商品特征及性能，并实时解答消费者心中的困惑，相比传统图文式网络购物，直播视频模式为消费者提供了更直观、更好的互动消费体验。

（二）网络直播带货模式的优惠价格和展示方式是吸引消费者的主因

在网络直播带货过程中，主播对商品各方面进行的展示和描述，可以最大限度地凸显带货商品在同类商品中的价格、品质、功能、效果等方面的优势，这些也是吸引消费者选择通过网络直播方式购买商品的主要原因。调研结果显示，对于为何选择通过网络直播方式购买商品（多选题），76.5%的受访者表示因产品价格优惠力度大，47.1%的受访者表示因产品展示全面且客观，30.0%的受访者表示由于亲友推荐，21.8%的受访者表示因其退换货物方便，18.2%的受访者表示因其售后服务有保障，17.1%的受访者表示是为支持喜欢的带货人。

（三）新消费模式下消费者仍保持理性消费观念，较少盲目跟风追捧

虽然不少消费者表示在观看网络直播带货时容易产生冲动消费行为，但大多数消费者在实际消费过程中仍然保持了较为理性的消费观念。对于在网络直播购物过程中最看重的因素是什么（多选题）的回答，有78.2%的受访者提及最看重商品价格，67.1%的受访者表示最看重商品质量，50.6%的受访者表示最看重商品品牌，20.6%的受访者表示最看重带货主播名气，18.2%的受访者表示最看重参考商品成交量，16.5%的受访者表示最看重直播间人气程度，7.1%的受访者表示最看重直播平台知名度。对于通过网络直播带货平台购物的消费习惯，64.1%的受访者选择在官方旗舰店购物，59.4%的受访者选择在正规网络直播带货平台购物，42.9%的受访者表示会在购物前认真观看商品评价，38.2%的受访者喜欢充分比较同一类型商品的质量与价格，只有21.2%的消费者有购买知名主播商品的习惯。从调研结果看，消费者通过网络直播带货购买商品时更为注重商品的价格、质量、品牌等方面，较少盲目跟风追捧网红主播、网络直播带货平台和人气直播间等。

二 网络直播带货发展前景向好

（一）网络直播带货在激发消费上有较大发展空间

从调研对象的性别构成看，女性占62.9%，男性占37.1%，女性是网

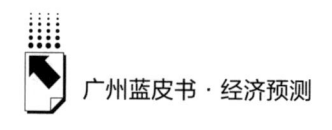

络直播带货消费的主力军。

从消费频率看，表示偶尔通过网络直播带货购物的受访者占80.6%，表示经常通过网络直播带货购物的受访者仅占19.4%。当前消费者通过网络直播带货模式购物的频率较低，受访者中，平均每月购物0~1次的占41.8%，平均每月购物2~5次的占38.8%，平均每月购物6~10次的占13.5%，平均每月购物11次及以上的占5.9%。

网络直播带货平台商品品类丰富，调研结果显示消费者在网络直播带货平台购买的主要商品类型（多选题）依次为生活用品（73.5%）、食品类（65.3%）、服饰鞋帽类（53.5%）、美妆品类（25.3%）、学习用品类（7.6%）、家用电器类（6.5%）、其他类（2.9%）。从调研结果看，消费者在网络直播带货平台购买的商品以日用易耗品为主，对耐用品消费较少。

从消费支出看，网络直播带货购物支出占日常消费支出的比重不高，62.4%的受访者表示网络直播带货购物支出占日常消费支出的比重在5%以下，25.9%的受访者表示网络直播带货支出占比为5%（含）~10%，9.4%的受访者表示网络直播带货支出占比为10%（含）~20%，仅有2.4%的受访者表示网络直播带货购物的支出占比在20%及以上。

从调研结果看，目前消费者通过网络直播带货购买商品的绝对价值不高，消费的频次和消费的总金额不高，网络直播带货模式在激发居民消费潜力方面仍有较大发展空间。

（二）网络直播带货发展前景被普遍看好

网络直播带货模式以优惠的价格、直观的展示、实时的互动、精准的推送等优势受市场热捧，特别是近几年受疫情影响，一些线下销售纷纷转为线上，网络直播带货规模加速扩大，大多数受访者表示看好网络直播带货的发展前景，其中，18.8%的受访者表示非常看好，认为其发展前景较好；65.9%的受访者认为当前网络直播带货发展虽然存在一些问题，但是总体趋势向好；只有8.2%的受访者表示不太看好，认为网络直播带货模式可能被新的模式取代；余下7.1%的受访者表示说不清。

三 网络直播带货存在的问题导致消费者满意度不高

调研结果显示，受访者对网络直播带货行业的整体满意度不高，只有2.4%的受访者表示非常满意，有51.8%的受访者表示比较满意，有40.6%的受访者表示一般，还有5.2%的受访者表示不太满意或非常不满意。具体来看，受访者仅对快递物流的满意度较高，在调研过程中不少受访者反映网络直播带货在商品宣传、商品质量、售后服务等方面亟待加强规范。

（一）快递物流服务受到普遍肯定

近年来，网络购物的兴起推动了商品快递物流服务的快速发展，对于网络直播购物快递物流的便捷性，消费者满意度较高，有20.6%的受访者表示对快递物流非常满意；有53.5%的受访者表示比较满意；有21.8%的受访者对快递物流的便捷性评价一般，希望配送速度能够进一步提升；也有个别受访者（4.1%）因快递丢件、未送件上门等问题对快递物流表示不太满意。

（二）网络直播带货商品虚假宣传存在误导性

在当前网络直播带货平台和主播高度竞争的环境下，有个别平台趁机借"刷单"提升用户活跃度，也有部分网红主播通过"刷单"虚构自己的人气和带货能力，继而抬高身价以获取利益。对平台、商品等信息真实性的满意度调研结果显示，只有48.2%的受访者表示非常满意（8.2%）或比较满意（40.0%），高达43.5%的受访者对其真实性评价一般，还有8.3%的受访者对其信息真实性不满意。不真实的宣传信息也导致消费者在网络直播购物中易被误导而踩"陷阱"。调研结果显示，对于在网络直播带货平台购物中最常遇到的问题（多选题），50.0%的受访者认为"网络直播平台存在刷单、刷评论等问题，会影响消费者的判断"，47.6%的受访者认为"促销活动不真实，价格虚高、优惠力度较小"，47.1%的受访者认为"主播存在误导性描述或虚假宣传"。

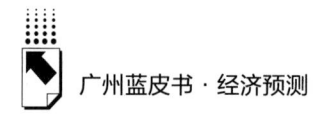

（三）网络直播带货商品质量参差不齐

商品质量是消费者在消费过程中关注的核心问题，但对于网络直播带货平台的商品质量，只有52.4%的受访者表示非常满意（5.9%）或比较满意（46.5%），有41.2%的受访者认为质量一般，还有6.5%的受访者表示不太满意或非常不满意。有43.5%的受访者反映在网络直播带货平台购物时遇到过"直播带货商品质量难以保障，有假货或伪劣残次品"的问题。受访者陈小姐表示，只会在网络直播带货平台上购买价格便宜的商品，对于价格高的商品或者对产品质量有较高要求的商品，她不会在网络直播带货平台上购买。受访者黎小姐反映，虽然目前在网络直播带货平台购物的过程中能很直观地看到实物，但不少商品质量仍难以得到真实反映。陈小姐曾购买一条连衣裙，直播时看主播展示的是质量上乘、颜色漂亮的裙子，商品的评论区也都是漂亮的买家秀，但是实际收到的衣服货不对板，衣服材质硬、色差严重、上身效果差。

（四）网络直播带货商品售后保障不到位

近年来，市场监管部门在提升服务品质、完善售后保障方面出台了一系列措施和办法，诸多知名电商平台也提出了"7天内无条件退换"等服务承诺，并提供了退换运费险，仍有31.8%的受访者表示会遇到一系列售后服务问题，如"部分商品无法按时发货；快递人员送货不及时、服务态度差、快件运输过程中商品丢失或损坏；网购商品出现质量问题退换时间长，退换手续复杂，较难退换货、退款"等。售后服务满意度调研结果也显示，受访者对售后服务的整体满意度只有57.1%，有34.1%的受访者认为售后服务一般，还有8.8%的受访者对售后服务不太满意（7.6%）或非常不满意（1.2%）。

四 多重因素导致网络直播带货购物售后维权难

当前网络直播带货仍属于新兴业态，行业规范还未完善，消费者遇到的被侵权问题较为普遍，在对于网络直播带货购物的售后维权总体效果评价中，只有35.3%的受访者给予了好评。

（一）消费者维权渠道单一导致维权难

在网络直播带货购物售后维权的主要难点（多选题）所列的8个选项中，选择"缺少熟悉的维权渠道或平台"的受访者最多，占比为48.2%。对维权方式的调研结果也显示，在面对网络直播带货购物侵权行为时，受访者的维权渠道较为单一。对于在网络直播带货购物中遇到问题时会采取的第一次维权行动（多选题），有73.5%的受访者表示会找商家沟通解决，有16.5%的受访者表示会找平台售后客服沟通解决，而采取向市场监管部门举报（2.4%）、通过法律途径维权（1.8%）、拨打"12315"等官方热线投诉（1.2%）等方式的受访者均不到3.0%，还有2.4%的受访者表示会"忍气吞声，放弃维权"。如果第一次维权行动没有效果，在受访者继续维权所采取的应对方式中，与平台售后客服沟通解决的占62.9%，与商家沟通解决的占37.6%，向市场监管部门举报的占32.9%，拨打"12315"等官方热线投诉的占27.6%，向相关直播平台投诉的占25.9%，通过法律途径维权的占20.0%，而表示会直接放弃维权的比例为5.9%。从调研结果看，消费者首次维权行动基本选择私下与商家沟通解决，在维权失败后，绝大多数消费者选择与平台售后客服沟通解决，无论是首次还是第二次维权行动，选择通过官方渠道或法律途径维权的消费者占比都不高，一旦商家、平台拒绝承担责任，不提供相应的售后服务，就容易导致消费者投诉无门，有31.2%的受访者反映维权的难点在于"相关投诉无人受理"。

（二）消费者维权意识薄弱导致维权难

在网络直播带货购物过程中，消费者维权意识薄弱。消费者消费习惯（多选题）调研结果显示，只有9.4%的受访者有主动索要并保存电子发票或购物单的习惯，10.0%的受访者有主动保留与商家对话记录等信息的习惯，11.8%的受访者有收货时当面拆包检查的习惯。从调研结果看，有九成左右的消费者没有保存购物过程中的聊天记录、订单页面、发票等关键维权证据的习惯，因此有维权需要时也可能难以取证。与此同时，由于直播带货涉及商家、平台、主播等多个主体，各个主体承担的责任和义务各不相同，责任认定难，在消费者难以提供维权证据时，侵权问题往往容易被各主体"踢皮球"，导致消费者被侵权后维权难度更大。调研结果显示，有47.6%的受访者认为网络直播带货购物售后维权的主要难点是"缺少证据，难以划分责任"。

（三）消费者维权知识匮乏导致维权难

消费者对网络直播带货购物售后维权相关知识的不了解，也为可能发生的网络直播带货购物售后维权带来一定的困难。调研结果显示，在对各项维权知识的了解情况方面，对网络直播带货购物售后维权相关法律法规表示基本了解的受访者仅占14.7%，对具体的维权途径与投诉平台了解清楚的受访者占14.7%，了解具体维权流程的受访者占14.1%，清楚维权需提前准备的资料、证据等内容的占14.7%，自认为掌握与平台、商家维权沟通技巧的占16.5%，自己懂得关于平台、商家、商品的鉴别方法的占19.4%。从调研结果看，受访者对网络直播带货售后维权相关知识的掌握了解程度低，在维权过程中如果没有通过官方维权渠道或没有专业人士的协助，很难靠个人获得维权的成功。基于此，42.9%的受访者表示维权难点在于"维权时间太长，自己精力不足"；32.9%的受访者表示维权难点在于"维权流程复杂，不了解具体如何操作"；18.8%的受访者在权衡利弊后，认为"实际损失较轻微，不值得自己维权"；10.0%的受访者表示维权难点在于"相关法律知识缺乏，不了解如何维权"。

（四）网络监管难度较大导致消费者维权难

网络直播带货交易具有开放性、虚拟性、高科技化等特点，与对实体货物交易进行监管执法相比，对网络直播带货交易的监管办案难度较大，消费者投诉维权难度更大。对于"市场监管部门规范网络直播带货行为的难点在哪？"（多选题），有68.2%的受访者认为对网络直播销售、推广行为，监管难、案件取证难；52.9%的受访者认为网络直播带货行为涉及的法律关系多，行为定性复杂；44.7%的受访者认为市场监管部门监管技术、手段匮乏；30.0%的受访者认为网络维权涉及部门多、区域广，行政成本高；还有25.3%的受访者认为"相关法律支持体系、财税配套政策不完善"。

五 进一步规范广州网络直播带货业态的建议

对于期盼网络直播带货在哪些方面可以进一步完善（多选题），有59.4%的受访者表示需完善产品的售后服务；53.5%的受访者希望对网络直播带货加强监管；52.4%的受访者期待加强对网络直播带货平台、主播守法性的监管，规范网络直播带货行业秩序；有32.4%的受访者认为要加快建立消费投诉预警机制、投诉信息公示机制、消费信用约束机制。

（一）加强行业监管，营造良好的消费环境

建议有关部门要加强对网络直播带货平台和网络交易行为的监督管理，引导网络直播带货行业规范化发展，严格查处各类虚假广告、人气造假、诱导消费、虚假交易、规避安全监管的私下交易等市场违规行为，切实保障消费者合法权益。同时，加强对网络直播带货平台产品质量监管，定期抽查商家售卖商品的质量和来源，规范市场经营秩序，为消费者提供真实、准确的商品信息及质量合格的商品和服务，营造安全放心的消费环境。

（二）健全监管机制，规范网络直播带货行业秩序

建议有关部门在制定相应的网络直播带货行业标准和相关法律法规的基础上，明确划分网络直播带货平台、商家与主播之间的责任，并向社会宣传。加强对平台、商家和主播的规范管理和职业素养教育，提升各方责任意识，对违规违法行为加大监管和处罚力度，并纳入社会诚信考核体系。同

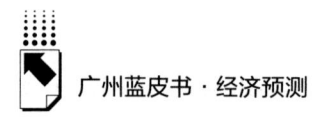

时，要完善对各电商、网络直播带货平台的资质审核及诚信评价机制，提高准入门槛，督促商家和主播严格执行平台规章制度，对于虚假宣传、诱导交易或损害消费者权益的商家和主播，要严肃处理。

（三）完善消费维权体系，提升消费者自我保护意识

建议有关部门进一步指导网络直播带货平台完善售后服务体系建设，加强维权操作指引，简化维权手续，及时受理并解决消费纠纷，加强维权案件处理情况监督反馈，实现对维权案件的全程跟踪。有关部门要引导消费者理性对待网络直播带货购物，通过曝光网络直播带货购物维权典型案例、发布消费警示等方式加大消费者权益保护法律法规的宣传力度，引导消费者不断提升网购维权意识和维权能力，帮助消费者更好地规避网络直播带货消费陷阱，维护好自身合法权益。

参考文献

黄腊梅：《网络直播带货中消费者权益保护》，《河北企业》2022年第6期。
张月晗：《后疫情时代网络直播带货现状分析》，《新闻传播》2022年第15期。
朱巍：《网络直播带货监管难点问题分析》，《青年记者》2022年第9期。

现代产业篇
Modern Industry

B.8
广州构建现代产业体系发展成效研究

广州市统计局综合处课题组*

摘　要： 构建现代产业体系是实现新旧动能有序转换的关键所在。为了解广州现代产业发展状况，本报告从新兴产业、工业结构高端化、现代服务业和科技创新等方面，对全市构建现代产业体系发展成效进行分析，并针对广州现代产业体系中存在的部分新兴产业主导行业实力偏弱、核心竞争力不强，优势产业发展不稳定、优势不突出，生产性服务业融合度不高、智力型特征不明显等短板问题，提出了进一步做大做强汽车产业、壮大新一代信息技术产业集聚效应、抢占突破性技术产业布局等针对性建议。

关键词： 现代产业体系　新旧动能转换　广州

---

* 课题组组长：黄燕玲，广州市统计局综合处处长。课题组成员：林大瀛，广州市统计局综合统计处副处长；徐菲，广州市统计局综合统计处一级主任科员；吴迪军，广州市统计局综合统计处一级主任科员；林婵于，广州市统计局综合统计处部长；林澄瑶，广州市统计局综合统计处四级主任科员。执笔人：林婵于。

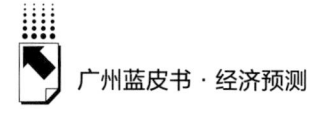

党的二十大报告提出，"建设现代化产业体系，坚持把发展经济的着力点放在实体经济上"，彰显了党中央对壮大现代产业经济、确保高质量发展行稳致远的战略定力。在推动广州高质量实现老城市新活力、"四个出新出彩"的过程中，广州离不开积极探索构建现代产业体系的发展路径。近年来，广州经济综合实力不断提升，发展活力和韧性不断增强，以数字化、智能化、信息化为特征的一批新兴产业加快培育发展，为广州经济高质量发展注入新的动力。

一 广州现代产业发展成效

（一）战略性新兴产业成为新引擎

近年来，广州着力发展新兴产业，推动其成为经济高质量发展的新引擎。2022年，全市"3+5"战略性新兴产业实现增加值8878.66亿元，占地区生产总值的比重从2018年的30.0%提升至2022年的30.8%，经济增长近三成的动力来源于新动能。其中，新一代信息技术产业、智能与新能源汽车产业、生物医药与健康产业，以及"五大新兴优势产业"中的数字创意产业规模均在1500亿元以上。具体来看，新一代信息技术产业增加值为1584亿元，特别是以超高清视频及新型显示为代表的信息产业茁壮成长，全年工业产值规模超2000亿元。工信部下属赛迪顾问发布的《2022新型显示十大城市及竞争力研究》显示，广州位列"2022年新型显示十大城市"之首。此外，广州在互联网信息技术方面实力不容小觑，培育形成网易、酷狗等5家年营业收入超百亿元的互联网龙头企业。智能与新能源汽车产业增加值达1752亿元，培育形成广汽埃安等增长强劲的自主造车新势力。生物医药与健康产业增加值为1651亿元，集聚了生物医药领域6家国家重点实验室，2019~2021年累计获批国产药品3247件，新药临床批件149个，Ⅱ类、Ⅲ类医疗器械1127件。

同时，新兴产业发展后劲增强。2019~2022年，工业投资连续4年超千亿元。超视界、乐金显示 OLED、广汽智联网、粤芯芯片、科大讯飞、百济神州等一批引领性好、带动力强的产业投资项目陆续建成投产。2022 年，高技术制造业投资增势强劲，同比增长 48.2%，占制造业投资的比重突破 50%，为全市经济高质量发展聚力蓄能，其中，电子及通信设备制造业投资在华星第 8.6 代氧化物半导体新型显示器生产线、粤芯半导体二期、广东粤芯能半导体等项目的带动下同比大涨 69.6%，半导体与集成电路、超高清视频和新型显示产业集群效应进一步增强。

（二）工业结构高端化趋势明显

近年来，广州制定实施《广州市先进制造业强市三年行动计划（2019—2021 年）》《广州市协同构建粤港澳大湾区具有国际竞争力的现代产业体系行动计划》等政策文件，大力实施广州制造"八大提质工程"；与此同时，加快建设广州人工智能与数字经济试验区，制定《广州市加快打造数字经济创新引领型城市的若干措施》等政策，加大传统优势产业数字化改造力度。随着"制造业立市"的提出，产业结构及时调整，第二产业地位巩固，第二产业增加值占地区生产总值的比重在 2017 年低于 30%，随后波动回升，2022 年回升至 27.4%，其中工业增加值占地区生产总值的比重回升至 24.1%。

2022 年，全市先进制造业增加值突破 3100 亿元，达 3167.52 亿元，占规模以上工业增加值的比重提高至 61.6%；高技术制造业增加值突破 1000 亿元，达 1002.76 亿元；汽车产量突破 300 万辆，连续 4 年稳居全国城市第一。形成智能网联与新能源汽车、绿色石化和新材料、生物医药与健康、高端装备制造、现代都市消费工业等产值超 1000 亿元的先进制造业集群，全球"智车之城""新型显示之都""生物医药新高地"建设蓄势聚力。2019年，广州获联合国工业发展组织授予的"全球定制之都"案例城市，2022年入选国家首批产业链供应链生态体系建设试点。2021 年，全市高新技术企业有 11429 家，数量居全国第 4 位，其中营收百亿元级、十亿元级和亿元级以上高新技术企业数量分别达 26 家、297 家和 2007 家。

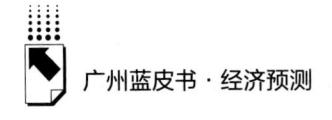

（三）现代服务业释放新活力

近年来，广州现代服务业规模攀上新台阶，2019年突破1万亿元，2022年达13825.27亿元，占第三产业增加值的比重提升至67.1%。生产性服务业增加值从2018年的不足8000亿元（7981.42亿元）增加至2022年的超1万亿元（11245.04亿元），占第三产业增加值的比重为54.6%。

1. 金融业发展提质增效

2022年，广州金融业增加值规模扩大至2596.15亿元，占地区生产总值的比重提升至9.0%，占现代服务业增加值的比重为18.8%，成为全市第四大行业门类，有力支撑经济稳步增长。2017年，广州首次入选全球金融中心指数（GFCI）体系，排第37位，2022年提升至第24位。2022年末，金融机构本外币存、贷款余额分别为8.05万亿元、6.89万亿元，体量居国内城市第4位；保费收入为1544.89亿元，规模多年居国内城市第3位。广期所2021年获批设立，成为全国第一家混合所有制交易所，2022年首个交易品种工业硅挂牌上市。广州碳交所的碳配额现货交易累计成交2亿吨，居全国碳排放试点首位。粤港澳大湾区（广州南沙）跨境理财和资管中心建设启动，广州获批国家数字人民币试点等3个试点。

2. 现代物流业蓬勃发展

入选国家首批综合货运枢纽补链强链城市。2022年，全市现代物流业实现营业收入3181亿元，其中，多式联运营业收入保持较快增长，同比增长9.6%。现代物流业增加值从2018年的620.44亿元增加到2022年的920.41亿元。网上消费畅旺带动快递业务持续快速发展，2021年快递业务量迈入"百亿件"时代，2022年达101.31亿件，占全国的1/10，居全国第2位，反映出广州的经济活力和辐射带动能力。

3. 高技术服务业集聚效应显现

2022年，高技术服务相关行业合计实现营业收入6678.87亿元，占全市规模以上服务业营业收入的比重提升至39.8%，其中，科研成果转化服务、检验检测服务、研发与设计服务营业收入同比分别增长32.9%、

20.2%、15.5%。高技术服务业"10亿俱乐部"（年营业收入超过10亿元的企业）规模进一步扩大，龙头集聚效应显现。

（四）科技创新取得新突破

近年来，广州推进实施创新驱动发展战略，持续加大科技投入，布局科技创新轴，优化区域竞争格局。广州自然指数—科研指数排名跃居全球第十，2021年全市R&D（研究与试验发展）经费支出为881.72亿元，占地区生产总值的比重提升至3.12%。截至2022年底，有国家重点实验室21家、省级重点实验室251家、省级工程技术研究中心1941家；在穗工作的"两院"院士和发达国家院士120人，院士数量近5年增长约70%[①]，广州由科研资源大市持续向科技创新强市迈进。广州成功创建为首批国家知识产权强市，截至2022年底，全市有效发明专利量突破10万件，达到117738件，同比增长26.4%，发明专利量占专利授权量的比例由上年同期的12.7%上升到18.8%，专利布局持续优化；在第二十三届中国专利奖评审中，广州共有79件专利获奖，其中金奖3件，金奖数量取得历史性突破。19家企业入选"2022年中全球独角兽榜"，是全球新增独角兽企业数量较多的3个城市之一。全市技术交易活跃，2021年技术合同登记成交额达2413.11亿元，居全国第3位，连续4年居全省首位。科技自立自强持续推进，广州实验室重大科研任务取得显著进展，粤港澳大湾区国家技术创新中心入轨运行，人类细胞谱系、冷泉生态系统配套基础设施建设进展顺利，航空轮胎大科学装置项目竣工，人体蛋白质组导航国际大科学计划获批启动实施。

二 广州现代产业发展需关注的问题

（一）部分新兴产业主导行业实力偏弱、核心竞争力不强

近年来，全市"3+5"战略性新兴产业中的工业增加值占比一直未突破

---

① 《广州引才，为何打出"组合拳"？》，网易新闻，2022年8月11日，https://c.m.163.com/news/a/HEGUSQCU0514QQM0.html。

50%（2021年、2022年占比分别为44.6%、44.7%），这在一定程度上意味着新兴产业持续发展的核心竞争力不强。其中，新一代信息技术产业、数字创意产业、轨道交通产业的工业增加值在各产业中的比重偏低，分别在25%、15%、10%左右波动，这3个产业中，服务业、商贸业占了大部分，产业整体创新发展能力不强。例如，轨道交通产业中工业增加值占比仅为10%左右，主要依靠城市地铁、铁路运输、轨道交通工程设计等服务业的支撑（这三大服务领域工业增加值占轨道交通产业工业增加值的比重接近60%）。再比如，目前发展势头较好的新一代信息技术产业2022年增加值虽已突破1500亿元，占地区生产总值的比重为5.5%，成为经济增长的支柱产业之一，但该产业中的两大主导行业规模不大，与领先城市相比差距较大。其中，主导行业之一的计算机通信电子设备制造业2022年规模以上工业总产值（2496亿元）仅为深圳的10%左右、苏州的20%左右、重庆的40%左右；另一主导行业软件和信息技术服务业（涵盖新一代信息技术、智能装备、数字创意产业）对推动信息化和工业化深度融合具有重要意义，但规模与国内重要城市相比差距明显，2022年实现增加值1995亿元，明显低于北京、上海、深圳和杭州（北京为7000亿元级，上海、深圳、杭州均为3000亿元级）。

（二）优势产业发展不稳定、优势不突出

近年来，被列入全市战略性新兴产业的智能装备与机器人、新能源与节能环保产业发展势头偏弱，新材料与精细化工产业则发展不稳定、后劲不足。其中，智能装备与机器人产业受重点行业之一的电梯制造业在低迷房地产市场形势下增速放缓影响，2022年增加值同比增速回落至-1.2%；新能源与节能环保产业受部分类别的能源供应量下降以及污水处理业增速转负影响，2022年增加值增速与上年持平；新材料与精细化工产业前几年增长平稳，年均增速保持在6%左右，2022年受化工原材料价格上涨、部分龙头企业进入平缓期等因素影响，增速大幅回落，由正转负，同比下降5.6%，对经济增长的拉动作用持续减弱。

（三）生产性服务业融合度不高、智力型特征不明显

先进制造业和现代服务业融合是增强制造业核心竞争力、培育现代产业体系、实现产业链条延伸的重要途径。但近年来，广州生产性服务业增加值占第三产业增加值的比重有所波动，总体未有突破，2018~2022年占比分别为54.4%、53.7%、51.8%、53.8%、54.6%；法律、会计审计税务、工业设计、知识产权服务等智力密集型行业，出于发展起步晚、专业人才匮乏、龙头企业带动效应不明显等原因，至今未有一家企业能够跻身全市服务业百强，企业的基础实力亟待加强。深圳工业增加值占地区生产总值的比重较高且工业高端化发展趋势明显（2022年深圳高技术制造业增加值占规模以上工业增加值比重达62.2%，而广州仅为19.5%），近年来其生产性服务业增加值占第三产业增加值比重较为稳定，保持在60%以上。

三　广州进一步构建现代产业体系的建议

（一）进一步做大做强汽车产业

汽车产业对广州经济增长的影响很大（汽车制造业实现产值占全市规模以上工业总产值的比重超过25%，汽车零售额占全市社会消费品零售总额的比重超过10%），是广州重要的支柱产业。当前汽车市场竞争激烈，需集中资源和力量进一步做大做强广州汽车产业，增强其核心竞争力。建议集中精力做好汽车市场需求研判，通过集中政策资源加大汽车消费补贴力度、增加普通小汽车增量指标投放、推动二手车交易等方式，深度挖掘汽车消费潜力，以消费牵引供给，带动形成汽车产销两旺的局面。同时坚持引育并举、提高新能源汽车整车产能。一方面加大对广汽埃安的培育扶持力度，在政策、土地、资金等资源要素上予以倾斜，帮助其尽快提升认知度和美誉度，逐步建立品牌优势；另一方面也要密切关注市场动态，争取其他造车新势力入驻广州。

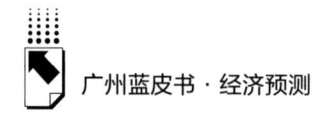

（二）壮大新一代信息技术产业

围绕打造"世界显示之都"，全力推进产业上下游配套项目招商引资和建设投产。充分发挥黄埔、增城两个国家级经济技术开发区已初步形成新型显示产业集群效应的优势，系统谋划推进新型显示产业上下游资源整合和项目落地工作，加快形成产业集聚的良好态势，增强高清显示产业发展新动能。

（三）做好生物医药与健康产业的发展谋划

研究生物医药与健康产业发展路径，特别是要针对生物医药创新驱动明显的特点，提高生物医药企业创新主体地位，支持有条件的企业联合金融机构、高校和科研院所、技术创新中心等建立创新平台，协同突破行业关键共性技术；或鼓励企业开展海外技术并购，与国际领先企业开展第三方市场合作。同时利用广州医疗资源较为丰富的优势，推动医疗产业向医药研发、生物制药、高端制剂和高端医疗器械方向转型，努力打造生物医药高端产品研发中心和制造中心，实现生物医药与健康产业的规模化和高端化发展。

（四）抢占突破性技术产业布局

针对广州多数"前瞻性"产业集群体量尚小、在全省占比不高的情况，聚焦人工智能、集成电路、前沿新材料、关键核心仪器等"硬科技"，着力打造战略性新兴产业策源地、集聚地和示范区。进一步突出企业进行技术创新决策、研发投入、科研组织、成果转化的主体作用，集中资源加大研发投入，应用"高精尖"关键技术，迅速形成涵盖研发、制造、集成、应用等的较为完整的产业链，抢占突破性技术产业布局，加快壮大新兴产业规模。

（五）高起点统筹谋划生产性服务业发展

一是主动出击、加强推介，以城市间协同和融合发展为依托，积极利用广州产业体系完备、连接充分、高校和科研院所密集等有利条件，努力在会计审计、咨询服务、广告服务、研发设计、知识产权、检验检测、商务会展等领域引进、培育一批服务型制造示范企业和项目。发挥龙头企业快速发展的示范带动作用，大幅提高产业集聚度，促进"两业"提速融合发展。二是优化营商环境。商贸会展、商务服务、专业设计及新型中介服务等智力密集、资金密集的行业发展均需要良好的营商环境，应健全法规制度、标准体系以及加强社会信用体系建设，加强知识产权保护，依法平等保护各类市场主体的合法权益，加快构建覆盖招商引资、规模增长、品牌建设、人才培养、企业融资等方面的政策体系。

（六）做好产业配套发展的基础工作

一是进一步发挥广州科教资源优势，完善引才聚才机制，同时，加快推进人才发展政策和体制创新，保障人才以知识、技能、管理等创新要素参与利益分配，以市场价值回报人才价值，全面激发人才创业创新动力和活力。二是优化投融资环境，一方面完善社会资本投资的相关配套政策，引导带动更多的社会资本参与广州新兴产业项目的招商建设，助力优质产业加快导入；另一方面优化完善风投创投的市场环境，鼓励、吸引风投创投机构落户广州，推动资本服务产业发展。

参考文献

杨琳：《经济大市：拼到毫无保留》，《中国经济周刊》2023年第3期。
徐丹丹：《碳中和与稳增长协同推进的机制设计与实现路径》，《北京工商大学学报》（社会科学版）2023年第1期。
苏力：《数据"倍增"彰显经济新活力》，《南方日报》2022年9月27日。
李培哲：《基于产学研联盟的战略性新兴产业创新机制研究》，博士学位论文，南京航空航天大学，2020。
杨森广、智燕凤、蒋艳春：《用创新思路引领现代农牧业发展》，《农家参谋》2020年第22期。
《长三角双创示范基地联盟服务长三角一体化 打造创新创业"辐射场"》，《中国经贸导刊》2020年第12期。

B.9
新时代广州推动产业有序转移的实践与探索研究

广州市政府研究室课题组 *

摘 要： 推动产业有序转移是贯彻新发展理念、建设现代化产业体系、促进区域协调发展的重要举措，是实施"百县千镇万村高质量发展工程"、实现共同富裕的迫切需要。近年来，广州以市属国企为龙头，以产业帮扶协作、湾区制造企业"走出去"等工作为抓手，积极推动优势产业向粤东粤西粤北地区延链扩容，形成了产业有序转移的"广州模式"。在新阶段，建议广州继续在高水平共建产业链、供应链，高标准建设产业转移基地，高规格搭建招商引资平台，高效率推进营商环境优化等方面下功夫，为广东、广州在推进现代化建设中实现更高水平的城乡区域协调发展提供有力支撑。

关键词： 产业转移 区域协调 产业链 供应链

党的二十大报告中指出，高质量发展是全面建设社会主义现代化国家的首要任务。自2023年以来，省委、省政府密集部署、高位推进"百县千镇万村高质量发展工程"（以下简称"百千万工程"）等重大工作，坚持产业

---

* 课题组组长：杨宏利，广州市政府研究室工交农村处处长。课题组成员：吴承峰，广州市发改委区域协调处处长；陈丽云，广州市发改委区域协调处二级调研员；郭金山，广州市协作办公室综合调研处副处长；卿劲松，广州市协作办公室对口支援处副处长；邵猷贵，广州市政府研究室工交农村处一级主任科员。执笔人：邵猷贵、郭金山。

有序转移与区域协调发展有机结合,为新阶段广东推动高质量发展明确战略路径。广州坚决落实党中央决策部署,按照省委、省政府工作安排,勇扛使命担当,积极主动作为,以深化对口帮扶协作为抓手,奋力在全省推动产业有序转移、促进区域协调发展中站排头、挑大梁。

一 广州推动产业有序转移的重大战略意义

促进区域协调发展是新时代国家重大战略之一,是推进共同富裕的内在要求。以产业有序转移推进区域协调发展,既是客观要求,也是必然选择。

(一)是贯彻落实习近平总书记、党中央重要指示精神的实际举措

在党的二十大报告中,习近平总书记对促进区域协调发展做出重要部署,强调"深入实施区域协调发展战略、区域重大战略、主体功能区战略、新型城镇化战略,优化重大生产力布局,构建优势互补、高质量发展的区域经济布局和国土空间体系",为广州推动产业有序转移、促进区域协调发展指明了方向、提供了遵循。当前"两个大局"相互交织激荡,推动产业有序转移增强各地产业优势,提升产业链、供应链的韧性和安全水平更加迫切和重要。面对新形势、新任务、新挑战,我们必须深入学习贯彻习近平总书记重要讲话精神,全面落实党中央决策部署,坚持完整、准确、全面贯彻新发展理念,着眼现代化建设全局、改革开放大局、国家重大战略布局,加快推动产业有序转移,着力形成优势互补、高质量发展的区域经济布局,以实际行动坚定拥护"两个确立",坚决做到"两个维护"。

(二)是推动实现高质量发展的必然要求

习近平总书记强调,要根据各地区的条件,走合理分工、优化发展的路子,落实主体功能区战略,完善空间治理,形成优势互补、高质量发展的区域经济布局。近年来,广东省着力构建"一核一带一区"区域发展格局,持续推动珠三角地区产业向粤东粤西粤北地区有序转移和拓展延伸,但仍存

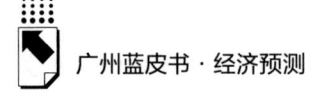

在产业转型升级与产业基础不相适应、行政壁垒与政策环境存在差异等问题，制约高质量发展。自2023年以来，全省认真贯彻省委高质量发展大会和推动产业有序转移、促进区域协调发展工作会议精神，以前所未有的魄力、果敢、力气，严格落实"1+14+15"政策体系，加快推动珠三角地区与粤东粤西粤北地区新一轮对口帮扶协作，大力实施"百千万工程"，引领城乡区域协调发展向着更高水平和更高质量迈进。这是推动由发展"差距"变追赶"势能"、由短板变"潜力板"，塑造广东高质量发展新动能优势的有效路径。

（三）是广州实现老城市新活力、"四个出新出彩"的重要支撑

实现老城市新活力，在综合城市功能、城市文化综合实力、现代服务业、现代化国际化营商环境方面出新出彩，是习近平总书记交给广东、广州的重要政治任务。近年来，广州牢记习近平总书记谆谆嘱托，坚持把发展作为第一要务，把广州发展放在党和国家大局中去思考、谋划和推进，积极探索老城市高质量发展之路，在提升城市综合承载力和经济实力的同时，大力实施广清一体化、广佛全域同城化、广梅对口帮扶和老区苏区振兴发展等重大战略，推动现代化建设成果更多更公平惠及全体人民，成为全省乃至全国区域协调发展的典范。踏上新征程，广州将坚决扛起国家中心城市、国家一线城市、省会城市的责任担当，充分发挥粤港澳大湾区核心引擎的辐射带动作用，抢抓贯彻落实《广州南沙深化面向世界的粤港澳全面合作总体方案》和建设华南国家植物园等重大历史机遇，主动适应新发展格局，持续深化对口帮扶协作，优化产业布局，推进产业转型升级，不断探索高质量实现老城市新活力、"四个出新出彩"的发展路径，为推动全省城乡区域协调发展向更高水平、更高质量迈进做出广州贡献、体现广州担当。

二 广州推动产业有序转移的实践经验

近年来，广州坚持全面对标对表中央要求，牢固树立全省"一盘棋"思想，以市属国企为龙头，以产业帮扶协作、湾区制造企业"走出去"等

工作为抓手，支持推动优势产业向粤东粤西粤北地区延链扩容，推动珠三角与粤东粤西粤北地区协调发展，促进形成优势互补的区域经济布局。

（一）注重顶层设计，强化政策支撑

一是坚持党政同抓。广州市委常委会、市政府常务会定期开展对口帮扶工作专题研究，市主要领导亲赴一线调研对口帮扶对接推动工作，定期召开党政联席会议，共同研究解决实际困难，高位推动工作落实。

二是坚持政策引领。印发实施《广州市对口帮扶梅州市助推老区苏区全面振兴发展规划（2021—2025）》《广州与清远对口帮扶协作"十四五"规划》《广清一体化"十四五"发展规划》《广州市支持市属国有企业到广州（梅州）产业转移工业园投资经营的实施意见》等政策文件，以产业共建为重点全面推动对口帮扶工作取得新成效，为推动对口帮扶成果迈向更高层次描绘蓝图。

三是坚持资金投入。在完成省下达的资金筹集任务的基础上，结合市财政水平和被帮扶地区实际，适当提高帮扶标准，加大帮扶资金投入力度。2021年以来，广州市财政安排76.81亿元用于省内对口帮扶协作工作，其中，安排乡村振兴驻镇帮镇扶村资金49.56亿元，对口帮扶协作清远、梅州、湛江、肇庆产业专项资金21.2亿元，国企帮扶梅州专项奖补资金4.67亿元，助力清远民族地区高质量发展专项资金1.38亿元。

四是坚持人才支撑。2021年以来，选派528名优秀干部进驻梅州、湛江、清远，建立指挥部、各县（市、区）工作组、各镇工作队三级管理体系，统筹指挥协调驻镇帮镇扶村工作，一体化推进产业共建和乡村振兴工作。

（二）注重多元拓展，深化产业合作

第一，培育主导产业集群。广梅产业园聚焦食品饮料、生物医药、汽车零部件、新能源新材料四大主导产业，持续推动骨干企业延链、补链、强链。2022年，四大主导产业产值占园区总产值比重达80.9%。广清经济特别合作区围绕省"双十"产业集群和广州主导产业链,支持生物医药、智能制造、汽车零部件、精细化工等产业在清远转型升级和集聚发展。加快推动广清纺织服装产业有序转移园建设。全力建设广清旅游集聚区。

第二,推动产业协同发展。深化"镇企合作""村村联动",以"政府主导推动土地流转+企业规模化种植+专业团队市场化运营"的方式,推进现代农业产业化建设。如广药集团依托梅州仙草等中药材优势,投资建设全球最大的凉茶原液提取基地;梅州农业龙头企业金绿公司(陈小鸽)投资肉鸽一体化加工项目,落户天河兴宁工业园。支持对口帮扶协作地区融入粤港澳大湾区"菜篮子"建设,累计认定粤港澳大湾区"菜篮子"生产基地及加工企业30个。

第三,发展"反向飞地"经济。协助清远在广州开展设立"反向飞地"(一批多功能新型展示平台),构建全天候、全方位服务体系。支持梅州市在番禺区、南沙区探索设立"反向飞地",建设五华(番禺)大湾区经贸发展中心和南沙·平远国际经贸合作中心,"反向飞地"产生的收益和税收区级留存部分全部返还对口帮扶县,两个"反向飞地"现已入驻企业34家。

(三)注重引资引智,激发发展潜力

一是做优营商环境。协助梅州打造"广梅产业园审批功能模块",园区工程建设项目政府投资类、社会投资类审批时间约缩短50%。广清经济特别合作区对标广州开发区建立"一站式+"服务窗口,全面承接清远近200项行政审批权限,推动广东省首个不动产登记窗口进驻,开办66项可在广清同步办理的"跨城通办"专窗服务,224项涉税业务一站式办理时间缩短90%以上。

二是做好对口招商。推动市属国企与粤东粤西粤北地市政府深化合作,引导广汽集团、广药集团等8家广州国企落户广梅产业园,推动广清建投公司全力建设广清空港新城。坚持"全民招商""中介招商""产业链招商",2022年广梅产业园累计引进20个产业项目,计划总投资超50亿元。以万洋集团、广州建筑、金发、欧派等企业重大项目落户为引领,广清经济特别

合作区累计引进产业项目657个,计划投资总额近2000亿元。

三是做细科技赋能。支持梅州高新区加快创建国家级高新区,推动清远广大协同创新研究院、中山大学创新药物研究中心等重大创新平台载体建设,成功推动广州白云(英德)产业转移工业园升级为省级高新技术产业开发区。

(四)注重机制创新,探索"广州模式"

坚持以共建产业园区为载体,持续加强资金、人才、技术、政策等方面的支持,推动形成产业集聚效应。

第一,探索对口帮扶"广梅模式"。以"帮扶市主导、专业团队运作"为特色推动广梅产业园规划建设,实行"指挥部+管委会+平台公司"的管理架构,产生"1+1+1>3"的工作效果。2022年,广梅产业园实现工业产值逆势提速增长,总产值达65.5亿元,规模以上工业增加值为14.1亿元,分别比2019年增长96%、90%。广梅产业园与梅州高新区实行"一个主体、两块牌子",推动"独立式运营、内生式发展"。位于广梅产业园规划范围内的梅州综合保税区获得国务院批复设立。

第二,探索区域协调发展"广清经验"。整合"广清产业园""广德产业园(原两德园)"等已有园区,形成"一区多园"的发展格局。园区开发建设实行"充分授权、封闭运作",打造"园区管理机构+国有平台公司+产业集群"的开发模式,推动形成"1小2大"(小管理机构、大开发平台、大社会管理)的园区运营机制。2023年2月,广清经济特别合作区园区正式实体化运作。

三 在新阶段广州推动产业有序转移的对策建议

新阶段,广州将全面贯彻国家及广东省委、省政府促进区域协调发展的重大部署,按照"百千万工程"的有关安排,严格落实《关于推动产业有序转移促进区域协调发展的若干措施》和《珠三角地区与粤东粤西粤北地区对口帮扶协作实施方案（2023—2025年）》，突出引导产业优化布局和有序转移，持续完善对口帮扶协作机制，促进对口帮扶协作双方优势互补、互惠互利、共谋发展，更好地解决发展不平衡不充分问题，为广东、广州在推进现代化建设中实现更高水平的城乡区域协调发展提供有力支撑。

（一）高水平共建产业链、供应链

1. 优化合作模式

进一步完善"珠三角总部、研发基地+粤东西北生产基地"模式，强化广州的研发和综合服务功能输出，紧扣广州重点产业集群发展需求，实施补链、强链、延链工程，引导广州产业结构调整和扩张延伸项目向周边城市梯度转移。

2. 深化多方联动

以广梅产业园为载体，全力创建国家级高新区，支持广梅产业园聚焦食品饮料、生物医药等主导产业，创建全省有影响力的客家预制菜产业园。以广清经济特别合作区为载体，促进"生态+空港+总部+制造"一体化发展。加强与湛江深度协作，推动两市港航、钢铁、海洋等优势领域协同发展，支持湛江拓展蓝色发展空间。推动与惠州、汕头、汕尾、揭阳、潮州、茂名、阳江对接合作，依托广州科研教育、创新产业和港口基础，参与东西翼生物医药、石化等产业集群建设，合作共建海洋高技术成果高效转化基地和产业基地，助力广东沿海地区"串珠成链"。

3. 强化科技支撑

积极推进共建粤港澳大湾区国际科技创新中心，以科技特派员和产学研合作为牵引，持续夯实与粤东粤西粤北地区科技合作基础，创新科技合作模式，对全省推进产业有序转移的科技创新形成有力支撑。

（二）高标准建设产业转移基地

1. 推动园区标准化建设

以现有园区为基础，按照"好中选优、重点突破、以园带市"的思路，重点打造广州（梅州）产业转移工业园、广州（湛江）产业转移工业园和广清经济特别合作区三大承接产业有序转移的主平台，统筹推进肇庆四会及西北片区4个区县产业园区建设，提高园区标准化建设水平，全力将其打造为省内承接珠三角产业转移的主阵地、主力军。

2. 推动打造特别合作区

紧扣重点产业集群发展需求，突出引导产业优化布局和有序转移，深入推进广清经济特别合作区建设，依托广州（梅州）产业转移工业园、广州（湛江）产业转移工业园等协助申报设立广梅、广湛省级经济特别合作区。

3. 推动制定实施差异化政策

结合梅州、湛江、清远、肇庆等地资源禀赋和产业需求，谋划共建1个产业园区，筹建前方指挥部、合作园区管委会等管理机构，出台园区投资共建方案、决策协调和日常管理等系列制度安排。发挥粤东粤西粤北地区资源优势，协助创建一批广东省特色产业园，制定实施差异化产业政策和精准化扶持政策，推动实现产业集群化、集聚化发展。

（三）高规格搭建招商引资平台

1. 搭建招商宣传平台

依托中国广州国际投资年会，通过粤东粤西粤北地区帮扶市在年会期间举办专题分论坛等形式，吸引世界500强企业、央企、各行业领军企业等投资者关注，挖掘潜在投资者。依托广交会、海丝博览会等重要展会，积极创造条件，为粤东粤西粤北地区提供全方位展示和交流平台。依托珠三角与粤东西北经贸合作招商会，打造广州市与粤东粤西粤北地区产业对接合作平台。

2. 发挥国企带动效应

制定发布《广州市支持市属国有企业到广州（梅州）产业转移工业园投资经营的实施意见》等扶持政策，动员广州市属国企在生物医药、智慧城市、垃圾焚烧发电、军工食品供应、港口贸易、产业基金、炼钢、石化、交通旅游、人才培训等方面与粤东粤西粤北地区开展深入合作，并继续做好汽车零部件制造、现代物流产业、粮食仓储、预制菜等产业项目的推进工作。

3.激发社会投资活力

设立对口招商工作专班，联合产业转移承载地建立常态化联合招商工作机制，深化招商引资帮扶协作，开展民营企业产业转移及投资意向摸查，深入开展省内"千企帮千镇 万企兴万村"行动，探索商协会参与乡村振兴的新模式，推进"回报家乡"乡贤行动，引导广州民企、外企到粤东粤西粤北地区投资布局，推动产业转移项目"扩容"。

（四）高效率推进营商环境优化

1.实施营商环境提升工程

深入开展粤东粤西粤北地区营商环境建设短板弱项对标提升行动，建立健全营商环境对口帮扶机制，以产业转移合作园区、省级经济特别合作区为重点，围绕开办企业、市场监管、政府服务等15个领域的重要量化指标，推广广州市营商环境5.0改革创新经验，全面优化办事流程、改造信息系统、培训人员队伍，促进办事标准、流程、时效等与珠三角地区接轨。

2.支持推进数字园区建设

支持产业转移承载地探索建立支撑产业转移的信用信息归集、分享、运用机制，提高"一网通办""一网通管""一网协同""一网共享"水平，推进园区新型基础设施建设，提升数字政府基础支撑能力。

3.加快基础设施互联互通

畅通产业有序转移流通网络，积极参与构建全省"12312"出行交通圈和"123"快货物流圈，加快广湛高速铁路、广州至河源（龙川西）高速铁路以及广清城际二期（广州白云至广州北段）等重大快速通道建设，支持粤西国际机场、梅州机场面向广州增加航班，发展多式联运，加快打通各种限制物流效率的"断头路"。

参考文献

中共中央宣传部：《习近平新时代中共特色社会主义思想三十讲》，学习出版社，2018。

《十部门印发制造业有序转移指导意见　产业布局更优　区域协同更强》，中国政府网，2022年3月25日，http：//www.gov.cn/xinwen/2022-03/25/content_5681269.htm。

B.10
推进广州生物医药产业发展的对策研究

易卫华　李依莲*

摘　要： 生物医药产业是广州重点发展的战略性新兴产业之一。广州已形成以"两城一岛"为核心和"三中心多区域"协调发展的生物医药产业格局，在生物技术、生物制药、生物医学等领域形成产业比较优势，但是也存在产业竞争力不强、创新能力偏弱、优势资源利用不充分等问题。未来，生物医药技术所取得的巨大突破将推动新一轮产业变革，生物科技与人工智能等交叉融合不断加深，社会需求将驱动生物医药产业高速发展，产业链与供应链的安全问题将备受关注，建议广州进一步优化产业链，做大做强优势企业，增强临床服务能力，提升科技创新能力，强化人才队伍建设，不断促进生物医药产业健康快速发展。

关键词： 生物医药产业　交叉融合　产业链　广州

一　广州生物医药产业发展现状与制约因素

（一）发展现状

1. 产业发展初具规模

近年来，广州生物医药产业规模稳步壮大，产业链不断完善，保持年均

---

* 易卫华，广州市社会科学院农村研究所研究员，研究方向为科技创新管理、都市智慧农业等；李依莲，华南师范大学学生，研究方向为公共管理、科技管理。

约10%的增长速度。2022年第一季度，广州生物医药与健康产业实现增加值384.78亿元，同比增速达到8.9%，其中，医疗设备与仪器制造业增加值同比增长13%，医药制造业增加值同比增长37.7%。广州生物医药企业数量从2019年的3800多家增长到2021年的6400多家，数量位居全国第三。2020年至2021年底，广州上市企业数接近50家，市值居全国第4位，培育了达安基因、广药集团、博济医药、达瑞生物、香雪、万孚生物、金域医学、迈普、百奥泰等龙头企业，初步形成了"专精特新"龙头企业集聚发展的局面。[1] 广州生物医药产业链主要包括上游的白云山、花海药业、大参林等原料药企业和优莱美制药、华研精机、锐嘉工业等制药设备企业，中游的华南疫苗、永顺生物、达瑞生物、百奥康、白云山生物、辉骏生物、润虹医药、达安基因、泽田生物等疫苗、单抗、血液制品、重组蛋白和诊断试剂等企业。

2. 集聚态势较为明显

目前，广州形成以科学城、中新广州知识城以及广州国际生物岛"两城一岛"为核心，健康医疗中心、国际健康城与国际医药港等特色产业园区等综合协调发展的"三中心多区域"的生物医药空间发展格局。[2] 广州的生物医药产业重点布局在黄埔区、越秀区和天河区，其中，黄埔区建成了生物医药产业创新集聚区——广州国际生物岛，集聚了高端医疗、干细胞与再生医学、基因工程与化学创新药等领域企业；越秀区建成了粤港澳大湾区生命健康产业创新区，主要集聚了高端医疗器械和精准医疗等领域企业。广州十分重视生物医药产业的研发创新与高质量发展，从产业链、创新链打造，龙头企业发展，研究成果快速转化等方面制定了很多优惠政策。以中新广州知识城为例，其不仅注重为当地生物医药企业提供优质的公共技术服务平台、专业的孵化器与国际化创新空间，而且通过制定优惠的产业政策、开放的人才政策以及推动形成市场化、法治化、国际化的营商环境，在企业融

---

[1] 《GDI智库发布〈广州生物医药企业创新发展报告（2022）〉》，腾讯网，https：//new.qq.com/rain/a/20220322A02C3B00。

[2] 易卫华：《广州建设国际科技创新枢纽的路径与策略》，中国社会科学出版社，2022，第225页。

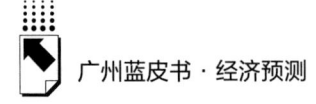

资、市场拓展与国际合作等方面为入驻的企业保驾护航。

3. 创新机构基础较好

广州拥有省内所有"双一流"医学高校,包括广州医科大学、南方医科大学、广州中医药大学和广东药科大学等,还有中科院广州生物院、广州再生医学与健康广东省实验室和广州呼吸疾病研究所等大型科研院所。此外,广州拥有省内全部6家GLP(药物非临床安全性评价研究)机构、39家GCP(药物临床试验)机构,还拥有省内绝大部分国家级、省级工程中心,重点实验室以及企业技术中心等大批新型研发机构和创新平台。① 在广州拥有的5814家各类卫生机构中,② 三甲医院数量居全国第三,达到67家。③ 广州生物医药领域引进了5位诺贝尔奖得主,以及包括施一公、徐涛、王晓东、裴钢等在内的20多位院士。④

4. 政策体系日益健全

多年来,广州把生物医药产业作为优先发展的战略性新兴产业,积极谋篇布局,近年来,出台了《广州市加快生物医药产业发展若干规定(修订)》《广州市科技创新"十四五"规划》《广州市生物医药产业创新发展行动方案(2018—2020年)》等政策,旨在集中优势资源,促进本地生物医药产业规模化、高端化、集约化发展,力图将广州打造成全国新药创新的策源地、全球新药临床试验的集聚地和全球生物医药产业的新高地。

5. 研发实力较为雄厚

广州生物医药研发实力雄厚。截至2022年7月4日,以生物医药及与之相近或相关的词语为关键词,累计共有3731项申请专利,专利申请量居

---

① 《广州市发改委主任李海洲:争取率先建成全国乃至全球生物医药产业高地》,南方新闻网,2022年6月10日,https://static.nfapp.southcn.com/content/202206/10/c6576588.html。
② 《广州市医疗卫生机构数统计》,广州市人民政府网站,2022年9月23日,https://www.gz.gov.cn/zwgk/zdly/ylwsjg/yljgxx/content/mpost_8581755.html。
③ 《广东省三甲医院目录》,天天医学导航,https://med.ttdh.cn/gd3j/。
④ 《年均增速10%左右 广州生物医药产业厚积薄发》,广州市人民政府网站,2020年8月20日,http://www.gz.gov.cn/xw/jrgz/content/post_6505725.html。

全国第三，在国内仅低于北京、上海，高于苏州、南京、杭州、成都、天津、武汉、深圳等城市。中国科学院广州生物医药与健康研究院的专利申请量最多，达到452项。2020年广州专利申请量最多，达545项；2021年有468项；2022年1~7月有148项。2021年，广州有6家药物非临床安全性评价研究机构建成；且广州拥有39家药物临床试验机构等新药研发平台，占广东省的一半。2021年，广州获得新药临床批件91个、新冠疫苗临床批件2个，约占全省的一半。

（二）发展制约因素

广州生物医药产业取得了较快的发展，但是，与国内先进城市特别是北京、上海相比，仍然存在龙头企业偏少、研发实力有待提升、临床研究发展受限、国际化人才较为匮乏等问题。

1. 医药龙头企业偏少

广州虽有白云山、大参林、广药集团等医药龙头企业，但是，企业整体呈现数量偏少、实力偏弱的情形。根据中国董事局与中国数据研究中心共同发布的"2022年第八届中国最具影响力医药企业百强榜"，广州入围百强的企业仅3家，与天津、珠海持平，低于北京（18家）、上海（18家）、苏州（8家）、深圳（6家）、杭州（5家）等地。而且，广州没有一家企业入围前20名，而北京、上海、深圳、杭州分别有6家、3家、2家、2家企业入围前20名，重庆、石家庄、昆明、连云港等地也均有企业入围前20名。[1] 同时，根据2022年中商产业研究院数据库评选的"中国医药上市企业50强"，广州仅有2家企业入围，低于北京（5家）、深圳（4家）、上海（3家）、重庆（3家）等地的入围企业数量。

2. 研发实力有待提升

与国内其他地区相似，广州生物医药产业还存在研究实力偏弱、创新

---

[1]《2022医药企业100强名单发布 2022第八届中国最具影响力医药企业百强榜一览》，买购网，2022年12月12日，https://www.maigoo.com/news/653247.html。

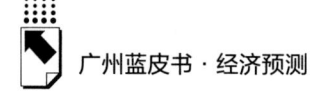

能力不足、关键设备材料依赖进口、核心技术受制于人等问题。统计药智网等机构受理批准药品、药企研发投入资金、完成药品临床试验以及专利布局等相关数据后发布的"2022中国药品研发实力排行榜"显示,广州仅有3家企业入选百强榜,低于上海(12家)、北京(9家)、成都(7家)、石家庄(6家)、深圳(5家)、南京(5家)、天津(4家)、苏州(4家)、连云港(4家)。从中药和化学药研发企业分类排名看,仅有广州白云山医药集团股份有限公司分别居"2022中国中药研发实力排行榜TOP50"和"2022中国化药研发实力排行榜TOP100"第17位和第23位,且其是唯一进入这两个榜单的广州企业。[①] 在药智网等机构发布的"2022中国药品研发实力排行榜"中,2021年,在22家研发投入超10亿元的企业中,广州没有1家企业上榜。CDMO是医药定制研发组织,是从事研发生产的外包组织,在"2022中国医药CDMO企业20强"中,广州没有1家企业入围。[②]

3. 临床研究发展受限

目前,广州生物医药产业瞄准全产业链持续发力,但是,仍然存在产学研医合作不够紧密的问题,医药主体彼此协同性、竞合性弱,特别是在临床研究方面存在较为突出的制约因素,比如,广州虽有开展高水平临床试验的研究资源优势与人口基数优势,但临床效率与质量并不理想。究其原因,主要是医疗机构和医务人员积极性不高、病患配合程度有待提升等。从目前医务人员绩效考核标准看,药物临床试验既不属于医疗科研工作,也不是教学工作,加之医务人员本身工作量饱和,缺乏动力也缺乏时间与精力开展临床试验。此外,药物临床试验牵涉药品的疗效与安全性评价,要求执行"四个最严"并且承担法律责任,这更加制约了医疗机构开展临床试验的积极

[①] 参考药智排行榜数据,https://top.yaozh.com/Ranking/index/tag/15.html。
[②] 《2022中国药品研发综合实力排行榜TOP100》,"精准药物"微信号,2022年12月11日,https://mp.weixin.qq.com/s?__biz=MzUxNDAzMDUwMw==&mid=2247517867&idx=1&sn=ef3f6ccfc4bdd1a04506d9f7c8e59851&chksm=f94ee863ce396175cb75c57d1c83743504c7b085985912890da5059e0dbad95261d70595bde5&scene=27。

性。而且，从志愿者（病人）的配合程度看，病人通常更关注潜在的风险，对临床试验抱有本能的排斥态度。而且在实际执行过程中，由于专业管理与支持的缺乏，药物临床试验的质量与效率难以保证。CRO（Clinical Research Organization）是指以合同形式向制药企业提供临床研究服务的专业组织[1]，根据药智网等机构评选的"2022中国医药CRO企业20强"，广州仅博济医药入围（居第15位），相比之下，上海有6家企业入围，北京有2家企业居前5位，杭州有2家企业居前10位，南京有2家企业分别居第10位和第11位。[2]

4. 国际化人才仍较为匮乏

人才，特别是国际领军人才对生物医药产业的顺利发展起到了至关重要的作用。无论是前端研发，还是多种形式的"出海"，都需要掌握国际前沿生物医药技术、熟悉国外药品专利及注册审批等相关政策法规、精通国际投融资和对外贸易的科研领军型人才、技术人才、服务人才等。目前，广州上述几种人才都比较匮乏，特别是缺乏既熟悉生物医药行业情况又有专业背景的复合型国际化人才，这制约了生物医药产业的发展。

二　未来广州生物医药产业发展新趋势[3]

现代生物技术发展突飞猛进，展现了巨大的发展潜力，在基因工程、细胞工程、蛋白质工程、酶工程、生化工程、医药制作等领域取得了骄人的业绩，缓解了长期困扰人类的健康、气候变化、能源危机、粮食安全和环境污染等问题。当生物科技愈来愈受到人们的关注，成为未来科技发展的重点领域时，生物医药产业发展将迎来巨大机遇。

---

[1] 主要工作包括临床试验方案和病例报告表的设计和咨询、临床试验监查工作、数据管理等。
[2] 参考药智排行榜数据，https://top.yaozh.com/Ranking/index/tag/15.html。
[3] 易卫华：《广州建设国际科技创新枢纽的路径与策略》，中国社会科学出版社，2022，第226~230页。

（一）生物技术所取得的巨大突破将推动新一轮产业变革

技术是生物医药产业增长的基本条件，生物医药企业的发展有赖于持续的技术创新，技术创新能力是生物医药企业发展的核心竞争力。当前，生物技术正在发生颠覆性突破。比如，在基因编辑领域，美国的约翰·霍普金斯大学研发出了一种被称为"vfCRISPR"的新技术，这种技术使得以超高的时空精准度来远程控制体内基因的编辑过程成为可能；以色列特拉维夫大学开发出可以有效治疗活体动物癌症并且使癌细胞永久失活的技术；北京大学开发了基因编辑技术，可以精准有效地删除大鼠的特定记忆；等等。在脑机接口领域，西班牙米格尔·埃尔南德斯大学研发出可直连大脑视觉皮层，使患者重见光明"仿生眼睛"脑机接口系统；由中国北京脑科学与类脑研究中心研发出的新型光学脑—脑接口，实现了在两只老鼠间高速率运动信息的传递；等等。未来，以合成生物技术、基因测序、细胞免疫治疗、液体活检、生物大数据、生物仿制药等为代表的生物技术将取得巨大飞跃，推动全球新一轮产业变革。[1]

（二）生物技术与人工智能等交叉融合不断加深

人工智能技术突飞猛进，特别是在算力、算法以及大数据推动下，人工智能技术发展迅速，应用领域迅速扩大。生物技术与计算机技术以及人工智能等交叉融合，为未来科技发展带来强劲动力。利用人工智能，合成生物学公司 Zymergen 加速工程菌改造和结果测试，合成生物学潜力加快释放；中国科学院研究团队构建出一系列新型酶蛋白，使人工合成酶有了新办法，从而开启了新一代生物制造；而在预测酶活性方面，牛津大学和杜塞尔多夫大学等机构取得了突破性进展。通过多学科交叉的方式，人工智能在生物技术领域的应用解决了诸多困扰人类的难题。在人工智能趋势下，通过非侵入性

---

[1] 刘发鹏、张芮晴：《2020年前沿科技发展态势及2021年趋势展望——生物篇》，"全球技术地图"百家号，2021年2月14日，https://baijiahao.baidu.com/s?id=1691665650752130724&wfr=spider&for=pc。

成像过程有效显示身体内部各方面图像,为诊断和治疗疾病带来巨大的便利,而随着智能手机的普及和图像识别技术的进步,手机正成为家庭诊断中的一种多功能工具,使精准医疗成为可能。在改进医疗生物识别技术方面,人工智能将解锁新的诊断方法,利用人工智能的神经网络,可分析因过于复杂而无法量化的非典型风险因素,特别是视网膜扫描、检测和记录皮肤颜色变化等方法将发挥巨大的作用。

(三)社会需求驱动生物医药产业快速发展

当前中国老龄化与少子化趋势加剧、环境污染问题日益凸显、耕地面积日趋萎缩等问题使社会对生物科技行业的需求增加。人口老龄化增加了医疗产品与设备的需求,促进了生物医药产业快速发展。耕地面积不足、粮食安全危机使生物农业产业化发展速度加快。环境污染、能源稀缺问题为生物降解、生物再生、环境监测、生物能源等技术的发展带来机遇。生物医学工程、生物医药产业、生物农业规模不断扩大,经济和社会效应显著增强。现代生物技术不断地向环保、化学与能源等工业领域渗透并与之融合,形成生物能源、生物化工与生物环保等一大批新兴产业,新的发展浪潮涌现,产业分工日益细化。

(四)融资渠道拓宽,并购重组将是不可避免的趋势

由于生物学发展需要将分子生物学和基因组学等学科整合,因此,生物技术研发是一项非常复杂的系统工程,投入高、收益高、风险大、周期长,生物科技企业需要通过不断增加研发投入实现技术产出,而且短时间内无法实现高收益,融资难问题十分突出。目前,国内创业板和中小板对生物科技企业的融资支持有限,主要局限于对产品开发相对成熟、已经具备一定盈利能力的企业提供融资支持,显然,国内资本市场对于作为新兴产业的生物科技的支持不够充分。因此,建立完善的产业风险投资机制,拓宽生物科技企业融资渠道,显得十分急迫。港交所颁布新规,证监会开发了 IPO 快速通道,这些政策措施的实施充分表明了随着资本和投资市场不断健全,未来融

资渠道将会有效地拓宽，资本将有效地助力行业持续发展。为提升产品竞争力及市场占有率，在日趋激烈的行业竞争中取得优势，通过并购与重组的方式获取新技术、新产品的生物科技企业越来越多，并且，企业借助并购与重组提升垄断技术水平和抢占市场、超额盈利的能力，在全国乃至全世界建设生产与销售网络。①

（五）产业链与供应链的安全问题受到高度关注与重视

西方国家为减少对中国的依赖，将调整医药产业链和供应链布局。比如，2020年4月，美国国会研究服务部（CRS）发布了题为《新冠疫情：中国医疗供应链和更广泛的贸易问题》的报告，全面评估了美国对中国医疗产业供应链的依赖程度以及新冠病毒对中美之间贸易的影响程度，提出了诸多举措，包括联合伙伴国把医疗供应链转移出中国，以确保实现医药与医疗器械生产和供应的多元化。美国主动发展生物经济能力，参议院举行了"确保美国在生物经济领域的领导地位"听证会；美国国家情报局发布《保护生物经济》的报告；等等。拜登政府上台后，推出新版国家生物安全发展战略，对内加大生物经济能力的建设力度与完善生物安全发展体系，对外加强世界生物安全的布局，谋求美国持续主导世界生物安全秩序、加大力度争夺全球生物安全领域治理权与话语权。日本也在行动，将相关企业转移到南美、东南亚等国家。德国、日本政府开始限制外资对本国关键生物科技企业的投资，而且，它们还将呼吸机等一系列高级医疗器械纳入安全保障的核心产业领域。总之，越来越多的国家重新制定、调整与完善生物安全战略，不断加强生物安全的保障能力，各国将相继建立与生物安全有关的国际发展秩序、发展规范。②

---

① 《艾媒报告丨2018年中国生物科技行业专题研究报告》，"艾媒咨询"搜狐号，2018年9月29日，https://www.sohu.com/a/256989052_533924。

② 《2020年前沿科技发展态势及2021年趋势展望——生物篇》，"大可数学人生工作室"搜狐号，2021年2月20日，https://www.sohu.com/a/450856546_348129。

三 促进广州生物医药产业发展的对策建议

（一）优化产业链

一是加快补链、强链。完善全产业链布局，推动生物医药项目"招大引强"，加快落地一批行业重大项目。二是推动产业链协同发展。深化实施"链长+链主"的协同工作机制，培育产业链链主企业。三是积极培育"新赛道"和"新赛场"。瞄准细胞免疫治疗、基因治疗等前沿领域，不断增加投入，加大原始创新力度，推动形成一批重磅新产品。四是打造细分领域产业高地。进一步细分生物医药产业门类，密切关注产业发展所需的关键技术、规模及发展模式等，深入耕耘，加强研发、制造与流通等配套服务供给，立足广州优势，选取部分产业打造细分产业发展高地。

（二）培育优势企业

一是做大做强龙头企业。充分发挥引导作用，挑选若干具有发展潜力的企业加以扶植，结合每家企业的特点制定成长路线图，为企业提供专业服务。支持龙头企业搭建各类服务型平台，鼓励其朝着平台化与一体化方向发展，从而推动实现产业链信息、数据与资源的集聚。二是培育"专精特新"中小企业。完善中小企业梯度培育机制，加快推动孵化器、加速器等创新平台载体建设。积极推进各类生物医药企业集聚抱团发展。三是加快与发达国家和共建"一带一路"国家与地区深入开展临床试验研究、注册申请等方面的合作，推动广州生物医药产品与企业"走出去"。四是促进政府引导基金与社会资本合作，推动金融与产业相结合，鼓励通过股权投资、天使投资和兼并收购等方式引入大型产业项目，扶持大中小企业发展。五是加快引进培育龙头合同外包生产组织、合同研发组织和合同定制研发生产组织等生物医药产业应用基础平台。

（三）增强临床服务能力

一是针对优势临床试验资源挖掘不充分的问题，建议广州医疗机构充分扬长避短，充分挖掘优质医疗与学科资源，积极发展优势专业。二是加强产学研医合作，鼓励广州本地医疗机构积极备案为临床试验机构，对于那些为广州生物医药企业开展临床试验服务并促进了成果转化的机构予以适度的资金资助或奖励。三是鼓励医务人员与企业、研发机构共同开展临床研究，共享研发成果。鼓励广州医疗机构设立专门的临床试验部门，建立健全对临床试验研究人员的绩效考核、职称岗位晋升等方面的激励机制，提高医疗机构和医务人员开展临床试验的积极性。四是鼓励已备案广州临床医疗机构建立健全审核机制，不断优化临床试验审核程序，加快启动临床项目，不断加速产品临床试验进程。五是针对公众对临床试验理解与支持不足的问题，引导大众传媒与专业媒体正面、积极宣传药物临床试验，不断营造科学、客观的社会氛围，使公众充分了解临床试验的重大意义，了解临床试验的科学性、严谨性。

（四）提升科技创新能力

一是加大关键核心共性技术攻关力度。依托广州高校、科研机构集聚优势，加大生物医药领域顶尖科学团队的引进力度，在合成生物学领域加快建设重大科技基础设施，推动原始技术创新突破。大力支持关键零部件研制和关键"卡脖子"技术攻关。二是提升公共技术创新服务平台功能。提高生物医药产业公共技术创新服务平台建设水平，如干细胞再生医学协同创新平台、生物制药中试平台、岭南中药资源库和药物筛选平台、高端医疗器械创新平台、生物科研众包服务和生物材料快速通关服务平台等。三是加快科技创新成果转化。强化生物技术创新网络构建，推进政产学研医的协同创新，积极搭建政府、企业、高校、科研院所与医疗机构的合作平台，争取国家重点研发计划专项成果、"重大新药创制"成果等在广州转化。

（五）强化人才队伍建设

一是巩固提升高等院校及科研院所现有优势。进一步建设完善人才评价和激励机制，深入落实科技成果的收益分配政策，不断调动行业人才积极性，推动行业人才集聚创新，加快创新与产业化步伐。二是加强人才引进。加大海内外高层次人才与团队的引进力度，培育广州高层次生物人才发展的环境与土壤。通过实施生物医药重大专项项目、工程技术研究中心和国家重点实验室建设等，加大人才的引进和培养力度。三是加大生物医药与财税金融等跨学科和国际人才培养力度。鼓励高等院校培养跨学科专业人才，如加大"生物医药+法律""生物医药+国际贸易""生物医药+语言"等跨学科人才的培养力度，研究完善吸引国际人才的体制机制。

参考文献

《被刷屏的〈若干意见〉解读来了！上海或将掀起新一波生物医药产业》，健康界，2021年5月26日，https：//www.cn-healthcare.com/articlewm/20210526/content-1224761.html。

广州年鉴编纂委员会编《广州年鉴（2020）》，广州年鉴社，2020。

《年均增速10%左右　广州生物医药产业厚积薄发》，广州市人民政府网站，2020年8月20日，http：//www.gz.gov.cn/xw/jrgz/content/post_6505725.html。

B.11
广州跨境电商发展的现状分析和对策研究[*]

广州大学广州发展研究院课题组[**]

摘　要： 在经历了10年的沉淀后,"跨境电商之都"已然成为广州的新名片。但是综合来看,广州在物流、合规化发展、跨境支付和人才等方面依然面临较大的问题。因此,广州在致力解决政策落实、人才不足等旧疾的同时,要有效应对新形势下的合规化问题,以引导跨境电商规范化和透明化发展。

关键词： 合规化发展　跨境电商　广州

2022年跨境电商发展迎来新的机遇。从国家海关总署公布的数据来看,2022年我国跨境电商行业加速回暖,进出口总额约为2.11万亿元,同比增长6.57%。跨境电商综合试验区经过两次扩围后,达到165个,也体现了我国对跨境电商发展的高度重视和支持。各综合试验区结合各省份自身发展特色,进一步推动国际贸易的转型升级,跨境电商成为当前我国对外贸易发展的全新驱动力。

在经历了10年的沉淀后,"跨境电商之都"已然成为广州的新名片。自2013年以来,即使有持续领跑的光环加持,广州在跨境电商领域始终坚

---

[*] 本研究报告系广东省决策咨询基地广州大学粤港澳大湾区改革创新研究院、广东省高校新型特色智库及广州市新型智库广州大学广州发展研究院的研究成果。

[**] 执笔人：汪文姣,博士,广州大学广州发展研究院区域发展所所长,讲师,研究方向为粤港澳大湾区协同发展、空间计量经济学。

持不断创新,探索新的经营模式,形成了大批可复制、可推广的经验。2022年,广州更上一层,从跨境电商企业的"汇聚之城"转变为本土品牌的"原创之都",从依靠大企业"孤帆远航"到整合中小企业"抱团出海",突破了近10年本土品牌积贫积弱的桎梏,也弥补了跨境电商企业后备力量缺失的不足,实现了跨境电商发展质的提升。但是,在寻求跨境电商高质量发展的过程中,广州也面临运营规范缺失、政策落地缓慢和人才供求失衡等诸多新的问题。因此,如何引导跨境电商企业规范化、透明化发展,并打通企业面临的痛点和堵点,是未来广州跨境电商发展亟待解决的问题。

一 广州跨境电商的发展现状

(一)广州跨境电商发展的总体概况

2022年,广州跨境电商持续领跑全国,在国内需求下滑和国际市场收缩的双重冲击下,实现了逆风翻盘。虽然增速放缓,但是与2021年相比,总规模实现了较大幅度增长。数据显示,2022年广州海关关区跨境电商申报进出口商品超2500亿元,同比增长70%以上,增速远超全国平均水平,约为全国平均增速的8.7倍。其中,南沙跨境电商交易总额首次突破1000亿元大关,同比增长370%。① 从进出口规模来看,广州跨境电商进出口规模更是创历史新高,首次迈入千亿元门槛,从2015年的67.5亿元到2022年的1375.9亿元实现了跨越式增长,其中进口规模连续9年居全国首位。除了实现绝对增长,跨境电商在对外贸易中的地位不断提高,2022年跨境电商进出口规模在进出口总额中的占比约为12.6%(见图1)。

同时,广州加速推进南沙跨境电商的发展,2022年,"跨境电商海外争端预防与解决50人论坛"正式落户广州南沙,标志着广州跨境电商发展的营商环境进一步优化。自2014年以来,跨境电商的"入门者"均以广州为

---

① 南沙口岸的数据仅统计到2022年10月。

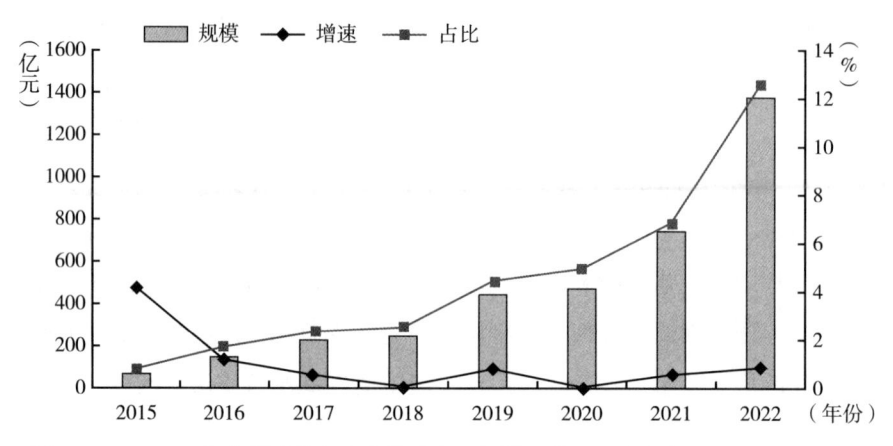

图1　2015~2022年广州跨境电商交易进出口规模、增速及占全市进出口总额的比例

资料来源：历年《广州市国民经济和社会发展统计公报》。

最佳理想地。据统计，广州海关跨境电商的国内包裹日均17万件，国际包裹数高达140万件，跨境电商产品远销海外。而广州的产业集聚力也进一步凸显，一大批跨境电商的龙头企业，如亚马逊、小红书等纷纷进驻广州白云国际机场、南沙港，形成规模效应。据不完全统计，截止到2022年，广州的跨境电商卖家企业总数超过1万家，跨境电商主体超过20万家。此外，广州进一步强化模式创新，以"六个率先"著称。

（二）广州跨境电商发展的新特点

与2021年不同，2022年广州跨境电商迎来新的发展时期，在解决历史问题上取得了重大突破，且在服务路径、品牌培育、中小企业扶持和产业集聚等方面均呈现全新态势，形成了可复制、可推广的跨境电商"广州模式"。

1. 创新"卖家服务路径"，助力中小企业"出海"

在服务模式的创新上，广州再次拔得头筹，在全国首创性地探索创新跨境电商"卖家服务路径"，致力于为跨境电商企业提供全方位的一站式服务，切实提升企业的出口竞争能力，同时帮助企业合理规避风险，增强企业信心，提供强有力的支撑。此外，考虑到中小型跨境电商企业的海外抗风险能力普遍较弱，且缺乏对海外市场的全面把控能力，2022年9月，中国国际贸易促进委员会广州市委员会、广州市商务局等8部门联合发布了《广州市跨境电商行业合规指引（试行）》，该指引成为国内跨境电商综试区首个多部门联合发布的跨境电商合规指引。该指引除了引导跨境电商企业在基本跨境业务流程中合规合法运营外，还鼓励企业塑造品牌价值，提升用户黏性，加强质量管控，共同抵御"出海"风险。

2. 本土品牌"破冰成功"，原创产品"突出重围"

长期以来，虽然广州汇聚了大量电商品牌，但缺乏本土品牌一直是沉疴难解。2022年，以利他科技、网易有道等为代表的跨境电商企业将产品和本土文化深度融合，不断推陈出新，并依托"自研数字营销平台产品+全链条服务"模式，集聚全球资源，使得广州的本土电商品牌和原创产品突出重围，成功在市场上占据一席之地。随着数字经济的发展，贸易领域也开始进入数字贸易新阶段，因此，跨境电商产品、服务的本土化呼声越来越高。在此背景下，广州跨境电商企业注重对接目标市场，以客户需求为导向，并将其文化融入产品设计，兼具产品的原创性和创新性，从而更容易获得市场认可。此外，随着跨境电商贸易范围的进一步扩大，服务贸易也开始成为关注重点，在跨境电商的"出海"之行中，以泡芙传媒为代表的新媒体企业通过短视频、直播等形式，将多种流量方式合并运营，结合本土文化，在海外市场"吸粉"无数。

3. 电商企业"高手云集"，产业集聚"各显神通"

与2021年及以前不同，广州跨境电商企业纷纷加大海外探索力度，结合当地特色，其产品迅速风靡海外市场。以静音吉他、蓝深科技、诺时贸易等为代表的广州跨境电商企业成功开启海外之旅。总体来看，这些"先驱者"都是以尊重当地文化为前提，不断提升产品的品质和技术含量，在提高品牌认可度的同时打造品牌的独特性和创新性。此外，广州跨境电商企业开始逐步做大做强，在自身领域内"深耕细作"，提升综合实力。在产业集聚上，广州积极释放良好信号，以现有的24个跨境电商产业园区为沃土，

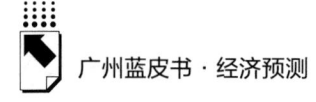

吸引大批优质跨境电商企业扎根。据统计，目前广州已集聚了粤易通、易芽等本土和外省的跨境电商企业，并进行强强联合，共享信息，降低成本，正式告别了"单打独斗"的海外经营模式，更多以"组团"形式发挥产业带优势。

二 广州跨境电商发展存在的问题

虽然2022年广州跨境电商发展成绩单依然出彩，但是综合来看，在物流、跨境支付、合规化发展和人才等方面依然面临较大的问题，这些问题也是阻碍跨境电商企业做大做强的"拦路虎"。

（一）物流不畅"沉疴难解"

从现有的调研来看，物流问题依然是掣肘跨境电商发展的重要问题之一。在出口领域，国内和国际物流成本提高，物流链不完整使得多数跨境电商企业只能依赖第三方快递公司，目前广州市70%的跨境电商业务是通过邮政业务开展的，但是邮政系统存在很多不足之处。例如，平邮小包的方式由于价格低廉而备受青睐，但是其物流链很不完整，不能实时跟踪货物运输，更新速度过慢，并且对于货物丢失情况没有有效的解决方案，跨境电商企业难以获得赔偿。另外，以DHS、UPS为代表的国际快递业务普遍价格偏高，中小型跨境电商企业不宜选择该业务。而其他不知名的第三方快递公司无法保证货物按时按质送达，不利于跨境电商的发展。此外，由于跨境电商发展涉及多种货币和多个国家的汇率制度，人民币国际化支付系统的不健全使得跨境电商企业面临资金冻结（可能由拒绝支付引起）、支付不成功、提现周期过长等问题，这些都可能导致跨境电商企业的资金链出现问题，进而影响其长期稳定发展。

（二）合规化发展"烦恼新生"

虽然广州对于跨境电商发展的合规意识逐步增强，率先制定并试行了跨境电商行业的合规指引，但是如何落实具体政策、如何应对跨境电商领域的诸多突发事件、如何对接国际标准和规则，以及如何保障跨境电商企业的合法权益依然是企业当前发展面临的主要问题。跨境电商行业是市场化的结果，由于早期的野蛮生长，大多数跨境电商企业规模较小、整体的风险承受能力较弱，在缺乏合规指引的情况下更是频频受挫。继2021年亚马逊封号事件后，Paypal账号资金被划扣、被冻结再次凸显了跨境电商企业在国际市场上被打压时的"无力感"。早期依赖于第三方平台的跨境电商企业或个人由于对国际市场规则的不熟悉而受到打压和约束。其中，财税问题是跨境电商企业不合规的"重灾区"，在没有合规指引及相关政策之前，大多数跨境电商企业和个人以试探性摸索为主，贸易往来收支都是通过个人账户，对海外税收或出口退税的相关问题知之甚少，甚至部分企业为了逃税、获取非法红利，直接"踩线"或"跨线"进行不规范经营，这些给整个跨境电商行业的发展埋下了隐患。

（三）人才问题"如鲠在喉"

随着跨境电商的不断发展壮大，各层次复合型跨境电商人才的缺失成为制约广州跨境电商发展的瓶颈。《国家"十四五"电子商务发展规划》数据显示，2020~2025年，电商人才供需结构的不匹配使人才缺口扩大到985万人，其中，团队核心领导人才不足更是连续多年被列入跨境电商企业发展亟待解决的问题清单。由于跨境电商涉及多个海外市场，因此对人才的要求必须着眼于全球市场的发展。跨境电商人才既要具备相应的电子商务类的专业知识，又要熟知各国文化、经济、政策等相关知识，且要兼具国内和国际的视野，能够高效整合资源，具备较强的领导能力和谈判能力，属于高素质和"高数字"的"双高"人才。目前，国内对跨境电商人才的培养还处于摸索阶段，更多的还是沿用传统电商人才的培养模式，实践性环节和社会化培养的不足使人才供给与企业用人需求间产生了较大的鸿沟。目前，广州也面临同样的问题，跨境电商人才呈现"青黄不接"的断层，跨境电商企业的领导层多具备较强的决策能力，但是对于国际规则的熟悉度不高，急需专业人

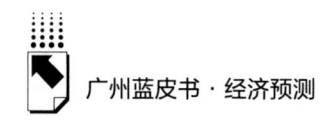

员补充。而广州虽已有34所高职院校开设了跨境电商专业，但是在人才培养上缺乏国际交流，尚未形成良好的产教融合育人机制。

三 广州跨境电商发展的对策建议

随着经济复苏期的到来，广州跨境电商也迎来全新的发展时期，虽然从规模和增速来看，广州跨境电商一骑绝尘，但是其正处于新旧转型的关键时期，因此，当前阶段广州跨境电商的发展面临"沉疴"和"新患"并存的局面。如何在致力解决政策落实、人才不足等旧疾的同时，有效应对新形势下的问题是广州跨境电商发展关注的重点。针对上述问题和不足，提出具体的对策建议如下。

（一）鼓励跨境电商企业共建海外仓，实现跨境支付的多样化

针对跨境电商行业长期面临的物流配送问题，广州市要"重拳出击"，畅通跨境电商发展的渠道。具体而言，广州要继续加大海外仓的建设力度，借鉴谷仓、中邮海外仓的建设经验，鼓励跨境电商企业和主要的市场国家共建海外仓库或专属海外仓库，降低物流不畅带来的货运风险，并在税收方面给予相应的优惠。同时，在现有的海陆空三方联运的基础上，依托广州白云国际机场的跨境电商处理中心，特事特办，积极探索跨境电商货物全链条操作。值得注意的是，在当前数字经济迅猛发展的态势下，广州跨境电商企业也要积极寻求两者的融合，将数字技术引入跨境电商物流发展中，实现跨境电商物流的数字化转型。在跨境支付体系的完善和构建上，广州可以在保障支付安全、完善支付手段以及提升支付技术等方面下功夫。一方面要加强对支付平台的有效监管，保障跨境资金流动的安全性；另一方面要积极参与推进人民币国际化，鼓励试点支付公司扩大海外结售汇业务的范围，并不断完善清算和结算的服务体系，鼓励金融机构拓展跨境支付业务，在强化监管的同时推陈出新，提供多渠道的支付方式，为全国的跨境电商支付提供新的"广州模式"。

（二）加大跨境电商企业的合规化发展引领力度，探索跨境出海的新路径

随着跨境电商规模的不断壮大，跨境电商综合试验区也由点及面在全国范围内铺开，合规化是跨境电商行业发展的必然趋势。合规化是否有一致的标准？国内和国际如何实现规则的统一和有效对接？作为国内跨境电商龙头的广州要兼顾国内监管规则的修订和与国际规则的融合对接。具体而言，一方面，广州要继续推进跨境电商的合规化发展，加速《广州市跨境电商行业合规指引》的正式出台，并根据国内外的相关案例，不断完善和修订该指引的相关内容，同时加紧配套政策的落实和加大资金支持力度，全力为跨境电商企业的"出海"之旅保驾护航。同时，广州要提高站位，立足国家视角，提升跨境电商企业的精细化管理和商品的特色化运营水平，从货运物流、知识产权、财税、退换货保障、索赔等多方面明确提出应对措施和解决方案。另一方面，广州要敢为人先，发挥自身在跨境电商行业发展中的影响力和号召力，积极参与跨境电商国际规则的制定，加强国际跨境电商贸易的沟通协调，增强在国际贸易摩擦中的话语权和震慑力，切实保障广州跨境电商企业的合法权益。此外，由于跨境电商的贸易内容已经逐步由货物贸易向服务贸易延伸，因此广州还可以通过展会、文化交流、技能赛事等方式，为跨境电商企业提供渠道，使它们能够更好地了解目标市场的法律法规和标准，以及风俗人情和地区文化，以减少跨境电商贸易中可能出现的不合规现象，进而实现"互利共赢"。

（三）推进跨境电商人才的校企联动培养，下好人才集聚的"先手棋"

目前广州的人才政策种类丰富，但是针对跨境电商人才的引进和培育政策有待进一步完善。从"引人"转向"育人"，进而实现"留人"，打造最优人才生态圈是广州跨境电商发展破除人才制约的重要发力点。一方面，广州要"先发制人"，率先与国内其他省市以及海外高校、企业实现人才对

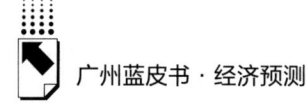

接,加大跨境电商人才引进力度,以充分发挥跨境电商企业的人力资源优势。具体而言,广州要营造更好的营商环境,不能只关注引进端,更多要聚焦人才引进和培育配套政策落实,为跨境电商人才提供"归属感",提升其对广州的认可度,进而使其扎根广州,转化为本土的跨境电商领军人才。另一方面,广州要充分运用高校资源,为跨境电商提供优质的后备储蓄人才。从国内培养看,依托广州现有的34所高职院校,加快制定面向跨境电商企业的人才培养方案,增加实践性教学环节的学时,适当压缩"纯理论"教学学时。同时与跨境电商企业构建协同育人机制,通过开放部分企业技能平台供学生实际操作、建立实训基地、举办跨境电子商务技能大赛等,切实做到以企业需求为导向,有的放矢地输出人才,形成跨境电商人才供需的闭环。从国际合作看,广州要开展国内外联合培养跨境电商人才的双试点,积极对接海外高校资源,尤其是和那些与广州跨境电商企业已有长期合作关系的国家探索双校或多校资源共享,共同建设第三方服务平台,以跨境电商贸易中产生的问题为实际案例,切实培养集电子商务、法律、物流、外语等技能于一体的"双高"人才。

参考文献

张兵兵等:《跨境电商综合试验区与区域协调发展:窗口辐射还是虹吸效应》,《财经研究》2023年5月5日。

魏浩、涂悦:《中国跨境电商零售进口:发展特点、存在问题与政策建议》,《国际贸易》2023年第4期。

郭扬:《后疫情时代中国跨境电商发展的驱动机制研究》,《价格月刊》2023年第2期。

张静:《交易成本视角下贸易便利化对跨境电商发展的影响研究》,《商业经济研究》2022年第22期。

B.12 提升广州产业园区专业化建设运营水平的建议

民进广州市委员会课题组*

摘 要： 产业园区是承载实体经济发展的主阵地和助推器，是经济高质量发展的主战场。在广州市用地形势日益紧张的情况下，亟须盘活现有产业园区资源，促进产业园区质量变革、动力变革和效率变革。产业园区提质增效的关键在于全面实现园区专业建设运营，由注重招商引资向注重择商育商转变。本报告分析了产业园区建设运营的五种模式，针对园区高质量发展需要解决的问题，建议从推动园区运营专业化、提质增效全面化、营商环境便利化和政策创新持续化入手，提升广州产业园区专业化建设运营水平。

关键词： 产业园区 专业化建设运营 高质量发展

产业园区作为产业集聚的载体，肩负着集聚创新资源、孵化优质企业、培育新兴产业、推动产业高质量发展、优化城市空间布局等重要使命，是经济高质量发展的主战场。2022年广州有产业园区3100多家，其中国家级开发区3家、省级5家、提质增效园区66家、村级2668家，包括高新区、开发区、科技

---

* 课题组组长：梁晓玲，民进广州市委员会专职副主委。课题组成员：李健晖，民进广州市委员会委员、参政议政处处长；徐志文，民进会员，广州海纳资本管理有限公司董事长；宋啸亮，民进广州市委员会经济与科技工作委员会委员，广州粤科检测技术装备园管理有限公司总经理；张永军，民进广州市委员会参政议政处副处长；任慧明，民进广州市委员会参政议政处二级主任科员。执笔人：宋啸亮、徐志文。

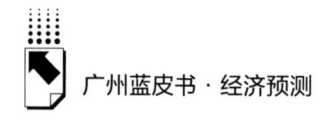

园、文化创意园、农业园、特色产业园等类型。广州要实现"制造业立市",推动产业高质量跨越式发展,必须将园区提质增效与产业运营培育"两手抓",提升产业园区产业承载力和综合竞争力,推动园区培育优势产业集群。

一 产业园区建设运营管理主要模式

从管理主体来看,产业园区建设运营主要存在以下五种模式。

(一)政府或国资主导模式

产业园区由政府主导并投资,成立负责宏观规划、政策管控、行政管理、园区招商、基建、经营事务等工作的园区管委会。广州此类产业园主要包括广州开发区、南沙开发区、增城开发区等三大国家级开发区,以及广州民营科技园、广东状元谷电子商务产业园、广汽智联新能源汽车产业园等园区。

(二)地产商开发运营模式

近几年,受政策调控影响,部分房地产企业运营模式从出售物业转向运营产业,产业园区运营成为房地产企业多元化转型的重要方向。克而瑞数据显示,截至2021年6月,全国排名前10的房地产企业已经100%布局了产业地产,这一数据在全国排第10~30位和第31~50位的房地产企业中占比分别为77%和74%。如万科打造永庆坊,碧桂园以产城融合理念打造东莞33创意小镇。

(三)企业运营模式

企业以自建自用为主兼顾产业链营造的产业园区。此类产业园区由龙头企业建设并组建专业团队管理,以企业核心业务为依托,部分产业园区还引入上下游企业,或为同类型企业提供平台和服务。如位于广州开发区的励丰文化创意产业园,通过技术应用、成果转化、产业链对接和产品展示等服务,不断吸引产业链中下游企业入园发展,园区被认定为"第六批国家文化产业示范基地"和"国家文化和科技融合示范基地"。

（四）专业运营商运营模式

专业运营商提供集产业园区运营、产业招商、产业链培育、公共服务于一体的产业服务，并形成其独特的品牌竞争力。2021 中国房地产业战略峰会（第五届 CRS）发布的"2021 中国产城园区运营商 TOP30"研究报告中，张江高科、临港集团、招商蛇口、亦庄控股、中新集团、成都产业功能区集团、亿达中国、星河产业集团、新建元、中国金茂位列"2021 中国标杆产城运营商综合实力 TOP30"的前 10 名。从具体运营商来看，位于深圳的天安数码城集团在深圳、广州等多个城市建设并运营了天安数码城产业园区。由该集团运营的广州天安番禺节能科技园，为满足战略性新兴产业的需求而修建研发用房，构建了良好的公共服务体系，在技术服务、金融服务和政务服务等方面，为企业提供"一站式"服务，吸引了一大批中小企业进驻。部分运营商以平台服务为特色，如京东（重庆）数字经济产业园为园区企业提供基于京东物流的仓配一体智能供应链服务等；海纳资本以检测平台为载体运营白云美湾检测大厦，吸引互联网信息产业、高科技化妆品企业总部入驻。

（五）传统招租模式

传统招租模式是指依靠地产增值，通过建设工业厂房、物流仓库、办公楼宇、商业配套设施并以出租出售的方式供企业使用并提供物业服务的产业园运营模式。此类产业园往往在运营发展过程中片面追求招商入驻的成功率，对园区的产业形态没有做长远的战略性规划，造成大量物业空置或者低效率、低级产业形态运作。

二 产业园区高质量发展需要提高建设运营的专业性

产业园区建设运营关乎其眼前的竞争和生存以及未来的持续发展。产业园区运行的专业性体现在能够提供园区建设、产业规划、园区招商、政府对接、外部资源链接、企业服务、活动策划组织、成果转化等方面的一揽子解决方案，

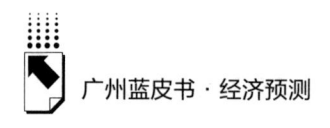

通过专业的运营服务集聚产业链、创新链、资金链、人才链、政策链，打造适合企业创新生长的产业生态，从而实现园区产业集聚和高质量发展的目标。

（一）产业发展规划的科学性

园区管理方应对产业有深刻的认识和了解，掌握相关产业背景和产业链关系，可以针对园区产业主题选择、服务路线架设、专家"大脑"引入、头部企业引进、税收目标设定等提出具体方案并予以落实。如星河产业集团布局打造"研究+规划+实践"的全链条产城赋能型智库，不断提升专业级产业研究和规划发展能力。

（二）产业招商服务的精准性

园区招商应坚持把培育完善优势产业链作为地区产业发展的重要路径，通过深耕产业链招商，围绕建链、强链、补链等途径构建完整的产业链发展生态，进而使产业园区形成强大的产业综合竞争能力。如广州宏太智慧谷以云计算产业为主导，以骨干企业为龙头，重点引进云计算、大数据、移动互联网、网游、电子商务、物联网等企业，集聚和互补产业的相关要素，形成特色的云计算产业链，使产业链的上下游变成"上下楼"，实现产业集群化和资源集约化。

（三）新企业孵化服务的针对性

建设孵化器的园区应发挥在招商、服务、运行、管理等方面的优势，更好地为创业者提供政策、财务、融资、市场推广和培训等服务，提高创业企业的成活率和成功率。如宏太智慧谷建有国家级科技企业孵化器"宏太云产业孵化器"，还建有国家级众创空间"伯乐咖啡"，孵化企业和孵化产业并重，形成"苗圃—孵化器—加速器—产业园"孵化服务链。

（四）科技成果转化服务的专业性

园区应为入园企业就科技项目申报、项目验收、政策咨询、科技成果鉴定、体系认证、企业资质申报、知识产权办理等科技项目提供信息、咨询、解决思路、资源、协助办理等科技服务，高效解决产学研一体化和高新技术产业化问题，促进科技成果落地。如广州天安番禺节能科技园设立了省部院产学研结合示范基地等十大技术服务机构，为企业与高校和科研机构"牵线搭桥"，园区设立48个企业研发中心、4个博士后科研工作站，大大提升了自主创新能力和科技成果转化效率。

（五）公共服务的高效性

园区应通过搭建金融、商务、物业、生活、政策支持、众创孵化及智库服务等公共服务平台，构建起完善的公共服务体系。通过强化园区服务体系，精准对接企业多元化需求。一是引入专业中介服务机构。通过引进各类中介服务机构，为入园企业提供工商注册、融资信贷、法律咨询、人才外包、资质认证、技术中介、知识产权办理等全套的产业服务。如深圳F518文化创意产业园在为园区企业提供融资渠道的同时，还投资了部分企业；宏太智慧谷成立投资基金，参投园区企业，增强园区与企业之间的黏性，实现园区与企业共同成长。二是搭建公共服务平台。公共服务平台是带动园区引进项目的加速器。要通过自主建立或引入公共服务平台，为园区企业提供有针对性的技术服务。如深圳坪山新区国家生物产业基地努力打造研发支撑平台和产业化服务平台，引入深圳市医疗器械检测中心，促进一批龙头企业纷纷入驻，并带动中小企业紧随而来；白云美湾检测大厦建设中国广州分析测试中心化妆品实验室，引发招商的连锁反应，快速集聚化妆品企业总部、科研中心、第三方检测、化妆品产业链、药物药妆的研发实验室等。

三 广州产业园区高质量发展需要解决的问题

（一）产业园区低效率运营现象依然存在

当前，广州产业用地日益紧缺。一方面，大量产业缺乏合规、稳定、价

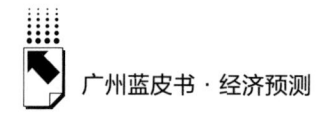

格合理的产业载体。另一方面，存量产业园区规模巨大，但产值低下、产业低端、用地低效、环境低劣等现象依然突出。部分园区对园区的产业形态未做长远的战略性规划，发展定位不清，缺乏筛选意识和入园门槛，导致产业等级低端、产业形态杂乱、骨干企业缺乏，并造成了土地资源的极大浪费。

（二）产业园区提质增效亟须扩大范围

2018~2020年，广州实施产业园区提质增效试点工作行动方案，广州先后分四批次遴选确定66个提质增效试点项目（其中村级工业园整治提升项目30个），鼓励园区及其周边区域协同改造，给予试点园区政策扶持和资金支持，加快引入高效、高端、高质产业，取得了良好成效。但是相较于广州3100家产业园区的总量而言，目前被纳入该行动的园区较少，依然有大量产业园区物业产权不明晰，部分园区历史上存在层层包租现象，难以被纳入试点范围。

（三）园区公共服务有待完善

园区企业普遍需要金融服务、商务服务、物业服务、政企服务、众创孵化服务及智库服务等。但是一些园区公共服务体系不健全，部分园区管理方满足于做"二房东"甚至"三房东"，仅向园区企业提供基本物业服务，难以满足其需求。智慧园区建设不足，园区对数字化建设缺乏统一战略规划、建设标准、业务模式和组织架构变革，普遍存在重建设、轻运营，服务对接不足等问题。

四 提升广州产业园区专业化建设运营水平的建议

将产业园区提质增效列入广州市经济高质量发展的工作内容，按照"盘活空间、提质增效、集约发展"的原则，高标准、规模化、专业化、强配套、优运营，持续推进全市产业园区提质增效，以高质量产业空间保障先进制造业发展。

（一）推动园区运营专业化，遴选优质产业园区运营商

推动建设与经营分离，通过对建设方和运营方按照比例分配收入的方式，

解决建设和经营混淆的问题，鼓励园区引进专业运营商。在运营商管理上，一是构建产业专业运营商白名单制度。白名专业单运营商应具有相应级别的资质和荣誉，并在专业垂直领域有长期的服务经验，或是该领域的领军、领导企业或行业领袖等。以21个链长制产业为城市更新、产业更新的先导产业，优先引入相关产业白名单专业运营商。通过提前引入专业运营商，做好园区产业规划布局，避免产业园区规划建设、装修等盲目追求布局外观性，不符合产业需求的问题，加快公共服务平台和智慧园区建设，培育一批有影响力的龙头企业、"专精特新"企业和"小巨人"企业。二是加强对白名单专业运营商的管理和培训。组建广州市产业专业运营促进会等专门协会，由发改部门归口管理指导，建设垂直行业载体和垂直行业专家智库，制定垂直行业产业园区运营商企业培养名单。由协会牵头组织，通过开展培训和经验交流，召开行业峰会、跨行业交流会等方式，提升现有产业园区运营商的综合运营能力。

（二）推动提质增效全面化，明晰园区产权和用地手续

2022年8月30日，广州市人民政府办公厅印发《广州市支持村镇工业集聚区更新改造试点项目的土地规划管理若干措施（试行）》，规定："试点项目中，对纳入'三旧'改造标图建库范围且保留现状地上建筑物的未完善手续的历史用地，经罚款处理后，可按现状建设用地地类完善历史用地手续，保留现状地上建筑物确权按现行规定、程序办理。"建议扩大《广州市支持村镇工业集聚区更新改造试点项目的土地规划管理若干措施（试行）》的范围，指导村级工业园、国有企业旧厂房等完善历史用地手续。由市、区两级国资牵头，通过平台获得产业园区长期租赁权，将租约统一集中于一个主体，将梳理产权和用地手续后的园区纳入提质增效试点范围。

（三）推动营商环境便利化，提供园区一站式政策服务

完善园区服务体系，精准对接企业多元化需求。一是设立政务服务窗口试点。涉及园区企业的行政审批事项集中实行"一窗进出"审批办结。建立线上政策兑现专班，实现"一网受理、一网通办"。二是推动政务服务平

台进园区。借鉴深圳市龙岗区在天安云谷创业园区政企共建产业园区公共服务平台的先进做法,将提供商务、物业、技术、人才、资金、咨询等政务服务的公共服务平台引入大型产业园区,打通政务服务"最后一公里",满足企业及其员工对政务服务的实时性、个性化需求。由各产业链牵头部门协助开展专家和专业机构引进、平台搭建等工作。三是鼓励运营商与国资企业共同成立园区产业投资基金。强化"产业+基金"模式,开展产业投资与创新孵化,实现"投带联动"。鼓励金融机构和社会资本为入园企业提供投融贷一体化服务,为优质企业发展提供支持。四是推动智慧园区建设。出台推进数字化园区建设的实施方案,制定智慧园区建设标准,将一批高质量完成数字化改造的园区转变为数字化转型示范(试点)园区。

(四)推动政策创新持续化,为园区高效发展保驾护航

把制度集成创新摆在突出位置,制定出台《广州市产业园区制度集成创新改革方案》,持续推动政策创新和服务创新。如试点开展"全程免费代办"服务,设立企业代办服务工作站;推行首席服务官制度,通过培训、轮岗等方式打造专业的服务团队,为企业提供"点对点"的专属服务,确保做到"人盯项目、精准服务",为企业和项目提供工程建设项目审批的"一条龙"服务。试点推行规划环评与项目环评联动改革,参照《北京市产业园区规划环境影响评价与建设项目环境影响评价联动实施办法》中的相关措施,对入驻产业园区的建设项目依据其环境影响风险程度,分类优化环境影响评价手续办理要求。通过深化制度改革、转变管理方式、提升管理效能,推动广州市产业园区高质量发展。

参考文献

林永芳:《"双碳"背景下工业园区绿色转型发展研究——以上杭工业园区为例》,《投资与合作》2023年第1期。

广州市粤港澳大湾区（南沙）改革创新研究院课题组：《关于在南沙建设"广深产业合作园"的建议》，载涂成林、田丰、李罗力主编《粤港澳大湾区蓝皮书：中国粤港澳大湾区改革创新报告（2022）》，社会科学文献出版社，2022。

中指研究院：《产业新城运营商综合实力提升三大抓手——以星河集团运营体系为例》，《中国房地产》2022 年第 23 期。

高质量发展篇

High-quality Development

B.13
广州科技企业高质量发展评价报告

广州日报数据和数字化研究院（GDI智库）课题组[*]

摘　要： 科技企业是创新驱动的主力军，是推动高质量发展的重要载体。为更好评价广州科技企业创新发展，助力广州科技企业乃至广州经济社会高质量发展，广州日报数据和数字化研究院（GDI智库）根据科学性、综合性、可行性、数据可获得性等原则，设置科技企业高质量评价指标体系，并运用大数据挖掘技术，研制"广州科技企业高质量发展100强""广州标杆科技企业50强""广州科技企业研发投入50强""广州科技企业创新50强"等榜单，以树立创新新标杆，激发企业创新新活力，构建企业创新新格局。

---

[*] 课题组组长：刘旦，广州日报数据和数字化研究院院长，记者，研究方向为教育与人才、科技创新与区域发展、社会治理和政府决策。课题组成员：陈杰，广州日报数据和数字化研究院首席数据官，记者，研究方向为科技创新与区域发展、社会治理和政府决策；郑颖琦，广州日报数据和数字化研究院数据分析师，研究方向为教育与人才、科技创新与区域发展；郑晓云，广州日报数据和数字化研究院数据分析师，研究方向为科技创新与区域发展、社会治理和政府决策；邝颖盈，广州日报数据和数字化研究院行政副总监，研究方向为科技创新与区域发展、社会治理和政府决策。执笔人：郑颖琦、郑晓云。

关键词： 科技企业 高质量发展 评价指标体系 大数据挖掘

党的二十大指出："高质量发展是全面建设社会主义现代化国家的首要任务。"科技企业是创新驱动的主力军，是推动高质量发展的重要载体，加快培育具有行业领军地位、具有高质量发展能力的科技企业，打通从科技强到企业强、产业强、经济强的通道，是推进高水平科技自立自强，保证国家产业链、供应链安全稳定，从而实现经济社会高质量发展的重要内涵。近年来，广州深入实施创新驱动发展战略，坚持把创新作为引领发展的第一动力，重点培育创新型龙头企业，不断提升科技型中小微企业竞争力，构建以科技和金融为主线的企业支持体系，提升企业技术创新能力。数据显示，广州现有科技企业突破1.23万家，处于历史最高水平。

2022年，为更好评价广州科技企业创新发展，助力广州科技企业乃至广州经济社会高质量发展，广州日报数据和数字化研究院（GDI智库）根据科学性、综合性、可行性、数据可获得性等原则，设置科技企业高质量评价指标体系，并运用大数据挖掘技术，研制"广州科技企业高质量发展100强""广州标杆科技企业50强""广州科技企业研发投入50强""广州科技企业创新50强"等榜单，以树立创新新标杆，激发企业创新新活力，构建企业创新新格局。

一 评价说明

（一）数据来源

榜单备选企业名单来源于国家、广东省以及广州市知识产权优势示范企业名录、知识产权保护重点企业名录、高新技术企业名录、科技型中小企业、研发经费超过1000万元的企业等。本报告涉及的与创新能力相关的发明总量、专利授权率、国际专利数、同族专利被引频次和发明总量成长性等与专利相关数据主要来源于科睿唯安（Clarivate Analytics）专利数据库，研发投入相关数据来源于广州市科技、统计等部门权威数据,科技成果奖相关数据来源于广东省科技职能部门权威数据,经济实力相关数据来源于企业官网、企业年报等。

(二)评价指标体系

广州科技企业高质量发展评价报告由"广州科技企业高质量发展100强""广州标杆科技企业50强""广州科技企业研发投入50强""广州科技企业创新50强"等榜单组成。"广州科技企业高质量发展100强"主要通过创新能力、研发投入、科技成果奖、经济实力四个维度进行评价,"广州标杆科技企业50强"主要从创新能力、研发投入、科技成果奖三个维度进行评价,"广州科技企业研发投入50强"主要评价维度为各企业研发投入情况,"广州科技企业创新50强"主要评价维度为创新成长(见表1)。

表1 广州科技企业高质量发展评价报告榜单及其评价指标

榜单名称	一级指标	一级指标权重	二级指标
广州科技企业高质量发展100强	创新能力	40%	2018~2022年发明总量
			专利授权率
			国际专利数
			同族专利被引频次
			发明总量成长性
	研发投入	25%	2021年研发经费
	科技成果奖	25%	2018~2022年获省级科技成果奖折合数
	经济实力	10%	2021年营业收入
广州标杆科技企业50强	创新能力	40%	2018~2022年发明总量
			专利授权率
			国际专利数
			同族专利被引频次
			发明总量成长性
	研发投入	30%	2021年研发经费
	科技成果奖	30%	2018~2022年获省级科技成果奖折合数

续表

榜单名称	一级指标	一级指标权重	二级指标
广州科技企业研发投入50强	研发投入	100%	2021年研发经费
广州科技企业创新50强	创新成长	100%	发明总量成长性

1. 发明总量

本报告中的发明总量以德温特专利家族为统计单位。德温特世界专利索引（DWPI）秉承"一个发明一条记录的原则"，所有针对同一个发明专利的后续申请均被记录为"等同专利"，进而被归入同一"专利家族"。

2. 专利授权率

不是所有的专利申请都能通过审查并获得授权，专利授权率被用于反映专利申请的成功率，采用近5年发明授权量与发明总量的比值来衡量。

3. 国际专利数

国际专利指某一项专利在国外申请成功并获得授权，国际专利数被用于衡量企业专利在全球所有市场寻求保护的程度，以及企业或机构参与国际竞争的程度。

4. 同族专利被引频次

同族专利被引频次指标通过计算近5年企业专利排除自引后的专利被引频次，被用于衡量一项发明对后续发明创造的影响。

5. 发明总量成长性

创新企业不仅应在专利申请数量上占有优势，同时需具备专利市场化的能力。发明总量成长性指标通过计算每家企业近5年的发明总量复合增长率，衡量企业的创新速度及未来的发展前景。

6. 研发投入

企业研发投入主要指研发人员的人工成本以及相关费用的支出，是衡量企业发展可持续性的一个重要指标。企业在研发上投入的经费和资源能够帮

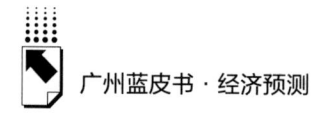

助企业有效地获得更高的综合效率和竞争优势,从而推动企业稳步发展。

7. 科技成果奖

科技成果奖是一个统称,广东省科技成果奖基本分类包括突出贡献奖、自然科学奖、技术发明奖、科技进步奖、科技合作奖、科技成果推广奖等。通过统计企业科技成果奖获奖情况衡量其科技成果的质量以及对区域经济社会发展的贡献度。

8. 营业收入

营业收入指企业通过从事销售商品、提供服务和让渡资产使用权等生产经营活动形成的经济利益,是衡量企业生产经营规模和未来业务发展情况的重要指标。

二 广州科技企业高质量发展100强榜单

企业是科技创新的主体,是经济和科技紧密结合的重要载体,而科技创新是企业发展的第一动力,是企业优化资源配置、提高全要素生产水平的重要驱动力,是企业核心竞争力的重要源泉。企业拥有核心竞争力,是实现持续经营和资源优化配置,进而推动其迈上高质量发展之路的关键。本报告通过设计评价模型,测算得到广州科技企业高质量发展100强榜单,如表2所示。

表2 广州科技企业高质量发展100强榜单

排名	企业名称	所在区
1	中国南方电网有限责任公司	黄埔
2	广州汽车工业集团有限公司	越秀
3	广州小鹏汽车科技有限公司	天河
4	中国南方航空集团有限公司	白云
5	中国建筑第四工程局有限公司	天河
6	广州视源电子科技股份有限公司	黄埔
7	中交第四航务工程局有限公司	海珠

续表

排名	企业名称	所在区
8	广州市建筑集团有限公司	越秀
9	金发科技股份有限公司	黄埔
10	广船国际有限公司	南沙
11	广州无线电集团有限公司	天河
12	中国能源建设集团广东省电力设计研究院有限公司	黄埔
13	广州金域医学检验集团股份有限公司	黄埔
14	广州地铁集团有限公司	海珠
15	京信网络系统股份有限公司	黄埔
16	中电科普天科技股份有限公司	花都
17	广州虎牙信息科技有限公司	番禺
18	广东省建筑工程集团控股有限公司	荔湾
19	日立电梯(中国)有限公司	番禺
20	广州广日股份有限公司	番禺
21	广州酷狗计算机科技有限公司	天河
22	番禺得意精密电子工业有限公司	南沙
23	广州博冠信息科技有限公司	天河
24	广州极飞科技股份有限公司	天河
25	广州医药集团有限公司	荔湾
26	广州交通投资集团有限公司	海珠
27	广州市百果园信息技术有限公司	番禺
28	保利长大工程有限公司	天河
29	中铁广州工程局集团有限公司	南沙
30	广州立白企业集团有限公司	荔湾
31	广东芬尼科技股份有限公司	南沙
32	佳都科技集团股份有限公司	番禺
33	广州华多网络科技有限公司	番禺
34	东风汽车有限公司东风日产乘用车公司	花都
35	广州兴森快捷电路科技有限公司	黄埔
36	中船黄埔文冲船舶有限公司	黄埔
37	高新兴科技集团股份有限公司	黄埔
38	广州市城市规划勘测设计研究院	越秀
39	光宝电子(广州)有限公司	黄埔
40	广东省通信产业服务有限公司	天河
41	阿里巴巴华南技术有限公司	海珠

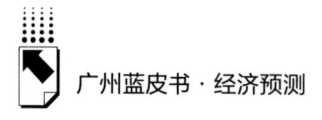

续表

排名	企业名称	所在区
42	中铁二十五局集团有限公司	南沙
43	广州粤芯半导体技术有限公司	黄埔
44	中石化广州工程有限公司	天河
45	唯品会(中国)有限公司	荔湾
46	广州番禺电缆集团有限公司	番禺
47	广州发展集团股份有限公司	天河
48	广州市保伦电子有限公司	番禺
49	欧派家居集团股份有限公司	白云
50	威创集团股份有限公司	黄埔
51	广州灵犀互娱信息技术有限公司	天河
52	广州天赐高新材料股份有限公司	黄埔
53	广州富港万嘉智能科技有限公司	黄埔
54	汇专科技集团股份有限公司	黄埔
55	广东奥迪动漫玩具有限公司	黄埔
56	中国电器科学研究院股份有限公司	海珠
57	云从科技集团股份有限公司	南沙
58	广州市白云化工实业有限公司	白云
59	广州赛莱拉干细胞科技股份有限公司	黄埔
60	广州市市政工程设计研究总院有限公司	越秀
61	广州市浩洋电子股份有限公司	番禺
62	广州市昊志机电股份有限公司	黄埔
63	广州市城市规划设计有限公司	越秀
64	中交广州航道局有限公司	海珠
65	广州多益网络股份有限公司	黄埔
66	鸿利智汇集团股份有限公司	花都
67	广州万宝集团有限公司	海珠
68	广州励丰文化科技股份有限公司	黄埔
69	广州环保投资集团有限公司	越秀
70	广州鹏辉能源科技股份有限公司	番禺
71	中交第四航务工程勘察设计院有限公司	海珠

续表

排名	企业名称	所在区
72	数字广东网络建设有限公司	越秀
73	广东粤微食用菌技术有限公司	黄埔
74	广州方硅信息技术有限公司	番禺
75	康方药业有限公司	黄埔
76	广州华凌制冷设备有限公司	南沙
77	广州立功科技股份有限公司	天河
78	广东高云半导体科技股份有限公司	黄埔
79	中铁隧道勘察设计研究院有限公司	南沙
80	广州白云电器设备股份有限公司	白云
81	广州超音速自动化科技股份有限公司	番禺
82	广东昱辉通信技术有限公司	天河
83	蓝盾信息安全技术有限公司	黄埔
84	广州万力集团有限公司	海珠
85	中科院广州化学有限公司	天河
86	广州电力机车有限公司	花都
87	广州美维电子有限公司	黄埔
88	广东晶科电子股份有限公司	南沙
89	广州通达汽车电气股份有限公司	白云
90	广州电缆厂有限公司	南沙
91	瑞仪(广州)光电子器件有限公司	黄埔
92	广州广合科技股份有限公司	黄埔
93	安利(中国)研发中心有限公司	黄埔
94	泰斗微电子科技有限公司	黄埔
95	广州欢网科技有限责任公司	番禺
96	广州立邦涂料有限公司	黄埔
97	广州智光电气股份有限公司	黄埔
98	方欣科技有限公司	黄埔
99	贝恩医疗设备(广州)有限公司	黄埔
100	广州珠江啤酒股份有限公司	海珠

资料来源：广州日报数据和数字化研究院（GDI智库）课题组研究测算。

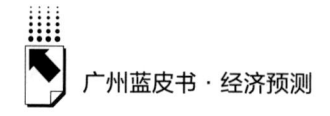

（一）上榜企业所属区域分析

"广州科技企业高质量发展100强"上榜的100家企业中黄埔区最多，有33家，占比为33%；其次是天河区有14家，占比为14%；番禺区上榜企业数量位居第三，有13家，占比为13%。其余区情况：海珠区10家、南沙区10家、越秀区7家、白云区5家、荔湾区4家、花都区4家（见图1）。

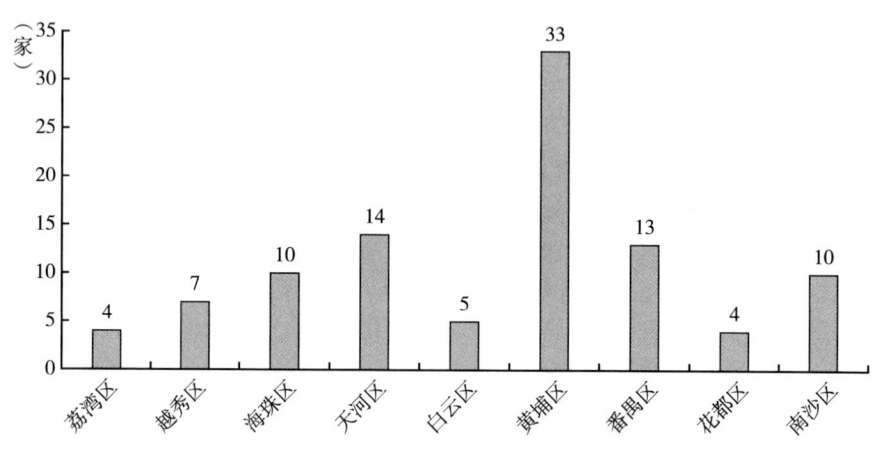

图1 "广州科技企业高质量发展100强"上榜企业区域分布

资料来源：广州日报数据和数字化研究院（GDI智库）课题组研究测算。

（二）上榜企业所属行业分析

根据《广州市战略性新兴产业发展"十四五"规划》"3+5+X"战略性新兴产业体系分类标准，以及被纳入先进制造业等新兴产业对上榜科技企业进行产业分类（见图2）。分析结果显示，"广州科技企业高质量发展100强"上榜企业以新兴产业企业为主，共83家，科学研究和技术服务业企业6家，其他非新兴产业企业11家。进一步细分新兴产业类别，新一代信息技术产业上榜企业数量最多，有30家，占比为36.14%；其次是先进制造业和智能装备与机器人产业企业，均为10家；另有数字创意产业企业8家、生物医药与健康产业企业7家、新材料与精细化工产业企业6家、新能源与节能环保产业企业6家、智能与新能源汽车产业企业4家、轨道交通产业企业2家（见图3）。

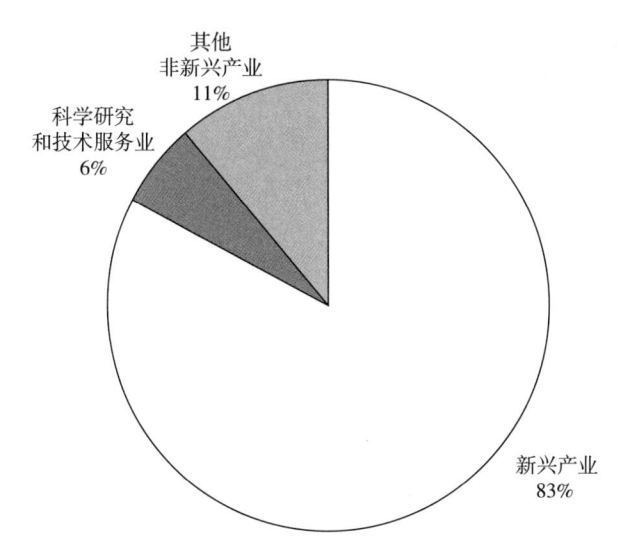

图 2　"广州科技企业高质量发展 100 强"上榜企业产业分布

资料来源：广州日报数据和数字化研究院（GDI 智库）课题组研究测算。

产业	占比(%)
新一代信息技术产业	36.14
智能装备与机器人产业	12.05
先进制造业	12.05
数字创意产业	9.64
生物医药与健康产业	8.43
新能源与节能环保产业	7.23
新材料与精细化工产业	7.23
智能与新能源汽车产业	4.82
轨道交通产业	2.41

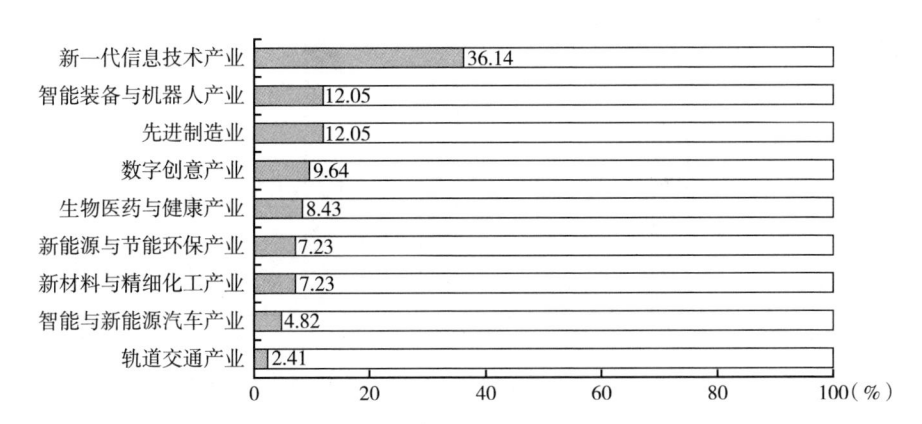

图 3　"广州科技企业高质量发展 100 强"上榜企业新兴产业分布

资料来源：广州日报数据和数字化研究院（GDI 智库）课题组研究测算。

因各区产业定位不同，产业分布也各具特点。上榜的 83 家新兴产业企业中，新一代信息技术产业企业主要分布在黄埔区（15 家）；智能装备与机器人产业企业主要分布在黄埔区（4 家）、天河区（2 家）；先进制造业企业主要分布在番禺区（4 家）、白云区（2 家）和南沙区（2 家）；数字创意产业企业主要分布在天河区（3家）、黄埔区（2家）和番禺区（2家）；生物医药与健康产业企业，黄埔区较多，有6家，占比为85.71%；新材料与精细化工产业企业主要分布在黄埔区（3家）；新能源与节能环保产业企业、智能与新能源汽车产业企业主要分别分布在天河区（2家）和黄埔区（2家）；轨道交通产业企业主要分布在海珠区（1家）和南沙区（1家）。

（三）上榜企业存续时间分析

"广州科技企业高质量发展100强"上榜的100家企业平均存续时间为21.09年，存续时间超过10年（2013年之前成立）的企业数占比为84%（见图4）。

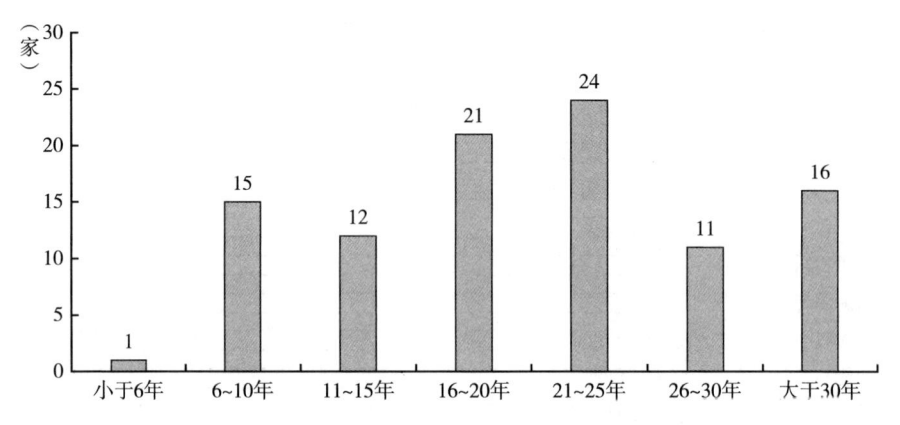

图4 "广州科技企业高质量发展100强"上榜企业存续时间分布

资料来源：广州日报数据和数字化研究院（GDI智库）课题组研究测算。

（四）上榜企业注册类型分析

上榜企业以内资企业为主，共79家，占比为79%；其次是港、澳、台商投资企业，共11家，占比为11%；外商投资企业10家，占比为10%（见图5）。

外商投资企业 10家
港、澳、台商投资企业 11家
内资企业 79家

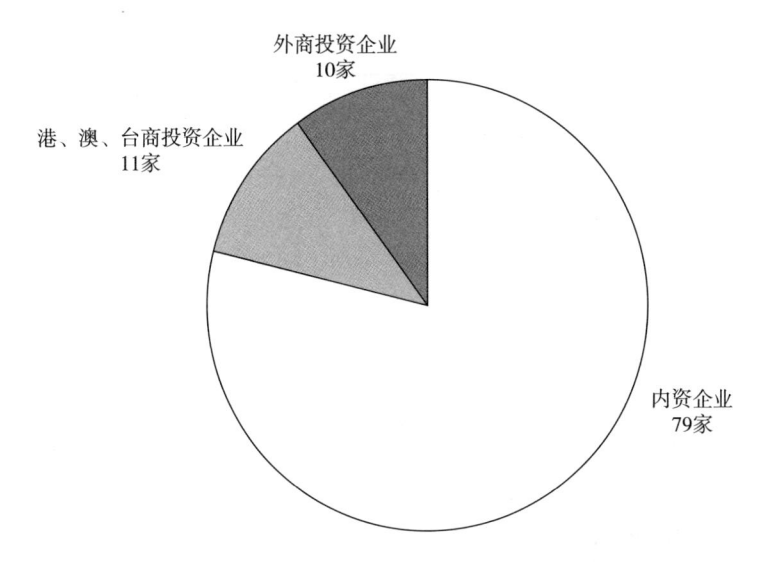

图 5　"广州科技企业高质量发展 100 强"上榜企业注册类型分布

资料来源：广州日报数据和数字化研究院（GDI 智库）课题组研究测算。

三　广州标杆科技企业50强榜单

高新技术企业是调整产业结构、提升国家竞争力的主力军，在区域乃至国家经济发展中具有重要战略地位。为明晰广州高新技术标杆企业发展现状，本报告通过设计评价模型，测算得出广州标杆科技企业 50 强榜单，如表 3 所示。

表 3　广州标杆科技企业 50 强榜单

排名	企业名称	所在区
1	南方电网科学研究院有限责任公司	黄埔
2	广汽本田汽车有限公司	黄埔
3	中国建筑第四工程局有限公司	天河
4	广汽乘用车有限公司	番禺
5	广州小鹏汽车科技有限公司	天河
6	广州虎牙信息科技有限公司	番禺
7	中国能源建设集团广东省电力设计研究院有限公司	黄埔
8	广州博冠信息科技有限公司	天河
9	广汽丰田汽车有限公司	南沙

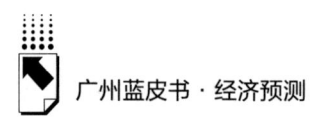

续表

排名	企业名称	所在区
10	广船国际有限公司	南沙
11	广州地铁设计研究院股份有限公司	越秀
12	中船黄埔文冲船舶有限公司	黄埔
13	中交第四航务工程局有限公司	海珠
14	京信通信技术(广州)有限公司	黄埔
15	金发科技股份有限公司	黄埔
16	广州金域医学检验中心有限公司	黄埔
17	广州广电运通金融电子股份有限公司	黄埔
18	京信网络系统股份有限公司	黄埔
19	南方电网数字电网研究院有限公司	黄埔
20	中电科普天科技股份有限公司	花都
21	日立电梯(中国)有限公司	番禺
22	日立楼宇技术(广州)有限公司	黄埔
23	广州金升阳科技有限公司	黄埔
24	广东省航运规划设计院有限公司	越秀
25	广州虎牙科技有限公司	番禺
26	广州方硅信息技术有限公司	番禺
27	中交四航工程研究院有限公司	白云
28	保利长大工程有限公司	天河
29	广州市百果园信息技术有限公司	番禺
30	广州万孚生物技术股份有限公司	黄埔
31	广东省电信规划设计院有限公司	天河
32	广州赛莱拉干细胞科技股份有限公司	黄埔
33	威创集团股份有限公司	黄埔
34	广州视睿电子科技有限公司	黄埔
35	广州市市政工程设计研究总院有限公司	越秀
36	广州腾讯科技有限公司	海珠
37	广州建筑股份有限公司	越秀
38	广州市浩洋电子股份有限公司	番禺
39	广州文冲船厂有限责任公司	南沙
40	广州兴森快捷电路科技有限公司	黄埔
41	广州广日电梯工业有限公司	番禺
42	广州市城市规划设计有限公司	越秀
43	中石化广州工程有限公司	天河
44	广州海格通信集团股份有限公司	黄埔
45	广州立白企业集团有限公司	荔湾
46	广州番禺电缆集团有限公司	番禺
47	中国电器科学研究院股份有限公司	海珠

续表

排名	企业名称	所在区
48	广东省建筑设计研究院有限公司	荔湾
49	广东芬尼克兹节能设备有限公司	南沙
50	广东好太太科技集团股份有限公司	番禺

资料来源：广州日报数据和数字化研究院（GDI智库）课题组研究测算。

（一）上榜企业所属区域分析

"广州标杆科技企业50强"上榜企业最多的是黄埔区，有18家，占比为36%；其次是番禺区，有10家，占比为20%；其余区上榜企业数分别为天河区6家、越秀区5家、南沙区4家、海珠区3家、荔湾区2家、白云区1家、花都区1家（见图6）。

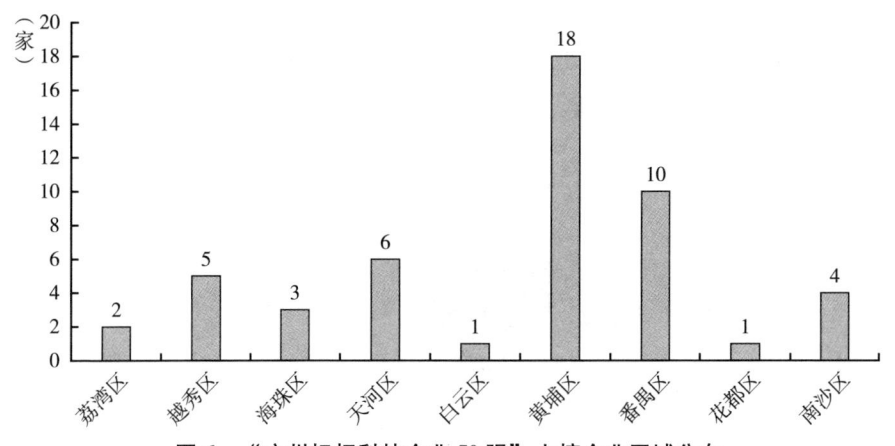

图6 "广州标杆科技企业50强"上榜企业区域分布

资料来源：广州日报数据和数字化研究院（GDI智库）课题组研究测算。

（二）上榜企业存续时间分析

"广州标杆科技企业50强"上榜企业平均存续时间为22.92年。存续时间超过10年（2013年之前成立）的占比为86%。其中，存续时间大于30年的占比为20%（见图7）。

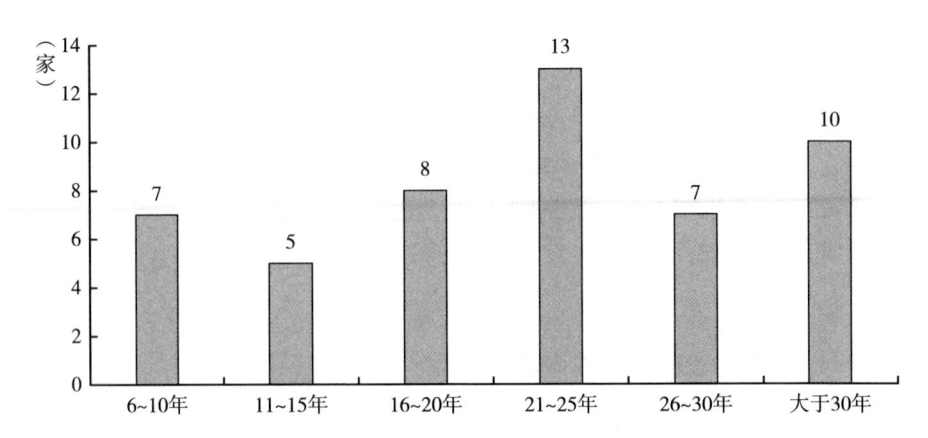

图7 "广州标杆科技企业50强"上榜企业存续时间分布

资料来源：广州日报数据和数字化研究院（GDI智库）课题组研究测算。

（三）上榜企业注册类型分析

上榜企业以内资企业为主，共38家，占比为76%；其次是外商投资企业，共7家，占比为14%；另有港、澳、台商投资企业5家，占比为10%（见图8）。

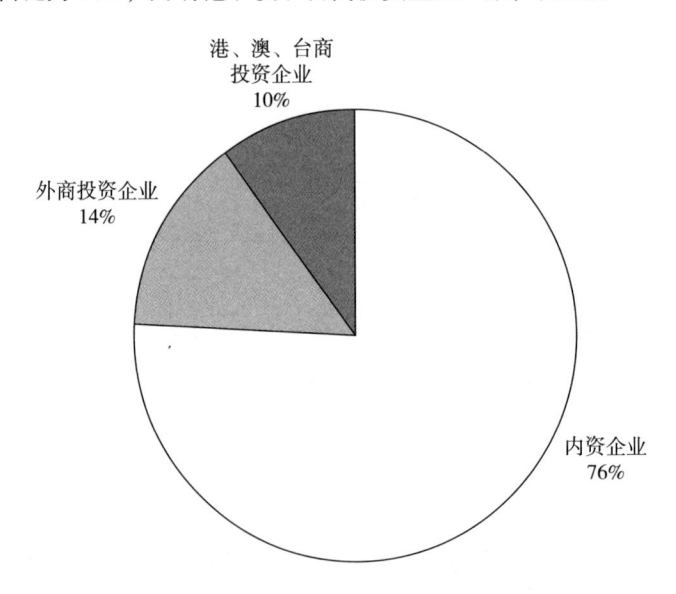

图8 "广州标杆科技企业50强"上榜企业注册类型分布

资料来源：广州日报数据和数字化研究院（GDI智库）课题组研究测算。

四 广州科技企业研发投入50强榜单

研发投入是创新的重要动力源，是企业创新绩效的主导因素。企业通过技术创新及产品更新改造，不断推陈出新，推动企业高质量发展。本报告通过设计评价模型，测算得出广州科技企业研发投入50强榜单，如表4所示。

表4 广州科技企业研发投入50强榜单

排名	企业名称	所在区
1	广州汽车工业集团有限公司	越秀
2	广州博冠信息科技有限公司	天河
3	广州市建筑集团有限公司	越秀
4	中国建筑第四工程局有限公司	天河
5	东风汽车有限公司东风日产乘用车公司	花都
6	广州虎牙信息科技有限公司	番禺
7	中国南方电网有限责任公司	黄埔
8	广东小鹏汽车科技有限公司	黄埔
9	广东省建筑工程集团控股有限公司	荔湾
10	广州腾讯科技有限公司	海珠
11	百济神州生物药业有限公司	黄埔
12	中交第四航务工程局有限公司	海珠
13	保利发展控股集团股份有限公司	海珠
14	广州无线电集团有限公司	天河
15	广州灵犀互娱信息技术有限公司	天河
16	乐金显示(广州)有限公司	黄埔
17	中国移动通信集团广东有限公司	天河
18	广州视源电子科技股份有限公司	黄埔
19	日立电梯(中国)有限公司	番禺
20	优视科技(中国)有限公司	天河
21	广东省通信产业服务有限公司	天河
22	汇丰软件开发(广东)有限公司	天河
23	本田技研科技(中国)有限公司	黄埔
24	广州医药集团有限公司	荔湾
25	阿里巴巴华南技术有限公司	海珠

177

续表

排名	企业名称	所在区
26	中国南方航空集团有限公司	白云
27	东风本田发动机有限公司	黄埔
28	广州市千句网络科技有限公司	番禺
29	保利长大工程有限公司	天河
30	广州熙凌科技有限公司	番禺
31	金发科技股份有限公司	黄埔
32	欧派家居集团股份有限公司	白云
33	广州达安基因股份有限公司	黄埔
34	中国电信股份有限公司广东分公司	越秀
35	广州虎牙科技有限公司	番禺
36	中船海洋与防务装备股份有限公司	海珠
37	广州世音联软件科技有限公司	天河
38	广州七喜集团有限公司	黄埔
39	广东省交通集团有限公司	越秀
40	中国能源建设集团广东省电力设计研究院有限公司	黄埔
41	鞍钢联众（广州）不锈钢有限公司	黄埔
42	广州多益网络股份有限公司	黄埔
43	广州地铁集团有限公司	海珠
44	唯品会（中国）有限公司	荔湾
45	广州欢聚时代信息科技有限公司	番禺
46	广东今日头条科技有限公司	海珠
47	超视界显示技术有限公司	增城
48	北明软件有限公司	天河
49	广州四三九九信息科技有限公司	天河
50	中国联合网络通信有限公司广东省分公司	天河

资料来源：广州日报数据和数字化研究院（GDI智库）课题组研究测算。

（一）上榜企业所属区域分析

"广州科技企业研发投入50强"上榜企业分布在9个区。其中上榜企业最多的是天河区和黄埔区，各有13家企业，占比均为26%。其余各区上榜企业数分别为海珠区7家、番禺区6家、越秀区4家、荔湾区3家、白云区2家、花都区1家、增城区1家（见图9）。

广州科技企业高质量发展评价报告

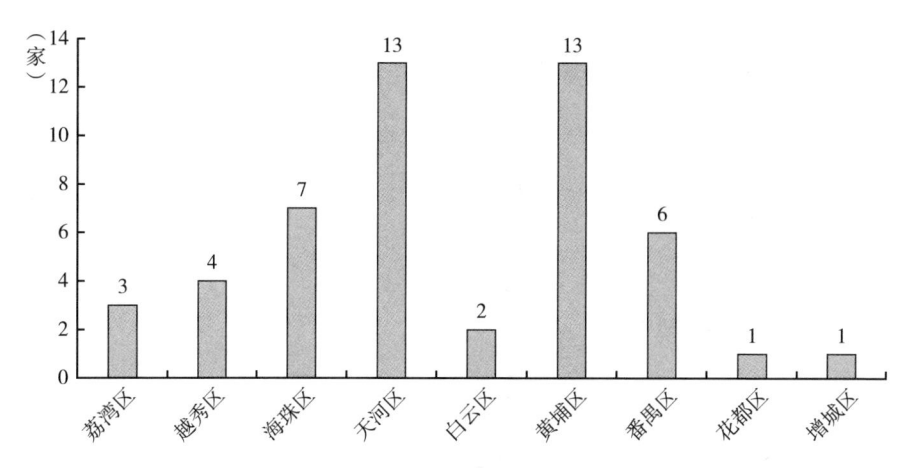

图9 "广州科技企业研发投入50强"上榜企业区域分布

资料来源:广州日报数据和数字化研究院(GDI智库)课题组研究测算。

(二)上榜企业存续时间分析

上榜企业平均存续时间为19.34年。存续时间不超过10年(2013年之后成立)的有15家,占比为30%;存续时间11~20年的有12家,占比为24%;存续时间21~30年的有14家,占比为28%;存续时间长于30年的有9家,占比为18%(见图10)。数据显示,研发投入越多,企业存续时间越长。

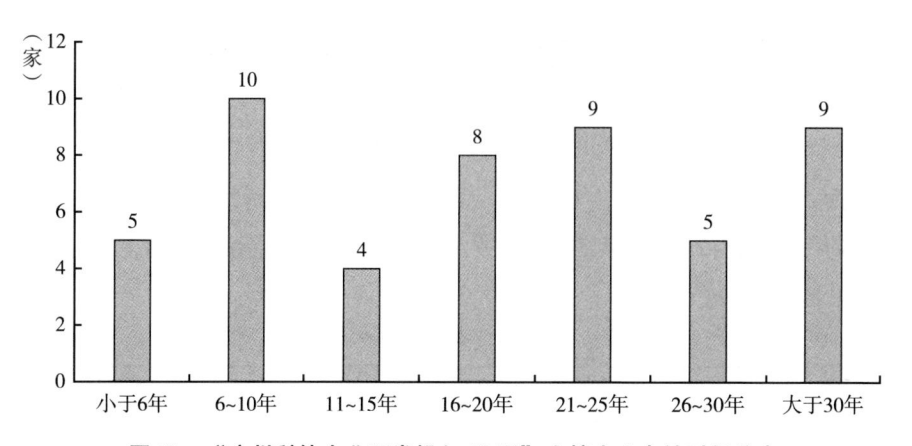

图10 "广州科技企业研发投入50强"上榜企业存续时间分布

资料来源:广州日报数据和数字化研究院(GDI智库)课题组研究测算。

179

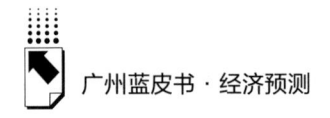

（三）上榜企业注册类型分析

上榜企业以内资企业为主，共30家，占比为60%；其次是外商投资企业，共11家，占比为22%；其余为港、澳、台商投资企业，共9家，占比为18%（见图11）。

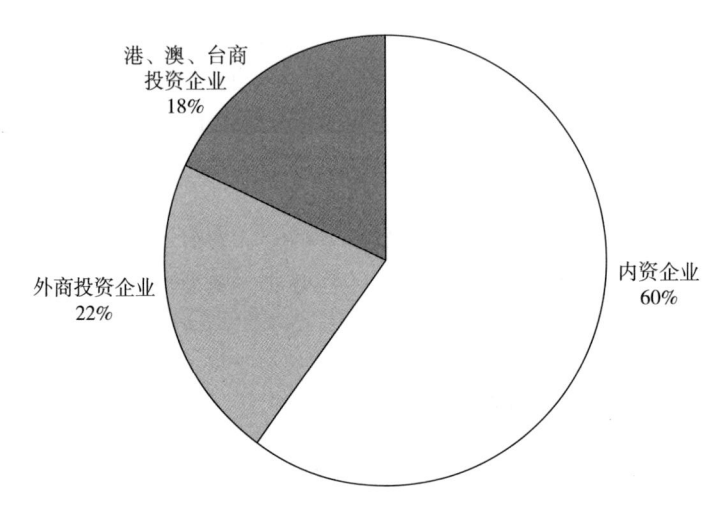

图11 "广州科技企业研发投入50强"上榜企业注册类型分布

资料来源：广州日报数据和数字化研究院（GDI智库）课题组研究测算。

五 广州科技企业创新50强榜单

高新技术企业能在激烈的市场竞争中保持迅速发展的优势是创新发展的结果。为激发广州高新技术企业自主创新热情，并不断提高其科技创新能力，本报告通过设计评价模型，测算得出广州科技企业创新50强榜单，如表5所示。

表5 广州科技企业创新50强榜单

排名	企业名称	所在区
1	广州虎牙科技有限公司	番禺
2	广州方硅信息技术有限公司	番禺
3	广东省建筑设计研究院有限公司	荔湾

续表

排名	企业名称	所在区
4	广东电力通信科技有限公司	越秀
5	广州工程总承包集团有限公司	海珠
6	中国电器科学研究院股份有限公司	海珠
7	广州电缆厂有限公司	南沙
8	广东省建设工程质量安全检测总站有限公司	天河
9	广东寰球广业工程有限公司	天河
10	振中建设集团有限公司	番禺
11	广州艾捷斯医疗器械有限公司	番禺
12	广州市保伦电子有限公司	番禺
13	广州科语机器人有限公司	南沙
14	广州博冠信息科技有限公司	天河
15	广州方邦电子股份有限公司	黄埔
16	珠江水利委员会珠江水利科学研究院	天河
17	广州柏视医疗科技有限公司	黄埔
18	广东三维家信息科技有限公司	天河
19	科益展智能装备有限公司	黄埔
20	广州市玄武无线科技股份有限公司	天河
21	广州小鹏汽车科技有限公司	天河
22	广东冠粤路桥有限公司	番禺
23	广州高新兴机器人有限公司	黄埔
24	浩云科技股份有限公司	番禺
25	广州市第二市政工程有限公司	越秀
26	广州视琨电子科技有限公司	黄埔
27	广州建筑股份有限公司	越秀
28	广州金鹏环保工程有限公司	黄埔
29	广汽本田汽车有限公司	黄埔
30	广州南方卫星导航仪器有限公司	天河
31	中煤江南建设发展集团有限公司	越秀
32	广州新科佳都科技有限公司	天河
33	广州超音速自动化科技股份有限公司	番禺
34	中国建筑第四工程局有限公司	天河

续表

排名	企业名称	所在区
35	广州市净水有限公司	天河
36	中铁三局集团广东建设工程有限公司	白云
37	比音勒芬服饰股份有限公司	番禺
38	广州锦行网络科技有限公司	天河
39	南方电网科学研究院有限责任公司	黄埔
40	广州市迪士普音响科技有限公司	白云
41	广汽丰田汽车有限公司	南沙
42	广东省源天工程有限公司	增城
43	广东三雄极光照明股份有限公司	番禺
44	广州市恒盛建设工程有限公司	白云
45	广州彩熠灯光股份有限公司	白云
46	广州赛特智能科技有限公司	黄埔
47	广州希科医疗器械科技有限公司	黄埔
48	广州由我科技股份有限公司	番禺
49	广东省建筑工程集团有限公司	荔湾
50	广州通巴达电气科技有限公司	黄埔

资料来源：广州日报数据和数字化研究院（GDI智库）课题组研究测算。

（一）上榜企业所属区域分析

"广州科技企业创新50强"上榜企业分布在9个区。其中上榜企业最多的是天河区，有12家，占比为24%；其次是黄埔区和番禺区，均有11家。其余各区上榜企业数量分别为：白云区4家、越秀区4家、南沙区3家、海珠区2家、荔湾区2家、增城区1家（见图12）。

（二）上榜企业存续时间分析

"广州科技企业创新50强"上榜企业平均存续时间为18.28年。存续时间不超过10年（2013年之后成立）的有13家，占比为26%；存续时间

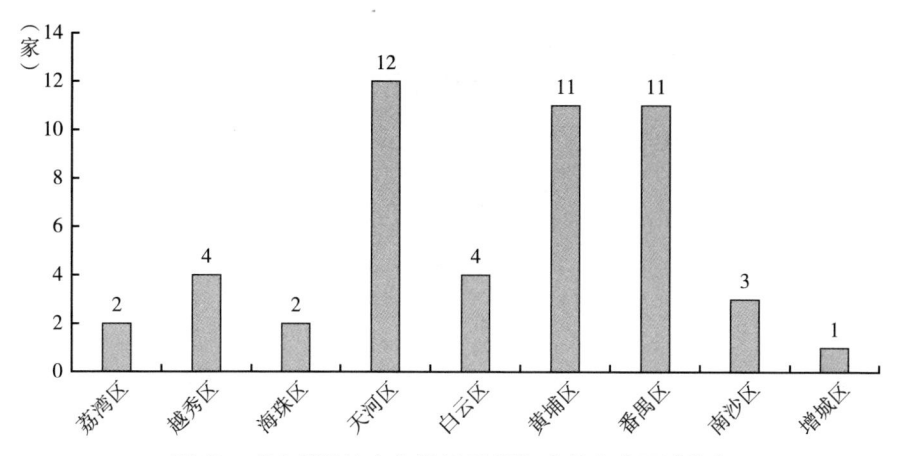

图12 "广州科技企业创新50强"上榜企业区域分布

资料来源：广州日报数据和数字化研究院（GDI智库）课题组研究测算。

11~20年的有19家，占比为38%；存续时间21~30年的有11家，占比为22%；存续时间长于30年的有7家，占比为14%（见图13）。

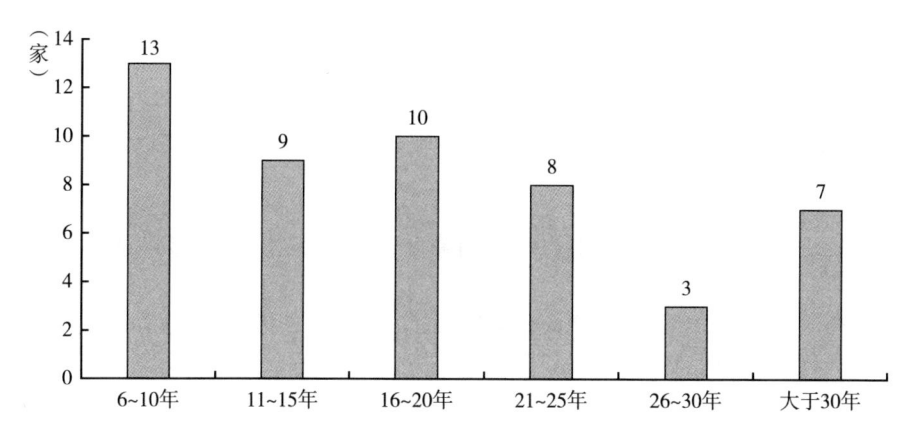

图13 "广州科技企业创新50强"上榜企业存续时间分布

资料来源：广州日报数据和数字化研究院（GDI智库）课题组研究测算。

（三）上榜企业注册类型分析

上榜企业以内资企业为主，共40家，占比为80%；港、澳、台商投资企业和外商投资企业各有5家（见图14）。

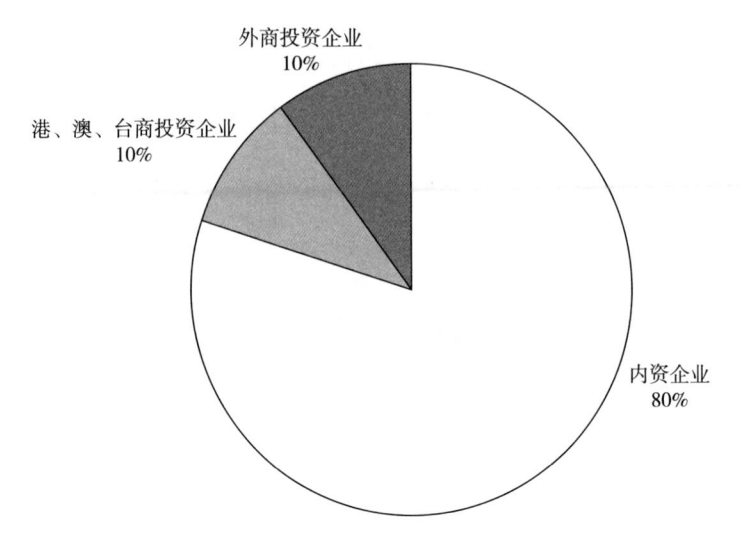

图 14 "广州科技企业创新 50 强"上榜企业注册类型分布

资料来源:广州日报数据和数字化研究院(GDI 智库)课题组研究测算。

参考文献

张赤东、康荣平:《培育科技领军企业重在树标杆》,《科技日报》2021 年 7 月 12 日。

方晴:《广州矢志不移推进高水平科技自立自强 以科技创新挺起高质量发展"脊梁"》,《广州日报》2023 年 4 月 12 日。

B.14
"制造业立市"视阈下广州制造业高质量发展的对策研究

刘胜 陈逸城 刘幼倩*

摘 要： 从"制造"到"智造"是城市进步的重要标志，而精准有效的战略更起着旗帜性的作用。近年来，广州市制造业升级，先进制造业和高技术制造业逐渐增强，但也存在制造业发展水平和制造业中心地位有待提升；制造服务区域协调发展程度不够；制造国际化知名度不高；制造自主研发不足，在某些核心产业存在"卡脖子"问题；制造业产业系统不够完善，双循环格局未形成等问题。为此，本报告梳理了广州市制造业现阶段存在的问题并提出针对性政策思路，为"十四五"时期进一步驱动广州制造业转型升级与高质量发展提供参考依据。

关键词： 制造业 实体经济 高质量发展 广州

精准有效的战略方向对引导地区制造业高质量发展发挥风向标的作用。随着中共中央、国务院《粤港澳大湾区发展规划纲要》的贯彻落实，广州正不断提高制造业的发展质量，实现由"制造大市"向"制造强市"的转

---

* 刘胜，广东外语外贸大学粤港澳大湾区研究院云山学者、副教授、硕士生导师，研究方向为产业经济、数字经济；陈逸城（通讯作者），广东外语外贸大学经济贸易学院研究助理，研究方向为财政学、产业经济；刘幼倩（通讯作者），广东外语外贸大学经济贸易学院研究助理，研究方向为税收学、产业经济。

变。从 2015 年政府工作报告强调需推动制造业和服务业"双轮驱动"，到 2017 年提出"实施制造强市战略"以及"制造业立市"，广州坚持"制造业立市"不动摇，加快制造业更新迭代发展，把制造业做实做强做优，对广州制造业升级、促进高质量发展提出了具体要求并做出部署，也有助于推动广州制造业体系更新迭代和经济增速加快。在国内国际双循环发展格局下，加快推动广州经济高质量发展，建设国际高水平制造业城市，需要通过打造更高质量、更高效的制造体系来支撑相关政策目标。基于此，迫切需要利用新的基础设施建设机遇和数据要素赋能，加快广州制造业供给侧结构性改革，全面提升制造业效率，构建更加完整有效、内外联动的现代制造业供给体系。

一 广州制造业发展现状分析

（一）广州制造业整体发展情况分析

根据 2022 年广州经济运行情况，广州第一、第二、第三产业增加值之比为 1.10∶27.43∶71.47，工业增加值位列全国前十。近 5 年来，广州第二产业增加值占地区生产总值的比重稳定在 26%~27%，其拥有的雄厚工业基础使其在制造业方面稳定发力。

由"制造"转向"智造"是广州经济发展的动力源泉，制造业仍然是广州的关键支柱产业和经济增长动力。数据显示，截至 2022 年 10 月，广州实现制造业总产值 17080.48 亿元。从图 1 来看，制造业增加值从 2011 年的 3714.45 亿元增长至 2022 年 10 月的 3746.26 亿元，2022 年 1~10 月制造业增加值占地区生产总值比重为 13.02%（见图 1），由此表明，广州制造业总体上稳步发展，但制造业增加值增速逐年放缓，增速低于地区生产总值增速，导致其对产业发展的贡献度逐渐下降。

近年来，受益于实体经济强劲的增长势头，拥有雄厚制造业的城市，特别是广州、苏州、上海，也保持了快速健康的发展态势。总体来看，广州制造业规模大幅提升,制造业功能明显增强,制造业生态环境明显优化,为推动广州经济社会的可持续发展奠定了重要基础。来自各地市统计局的数据显示,2011年至2022年1~10月,广州制造业增加值总体增长,规模持续扩大,而同期苏州和上海制造业增加值增速较低,呈现拐点向下的颓势。这为推动广州经济复苏并稳定增长、增加就业提供了重要支撑。《2021年广州市国民经济和社会发展统计公报》数据显示,2021年广州规模以上工业增加值比上年增长7.8%;全年规模以上高技术制造业增加值比上年增长25.7%;先进制造业增加值比上年增长7.2%,占规模以上工业增加值的比重为59.3%。总体而言,自广州参与粤港澳大湾区建设以来,制造业规模和业绩持续提升,也为推动当地经济快速发展提供了非常强劲的新动能。

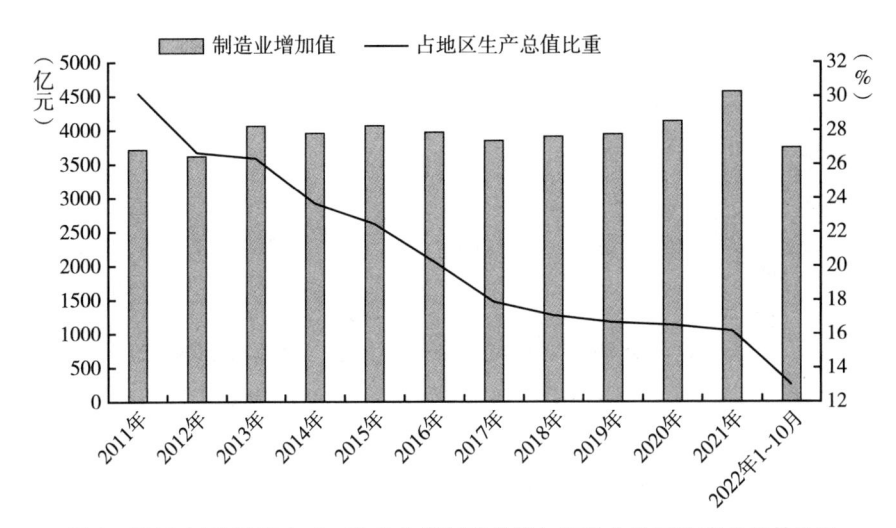

图1 2011年至2022年1~10月广州制造业增加值及占地区生产总值的比重

资料来源:《广州统计年鉴》。

在新的发展阶段,为进一步推动广州经济高质量发展,对标国内外先进制造强市,广州制造业在高质量发展领域仍需继续努力。从制造业发展质量来看,2022年,广州制造业发展水平逐步提高且较为稳定,与其他城市相比仍有一定差距。广州、苏州、上海三地统计年鉴数据显示,广州

2022年1~10月的制造业增加值逾3700亿元，同比增速最高（2022年1~10月广州制造业分行业增加值见表2），根据数据计算其占地区生产总值的比重为12.99%，在三地中占比最高（见图2、表1）。虽然广州制造业增加值增速和占比数据良好，但广州制造业生产总值仍然较低，这一数据与广州作为省会城市和一线城市的经济发展现状和实力不太匹配，因此，未来迫切需要进一步提升广州制造业发展的规模和质量，推动广州制造业继续做大做强。

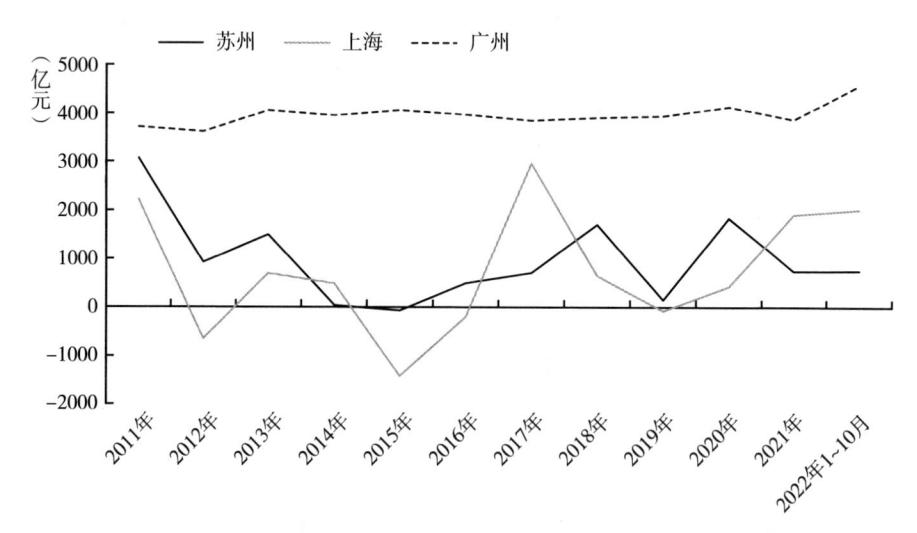

图2 2011年至2022年1~10月苏州、上海、广州制造业增加值

资料来源：历年《广州统计年鉴》《苏州统计年鉴》《上海统计年鉴》。

表1 2022年1~10月苏州、上海、广州制造业发展情况

单位：亿元，%

城市	制造业增加值	同比增速	地区生产总值	制造业增加值占比
苏州	753.24	1.83	23958.30	3.14
上海	2013.07	5.29	44652.80	4.51
广州	3746.26	18.43	28839.00	12.99

资料来源：各地统计局。

表2 2022年1~10月广州制造业分行业增加值

单位：亿元

产业名称	1~3月	4月	5月	6月	7月	8月	9月	10月
汽车制造业	304.02	135.74	107.02	132.91	135.08	130.66	141.45	125.12
计算机、通信和其他电子设备制造业	116.75	63.44	46.60	49.69	46.52	44.17	47.72	41.16
化学原料及化学制品制造业	63.80	26.76	23.75	20.39	22.86	27.55	27.28	26.88
电气机械及器材制造业	53.05	35.58	24.97	27.87	22.88	22.69	26.27	22.63
石油加工、炼焦及核燃料加工业	36.04	28.84	3.54	14.66	14.92	13.48	13.67	14.01
通用设备制造业	32.55	20.00	16.07	17.54	16.60	15.73	17.07	14.72
食品制造业	31.07	5.38	11.41	10.67	10.99	12.42	11.40	10.01
橡胶和塑料制品业	30.88	9.61	11.06	11.33	11.04	10.70	11.85	10.68
医药制造业	29.86	16.89	8.51	9.48	8.59	9.53	12.99	9.36
非金属矿物制品业	27.51	16.71	10.48	11.20	10.75	11.15	12.15	10.75
有色金属冶炼及压延加工业	27.37	21.44	11.76	13.13	10.10	13.83	12.71	11.95
烟草制品业	22.20	-0.35	4.67	1.75	5.32	4.61	4.94	5.08
黑色金属冶炼及压延加工业	20.50	0.47	4.95	4.97	4.39	4.14	4.67	4.22
农副食品加工业	19.67	5.76	6.80	8.36	6.87	8.08	9.05	7.00
金属制品业	19.58	8.11	6.77	7.85	7.09	8.05	7.87	6.63
纺织服装、服饰业	16.45	2.57	4.22	4.23	4.05	4.61	4.87	4.24
专用设备制造业	14.80	19.95	8.50	10.25	8.80	9.41	10.58	9.01
酒、饮料和精制茶制造业	12.79	8.88	5.59	7.42	8.10	8.90	6.56	6.84
家具制造业	11.67	8.44	6.41	8.97	7.21	7.79	9.20	7.23
文教、工美、体育和娱乐用品制造业	10.88	-0.85	2.51	3.17	2.64	3.03	2.90	2.11
铁路、船舶、航空航天和其他运输设备制造	10.28	7.95	5.20	6.13	5.58	5.15	5.43	4.90
造纸及纸制品业	8.84	3.74	3.48	3.44	3.22	3.45	3.60	3.40
皮革、毛皮、羽毛及其制品和制鞋业	8.29	1.42	2.56	2.70	2.59	2.54	2.54	2.39
纺织业	7.77	2.34	2.51	2.48	2.52	2.49	2.42	2.47

续表

产业名称	1~3月	4月	5月	6月	7月	8月	9月	10月
印刷业、记录媒介的复制	6.49	1.65	2.92	2.41	2.15	2.40	2.59	2.06
仪器仪表制造业	5.80	2.01	8.91	2.42	3.20	3.48	3.98	6.82
金属制品、机械和设备修理业	3.79	1.81	1.73	1.77	-0.07	1.57	1.64	1.45
木材加工及竹、藤、棕、草制品业	1.41	0.30	0.40	0.35	0.39	0.52	0.45	0.45
废弃资源综合利用业	1.29	1.37	0.75	0.78	0.63	0.61	0.75	0.59
其他制造业	1.15	0.81	0.45	-0.02	0.36	0.33	0.37	0.39
化学纤维制造业	0.40	0.23	0.20	0.14	0.15	0.18	0.16	0.17
非金属矿采选业	0.02	2.59	0.69	0.63	0.71	0.63	0.67	0.53

资料来源：广州市统计局。

（二）广州机械、电子制造业发展情况分析

1. 机械、电子制造业销售规模持续扩大

近年来，广州机械、电子制造业销售规模持续扩大，销售结构进一步优化，经济支撑作用明显增强。如图3所示，2011~2022年，广州机械、电子制造业销售规模整体呈上升态势，10年间增长了近1.5倍。来自广州统计局的数据显示，截至2022年12月，广州机械、电子制造业销售规模为11889.98亿元，相比年初增加258.74亿元，增长缓慢。其中2022年出口产品交货值为3005.67亿元。不仅如此，对于中小企业，广州积极宣传和落实税收优惠政策，下沉服务受影响较大的中小企业，帮助企业享受减税降费政策。例如，在2022年组合式税费支持政策中，在企业所得税上，广州南沙自贸片区鼓励企业享受15%优惠税率；在个人所得税上，对符合条件的居民个人所得税超过15%的部分予以免征；对新落户及认定的总部型企业，给予最高3000万元落户奖励；等等。广

州为促进制造业稳增长和优结构实施了减税降费等一系列扶持政策以及许多富有成效的实际行动。

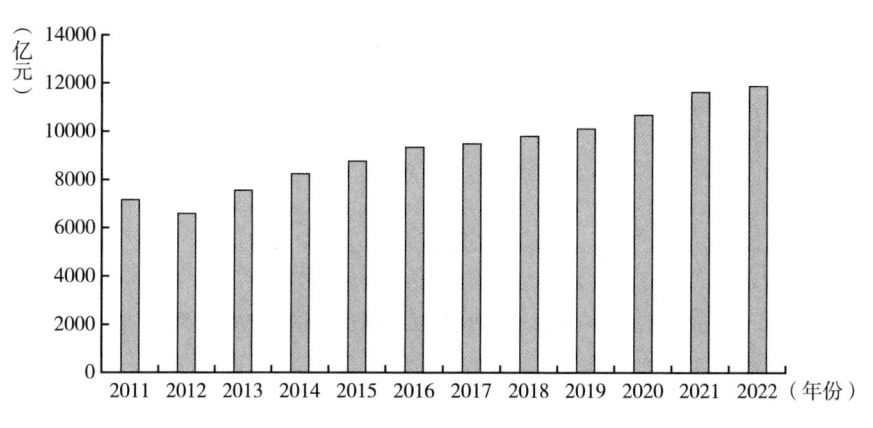

图3 2011~2022年广州机械、电子制造业销售规模

资料来源：广州统计年鉴。

2. 机械、电子制造业应收账款稳定增长

数据显示，截至2021年12月，广州机械、电子制造业应收账款为2033.69亿元，同比增长8.1%（见图4）。其中，电气机械及器材制造业应收账款为1055.30亿元，同比增长28.1%，保持较高的增长速度。应收账款的稳定增长是企业解决资金问题的一大利好，为企业生产周期注入活力，为推动经济高质量发展提供坚实的支撑。

3. 机械、电子制造业亏损企业比率保持低水平

统计数据显示，截至2021年11月，广州机械、电子制造业的亏损企业数量为461家，亏损企业占比为17.33%，较年初增加0.31个百分点，较2019年同期增加3.43个百分点。如图5所示，企业亏损率总体保持在10%~20%。在全球化的竞争面前，广州制造业企业的稳健发展至关重要。展望未来，推动广州企业稳健经营、稳健发展，有利于提高资本配置效率，保障资产质量持续稳定提高，进一步增强风险抵抗能力，加大对实体经济的支持力度。

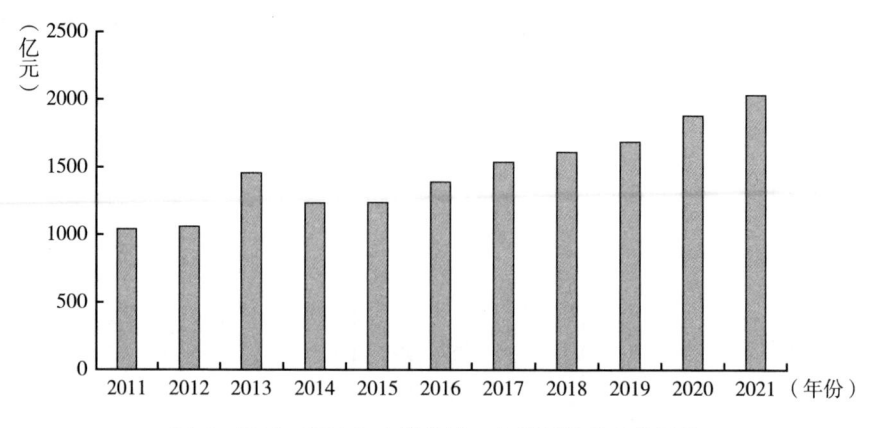

图4 2011~2021年广州机械、电子制造业应收账款

资料来源：广州统计年鉴。

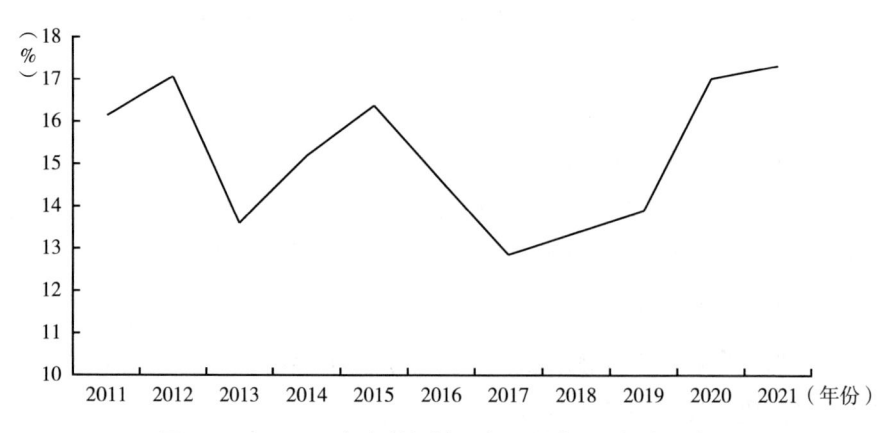

图5 2011~2021年广州机械、电子制造业亏损企业占比

资料来源：广州统计年鉴。

（三）广州资源加工工业发展情况分析

目前，广州正在逐步夯实加工业市场的发展基础，为企业推进转型升级战略提供更加丰富、多元的渠道。数据显示，截至2021年，广州全市规模以上资源加工企业累计2055家，工业总产值为4360.4亿元，同比增长17.3%。其中，化学原料及化学制品制造业企业有613家，工业总产值为1214.4亿元。

与全国制造业中心城市相比，广州制造业企业的市值相对较低。面对各城市日益激烈的竞争，广州制造业产值能力薄弱的缺点日益凸显。以粗钢和钢材为例，2021年上海产值分别是广州的26倍和13倍，苏州产值分别是广州的10倍和5倍。此外，广州制造业新增工业产值也在北上广深四市中排名靠后，实体经济活力不足。

当前，广州正通过逐步整合资源来支持传统优势制造业板块的培育。为进一步优化资源加工业市场生态，为企业提供更优质的营商环境，广州坚持发展产业集群，重点培育5个千亿级产业集群、建设10个价值创新园区；采取技改、兼并重组等方式，支持汽车、电子、电力、石化等传统优势制造业产业转型升级，为企业提供更全面的服务。

（四）广州轻纺工业发展情况分析

近年来，广州交易平台日益丰富，市场逐渐完善，其所提供的多层次交易平台有利于进一步优化广州市场发展格局。"十三五"期间，广州粮油食品类、饮料类、烟酒类商品零售额年均分别增长14.6%、16.1%、12.2%；日用品类商品零售额年均增长18.6%；中西药品类商品零售额高速增长，年均增长25.3%。2022年，广州实现社会消费品零售总额10298.15亿元，同比增长1.7%。在全市限额以上企业在售的21个商品类别中，有11类商品累计零售额实现正增长，其中，粮油食品类同比增长8.2%、日用品类同比增长3.6%、中西药品类同比增长15.4%。2021年广州轻纺工业总产值为2923.75亿元，同比增长12.09%。需要指出的是，2021年苏州轻纺工业总产值达3967.90亿元，是广州的1倍多。在企业越来越依赖多元化需求的情况下，未来广州轻纺市场仍需加快转型升级发展。

数据显示，2021年广州规模以上轻纺工业主要产品产量同比上升10.42%，其中，印染布产量为39403.35万米，同比增长6.06%。2021年，规模以上轻纺工业企业全员劳动生产率为88373.31元/人，同比下降15.85%。广州要保障轻纺工业这一基础行业，让轻纺工业焕发新的活力。

（五）广州规模以上先进制造业和高技术制造业发展情况分析

近年来，广州先进制造业和高技术制造业市场总体发展向好，2019~2022年，总产值和增加值数据喜人，占规模以上工业总产值和增加值的比重逐年提升。具体来看，广州加大力度推进十大价值创新园区建设，培育多个千亿级新型产业集群，努力将其建设成为全国制造业高质量发展示范区。此外，广州加快推进低效园区和村级产业园区提质增效，提高单位面积产出和效率。从市场规模来看，"十四五"开局期间，广州规模以上先进制造业和高技术制造业总产值增长迅速。据《广州统计年鉴》数据，2021年广州规模以上先进制造业和高技术制造业总产值为16716.61亿元，同比增长14.55%，占全省总产值的11.47%。

从产业区域分布情况来看，产业集群引领能力日益增强。2019~2022年，广州规模以上先进制造业和高技术制造业总产值排名前三的地区分别是黄埔区、花都区和南沙区，占比分别为49%、15%和15%。同时，广州实施"强区"工程，推进建设广州开发区、增城经济技术开发区、南沙经济技术开发区三大国家级工业园区，以及花都经济开发区、白云工业园区、从化经济开发区、番禺经济技术开发区四大省级工业园区，聚力发展先进制造业，在新的高度挺起广州制造的"产业脊梁"。

从产业行业结构来看，广州先进装备制造业产值占先进制造业产值比重最大，电子及通信设备制造业产值是高技术制造业产值的最大来源（见表3）。2019~2022年广州高端电子信息制造业产值提高，尤其是芯片、网联类的产值占比显著提升，这离不开政府政策的支持。广州市政府实施"穗芯"工程，加快集聚设计、制造、封装、测试等行业龙头企业。在"智造"工程中，推进构建超高清视频和智能家电、智能网联新能源汽车、智能装备等世界级先进制造业集群。在"智行"工程中，协同发展智慧城市和智能网联汽车，加快广汽智能网联产业园建设，推进创建国家车联网先导区；建立轨道交通产业投资集团，加快建设轨道交通装备产业园，支持产业联盟拓展国内外市场。

表3　2019~2022年规模以上先进制造业和高技术制造业工业总产值（按产业分）

单位：亿元

产业名称	2019年	2020年	2021年	2022年
先进制造业（合计）	11069.48	11597.41	13183.32	16350.84
高端电子信息制造业	1416.95	1454.86	1925.10	2437.95
先进装备制造业	6542.41	7092.30	7708.21	9317.05
石油化工产业	1490.53	1390.76	1584.04	2077.77
先进轻纺制造业	839.38	844.78	954.80	1184.44
新材料制造业	656.75	639.43	788.82	937.78
生物医药及高性能医疗器械制造业	325.84	412.07	480.77	712.74
高技术制造业（合计）	2873.87	2998.99	3533.29	4536.05
医药制造业	348.30	414.37	499.98	763.23
航空、航天器及设备制造业	42.26	34.32	35.55	21.75
电子及通信设备制造业	1983.08	2001.19	2460.21	3060.18
计算机及办公设备制造业	207.67	218.62	275.93	323.80
医疗器设备及仪器仪表制造业	278.17	293.55	260.90	336.27
信息化学品制造业	14.39	36.94	0.72	0.88

资料来源：广州市统计局。

二　广州市制造业高质量发展中存在的问题

（一）制造业发展水平和制造业中心地位有待提升

东莞为全球最大的手机生产基地，深圳拥有全制造业产业链的加工制造链条，苏州制造业规模大、产业完整度和国际化程度高，上海长期占据中国最大制造业城市的国家战略地位，与上述城市相比，目前广州还相对欠缺高端制造业贸易和服务平台。尤其是，广州作为广东省会和国际大都市，其在知识密集型或高技术领域的制造创新能力还不够强，在我国制造业改革发展全局中的地位还不够突出，其对重大核心技术创新和创新平台的支撑作用还有待提升。特别是在制造业数字化转型的背景下，如何进一步提升广州制造

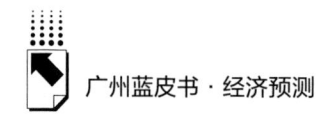

业服务的质量和效率、弥补传统业务结构中的技术短板、促进科技制造与重大产业项目融合、完善重大制造业发展平台和载体，需要更为深入的思考和精准决策。

（二）广州制造服务供给区域协调发展程度不够

当前，除了深圳、佛山、东莞等城市具有较强的制造综合能力，其他城市的制造发展能力还有待进一步提升，特别是，对多数粤港澳大湾区城市包括广州而言，生产制造"大而不强"的短板较为明显。此外，广州制造服务供给区域不协调的问题依然存在，多数先进制造业和高技术制造业平台和企业集聚在黄埔区、南沙区和花都区等地，其他区域的高端制造平台和企业相对较少，不利于制造业与生产性服务业的空间协调配置。在此背景下，制造业升级的支撑作用和地区经济协调发展的促进效应还未得到充分有效的发挥。

（三）制造业国际化知名度不高

作为较早参与全球生产分工体系的城市之一，广州制造业的开放程度较高，而广州制造业的国际化知名度还不够高。此外，广州本地的制造业企业与境外企业协同集聚度不高，外资机构数量偏少，制造业"引进来"的作用未得到充分发挥。同时，广州制造业"走出去"的潜力也未得到充分释放，主要表现为当前广州具有国际知名度的本土制造业企业数量不多，其在全球知名度和国际竞争力上仍有较大提升空间。

（四）自主研发不足，在某些核心产业存在"卡脖子"问题

广州的制造业产业链相对完整，在自主研发投入上也不遗余力，但由于起步晚以及具有较强路径依赖等原因，在某些制造业核心产业中还是存在"技不如人"的情况，仍较依赖于外部市场的支持，如在软件产业中，由于需要大量进口，软件支持的"互联网+"等新业态、新模式受制于人，形成"卡脖子"问题，这在某种程度上对广州的制造业创新发展产生了抑制

作用。

广州制造业对海外市场依赖严重,难以形成完整的闭环,供给端被别人"牵着鼻子走",这些行业将有可能出现产业链断裂的风险。以汽车行业为例子,广州零部件和整车配比低至0.35∶1,这种低度的对位不匹配,可能导致广州汽车行业的发展难以行稳致远。

(五)制造业产业系统不够完善,双循环格局尚未形成

目前,广州的制造业环境和现代治理体系还不成熟。人工智能、区块链等新一代信息技术为制造业带来了新的机遇和挑战,但在数字经济快速兴起的背景下,对新业态、新技术、新模式的监管体系和服务功能还有待完善,特别是广州地区发展不协调的问题还有待改善。

目前,广州制造业发展仍面临诸多挑战,从行业整体发展水平来看,虽然先进制造业和高技术制造业正逐步发展,但仍存在总量不足、突出成就不显著、国际竞争力不够强的问题。在国内国际双循环中,广州只有打造属于自身的制造业品牌,形成完善的制造业系统和体系格局,才能在未来的国际竞争中取得优势地位。研发制造业技术,发现并解决其内在的缺点与不足,是广州建设成为世界制造强市的一大重点任务。

三 以制造业升级带动广州经济高质量发展的对策思路

在高质量发展目标指引下,为进一步推动国际科技创新中心建设与国际制造枢纽高质量发展,推动制造业创新更好地支撑广州高质量发展,迫切需要加快实施以制造业升级为主抓手的发展战略,并进一步增强制造业对经济的支撑能力。具体路径如下。

(一)着力提升广州市制造发展能级

依托珠江东岸电子信息产业带的世界级影响力,着力培育西岸的高端制造

装备带，以珠中江为主体区域，布局新能源汽车等重大先进装备制造业，促进粤港澳大湾区内深圳和广州等制造核心集聚区的功能配置和升级，推动制造业集聚由单中心圈层发展向多核心联动发展转变，从而更好地服务粤港澳大湾区高质量发展。在新一代信息技术与制造业深度融合的背景下，利用人工智能、大数据、云计算、区块链等制造业关键核心技术，提升制造业关键核心技术领域的创新能力，增强深广制造业服务功能的外溢能力，通过跨国界、跨区域的制造服务分工合作，开展差异化竞争，实现优势互补、全面提升。

当前，广州先进制造业高质量发展对制造配套服务政策体系提出了更高的要求，高技术制造业的高速发展也为广州建设国际化制造中心提供了更扎实的技术基础。广州政府可继续加大在先进制造业和高技术制造业上的投入以及优化投入结构，完善配套优惠政策，"多管齐下"深入推动科研机构与科技企业合作，促进科技成果转化。

（二）持续提高广州市制造区域协调发展程度

在推动各区域提高自身能动性的前提下，建立不同区域互通有无、优势互补、合作共赢的制造业发展联合体，尤其是强强合作带动非中心区域的发展，以广州为支点覆盖至粤港澳大湾区，实现协调发展一体化与湾区发展协同化。

如在粤港澳大湾区内，深圳制造全国首屈一指；东莞作为世界制造工厂，智能手机产业链较发达，技术工艺规模化；佛山具有"家电之都"的贸易优势。在粤港澳大湾区协同发展的大背景下，广州应主动抓住大湾区建设的历史机遇，利用大湾区合作平台，与湾区内其他城市探索国际化制造业发展路径，推动制造业协同创新。

而在广东省域内，城乡发展不协调逐渐成为阻碍制造业高质量协调发展的重要因素。作为广东省会城市和国家一线城市，广州不仅要发展好自身的制造服务体系，还肩负着促进广东省内制造行业协调发展的重任，需更好地发挥广州"制造强业市"战略对周边地区的辐射带动作用。

从全国角度看，广州也可进一步深化多区域、多层次的制造业合作，加强与泛珠三角城市、长三角、东北等制造业集中区以及中西部欠发达地区的制造业深度合作,实现资源优势互补、区域合作共赢,帮助广州更充分地提升区域制造中心的资源配置和协调互动功能。

(三)着力提升广州制造业国际化知名度

参照国际先进地区经验,营造市场化、法治化的国际制造业营商环境,推动发展与国际知名品牌接轨的规模以上制造业企业,加强境内外制造业资源优化配置和协同布局,推进制造业投资贸易自由化,深度嵌入全球高科技制造创新网络,打造湾区制造业国际品牌。

优化创新适合国际发展的营商环境,有利于加快国外资本在当地集聚。从这一目标出发,以机构改革为杠杆,以细化为阶段性任务,扎实推进优化营商环境。营商环境优化后,立足广州本地品牌,向国际化品牌学习,做好"引进来"的品牌借鉴,从而再推进"走出去"的国际化发展。当前,广州制造业正处于快速升级阶段,配套政策的设计应当因地制宜、简明可行。借鉴国际制造中心的先进成功经验,新的政策机制成为推动广州制造业转型升级、加快形成现代制造业广州发展模式的新动力。此外,学习借鉴其他国家经验,打造广州制造业品牌,其他政策改革的协同配合也极为重要。

(四)强化核心产业配套,继续加强自主研发

产业存在对外依赖严重的问题,产业发展将处处受制于人,一步慢,步步慢。广州政府需加大对核心产业的支持力度,包括从资源的调度到政策的支持,鼓励调动企业自主研发的热情、提高自给自足的能力、完善自身的产业配套,做到从模仿学习到同步并进,并最终实现领跑。

此外,继续深化推进广州的智慧城市基础设施与智能网联汽车试点建设,新增更多国家级制造业单项冠军、国家技术创新示范企业、"专精特新"企业、"小巨人"企业以及全球"灯塔工厂",大力培育国家级特色专业型工业互联网平台、大数据产业发展试点示范项目。与此同时,在智造与"互联网+"领域,广州亟须加大投入力度,且需继续优化产业结构,强化对新业态、新模式的政策支持,为实现"广州智造"添砖加瓦。

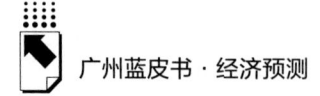

并且,应健全广州制造业链条,引导企业持续更新迭代。针对产业链面临的外部不确定性,广州一方面要加大招商引资力度,解决低位匹配的情况;另一方面要引导企业加强对行业产品到零部件的更新换代,健全重点产业链条。继续以"链长制"和工作专班形式抓产业链、供应链,建设国家产业链供应链生态体系建设试点,国家综合货运枢纽补链、强链城市,在汽车等战略性新兴产业领域取得新突破。在"十四五"时期,广州应抓住已有的机遇,力争上游,举全市之力,将广州打造成制造业链条健全、企业技术水平高、竞争能力强的制造业强市。

(五)着力提升广州制造生态系统整合效率

在新发展阶段,产业空间的规划布局,标杆企业的引进,产业链、创新链、资金链各环节的融合互动,都是推动广州经济高质量发展的重要环节。为此,要积极寻求中央和各地的全力支持,汇聚各方力量,全面建设国际制造业强市,加强与其他制造业集聚区、主要产业发展平台的联动效应,充分发挥制造业集聚区协同效应,为推动广州制造服务升级和经济高质量发展提供源源不断的内生动力。

依靠国内国际双循环发展格局,推动广州高技术制造业发展,将其打造成先进制造业试点。鉴于此,广州要利用好地理位置的优势,联合粤港澳大湾区城市,整合协调制造资源,形成良性的聚合效应;还要遵循"内联外合"的理念,继续扩大国际合作范畴,推进广州国内市场做强、国际市场做大的目标实现,让"广州制造"攀登全球价值链高端环节。

在制造发展战略布局上,广州需提前做好部署,以坚定方向和到位指挥,与粤港澳大湾区通力合作,取长补短,将以强带强的作用发挥到极致,优化广州乃至粤港澳大湾区制造业的战略布局,促进其高质量发展。在生态系统构建上,广州不仅要看到自身与其他城市的优势与不足,还要将其放置在整个粤港澳大湾区中,以便进行宏观把控,积极携手大湾区各市建设湾区制造业生态系统,整合不同资源,促进大湾区内各市制造业合作共赢、协同发展。

参考文献

刘胜、胡雅慧：《金融服务升级助推广州经济高质量发展研究》，载涂成林、赖志鸿主编《2021年中国广州经济形势分析与预测》，社会科学文献出版社，2021。

刘胜、纪佳敏：《粤港澳大湾区城市高新技术产业国际竞争力研究——以广深为例》，载涂成林、田丰、李罗力主编《中国粤港澳大湾区改革创新报告（2022）》，社会科学文献出版社，2022。

鲁朝云：《广州制造业供给侧改革的国际经验借鉴及路径选择》，《当代经济》2017年第16期。

马超平、鲁朝云：《供给侧结构性改革视域下广州装备制造业转型升级路径研究》，《产业与科技论坛》2017年第10期。

秦瑞英、白伟杉：《粤港澳大湾区背景下广州制造业空间优化途径探析》，《城市观察》2022年第4期。

陈荣：《广州制造业产业链现代化评估及对策研究》，《中国集体经济》2022年第13期。

张仁寿等：《粤港澳大湾区高技术制造业发展现状及趋势分析——以国家中心城市广州为例》，《广东经济》2019年第10期。

B.15
"链长制"推动广州工信产业高质量发展的对策研究

广州市"链长制"办公室课题组[*]

摘　要： 产业链作为畅通国民经济循环的桥梁和纽带，在构建双循环新发展格局中发挥着至关重要的作用。2021年，广州启动实施"链长制"建设工作，以推动21条重点产业链发展。本报告分析广州工信领域重点产业链发展现状、工作情况以及存在的问题，并提出推动产业建圈强链，培育壮大"链主"企业，推动产业链、创新链融合发展，实施"四化"赋能专项行动等方面的路径建议。

关键词： 工信产业　链长制　产业链　产业集群

2020年5月14日，中共中央政治局常务委员会召开会议，指出要实施产业基础再造和产业链提升工程。2021年1月11日，习近平总书记发表重要讲话，强调加强创新链和产业链对接，明确路线图、时间表、责任制。2021年4月，广东省以20个战略集群为基础，启动了省"链长制"建设工作。广州市积极响应国家和省相关部署，于2021年6月7日印发《广州市构建"链长制"推进产业高质量发展的意见》，全面启动实施以

---

[*] 课题组组长：王玉印，广州市工业和信息化局综合与政策法规处（审批管理处）处长。课题组成员：严志远，广州市工业和信息化局综合与政策法规处（审批管理处）副处长；严帅，广东粤孵产业大数据研究有限公司总经理，高级工程师；杨立君，广州市工业和信息化产业发展中心高质量经济发展研究部副部长。执笔人：严帅、杨立君。

市领导为"链长"和以龙头企业为"链主"的双链式"链长制",全市党委、政府、人大、政协四套班子领导任链长,15个牵头部门、40多个配合部门以及11个区政府全线上阵,构建"总链长+链长+链主+链长办+牵头部门+各区"的重点产业"链长制"工作推进体系,推动省20个产业集群和市21条重点产业链齐抓共建,全力打造一批"万千百"亿级规模化产业链群。

一 广州工信领域重点产业链发展现状

(一)工信领域重点产业链发展概况

近年来,广州市加快构建现代化产业体系,三次产业结构不断调整优化,农业向产业化、都市型发展,工业向高端化发展,服务业向现代化迈进。2022年全市地区生产总值为28839.00亿元,同比增长1.0%。其中,第一产业增加值为318.31亿元,同比增长3.17%;第二产业增加值为7909.29亿元,同比增长1.07%;第三产业增加值为20611.40亿元,同比增长0.97%。

在全市经济快速健康发展、产业结构不断调整优化的过程中,第一、第二、第三产业均涌现出一批产能规模较大、生产技术先进、市场前景广阔的重点产业链。全市围绕"链长制"着力打造智能网联与新能源汽车、软件和信创、时尚产业等8个万亿级和13个千亿级以及一大批百亿级产业链群,推动广州市获评国家首批产业链供应链生态体系建设试点城市。

1. 智能网联与新能源汽车产业链

广州是全国最重要的汽车生产基地之一,是国家汽车及零部件出口基地,是国家节能与新能源汽车示范推广试点城市,已形成以整车制造为核心、零部件企业集聚、初创型企业不断孕育的完整产业链。目前,广州汽车产业拥有12家整车制造企业,集聚了1200多家汽车零部件生产和贸易企业。2022年全市规模以上汽车制造业工业总产值为6471.73亿元,同比增长6.3%。全市汽车整车产量为313.68万辆，同比增长5.7%，连续4年居全国城市第一。其中，新能源汽车产量为31.37万辆，同比增长109.3%。广州拥有1家国家级企业技术中心、9家省级企业技术中心、2家省级工程中心、1家省级制造业创新中心，在整车制造、自动驾驶、车路协同、关键零部件和网联应用等领域不断取得突破。在全国率先建立起一套较为完整的自动驾驶汽车测试应用和商业化运营体系。截至2022年底，累计向270辆测试车辆发放路测许可，开放测试道路433条，测试里程突破960万公里，位居全国前列。"链主"企业广汽集团在2022年累计生产汽车247.99万辆、销售汽车243.38万辆，同比分别增长16.0%、13.5%，双双实现两位数增长。预计实现汇总营业收入5144.6亿元，同比增长19.7%；利税总额达651.9亿元，同比增长13.2%。

2. 绿色石化和新材料产业链

广州绿色石化和新材料产业链实力雄厚。近年来，绿色石化和新材料产业发展较为平稳，已形成以先进石化化工新材料为特色主导，先进无机非金属材料、先进钢铁材料和先进有色金属材料共同发展的行业发展格局。2022年，绿色石化和新材料产业链（不含日化）实现产值约3000亿元，产值规模超1亿元的企业有400余家，产值规模达100亿元以上的企业有5家。此外，全市在石化高分子产业链、汽车新材料产业链、集成电路新材料产业链、新型显示新材料产业链、生物医用新材料产业链、粉末冶金新材料产业链、前沿新材料产业链、新型绿色建筑材料产业链等细分领域涌现了一批单项冠军和"专精特新"企业。全市构建了较为完备的创新体系，拥有20个国家级重点创新研发平台、43个省级重点创新研发平台。

3. 现代高端装备产业链

广州市装备工业（不含汽车、电子）2022年总产值约3600亿元，规模以上企业数量超1900家，目前已经形成了较为完整的高端装备产业体系，涵盖高端数控机床、智能装备及系统集成、海洋工程、电力能源、轨道交通等装备领域。牵头打造了广佛深莞国家级智能装备先进制造业集群；拥有智能装备国家新型工业化示范基地以及机器人、高档数控机床、CPS离散制造数字化等多家省级制造业创新中心；累计培育了 3 家国家级智能制造示范工厂；90 个国家级、省级智能制造试点示范项目；先后共有 109 家单位入选广东省智能制造生态合作伙伴，占全省总数（326 家）的 33.44%，数量位居全省第一。中科空天飞行科技产业化基地在广州南沙落成，填补了广州航天制造业上的空白。

4. 超高清视频和新型显示产业链

超高清视频和新型显示产业是广州市电子信息制造业优势产业，2022 年实现产值超 2000 亿元。主要分布在黄埔、增城、越秀、海珠、白云、天河等区，优势产品包括平板显示、摄像头模组、数字音视频等。广州已连续成功举办四届超高清视频产业发展大会，开播国内首个都市 4K 频道"南国都市"，拥有乐金光电 OLED、超视界 8K 面板、维信诺柔性模组、广州华星等众多新型显示项目，汇聚超高清视频产业主要企业超 100 家。乐金光电 OLED 电视屏市场占有率全球领先，自主集成、整车设备国产化率超过 70% 的 5G 超高清转播车开始投放市场，国内首支超高清视频产业投资基金在黄埔区设立。TCL 华星光电第 8.6 代氧化物半导体新型显示器件生产线项目投产，达产后助力广州显示面板产能全国第一。

5. 软件和信创产业链

软件和信创产业链已初步形成门类齐全、应用场景丰富的细分产业集群。其中，互联网相关产业集群占全市软件产业规模的 46.1%，智慧城市、云计算等优势产业集群快速发展。软件和信创产业初步形成操作系统、软硬件龙头企业带动应用，生态协同发展的产业发展格局。根据工信部通报数据，2022 年广州软件和信创业实现营业收入 6463 亿元，同比增长 10.2%，增速位居全国主要城市前列。全市营业收入超 1 亿元的企业超 800 家，营业收入达百亿元级的企业（集团）有 10 家，9 家企业入选中国互联网百强，55 家企业在主板或海外上市。培育和涌现出一批拥有自主知识产权的品牌企业，中望龙腾是国内领先的 CAD/CAM 类工业设计软件提供商，具有完全自主知识产权，打破了我国 CAD 软件领域由国外垄断的局面。

6. 半导体和集成电路产业链

制定出台《广州市加快发展集成电路产业的若干措施》《广州市半导体与集成电路产业发展行动计划（2022—2024年）》，推动广州集成电路产业实现跨越式发展，初步形成覆盖政策链、载体链、资金链的顶层设计，构建起"一核两极多点"的产业格局。2022年，广州集成电路产业实现产值210.25亿元，同比增长超4%。集成电路制造开启新局面，"粤芯"一期、二期项目顺利达产、投产，三期项目也已顺利启动建设，预计2024年建成投产。芯粤能二期建成后将成为国内最大的碳化硅芯片生产项目。国内首座12英寸MEMS传感器制造量产线增芯项目已动工建设。全市约有集成电路设计企业50家，实现营业收入约32亿元，同比增长超50%，一批设计企业在低照度图像传感器、车规级国产FPGA芯片、多频多模射频前端可重构芯片、卫星定位导航芯片等细分领域保持领先。集成电路封测及材料领域得到优化，国内首个高端商业化掩模厂新锐光掩模项目试投产，高端封装基板生产线项目实现国内FC-BGA基板零的突破。宽禁带半导体领域获得新发展，一批产业项目加快建设、落地应用。

7. 时尚产业集群

广州时尚产业集群起步早、企业多、规模大，在纺织服装、美妆日化、珠宝首饰、家电设备和家居用品等板块综合实力均位居全国前列，奠定了广州制造业的良好根基，也为广州建设国际商贸中心和国际消费中心城市提供了有力支撑。全市时尚产业集群规模超8500亿元。其中，制造板块企业约5.5万家，营业收入超4000亿元，拥有2个千亿级行业（定制家居、美妆日化）、2个500亿级行业（纺织服装、皮具）以及2个百亿级行业（灯光音响、珠宝首饰）；商贸板块限额以上批发和零售业商品销售额超4500亿元，专业市场超300家。新品牌、新产品、新模式、新平台蓬勃发展，涌现出一大批龙头企业，成功打造了2个国家级示范园区（平台）和6个试点园区（平台），形成了龙头骨干企业牵引、高新技术企业带动、中小微企业蓬勃发展的产业格局，广州成功入围工信部消费品工业"三品"战略示范城市。

（二）"链长制"推进情况

1. "链长+部门+各区+链主"协同打好产业攻坚战

14位"链长"高位推动，分别主持召开产业链工作会议，分析短板、研究对策，推动各部门"管行业也要管产业"，加快推动产业发展；15个产业链牵头部门围绕《广州市构建"链长制"推进产业高质量发展的意见》，协同构建"1+X"重点产业链政策体系，制定21条重点产业链高质量发展行动计划，出台系列专项配套政策，精准施策扶持产业发展；11个区相继印发"链长制"工作方案，结合本区优势谋划发展特色产业，协同构建产业链群发展矩阵；118家"链主"企业协同带动，对接"链长"和重点产业链牵头部门，在降本增效、集聚提能、建圈强链、产融对接等方面积极落实"链长制"工作。

2. 创新开展产业链供需对接力，促补链、延链

第一，打造一个平台品牌。树立"广聚群链 湾区启航"品牌，在苏州等地举办"产业链供需对接深度行"系列活动，针对超高清视频和新型显示、智能装备等领域开展专场对接或展会活动，广泛集聚近600家供应链上下游企业及机构，围绕项目互动、产品配套、采购订单、供应链金融等领域进行供需匹配。第二，签订一批协议。推动整车企业与8家本地企业以及3家苏州企业签订合作协议；促成穗苏两地行业协会签订2项合作协议；广梅两地工信部门围绕两地产业资源、政策和服务对接合作等事项签署框架协议。第三，招引一批企业及项目。积极跟进24个产业链招商项目，总投资超百亿元的九识新型半导体项目和武汉智象机器人立体停车项目相继落户，有力支撑广州打造半导体"第三极"核心区、引领广州智慧停车产业技术革新。

3. 建立政企联系机制，多措并举助企纾难解困

印发实施《广州市进一步支持中小企业和个体工商户纾困发展十条措施》，以减税降本节流、开拓市场、加强要素保障等方式为企业减负。制定《广州市企业"纾难解困"工作机制实施方案》，依托广州"12345"政务

服务便民热线平台，提供企业诉求受理、解答、转办、督办等全周期政务服务。组织一批企业赴武汉、西安、香港、澳门等地举办产业人才校园专场招聘活动，实现跨地域校企合作。围绕全市21条重点产业链开展薪酬水平专项调查，摸查产业整体薪酬水平。

4. 推动政金企精准对接，提升金融服务实体经济质量

加强产融合作，广州市21条重点产业链列出首批23家"链金合作"金融机构清单，构建政府统筹推进、金融机构及企业共同参与的"链金合作"推进机制，未来5年为21条重点产业链拟提供授信额度合计近3万亿元，发挥银行业及社会资本等金融支持作用，促进产业链、供应链上下游中小微企业融资提质增效。举办文旅行业政金企对接推进会，促成7项融资意向协议，金额达17亿元。举办人工智能贷专场融资对接会，重点支持人工智能领域的小微企业，推出"立项贷""研发贷"等多种特色产品，达成融资金额超2亿元。

5. 开展跨部门数据共享和业务协同

推动数字建链。依托广州市工信产业数据管理平台，搭建数字建"链"工作底座，建立广州市约189万家注册在营企业的画像。开展数字建"链"指引工作，为各产业链划定产业链管理口径、构建产业链地理图层、开展产业研究分析等工作提供实施路径参考。聚焦重点产业链建立数字化模型，以供各部门摸清产业"底细"，掌握产业规模、结构、布局等内容。上线"链长制"政企协同管理平台，每月跟踪各产业链、各区工作进展。依托"链长制"战略咨询支撑机构，建立重点产业链评估指标体系，开展试点评估工作。

二 广州工信产业发展存在的不足

整体来看，广州市产业链"稳"的基础得到巩固，"进"的态势趋向有力，"韧"的潜力逐步显现，发展状况呈现稳定良好增长态势。但立足百年未有之大变局，从目前和中长期看，广州市工信产业发展仍存在许多不足，主要表现为以下几个方面。

（一）产业结构优化升级步伐加快，但新旧动能接续转换不够到位

近年来广州市先后实施了新一代信息技术、人工智能、生物医药、新能源、新材料等重点产业行动计划，力图加速产业链发展新旧动能转换，但半导体和集成电路、生物医药与高端医疗器械等新兴产业尚处于培育阶段，都市消费工业品牌、品质、品种突破面临瓶颈，出现新旧产业动能接续转换不够到位、战略储备产业梯次结构不明显等问题。

（二）产业空间利用质量和效率有待提升

广州全市产业空间供需数量和质量的结构性矛盾依然存在，重点产业链生产制造、研发服务等环节所需的生产经营场所与空间紧缺，制约了企业项目落地和扩大再生产。以工业用地为例，广州市工业用地空间布局相对零散，80%以上的工业用地的面积在2公顷以下，高质量产业空间载体相对缺乏，工业用地占比低于上海、深圳等城市；存量工业用地利用效率不高，村镇工业集聚区占全市工业用地的1/3，但仅贡献了全市工业总产值的10%。[①] 与此同时，尽管近年来广州市加大工业用地供给力度，但新增工业用地对产业发展的带动效应尚未完全显现。此外，高增长行业的企业对产业空间载体的需求迫切，例如，软件和信创产业链已连续多年保持两位数以上的增速，从业人员多，但众多高成长型和新型初创软件企业尚缺乏低成本的产业空间。

（三）产业链、创新链融合联动有待进一步深化

广州坐拥华南地区最为丰富的科教资源，近年来一直积极汇聚国家战略科技力量，力求实现源头创新能力的不断升级，但与北京、上海、深圳等国内创新先进城市相比，广州 R&D 经费投入偏低，科研成果转化亟待加速。2022年全市高技术制造业增加值为1002.76亿元，占规模以上工业增加值

---

① 广州市人民政府办公厅：《广州市工业和信息化发展"十四五"规划》。

的19.5%，远低于深圳（66.1%）。① 全市专利申请集中在高校及科研院所，科研成果转化"最后一公里"还未完全打通。创新链、产业链融合有待加深，双链协同研发模式亟须完善；基础领域的企业与高校和科研院所缺乏产学研深度联动；共性关键技术研发项目力量分散，尚未形成融通合力；跨学科、大协作、高强度、开放式的协同创新基础平台不足，难以进行持续稳定的技术创新攻关。

（四）产业基础和关键环节仍需进一步加强

高端芯片、精密仪器、工业软件等核心领域存在"卡脖子"问题，比如超高清视频和新型显示产业中技术含量和毛利率高的核心设备大多依赖进口。软件和人工智能产业主要集聚在信息服务业的娱乐、互联网等环节，基础设施层、技术层较为薄弱，大多数行业仍处于应用层，缺乏多学科、多行业、多领域深度融合和应用。汽车的电子零部件、新能源汽车"三电"系统制造相对薄弱，近地化供应尚需加快布局，汽车芯片供应仍较紧张等。工业机器人及智能装备等关键元器件自给率不高。时尚产业高端功能性面料或原材料稀缺。

（五）产业链协同性不强，能整合产业链资源、引领产业协调发展的龙头企业仍较匮乏

产业集群"多而不大、大而不强"特征依然突出，"专精特新"企业尤其是国家级"专精特新""小巨人"企业数量与先进城市仍存在一定差距，上市公司数量和质量有较大提升空间。大部分企业数字化转型还处在探索期和起步期，广大中小微企业存在"不愿转""不敢转""不会转"的问题。与此同时，行业龙头企业对产业链上下游带动作用不强，产业链企业融通协作有待深化，同一产业链间亦存在与供应链脱节的难题，彼此间缺乏了解，

---

① 《2022年广州高技术制造业增势良好》，广州市统计局网站，2023年1月30日，http：//tjj. gz. gov. cn/stats_ newtjyw/sjfb/content/post_ 8779230. html。

导致双方形成两套互不匹配的体系,进而造成资源浪费,对产业链、供应链稳定形成挑战。

(六)产业专业人才不足,人才结构性短缺问题始终存在

随着广州市产业结构不断升级,加之周边深圳、佛山等地产业竞争加剧,行业对于各层次的人才需求持续加大。当前广州多数产业链骨干人才匮乏,人才结构性短缺现象严重,作为产业发展关键的高层次人才(如博士、高级工程师等)和作为中坚力量的中端人才(如基础工程师、操作人才、技术工匠、研发人员等)的缺口不断扩大。广州虽拥有不断完善的高层次人才扶持政策,但缺少对中端人才的扶持政策,中端人才在广州的生存和发展压力加大,出现人才流失现象,多数产业链骨干人才匮乏。从产业领域来看,对于半导体集成电路产业领域,对比深圳等产业发达地区,工程师、研究人员等产业人才缺口较大;对于基础软件和操作软件产业领域,中端人才和技术骨干人才匮乏,人才结构不合理;对于高端装备制造产业领域,在操作人才、技术工匠、研发人员等中端人才方面存在短板;兼具专业知识与管理经验的复合型人才较为匮乏。

三 实施"链长制"推动工信产业高质量发展的路径建议

(一)不断优化产业结构,推动产业建圈强链

1. 系统谋划打造一批具有较强竞争力的产业链条

围绕数字经济核心产业、智能网联与新能源汽车、生物医药与高端医疗器械、绿色石化和新材料等重点产业领域,梳理出一批支撑作用强、发展潜力足、市场前景好、战略意义大的重点产业链,分链条做好战略设计和精准施策,系统研究梳理产业发展的现状、基础、优势和潜力,瞄准产业链短板、弱项和突破点,着力推进强链、补链、延链,加速全产业链系统优化和

升级，建设一批具有竞争力的"万千百"亿级规模化产业链梯队，构筑全市经济发展新动能。同时，面向未来产业变革方向，积极前瞻布局人工智能、空天经济、新型储能、绿色低碳、未来材料等产业链，超前谋划布局重大基础设施和载体平台，让"新芽长成大树"。

2. 推动上下游企业近地化布局"串链成群"

高位谋划圈内产业协同发展，推动要素功能集成、产业协作配套、产城融合发展。充分发挥智能网联与新能源汽车、绿色石化和新材料、高端装备等优势产业链资源集聚带来的规模效应，发挥区域产业链的规模优势、配套优势、先发优势和超大规模市场，梳理产业链重点企业核心配套企业和主要客户企业名录，摸查配套成本、市场需求等方面存在的困难和问题。指导重点企业所在城区制定产业链协作需求清单，市区联动满足产业链协作需求清单上企业的配套需求，精准招引更多重大项目、核心企业和关联配套项目，提升产业链条附加值，加快近地化布局，提升产业链、供应链韧性和安全水平，形成专业化、市场化、集群化的经济共同体，打造共创、共融、共赢、共生的产业生态圈。

（二）发挥"链主"引领作用，提升产业链带动效应

1. 发挥"链主"企业"头雁"领航效应

探索"政府点题，链主招引"，加强以链找商、依链招商、链主聚商、以商引商、以投促引、以金促引。支持"链主"、"链上企业"以及专业机构通过市场化招商方式，围绕重点产业链图谱和供应链目录清单，制定关键招商项目清单，通过深化整零协作、分级分类管理、多点多地配套、国产化替代、订单采购、强强联合、投资并购、上下游整合等方式吸引新项目落地并给予奖励。对新引进的重大项目，市区联动在土地、资金、用能、人才引进等方面给予综合政策支持。鼓励国有资本领投，发挥千亿产投和百亿创投基金的撬动作用；引导社会资本加大对制造业项目的投资力度。推动"链主"企业围绕供应链产品检验检测、数据服务、行业标准搭建制造业公共技术基础服务平台。

2. 协同带动链上企业共同成长

坚持政府引导、市场主导，探索建立"链主"企业与产业链上下游中小企业融通发展的协作机制。结合重点产业发展实际与龙头企业需求，研究制定龙头企业重点配套产品清单，支持将相关配套产品中小企业纳入龙头企业供应链体系，引导龙头企业采购补链清单内配套产品；对采购补链清单内配套产品、支持配套产业发展贡献突出的企业，根据其采购规模与增长情况给予一定比例奖励，鼓励龙头企业和产业链上下游企业建立长期订货、供货机制，共同应对风险挑战和市场波动，形成大中小企业稳定配套体系。分层分级建立动态培育库，筛选一批高成长性的中小企业，紧紧围绕"专精特新"，推动小微企业向专业化、精品化、特色化、创新化方向发展。支持产业链上中小企业进行技术创新、管理提升、直接融资、市场开拓，培育一批主营业务突出、成长性好、创新能力强、质量效益优的优质企业，推动"个转企、小升规、规做精、优上市"。

（三）推动产业链、创新链融合发展，加快补短板、锻长板、固底板

1. 推进关键配套技术产品研发攻关

探索"企业点题，链主答题"，支持龙头企业联合产业链上下游配套企业、科研院所、高等院校等组建创新联合体，针对广州市产业链配套需求，围绕材料、元器件、核心设备、工业软件等关键技术产品领域，梳理关键配套技术产品产业化攻关清单，重点突破制约产业发展的瓶颈问题。支持企业对关键配套产品加大研发投入，加速研发成果产业化应用，加大项目投入，并对研发人员给予奖补。探索建立"链主"企业联合出资"挂榜"制度，围绕产业链共性关键技术，面向全球"挂榜"，积极通过"双链"协同，即围绕产业链部署创新链，围绕创新链布局产业链，将创新的"势能"转化为产业发展的"动能"。

2. 强化产业链、供应链精准对接

国有大型企业与"链上企业"开展供需对接、产品适配、场景应用，研究将相关成效纳入国企综合评价范围。支持"链主""链上"企业以及专业机构搭建大中小企业供需对接平台或开展企业培训、政策宣讲等相关活动，通

过产业纽带、产业链上下游配套、分工协作和技术扩散等，将上下游中小企业纳入共同供应链管理体系。聚焦产业链发展需要，提供专业化、一体化、现代化的供应链服务，如资源整合、信息赋能、智能仓储、物流运输等，助力产业链发展。鼓励将金融机构纳入供应链并发展供应链金融，为上下游中小企业提供个性、精准、全方位、嵌入式的特色金融服务，不断强化产业链协作。推动互联网赋能供应链，搭建产业链供需对接线上服务平台，为企业提供原料、资金、技术、设备等要素信息，帮助企业就近寻找合作伙伴，降低物流等经营成本，实现信息流、物流、资金流的高效匹配，促进产业链补链、延链、固链、强链，推动传统产业链向现代化产业链转型。

（四）实施"四化"赋能专项行动，推动产业链迭代升级高质量发展

1. 打造开放开源、协同赋能的"四化"公共服务平台体系

第一，打造一批创新型平台。集聚科研院所、高校、"链主"企业和龙头企业等创新资源，开放科技成果交易、转化、成效跟踪服务，支持开展"企业出题，平台答题"创新专项行动。支持"链主"企业发挥平台作用，组织高校和科研院所进企业活动，促进校地、校企合作，探索高校和科研院所科技成果产业化路径。第二，打造一批基础型平台。支持平台面向全市企业及产业发展基础环境，开放基础设施和提高共性技术能力，推动"企业转型，平台支撑"。加快推进5G大数据、云计算、人工智能、物联网等新型基础设施建设，提升产业链基础设施支撑能力。支持国家超级计算广州中心南沙分中心、制造业数字化转型促进中心、南沙（粤港澳）数据服务试验区、算力基础设施和千兆城市等项目的建设，提升载体数字化水平。支持基础型平台在清洁能源、城市电力、智慧供排水、智慧交通、智能停车等领域落地。第三，打造一批服务型平台。推动服务型平台集聚"政产学研用金"协同合作资源，开放公共服务、专业技术服务能力，推动"产业发展，平台配套"。比如，支持国家级智库在穗建立分中心，建设广州市"四化"赋能公共服务平台，对"四化"平台开展全生命周期的跟踪与服务。再比

如，基于平台开展政企服务，建立市、区两级中小企业服务体系。

2. 推动产业链数字化转型、网络化协同、智能化改造、绿色化提升

政府利用财政资金、引导性基金"补一点"，企业为解决方案改造"出一点"，平台在全过程技术服务中"让一点"，引导"四化"平台专业化力量赋能产业、服务企业，建立完善遴选平台—宣讲培训—调研需求—组织供需对接—评估诊断—开出处方—项目立项—统筹资源要素—改造实施—推广示范—绩效评价等全生命周期的赋能公共服务体系，推动产业链转型升级。重点面向智能网联与新能源汽车、绿色石化和新材料、现代高端装备、时尚产业、生物医药与高端医疗器械等重点产业链，制定"四化"赋能转型规划和路线图、施工图、时间表，合理配置资源，形成一批可复制、可推广的行业数字化转型系统解决方案，打造一批"数字领航"和"小灯塔"企业，建设一批国家级智能制造示范工厂、优秀场景和工业互联网标杆工厂。探索广州市数字化转型促进中心建设，加快产业链上下游企业"上云、用数、赋智"，深化工业机器人、数控机床等先进技术在制造业企业内部和全产业链的应用，推动优势产业链从"制造"向"智造"转变。加大工业碳排放、碳资产、碳交易的计量体系在金融、贸易等领域的应用力度，实现产品、企业、园区相关数据动态跟踪监测，支持建设零碳工厂、零碳园区。

参考文献

广州市人民政府办公厅：《广州市工业和信息化发展"十四五"规划》，2022年5月7日。

《广东正式宣布建立实施"链长制"培育20个战略性产业集群》，人民网，2021年4月5日，http：//gd.people.com.cn/GB/n2/2021/0405/c123932-34658664.html？ivk_sa=1024320u。

B.16
"双碳"战略背景下的广州制造业能源消费及产业转型研究

广州市统计局能源处课题组*

摘　要： 在碳达峰、碳中和背景下，统筹协调好制造业高质量发展和节能降碳工作对广州推进"制造业立市"战略十分重要。本报告在对2018~2022年广州制造业能源消费变动趋势及特点进行全面分析的基础上，指出了当前广州制造业发展面临国际国内竞争日趋激烈、能源资源约束趋紧、能源电力保供压力增大、生产经营成本承压等挑战，提出了积极稳妥推进碳达峰、碳中和，加速推进制造业高端化、智能化、绿色化转型和着力构建安全高效现代能源体系等建议。

关键词： 制造业　能源消费　产业转型　碳达峰　碳中和

用能始终是制造业的首要保障。目前，我国能耗"双控"制度不断优化完善，"双碳"目标已完成顶层设计，时间表、路线图、施工图已明确。在此背景下，广州要稳步推进"制造业立市"战略，亟须统筹协调好制造业高质量发展和能耗"双控"及"双碳"工作，科学处理好制造业"发展和减排"的关系。既要牢牢把握制造业高质量发展机遇，在奋力推进制造业高质量发展进程中实现减排增效，又要以"双碳"工作为重要抓手和助推器，以减排增效倒逼制造业绿色低碳转型，实现制造业更高质量发展。

---

* 课题组组长：刘枫，广州市统计局市管一级调研员。课题组成员：莫德杰，广州市统计局能源处处长；杨智勇，广州市统计局能源处副处长；李凯，广州市统计局能源处一级主任科员。执笔人：杨智勇。

一 广州制造业能源消费变动趋势及特点

（一）能源消费规模总体稳定

近年来，广州制造业加快淘汰落后产能，严控高耗能、高排放项目"上马"，制造业新增企业中对能源消费量拉动作用大的不多，制造业能耗规模波动较小。2018~2022年，广州规模以上制造业（以下简称"规上制造业"）综合能源消费量保持在800万~900万吨标准煤区间（见图1）。2022年规上制造业综合能源消费量为840.37万吨标准煤，比2018年下降3.6%。规上制造业综合能源消费量占地区综合能源消费总量的比重总体上呈下降趋势，由2018年的21.0%下降至2022年的19.8%，与全市工业经济发展情况趋同。从内部结构看，制造业31个行业大类中有15个行业综合能源消费量上升，16个行业综合能源消费量下降，总体上呈现先进制造业相关行业综合能源消费量上升、传统制造业高耗能行业综合能源消费量下降的趋势。其中，计算机、通信和其他电子设备制造业（增长81.1%），废弃资源综合利用业（增长79.2%），专用设备制造业（增长77.0%）综合能源消费量增幅居前3位；其他制造业（下降50.6%），皮革、毛皮、羽毛及其制品和制鞋业（下降45.6%），纺织业（下降44.0%），纺织服装、服饰业（下降41.8%）等传统行业综合能源消费量降幅较大。

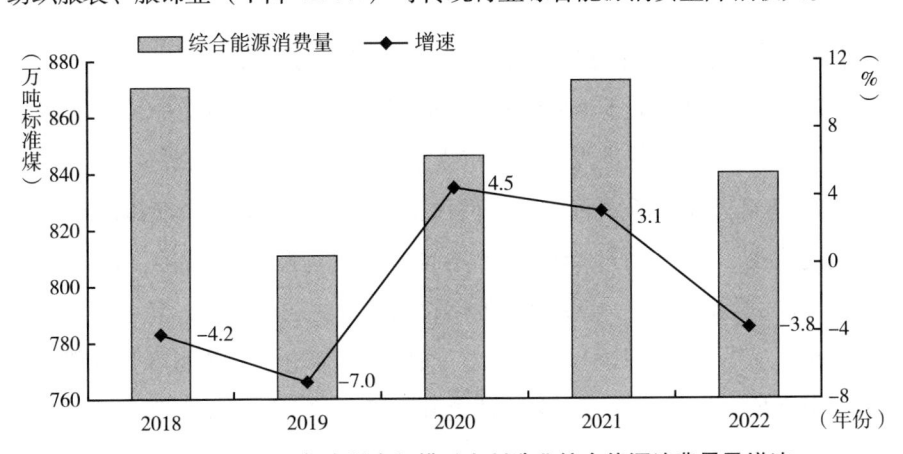

图1　2018~2022年广州市规模以上制造业综合能源消费量及增速

（二）能源消费结构逐步低碳化

近年来，在高质量发展引领下，全市深入推进生态文明建设，大力发展循环经济，全力推动企业开展清洁生产，深入开展"煤改气""油改气""油改电"，逐步关停改造纺织、印染、化工等行业分散燃煤锅炉，推进集中供热，制造业能源消费结构逐步低碳化，四大主要能源品种"一升三降"。2022年，制造业电力消费量为260.41亿千瓦时，比2018年增长14.6%；煤炭、石油、天然气消费量分别为113.76万吨、1422.97万吨、6.88亿立方米，分别比2018年下降36.5%、9.8%、8.5%。煤炭消费企业由2018年的54家减少至2022年的11家，煤炭主要用于中国石油化工股份有限公司广州分公司、互太（番禺）纺织印染有限公司和广州锦兴纺织漂染有限公司3家石油加工、纺织企业自备机组发电供热，广州市越堡水泥有限公司和广州市珠江水泥有限公司2家水泥厂生产水泥熟料，以及广东南方碱业股份有限公司煅烧石灰石（合计占规上制造业煤炭消费量的93%）。而石油消费中，原油消费量为1139.29万吨，比2018年下降9.8%；汽油和柴油消费量分别比2018年增长7.5%和4.1%，液化石油气消费量则比2018年下降37.1%。

（三）能源消费行业集中度保持高位，能源消费企业集中度略有下降

1. 能源消费行业集中度保持高位，行业用能结构优化

2022年广州规上制造业综合能源消费量排名前10的行业的综合能源消费量合计704.60万吨标准煤，占全市规上制造业综合能源消费量的83.8%，尽管比2018年下降1.6个百分点，但占全市规上制造业综合能源消费量的比重仍超八成。分行业看，2022年综合能源消费量排名前10的行业与2018年完全相同，但除石油、煤炭及其他燃料加工业稳居榜首外，其余九大行业排序出现了显著变化。其中，计算机、通信和其他电子设备制造业由第7位飙升至第2位，汽车制造业由第5位上升至第4位，纺织业由第6位下滑至第8位（见表1）。

表1　2022年广州规上制造业综合能源消费量排名前10的行业情况

行业名称	综合能源消费量（万吨标准煤）	比2018年增长（%）	综合能源消费量排名	位次变化（比2018年）
石油、煤炭及其他燃料加工业	296.08	-5.8	1	-
计算机、通信和其他电子设备制造业	84.21	81.1	2	↑5
非金属矿物制品业	74.14	7.2	3	↓1
汽车制造业	56.52	-5.1	4	↑1
化学原料和化学制品制造业	53.06	-18.9	5	↓2
黑色金属冶炼和压延加工业	41.06	-32.3	6	↓2
橡胶和塑料制品业	32.93	6.3	7	↑1
纺织业	30.32	-44.0	8	↓2
农副食品加工业	18.32	-8.2	9	↑1
造纸和纸制品业	17.96	-25.1	10	↓1

资料来源：广州市统计局。

2. 能源消费企业集中度略有下降，传统行业能耗大户减少

2022年，广州规上制造业能耗规模前30名、前50名和前100名企业的综合能源消费量占规上制造业的比重分别为62.3%、66.7%和72.4%，较2018年分别下降3.7个百分点、3.9个百分点和4.7个百分点，企业集中度有所下降。从制造业能耗规模前100名企业的分布情况来看，轻工、电子、机械、建材、化工等部门企业数量最多，合计82家。从2018~2022年企业数量变动情况看，电子和医药部门分别增加7家和3家，传统的纺织和化工部门分别减少4家和3家（见表2）。

表2　2022年广州制造业能耗规模前100名企业分布及与2018年对比情况

部门	企业数（家）	比2018年增长（家）	综合能源消费量（万吨标准煤）	比2018年增长（%）
合计	100	—	616.77	-6.4
石油石化	1	-1	295.31	-5.9
冶金	3	0	40.19	-32.1
有色	3	0	5.17	-8.1
建材	10	2	53.51	-5.5
化工	9	-3	37.13	-22.2

续表

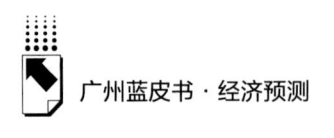

部门	企业数(家)	比2018年增长(家)	综合能源消费量(万吨标准煤)	比2018年增长(%)
轻工	27	1	49.27	-5.5
烟草	1	0	1.47	6.6
纺织	3	-4	24.08	-48.5
医药	7	3	8.06	79.6
机械	17	-5	36.91	-13.2
电子	19	7	65.66	128.5

资料来源：广州市统计局。

自2018年以来，全市规上制造业综合能源消费量增量超1万吨标准煤的仅16家企业（其中12家为新增纳统企业），合计综合能源消费量增加54.64万吨标准煤。其中，增量排名前三的是乐金显示光电科技（中国）有限公司、超视堺显示技术有限公司和广汽丰田汽车有限公司。这16家企业主要分布在计算机、通信和其他电子设备制造业（4家），非金属矿物制品业（4家），汽车制造业（2家）等行业。

（四）能源消费区域分布呈"两大四小"格局

2022年，广州制造业能源消费区域分布呈"两大四小"格局。其中，黄埔区作为工业强区以及受辖区中石化广州分公司影响，规上制造业综合能源消费量达499.40万吨标准煤，占全市规上制造业综合能源消费量比重近六成；南沙区规上制造业综合能源消费量占全市规上制造业综合能源消费量比重也超过10%；荔湾、越秀、海珠、天河四个中心城区占全市规上制造业综合能源消费量比重均不足1%；其他5个区规上制造业占全市规上制造业综合能源消费量比重均为个位数。

从占全市规上制造业综合能源消费量的比重变化看，2022年黄埔区规上制造业综合能源消费量占全市的比重为59.4%，比2018年提高0.9个百分点，能源消费进一步集聚；增城区、从化区这一占比分别比2018年上升1.1个百分点和0.5个百分点，南沙区、海珠区占比分别比2018年下降2.1个百分点和0.4个百分点，其他区占比保持稳定（见表3）。

表3 2022年广州市各区规上制造业综合能源消费量情况

地区	企业数(家)	综合能源消费量(万吨标准煤)	占比(%)	比2018年增减(个百分点)
全市	6690	840.37	100.0	0.0
荔湾	91	3.47	0.4	0.0
越秀	11	0.24	0.0	0.0
海珠	66	6.12	0.7	-0.4
天河	127	1.77	0.2	-0.1
白云	1077	43.32	5.2	-0.1
黄埔	1224	499.40	59.4	0.9
番禺	1163	39.23	4.7	0.1
花都	1145	64.84	7.7	0.0
南沙	677	107.78	12.8	-2.1
从化	299	21.74	2.6	0.5
增城	810	52.46	6.2	1.1

（五）能源利用效率持续上升

自2018年以来，全市制造业高端化、集群化发展，在产值不断增长的同时，能源利用效率不断提升。2022年，全市规上制造业单位增加值能耗为0.18吨标准煤/万元（当年价），较2018年下降17.0%，规上制造业单位增加值能耗约为规上工业的56%。2020~2022年，31个行业中仅有15个行业能源利用效率上升，占比不足五成，其中12个行业能源利用效率提高10个百分点以上。从单位增加值能耗水平看，黑色金属冶炼和压延加工业，石油、煤炭及其他燃料加工业，纺织业3个行业单位增加值能耗最大，达到规上制造业单位增加值能耗的5倍以上；烟草制品业、仪器仪表制造业、汽车制造业、通用设备制造业、医药制造业等行业单位增加值能耗处于较低水平，均不到规上制造业单位增加值能耗的1/3。增加值规模居制造业第二的计算机、通信和其他电子设备制造业单位增加值能耗约为规上制造业的80%。

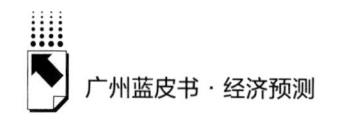

（六）能源价格上涨推高企业生产成本

自2021年以来，能源产能始终无法全面恢复，俄乌冲突以及全球货币超发引发高通胀，受此影响，国际能源供需形势复杂严峻，全球能源价格持续走高，并呈现高位波动态势。受其影响，国内能源价格持续走高，导致企业能源成本上升，生产经营承压。但在国家陆续出台能源保供稳价政策的影响下，国内煤炭、天然气价格涨幅不及国际市场，电力价格尚在市场化改革中，涨幅相对有限。

2022年，全市规上制造业煤炭、天然气和液化天然气平均购进价格分别为1096元/吨、4.2元/立方米和5217元/吨，分别比2020年上涨1.0倍、33.6%和55.2%；电力平均购进价格为0.76元/千瓦时，与2020年相比上涨18.3%。

随着能源价格上涨，制造业用能成本逐步上升。2022年规上制造业能源购进金额合计376.37亿元，比2020年增长30.9%。其中煤炭、天然气、电力购进金额分别为14.70亿元、29.69亿元和193.34亿元。能源成本占企业营业收入的比重为2.1%，比2020年上升0.2个百分点。其中，能源成本占营业收入的比重较高的纺织业（占比为7.3%），黑色金属冶炼和压延加工业（占比为8.5%），木材加工和木、竹、藤、棕、草制品业（占比为4.5%），其占比分别比2020年提高了2.4个百分点、2.3个百分点和2.0个百分点。

二 "双碳"战略背景下制造业发展面临的机遇和挑战

（一）广州制造业发展面临的机遇

1. 国家制造强国战略的实施为制造业发展带来机遇

从国家层面看，党中央、国务院高度重视制造业发展。近年来，面对制造业增加值占我国GDP比重不断下降、先进装备制造供应不足，以及发达国家对我国的遏制打压和脱钩断链图谋，党中央、国务院高度重视制造业的发展，出台了一系列支持实体经济发展、做大做强制造业的政策和措施。我国"十四五"规划纲要第八章专章谋划了"深入实施制造强国战略"，国务院相关部委为支持制造业发展相继出台了"十四五"智能制造、循环经济、工业绿色发展规划，为制造业的高质量发展提供了坚实的政策支持。同时，国家出台了《关于完整准确全面贯彻新发展理念做好碳达峰碳中和工作的意见》（以下简称《意见》）和《2030年前碳达峰行动方案》（以下简称《方案》），从经济社会发展全面绿色转型和能源绿色低碳发展方面为制造业发展提供了政策支持。

从地方层面看，广东省和广州市也聚焦推进制造业高质量发展谋篇布局。自2021年以来，广东省、广州市相继出台《广东省制造业高质量发展"十四五"规划》《广州市工业和信息化发展"十四五"规划》《广州市加快先进制造业项目投资建设的若干政策措施》等政策措施，为制造业发展指明了目标和方向，从制造业项目招商引资、投资奖励、金融支持、环境资源管理优化、高素质人才支撑等环节进行了全方面的强化，为制造业进一步做大做强提供了实实在在的政策和生产要素支持。

2. 碳达峰、碳中和为以可再生能源和新能源等为代表的先进制造业发展带来广阔市场空间

无论是中国还是美国、欧盟等主要经济体，实现碳达峰、碳中和目标均需要大力推动能源绿色低碳转型，加速发展新能源和可再生能源是必由之路。从供应端看，《方案》将"能源绿色低碳转型行动"列为"碳达峰十大行动"首位，大力发展新能源、积极安全有序发展核电、因地制宜开发水电、加快建设新型电力系统等举措在有力支撑碳达峰、碳中和目标实现的同时，为新能源和可再生能源技术开发应用、生产设备制造等产业发展提供了广阔的市场空间。从应用端看，碳达峰、碳中和要求加快推动运输工具装备低碳转型，大力推广新能源汽车，逐步降低传统燃油汽车在新车产销和汽车保有量中的占比，推动城市公共服务车辆电动化替代，推广电力、氢燃料、液化天然气动力重型货运车辆，为具有良好产业基础和发展趋势的广州汽车制造、船舶制造及其产业链发展带来了机遇。

3. 可再生能源的发展为制造业发展提供了坚实的能源保障

近年来，国家稳步推进能源革命。《意见》指出要积极发展非化石能源，实施可再生能源替代行动。党的二十大报告中也指出要加快规划建设新型能源体系。2022年，我国水电、风电、光伏发电等可再生能源发展实现新突破，装机总量达到12.13亿千瓦，占全国新增发电装机容量的76%，占全国发电装机总量的47.3%，历史性地超过煤电。可再生能源大规模高质量发展将为制造业发展及碳达峰提供能源保障及用能空间。

（二）广州制造业发展面临的挑战

1. 国际国内竞争日趋激烈，制造业发展面临"双重"挑战

从国际环境看，中国制造业面临发展中国家和发达国家的"两端挤压"。一方面，发展中国家利用低要素成本吸引中国劳动密集型和低附加值制造环节转移，制造业中低端环节外迁趋势显现。另一方面，发达国家纷纷出台"再工业化"政策措施，美国甚至不惜出台各种限制措施对中国经济和科技进行打压，意图通过促进产业回流和产业链整体回迁，优化产业生态和加强集群网络建设，巩固"高精尖"产业的全球综合领先地位。中国制造向全球价值链中高端升级面临的国际竞争形势更加严峻。

从国内环境看，当前制造业再次成为国内诸多城市提升产业核心竞争力、推动经济高质量发展的发力点，其纷纷提出"制造业立市""发展先进制造业""推动先进制造业集群发展"等战略目标，广州制造业面临前有"标兵"、后有"追兵"的激烈竞争形势。

2. 能源资源约束趋紧，制造业面临如何兼顾规模速度和质量效率的挑战

2023年初，工信部下属中国信息通信研究院发布的《城市制造业高质量发展评价研究报告（2022年）》，首次评出"全国制造业高质量发展50强城市"榜单（不含北京、上海），广州名列第五，不仅落后于深圳，也落后于苏州、宁波和杭州。广州市实施"制造业立市"战略，着力推动制造业比重稳步上升，实现制造业高质量发展，需要以制造业保持一定的增长速度和规模为前提。在碳达峰背景下,面对全市能源消费量和碳排放总量的约束,以及"十三五"时期工业增加值占全市地区生产总值比重总体下降的趋势,"十四五"时期应进一步做大做强全市制造业,统筹好制造业发展规模和速度、质量以及效率的提升,避免出现低附加值制造业过度占用全市能源消费量和碳排放量空间。

3. 制造业对能源供应要求提升,制造业面临能源电力保障压力增大的挑战

制造业的高质量发展需要能源高质量发展提供坚实的保障,特别是对煤炭、天然气库存与运输保障能力建设以及电网的安全运行都提出了较高的要求。广州电力自给率自2014年跌破40%后,多年来一直在不足四成的水平低位徘徊,对全市能源电力供应安全产生不利影响;天然气应急调峰能力存在明显不足。自2020年以来,全国范围的煤炭和天然气价高量缺,影响企业正常生产运行,广州也在多个月份提出有序用电要求,对制造业企业影响较大。以2020年9月为例,全市因电力不足而减少工业供电3亿度,影响全市工业总产值超过150亿元,如考虑产业上下游因素,估计影响全市工业总产值约200亿元。企业停电不仅影响正常生产,也对相关产业链产生影响,特别是突然的停电甚至可能导致部分行业的企业发生安全事故,造成不可避免的经济损失。

4. 能源价格市场化改革后,制造业面临生产经营成本承压的挑战

能源成本是影响制造业竞争力的重要因素之一。自2021年以来,国际能源价格持续上涨及高位运行,国内煤炭、石油、天然气价格也水涨船高。在国内能源价格尚未完全形成市场化机制的情况下,国家陆续出台了多项措施保障能源安全稳定供应,特别是火电行业在上游煤炭、天然气价格高企,但下游电价涨幅受限、成本倒挂的情况下仍全力保障电力供应。2021年以来,在能源价格上涨的过程中,国内制造业面临的用能、用电成本压力大为缓解。

《意见》提出,"要深化能源体制机制改革。全面推进电力市场化改革,完善电力等能源品种价格市场化形成机制。推进煤炭、油气等市场化改革,加快完善能源统一市场"。在中国未来较长时间内能源供求关系脆弱,石油、天然气等主要能源产品仍需依赖进口。在国内能源价格保持总体上涨趋

势的预期下，石油、天然气、电力等能源价格市场化改革将逐步抬高制造业用能价格，削弱中国作为世界"制造工厂"的竞争力，广州作为高度依赖外部输入能源的城市，制造业发展将面临更大的挑战。

三 对策建议

（一）积极稳妥推进碳达峰、碳中和

2014年，欧盟制定了《2030年气候与能源框架协议》，要求到2030年温室气体排放降至1990年排放水平的40%。2018年，欧盟委员会公布2050年实现碳中和的愿景，并在《欧洲气候法案》中予以确认。然而，在能源对外依存度依然保持在较高水平的情况下，传统化石能源过早退出、清洁能源供给不稳定成为发生2021年欧洲能源危机的主要原因。欧洲能源危机表明，实现碳中和需要循序渐进，激进的绿色转型将对经济运行造成损害。党的二十大报告提出"积极稳妥推进碳达峰碳中和""立足我国能源资源禀赋，坚持先立后破"，为我国推进碳达峰、碳中和指明了方向。碳达峰、碳中和最终目的是实现经济的可持续发展和高质量发展，广州在推进碳达峰、碳中和战略中要坚决落实国家能源发展战略，认真落实广东省委、省政府工作安排部署，推进的力度、节奏要与能源保供和保障民生的需求相协调。要尊重客观规律，积极稳妥、循序渐进，为广州经济发展和实现"制造业立市"提供绿色低碳、安全高效的能源保障。

（二）加速推进制造业高端化、智能化、绿色化转型

2023年2月，欧洲议会正式通过欧洲碳边界调整机制（CBAM，俗称"碳关税"），自2023年10月起试运行，2023~2026年为碳关税过渡期，2027年正式全面开征。欧洲碳关税试图在低碳产业领域构建全球优势，引发了人们对提高全球贸易壁垒的担忧，其或将是国际经贸冲突中新的"卡脖子道具"，也将对广州制造业产生深远影响。面对发展中国家和发达国

家的"两端挤压",广州作为国家中心城市、开放前沿,要着力加快制造业高端化、智能化、绿色化转型,实现制造业高质量发展,为国家建设现代化经济体系提供广州路径和经验。

1. 加快推动制造业集群化和高端化发展

一是以先进制造业集群发展为突破口,提升制造业高端化水平。坚持以广佛惠超高清视频和智能家电产业集群、广深佛莞智能装备产业集群和深广高端医疗器械集群3个先进制造业"国家队"集群为依托,加强粤港澳大湾区城市间的协同,统筹协调产业关键节点布局,充分发挥集群效应。以打造智能网联与新能源汽车、生物医药与健康两个万亿级产业集群,绿色石化和新材料、现代高端装备、半导体和集成电路等千亿级集群为支撑,培育一批具有全球和全国竞争力的产业集群,带动广州制造业高端化"突围"。二是进一步加强"专精特新""小巨人"企业培育工作,提升产业链韧性。目前,广州制造业领域国家级"专精特新""小巨人"企业在数量和质量上均无明显优势,要进一步完善和落实支持"专精特新"企业金融和知识产权保护等惠企政策,充分依托广州市中小企业专精特新发展促进会平台,做好产学研对接、共建实验室、人才培养、融资服务、产业招商等方面的服务,不断提高企业研发投入和创新能力,推动"专精特新"企业高质量发展。

2. 加快推动数字技术对制造业生产流程低碳化重塑

当前,制造业新业态呈现数字技术加快向制造领域渗透扩展、基于工业互联网的产业生态加快构建、数字技术赋能制造业绿色低碳转型等诸多新特征。制造业迈向碳中和,立足数字经济创新优势和实体经济规模优势,加速"数实融合"是关键。广州制造业要充分发挥粤港澳大湾区科学技术前沿优势,加强关键核心技术研发,加快工业互联网平台建设和新型基础设施建设,加快推进制造业企业数字化转型升级,通过数字技术对传统生产要素的改造和以数据要素替代传统生产要素,实现生产要素低碳化发展。

3. 加快推动制造业重点单位节能降碳绿色转型

广州制造业稳步推进碳达峰、碳中和,重点用能单位是关键。通过组织制造业重点用能单位进行能源"双控"目标管理，发挥绿色制造技术改造重点示范项目引领作用，重点推动钢铁、石化等行业重点企业节能降碳和绿色转型，积极推动企业参与绿色电力交易，不断提升制造业整体能效水平。要充分发挥国有企业在碳达峰、碳中和中的责任担当和示范作用，以点带面带动制造业全面推进碳达峰、碳中和，助力工业碳达峰。

（三）着力构建安全高效的现代能源体系

能源供给稳定是经济发展的基石，保障能源安全对维护和提升产业全球竞争力至关重要。广州大力发展制造业需要构建以具有更加完善的能源基础设施和应急保障能力为特征的安全高效的现代能源体系。

1. 完善能源基础设施建设

一是按照广州市"十四五"能源发展规划要求，加快本地大型煤电、气电等骨干电源建设，在工业园区等负荷集中区域灵活布局分布式能源站、区域集中供热供冷设施，构建智能电网。二是要发挥广州港国家煤炭储备基地的作用和枢纽优势，强化煤炭码头存煤功能。完善天然气产供储销体系，加快推进广州LNG应急调峰气源站储气库工程及配套LNG码头工程和配套管线建设，配合做好广东省天然气管网穗莞干线项目建设，提高广州市燃气供应及应急保障能力。三是积极提高市外清洁电力输穗能力和规模。鉴于广州外调电力占全市用电量比重超过六成，且国家可再生电力发电量规模不断扩大、比重不断提高，要把提高市外清洁电力输穗能力和规模、扩大广州外调电力中绿电规模和比例作为实现全市工业领域碳达峰的关键来抓。四是进一步建立健全能源电力保供协调推进工作机制，制定完善能源保供应急预案，及时协调解决能源保供难点、堵点。

2. 协同源网荷储一体化和多能互补发展

电网电源侧，风电、光伏发电等新能源接入比例越来越高；电网侧，高比例电力电子化、交直流混联、微电网和多能源网络接入；负荷侧，新型负荷增多，多元市场主体具有不同利益诉求；储能端，规模化储能增加，新储能形式不断涌现。根据源网荷储的上述特点，按照国家发展改革委、国家能源局印发的《关于推进电力源网荷储一体化和多能互补发展的指导意见》等要求,以数字电网建设为抓手,夯实关键数据基础,加快算力算法研究,加速推进源网荷储一体化和多能互补发展,保证电力系统安全稳定高效运行。

3. 保障制造业重点行业重点企业安全用电、用气

一是要确保汽车制造业、电子产品制造业重点用能企业能源供应安全。针对广州产业规模大、增加值高、对经济拉动作用明显且用电量大的汽车制造业、电子产品制造业等先进制造业,要优先保障其用电安全。据统计,2022年用电量居制造业前两位的计算机、通信和其他电子设备制造业,汽车制造业合计用电量95.83亿千瓦时,占规上制造业总用电量的36.8%。其中,年用电量超1亿度的用电大户有18家,在因用电、用气紧张而实施有序用电时要优先保障企业用电、用气,确保产业链正常生产运行。二是要重点保障作为国家、省、市重点发展产业,且在广州已初具规模集聚效应的半导体和集成电路产业用电安全。要结合其电耗水平高、电力供应可靠性要求高、供电中断以及电压暂降损失大、电费成本价格敏感度高等特点,加强企业配套电网建设,为企业提供稳定可靠的电力供应,为相关产业企业招商引资提供良好的供电环境,解决企业的后顾之忧。

4. 严格制造业企业全流程能源消费监管

一是严把项目准入关。在制造业招商引资和项目立项过程中,要在严控高能耗、高污染项目市场准入的基础上,做好前置节能审查,使好项目准入关。要对标同行业能耗限额先进值、标杆值或国际先进水平,把好项目节能审查关,确保新建项目的能耗处于先进水平。二是要加强对制造业重点耗能企业能耗事中监测。充分利用信息化手段建设能耗在线监测系统,进一步完善企业能耗计量,及时掌握企业能耗情况,对超过节能审查能耗限额的,节能降耗主管部门要及时督促企业整改。三是加大对重点耗能企业节能监察力度。按照《工业节能监察办法》和《国家发展改革委办公厅关于进一步加强节能监察工作的通知》的要求,加强节能监察能力建设,加大节能监察力度。重点对企业单位产品能耗限额标准执行情况、用能设备和生产工艺淘

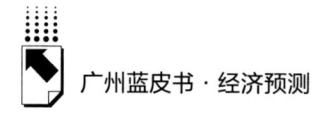

汰制度执行情况、重点用能单位节能管理制度执行情况等开展节能监察。通过依法公布违规企业名单，严肃查处违法用能行为，综合运用行政处罚、信用惩戒、绿色电价等手段，增强节能监察约束力。

参考文献

贾彦兵等：《我国煤电转型的形势与建议》，《能源研究与利用》2023年第1期。

徐蔚冰：《我国可再生能源进入大规模跃升新阶段》，《中国经济时报》2023年2月14日。

徐丹丹：《碳中和与稳增长协同推进的机制设计与实现路径》，《北京工商大学学报》（社会科学版）2023年第1期。

《中共中央 国务院关于完整准确全面贯彻新发展理念做好碳达峰碳中和工作的意见》，《中华人民共和国国务院公报》2021年第31期。

数字经济篇

Digital Economy

B.17
2022年广州数字经济发展情况分析与2023年展望

王宇同　梁海珍[*]

摘　要： 2022年，广州数字经济发展动能强劲，在新型数字基础设施建设、数字产业创新能力提升、数字技术赋能实体经济发展、公共服务数字化水平提升、网络安全保障和数字经济治理等方面取得显著成效，但也存在数字技术攻关创新不足、数字经济产业实力不强、数据生产要素作用发挥不够、数字基础设施支撑引领力度不大等问题。2023年，广州将聚焦打造数产融合的全球标杆城市，加快构建以数字经济为引领、以实体经济为支撑的现代化产业体系，高水平建设科技创新强市和数字产业化发展引领高地，进一步增强数字经济核心竞争力。

关键词： 数字经济　数产融合　数字产业化　广州

---

[*] 王宇同，广州市工业和信息化局信息基础设施推进处处长（原数字产业处处长）；梁海珍，广州市工业和信息化局数字产业处二级调研员。

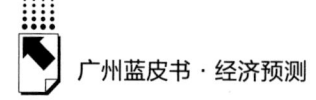

2022年，广州坚持以习近平新时代中国特色社会主义思想为指导，全面贯彻落实习近平总书记关于数字经济的重要论述及国家数字经济发展战略，按照广东省委、省政府以及广州市委有关工作部署，调整成立广州市加快数字化和数字经济发展工作领导小组，下设数字化发展办公室（设在市发展改革委）和数字经济发展办公室（设在市工业和信息化局）。广州出台国内首部城市数字经济地方性法规《广州市数字经济促进条例》，为建设具有全球影响力的数字经济引领型城市提供有力的法治保障。广州市工业和信息化局会同有关单位认真贯彻落实《〈广州市数字经济促进条例〉实施方案》，启动编制《广州市数字经济发展规划》，开展广州市数字经济评估工作，构建从顶层设计、战略部署到具体实施的高质量发展支撑体系。

一 2022年广州数字经济发展的主要成效

围绕数字产业化和产业数字化两大核心，广州市发挥创新资源丰富、产业基础雄厚、综合门户城市枢纽、大湾区核心引擎、对外开放前沿等比较优势，积极推进数字技术全方位赋能产业发展，获评首批全球"定制之都"案例城市、国家服务型制造示范城市、国家信息消费示范城市。推动设立省级数据交易机构——广州数据交易所，在全国率先探索成立数据合规委员会，在全国首创数据流通交易全周期服务，推动网易、分众传媒、唯品会、中望龙腾等一批数字经济企业跻身全国前列，数字经济发展动能强劲。

（一）加快建设新型数字基础设施

1. 全面部署新一代通信网络

广州发挥全国首批"千兆城市"示范引领作用，推进中国广电700MHZ 5G网络核心网华南节点和700MHZ 5G基站建设，截至2022年底，全年新增5G基站13631座，超额完成年度5G基站建设任务，累计建成5G基站7.64万座（含室外站、室内分布系统和共享站点），5G基站建设持续排名广东省第一。推动光纤提质增效，2022年前三季度，全市光纤接入端口达1379.9万个，排名全省第一，共有宽带用户761.1万户，千兆以上用户约134万户。建成华南地区唯一一台国际IPv6根服务器，已为我国40多家大型通信企业提供相关的测试和认证服务，与澳门科技大学等机构联合建设跨境科研数据专网及数据流动审计平台。

2. 支持构建多层次的算力设施体系

组织开展绿色数据中心申报工作，有序推动数据中心绿色化发展。广州市在用数据中心共70个，设计机架（折合成2.5千瓦标准机架）约25.7万架，已在黄埔、番禺、南沙等区形成通用算力集聚区。据中国信息通信研究院测算，广州以3.1eflops（每秒310亿次浮点计算）的成绩排名全国第三（上海约5.2eflops、北京约4.2eflops），并推动广州汇云数据中心进入工信部2021年新型数据中心典型案例名单。建设广州人工智能公共算力中心，对外提供算力服务，开展市场化运营。截至2022年底，全市已完成85个企业解决方案在算力使用前的适配认证，覆盖8条产业链，共有80家单位向中心提交算力使用申请，7家单位正在中心进行适配测试。

3. 推进高效协同的融合基础设施

华南唯一工业互联网标识解析国家顶级节点不断扩能增容，国际域名K根镜像和A根镜像相继开通；国家顶级节点（广州）接入二级节点达34个，涵盖25个行业，接入二级节点的企业有5591家，标识注册量达109.01亿个，累计标识解析量达96.15亿次。构建"实时监测—动态预测—推演评估—协同联动"的综合客运枢纽疏运组织分析系统，支持广州地区5000多万人次/年的春运客流疏运、态势分析及决策指挥；建成全国首个交通运输领域视频智能化应用平台——"交通慧眼"，自动研判车辆运营状态与行为。开展车城网试点，获批自动驾驶公交便民示范运营线路，并牵头编制国家"双智"试点《自主代客泊车停车场建设规范》导则，建设统一的CA认证体系、市级统一数据平台以及制定车联网直连频段的统一使用规范及各平台之间的统一传输协议。

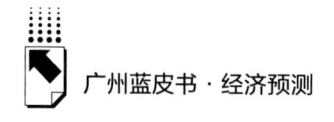

（二）数字产业创新能力不断增强

1. 实施重点领域研发计划

重点在类脑智能与脑机接口、语音识别、图像识别、无人驾驶、智能机器人、无人机、智能家居等核心领域支持企业开展关键核心技术攻关。佳都科技人脸识别核心算法准确率高达99.5%，达到了国际先进水平；高云半导体量产唯一通过车规认证的国产FPGA芯片，实现在5G通信、无人驾驶、高清图传等领域的国产芯片替代；中望龙腾成为国内领先的CAD/CAM类工业设计软件提供商，牵头创建广东省工业软件创新中心。推进人工智能与数字经济广东省实验室（广州）示范应用科研布局和平台建设，面向运动和意识障碍康复的双向—闭环脑机接口、抑郁症的发病机制及干预技术研究两个课题获批国家科技创新2030——"脑科学与类脑研究"重大项目。

2. 推动人工智能与数字经济领域科技成果转化

开展人工智能领域创新产品目录征集，广州科慧健远医疗科技有限公司的"神经网络自闭症构音障碍（儿童）快速筛查机器人"等82项产品入选。推动思迈特软件与华南理工大学共建联合实验室，广州地铁设计研究院与香港科技大学（广州）签订产学研战略合作协议。支持华南技术转移中心建设，已汇集具有转化意向的发明专利2.7万件、科技成果1万余项。推动广州（国际）科技成果转化天河基地等服务机构建设，建立全国首个大湾区科技成果转化板，成立"湾创天使一号基金"。设立"广州市首台（套）重点技术装备推广奖励"专题扶持资金，共支持53家装备制造企业的95个首台（套）项目，市级资金补助金额达1.47亿元。

3. 企业内生创新能力不断增强

持续推动企业深挖本行业新技术、新产品，加强技术研发突破。昊志机电的空气轴承、谐波减速器成为国内达到世界级精度及寿命标准的产品；瑞松科技"薄壁曲面铝合金高质高效搅拌摩擦焊关键技术及成套装备"项目通过科技成果鉴定，技术水平被认定为"整体技术国际先进，部分技术达到国际领先"。培育佳都新太"城市地面基础设施智能监测与运行保障关键技术研究与示范"等4个工信部物联网关键技术与平台创新类示范项目。2021年广州数字经济相关高新技术企业共有6100家，科技型中小企业7705家；技术合同登记成交额2413.11亿元，位居全国第三，且连续4年居广东省首位；2022年上半年，规模以上数字经济核心产业企业发明专利授权量达2218件，占广州市发明专利授权量的比重为16.1%；PCT国际专利申请量152件，占全市PCT国际专利申请量的比重为19.0%。

4. 数字经济核心产业规模不断扩大

印发实施《广州市半导体与集成电路产业行动计划（2022—2024年）》，推动粤芯三期、芯粤能等重大项目加快建设；乐金光电OLED、超视界8K面板、维信诺柔性模组、TCL华星t9等新型显示项目相继落户投产，显示面板在建产能居全国第一。原创漫画发行量占全国漫画市场30%以上的份额，网络音乐总产值约占全国的1/4，数字文化装备制造产业全国领先。浩洋电子专业舞台灯具产销量、出口额均居全国首位。网易、津虹、唯品会、三七、虎牙、多益、趣丸、荔支、世纪龙等9家企业入选中国互联网百强企业，数量居全国第三。2022年前三季度，广州市数字经济核心产业增加值为2638.22亿元，同比增长1.8%，占地区生产总值比重达12.7%。

（三）数字技术赋能实体经济步伐加快

1. 农业数字化转型稳步推进

广州依托国家种业大数据平台核发种子生产经营许可证22个、种子生产经营备案206个。推动种植业生产领域数字化发展，鼓励从化艾米农场研发5G数字农田系统、花都绿沃川自动化蔬菜工厂建设运用智能化种植系统、增城丝苗米产业园建设5G智慧信息化平台。支持诚一渔业公司在国内率先引进数字化智慧渔业理念和技术，推动番禺区国家数字农业创新应用基地的智能增氧、变量精准投喂、无人机巡塘等试点发展。引导支持力智猪场、北欧农场等畜禽养殖场配套自动化精准环境监控、数字化精准饲喂、自动喷淋、自动清粪等自动化设施设备。将农机专业合作社购置自走式激光平地机、农业用北斗终端、植保无人机等12类农业机械的补贴比例提高至广东省补贴额的 2 倍。2022 年预算安排 3.05 亿元财政资金支持全市 23 个省级现代农业产业园区建设，鼓励资金用于科技研发、信息支撑等方面。

2. 深入实施智能制造工程

制定《广州市培育"四化"赋能平台推动制造业高质量发展行动方案》，推动制造业数字化、网络化、智能化、绿色化转型发展。加快船舶制造、定制家居、新材料、注塑装备等 15 个重点行业 6500 多家工业企业接入工业互联网标识解析二级节点，探索基于标识解析的关键产品追溯、供应链管理等全过程数字化转型、智能化升级。鼓励 123 家国家级"专精特新""小巨人"企业、410 家省级"专精特新"企业、1859 家市级"专精特新"企业开展数字化转型，发挥示范引领作用带动更多中小企业数字化发展。截至 2022 年 10 月，全市已推动超过 2800 家企业开展数字化转型，规模以上企业上云上平台率达到 44%。培育博创智能装备股份有限公司"注塑成型装备智能制造示范工厂"等 3 家国家级智能制造示范工厂，以及广州华凌工厂、宝洁广州工厂等 2 家世界经济论坛全球"灯塔工厂"。

3. 服务业数字化转型水平显著提高

打造国际数字贸易创新引领示范区、直播电商之都、跨境电商之城，2022 年前三季度，数字服务贸易额完成 108.75 亿美元，同比增长 2.11%，数字贸易出口遍及全球 200 多个国家和地区。广州开发区获评国家首批知识产权特色服务出口基地；琶洲人工智能与数字经济试验区获评省级数字服务出口基地；35 家企业入选全省数字贸易龙头企业，占全省数字贸易企业总数的 1/3 以上。2021 年广州在主要电商平台的主播数、开播场次、直播商品数均为全国第一；跨境电商以"六个率先"[①]破解发展难题，零售进口规模连续 8 年居全国第一。制定广东省地方规范《跨境电子商务公共服务平台运行服务规范》。建成国家"互联网+"智慧能源首批示范项目——广州市能源管理与辅助决策平台，支持广州珠江 LNG 电厂二期骨干支撑调峰电

---

① 六个率先：率先推出跨境电商进出口信息化系统、率先探索"微警认证"系统嵌套使用、率先探索跨境电商公共分拨中心、率先推出进口商品溯源"真知码"、率先探索退货合并打包监管模式、率先推出"空铁联运"融合通关。

源项目"智慧电厂"建设。开展国家级金融科技创新试点，获批"区块链+贸易金融"和"区块链+股权市场"两个特色领域国家区块链创新应用试点；开展数字人民币第三批试点，截至 2022 年 9 月底，流通（转账、交易）业务达 897.57 万笔 19.86 亿元，落地支持数字人民币支付场景 18.62 万个。推动广深科创金融改革试验区争创国家试点。

（四）公共服务数字化水平持续提升

1. 推动政务服务"一网通办"融合发展

深化广州市一体化在线政务服务平台建设，支撑全市 48 个部门共 1675 个事项的网上申请和 1262 个事项的审批；建成"横向到边纵向到底、全流程全覆盖"的工程建设项目一体化联合审批平台。持续打造全市统一的"穗好办"政务服务移动端，已实现 3200 多项便民利企服务事项"指尖办"。实施适老化、无障碍改造，帮助老年人和残障人士弥合"数字鸿沟"。推行"互联网+不动产登记"，通过异地申请、大数据审核、信息共享、属地审核、认证结果互认、一次办结及 EMS（邮政特快专递服务）寄送服务等方式，实现不动产登记业务"跨域通办"。印发《广州市政务服务"一网通办"融合发展工作方案》《广州市推进政务服务多渠道一体化融合工作方案》，深化政务服务标准化建设，促进平台融合、服务融合、数据融合，为企业群众提供多渠道无差别智能化政务服务。

2. 数字惠民服务水平不断提升

开设"广州共享课堂"，累计上线课程 8335 节课，总访问量达 15.6 亿人次，有力保障了线上教育的开展。开展智慧阅读第三期试点，全市共 512 所学校 416967 名学生接入智慧阅读平台，2022 年智慧阅读项目成果获评广东省基础教育教学成果奖特等奖。丰富广州市中小学 1~8 年级人工智能教育虚拟资源，全市开设人工智能课的学校超 700 所，建设各类人工智能实验室 127 间。广州地区 105 家医院和 165 家基层医疗机构全面实现实名制就医和医疗健康服务"一码通用"，发码数超 2772.2 万个，用码人数超 3.7 亿人次。检验检查结果互认平台接入机构数量达 266 家，调阅后互认率达

96.5%；截至2022年第三季度，医疗机构间检验检查结果互认总次数为51.8万次，节省费用总计1.01亿元。"广州交通·行讯通"为超过1200万用户提供实时公交、公交拥挤度查询等服务；打造综合生活服务平台"穗康生活"，实现乘车码与健康码二码融合。将广州为老服务综合信息管理平台与23个部门涉老数据实现共享，实现养老服务"一站式"办理；全市选取52个社区（村）打造社区"随约服务网上驿站"试点，累计入驻机构、商家851家，链接21个第三方服务平台，实现家电维修、管道疏通、开锁换锁等社区服务"随时约"。

3. 新型智慧城市建设取得积极进展

广州全力推进国家新城建试点，出台《广州市基于城市信息模型的智慧城建"十四五"规划》，以CIM（城市信息模型）平台促进建设项目审批服务制度改革，推进BIM（建筑信息模型）建筑设计方案三维电子报批及BIM施工图三维电子审查，并汇聚相关BIM模型到城市信息模型平台，截至2022年第三季度已完成BIM审图项目724个。推进1300平方公里三维现状信息模型建设。建立覆盖水安全、水环境、水资源管理的水务物联感知体系网，涵盖539个内涝水位及45个视频监测，2419个窨井液位监测，282个闸站、191个泵站工况监测，667个河道水位监测，5个水体水位监测，10个管网流量水质监测；广州在全国首创无水质监测河流的水环境预警模型，在基层巡查人员巡查次数减少24%的前提下，重大问题上报率提升7%；智慧排水被住建部列为"新城建"全国专项试点。

（五）网络安全保障和数字经济治理水平持续提升

1. 强化网络和数据安全源头治理

加强"数据采集合法合规"监管，严肃查处超范围采集个人信息移动应用。从2022年3月初开始到11月初，共组织市、区两级公安机关查处490多家超范围采集公民信息的App运营企业。其中，行政处罚180多家，处罚数比2021年增长31%。结合网络安全攻防演练活动，共排查发现教育、医疗、交通、金融等行业180多家单位漏洞隐患1.6万余个，强力督促相关单位整改并开展针对性"回头看"。严厉整治超范围采集和滥用个人信息的"数据黑企",查处全省第一起适用《数据安全法》的典型案件,对天河区某学车驾培平台储存处理大量个人信息但未依法落实数据保护措施的行为做出罚款5万元的行政处罚。

2. 强化协同治理和监管机制

高质量完成市场监管总局赋予的"企业信用风险分类管理试点"工作,构建科学智慧的跨部门、跨领域信用风险分类指标体系和数据模型,将全市企业智能判定为"高、较高、一般、低"四类信用风险等级,并与"双随机、一公开"监管、包容审慎监管深度融合,灵活调整不同信用风险等级企业、包容审慎监管企业的抽查比例。通过制定直播标准、约谈告诫警示、开展普法宣讲、开通业务合规咨询专线等多种方式,引导数字营销业态健康有序发展。探索建立穗港澳三地跨境行政执法协作机制,加大数字经济知识产权保护案件协作力度。推动建设电商领域知识产权保护试点,搭建皮革皮具、化妆品、动漫、珠宝等行业电商快速维权直达通道,优化知识产权快速维权服务。

(六)强化数据管理创新,有效激发数据要素活力

1. 加强数据全生命周期管理

以数据要素市场化配置、释放公共数据活力为目标,构建一体化数据资源体系。开展全省首席数据官制度试点,构建了覆盖6个区21个市直部门以及6家公共企事业单位的首席数据官队伍,并召开首席数据官联席会议,开展首席数据官队伍数字化能力素养培训。印发实施《广州市政务信息共享管理规定》,建设城市大数据平台,接入单位155家,汇集数据超过222.83亿条。广州市政府数据统一开放平台已开放数据集1254个。

2. 推动数据交易所落地

制定《广州市要素市场化配置综合改革试点方案》,明确建设一套制度体系、夯实两大数据基础支撑、提出三项数据管理新举措、创新四类数据融

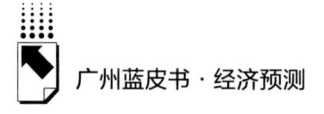

合应用、探索数据流通交易、构筑统一安全保障体系等六大改革任务。广州数据交易所于2022年9月30日在南沙区挂牌运营，截至2022年底，交易额为5.06亿元。广州数据交易所是继贵州大数据交易所、北京国际大数据交易所、上海数据交易所之后成立的又一省级数据交易场所，也是国内第一个经营范围注册登记为"数据交易所业务"的交易机构。指导广州交易集团有限公司和广电运通金融电子股份有限公司共同设立广州数据交易有限公司，推动建设二级数据要素交易市场，培育数据要素创新产业生态，孵化示范性强、带动面广的数据场景应用，推动数据技术与产业创新协同发展，将广州打造成为全国数字经济高质量发展新高地。推动将《广州市数据条例》列入2023年正式立法项目。

二 2022年广州数字经济发展存在的主要问题

（一）数字技术攻关创新存在薄弱环节

广州的科技创新战略布局未深度融入国家发展大局，战略性、前瞻性创新成果不足，创新型领军企业数量不多、实力不强，高端人才资源不够丰富，创新创业生态仍不够完善。

（二）数字经济产业实力不强

人工智能、数字创意等产业链不完善，龙头企业偏少，缺少高质量、规模化产业集聚区。受资金、政策、认知等因素制约，石化、装备制造等传统支柱产业数字化、网络化、智能化、绿色化升级步伐不快。新业态、新商业模式体量偏小，对经济增长的支撑力度不足。

（三）数据生产要素作用发挥不够

数据资源管理统筹缺乏统一完整的标准规范体系，法律法规尚不健全。政务服务平台数据鲜活性、准确性不足以全面支撑跨部门、跨层级协同治理和协同服务。统一的数据安全运营管理能力不足,数据市场交易需要的准入、隐私保护、安全分类、质量价值评估等各类标准体系还未建立。

(四)数字基础设施支撑引领力度不大

广州5G基站站址资源储备仍待加强。城市信息感知终端建设体系未能全面统筹,城市三维空间数字底座尚未建成,公共设施及其运行状态的物联感知、数据汇聚存在"信息孤岛",大数据驱动的治理和监管模式尚在探索。

三 2023年广州数字经济发展展望与建议

广州市数字经济正处于全面拓展期、数字化转型加速期、治理体系完善关键期。下一步,广州市将聚焦打造数产融合的全球标杆城市,加快构建以数字经济为引领、以实体经济为支撑的现代化产业体系,不断增强数字经济核心竞争力。

(一)高水平建设科技创新强市

建设以粤港澳大湾区国家技术创新中心等国家级重大平台为引领的"2+2+N"科技创新平台体系。组织开展重点领域研发人工智能重大科技专项,统筹推进国家级和省级技术创新中心、制造业创新中心等重大创新平台建设,奋力突破一批数字化产业前沿和共性关键技术。实施《广州市促进创新链产业链融合发展行动计划(2022—2025年)》,未来5年内力争新增上市高科技企业100家,实现上市高科技企业数量倍增。

(二)高水平建设数字产业化发展引领高地

推动新一代信息技术产业跨越发展,实施"强芯""亮屏""融网"工程,打造"显示之都""软件名城""5G高地"。稳步推进广佛惠超高清视频和智能家电产业集群建设。推动机器人自动化生产线、数字化车间、智能工厂建设，培育智能装备与机器人产业新动能。推动文化与科技融合发展，构建游戏、动漫、网络、影音等产业生态圈，培育一批数字创意头部企业和精品IP，打造"动漫游戏产业之都""全国电竞产业中心"。落实《广州市"专精特新"中小企业培育三年行动方案（2022—2024）》。实施未来产业培育行动计划，加快量子科技、区块链、太赫兹、天然气水合物、纳米科技等技术的产业化应用。

（三）高水平推进产业数字化转型示范

推动建设国家工业信息安全发展研究中心华南分中心，打造华南地区促进产业链数字化转型、工业信息安全的高端智库咨询和技术服务机构。抓好服务型制造示范城市建设，继续推进"定制之都"示范工程。聚焦数字化转型、网络化协同、智能化改造、绿色化提升，扶持一批数字类、创新类、服务类制造业平台，实施"四化赋能、企业提升"工程，打造一批具有引领作用和较成熟应用模式的典型场景，建成一批行业特色鲜明、转型成效显著的示范园区，培育一批优秀的综合型、专业型、特色型平台和龙头企业。

（四）加快建设粤港澳大湾区数字化新型基础设施

加快5G基站、广州人工智能公共算力中心等信息基础设施建设，有序推动智慧灯杆在全市主要干道、重要场所的试点部署。推动工业互联网标识解析国家顶级节点（广州）扩容增能，加快二级节点建设，面向行业和企业建设一批行业级、企业级工业互联网应用平台。加快推进电动汽车智慧充电桩建设和全市统一充电设施信息公共服务平台建设。推进城市基础设施基于CIM平台的统管，建设数字化地下空间和地下三维数字管网基础设施，积极推动车联网路侧设备建设，推进道路基础设施建设、交通标志标识的数字化改造。

（五）加快开展数据基础制度先行先试试点

加快制定《广州市数据条例》《广州市公共数据管理规定》，落实《广州市数据要素市场化配置改革行动方案》，扎实开展全省首席数据官制度、数据经纪人制度试点。按照广州数据交易所"无场景不登记、无登记不交易、无合规不上架"的原则，在数据交易模式、交易主体、交易标的、交易生态、交易安全和应用场景等方面开展创新。推动"数据海关"试点和粤港澳数据要素合作试验区建设相结合，加快香港科技大学和澳门科技大学科研专线建设，探索科研数据跨境流动。

（六）加快实现数字赋能"老城市新活力"

动态优化完善广州营商环境创新试点改革"1+2+2"政策体系，依托广州开发区深化建设省营商环境改革创新实验区；落实《广州南沙深化面向世界的粤港澳全面合作总体方案》，发挥南沙重大战略性平台作用，加快打造规则衔接机制对接高地。充分发挥"穗好办"移动政务总门户作用，推动市各部门、各区移动政务服务资源整合和政务服务移动端集约化建设。深化"穗智管"城市运行管理中枢应用，为智慧城市治理提供可共用、可复用的数据支撑。建立全市性的馆藏文物资源和非遗数字资源共享数据库，包括1个历史城区、26片历史文化街区、19片历史风貌区、91处传统村落、工业遗产、非物质文化遗产等，形成富有文化特色的数字街区。

参考文献

广州市人民政府办公厅：《关于印发广州市战略性新兴产业发展"十四五"规划的通知》，《广州市人民政府公报》2022年4月30日。
广州市人民政府办公厅：《关于印发广州市数字政府改革建设"十四五"规划的通知》，《广州市人民政府公报》2022年10月20日。
丁旭光：《新时代科技创新发展的广州路径探析》，《探求》2022年第5期。
谭苑芳：《抓住科技创新策源能力建设这个牛鼻子》，《南方日报》2022年1月24日。

B.18
2022年广州区块链产业现状分析与发展建议[*]

广州大学广州发展研究院课题组[**]

摘　要： 本报告从创新发展综合评价、政策扶持、监管探索、产业生态建设、技术研发创新、实施意见发展目标六大方面简单回顾了2022年广州区块链发展的基本态势，指出尽管2022年广州在区块链技术、产业、监管等方面取得了可观的成绩，但依然存在资金支持不足、产业链尚不完备等问题，建议加快设立专项引导基金，吸引更多社会资本参与，推动区块链产业高质量发展；加快产业链建设的步伐，并加强产业链各环节之间的协同，进一步扩大"区块链+金融""区块链+跨境贸易"特色试点工作成果；重点引进和培育高新技术企业，加大科研投入和人才培养力度；等等。

关键词： 区块链　数字经济　产业生态　广州

---

[*] 本报告系广东省决策咨询基地广州大学粤港澳大湾区改革创新研究院、广东省高校新型特色智库及广州市新型智库广州大学广州发展研究院的研究成果。

[**] 课题组组长：涂成林，广州大学二级教授，博士生导师，广东省区域发展蓝皮书研究会会长，研究方向为城市综合发展、文化科技政策、国家文化安全及马克思主义哲学。课题组成员：谭苑芳，博士，广州大学广州发展研究院副院长、教授，研究方向为宗教学、社会学以及城市文化、城市发展战略；于晨阳，广州大学博士后研究员，研究方向为区域经济、环境经济；周雨，博士，广州大学广州发展研究院政府绩效评价中心主任，讲师，研究方向为公共政策绩效评价、创新创业管理；臧传香，博士，广州市粤港澳大湾区（南沙）改革创新研究院研究员，研究方向为区域经济和区域规划；邱杰，广州市粤港澳大湾区（南沙）改革创新研究院特约研究员，研究方向为区块链发展。执笔人：于晨阳、臧传香、邱杰。

回顾2022年，疫情和通胀对全球各产业均产生了不小的影响，区块链产业也不例外。国外的加密货币市场遭受了一系列打击，如三箭资本倒闭、LUNA市值覆灭以及FTX破产崩盘等，而NFT市场经历了上半年的小高潮，其总市值自2022年5月下跌后持续低迷。这些坏消息掩盖了底层技术进步带来的光彩。元宇宙概念在2022年继续升温，受到全球各国政府的高度重视，也成为诸多企业发展的重要战略方向。将目光投向国内，聚焦广州，又是怎样的一番景象？课题组从创新发展综合评价、政策扶持、监管探索、产业生态建设、技术研发创新、实施意见发展目标六大方面对2022年广州数字经济和区块链发展形势进行了简要分析，并对2023年的发展提出了展望和建议。

一 2022年广州区块链产业发展现状分析

（一）创新发展获得专业认可，稳居国内产业发展第一梯队

2022年9月3日发布的《2022中国区块链城市创新发展指数报告》针对200个中国城市及地区（港澳台除外）的区块链相关的城市基础与制度环境，从研发、产业发展、人才、公共热度和政策等五个维度进行评估。广州以综合评分81.58分位列第五，排在北京、上海、深圳和杭州之后。值得关注的是，在公共热度和政策排名上，广州均取得了第三名的好成绩。在另一份《2022年中国城市区块链综合指数报告》中，广州排名第四，位列北京、上海、深圳之后。以上报告均说明广州在推动区块链产业创新发展上得到了专业认可，稳居全国区块链产业发展第一梯队。

（二）元宇宙扶持政策发布数量和资金支持规模均位于全国前列

随着元宇宙概念的火热和发展前景日益明朗，地方政府对元宇宙的支持力度不断加大，全国已有29个省（区、市）发布了支持元宇宙发展的措施

和行动计划。区块链技术作为元宇宙的底层核心技术，使得区块链产业被纳入元宇宙生态，对区块链产业的扶持政策也大多以元宇宙产业扶持政策呈现。2022年4月7日，粤港澳大湾区首个元宇宙专项扶持政策《广州市黄埔区、广州开发区促进元宇宙创新发展办法》公布。2022年7月25日，《广州南沙新区（自贸区南沙片区）推动元宇宙生态发展的九条措施》公布。2022年8月15日，广州南沙区发布了《南沙元宇宙产业集聚区先导示范区入驻实施方案（征求意见稿）》。上述专项政策覆盖了企业入驻、科研平台建设、知识产权保护、人才引流等多方面，无论从政策发布数量还是资金支持规模来看，均居全国前列。

（三）监管探索初见萌芽，NFT数字藏品合规操作指引先行

相比国外对于数字资产的监管探索，目前国内对于NFT数字藏品及元宇宙相关新兴业务尚缺乏有效监管措施，相关法律法规体系有待进一步完善。2022年4月13日，中国互联网金融协会、中国银行业协会、中国证券业协会发布《关于防范NFT相关金融风险的倡议》。2022年10月17日，广东省互联网协会区块链专业委员会、广东中科智能区块链技术有限公司、泰和泰（广州）律师事务所联合发布国内首个《发行NFT数字藏品合规操作指引》，旨在为发行NFT数字藏品的行业提供客观、合法、合规、有序的指引，共建良性市场环境。这是广东省互联网协会区块链专业委员会等机构在NFT数字藏品技术应用、运营规范、金融合规等方面实践探索的一小步，但也展现了广州在相关业务监管方面的积极思考与探索。

（四）产业生态建设积极，技术创新应用落地发挥先导示范作用

产业生态的建设首先离不开资金支持。2022年5月20日，由大湾区科技创新服务中心、广州市数字经济协会等8家机构共同成立的"天河区元宇宙联合投资基金"正式发布，参与的投资机构基金在管规模逾200亿元，旨在吸引更多社会资本支持科技企业加强对元宇宙底层核心技术的前瞻研发，开展系统化的虚拟内容建设，探索更多的行业应用。这一产业基金的发布让广州的元宇宙生态建设走在了全国前列，也必将带动区块链产业发展。除此之外，广州市拥有6家区块链产业园，并在2022年建设了黄埔区元宇宙数字文化产业园、南沙元宇宙产业集聚区，以及天河区湾区元宇宙数字艺术研究创新基地。同时，广州也在大力建设琶洲人工智能与数字经济试验区。以上这些资金及园区等支持，为广州区块链产业生态的建设打下了良好基础。

除资金和园区等支持外，技术创新应用落地也是生态建设的重要一环。广州将区块链产业规划布局纳入五大未来产业，为区块链提供多元应用场景，积极推进区块链与交叉技术的融合及在金融、数字政府等场景的示范应用。在国家互联网信息办公室2022年发布的第七批至第十批境内区块链信息服务名称及备案编号中，广州市共有48家企业53项区块链信息服务取得备案，在全国各城市中位于前列。这些服务涉及存证、签名、溯源、可信数字资产管理、物流供应链、智慧港口、房产交易、股权基金交易、大宗贸易金融、医学数据分享、企业链码、企业信用识别和数据管理、数字文创及数字藏品等多元应用场景。

上述服务带动了一大批区块链技术应用落地，其中不乏一些国内首创。2022年1月，广州公证处发布国内首个综合性区块链公证平台；1月21日，中国首张基于区块链智能合约并以数字人民币B2B（企业对企业）结算的机票成功在广州市中航服商务管理有限公司旗下的商旅管理系统"一起飞差旅宝"开出；5月16日，南航在中国民航首份使用区块链技术的电子签名维修记录于广州正式亮相；11月25日，广州市政务服务数据管理局发布了"信任广州"数字化平台，并与香港特区政府资讯科技总监办公室在线签署全国首份跨境区块链电子合约《穗港可信认证服务合作备忘录》。

广州也积极推动数字人民币应用试点，自2022年4月初正式试点以来，数字人民币应用逐渐融入广州市民食、住、行、游、购、娱、医等方面，基本覆盖常规民生场景，一些特色场景也在不断创新拓展，涌现了一批比较有代表性的示范场景。5月，数字人民币支付功能在海珠有轨电车

1号线正式投入使用，北环高速在广从收费站（全覆盖自助缴费设备）率先开通了数字人民币支付功能。7月，中国邮政储蓄银行联合中邮消费金融有限公司在广州落地数字人民币消费贷款场景，成功发放了首笔"邮你贷"个人消费贷款。7月15日，广州办理首笔数字人民币异地缴税业务。7月18日，国家金库肇庆市中心支库顺利办理该笔税款的入库，标志着广东首次实现数字人民币异地清缴税款。8月17日，广州住房公积金管理中心成功通过数字人民币支付方式，完成首笔灵活就业人员住房公积金缴存业务。8月19日，广州10条公交线路试点开通数字人民币付款码直接支付乘车费用的功能。11月25日，国家税务总局广东省税务局和中国工商银行广东省分行于广州成功完成首笔通过电子税务局渠道的数字人民币缴税业务。

上述区块链技术应用落地的首创案例和数字人民币应用落地的特色示范场景，体现了2022年广州在区块链及数字经济相关技术创新应用落地上的积极探索，广州作为国家区块链创新应用综合性试点发挥了先导示范作用。

（五）技术研发创新稳步推进，核心技术研发实力有待加强

2022年，全球区块链技术演进发展迎来了新的变化。Web 3.0和元宇宙概念的火热促进了作为底层核心技术的区块链技术持续创新，而国外的技术演进主要基于公有链生态，主要服务基于头部公有链的数字原生应用，以太坊的合并以及Layer2技术的演进为其生态注入了新的活力并延展了应用生态，而Cosmos在增加Cosmos Hub的存在和价值积累方面取得了巨大进步。国外联盟链如Hyperledger Fabric和Corda等在2022年的技术迭代速度逐渐放缓，而国内联盟链在实体经济数字化应用创新发展的推动下持续进行技术创新，已有星火·链网、长安链、国信公链、BSN、腾讯至信链、FISCO BCOS、蚂蚁链、百度超级链、京东智臻链、华为云区块链等知名链，赋能多元应用场景和实体经济数字化转型。

广州作为星火·链网的国内六大超级节点之一，在节点和应用场景建设

上做出了重大贡献。广州、北京、珠海三地的交易平台牵头联合建设资源可信交易平台的骨干节点，成员已扩展到 77 家企业。基于此交易平台，基础信息可以上链形成可信凭证，并跨骨干节点、跨交易主体进行调用，加速交易。

除参与国家级区块链基础设施建设外，广州企业也积极开展区块链技术研发及应用。广电运通聚焦智能设备的区块链应用，设计研发了首条智能设备网络公有链，并基于其运通链打造了数字藏品平台。智度股份打造了自主知识产权的区块链底链平台智链 2.0，并基于此在元宇宙领域打造了国内第一家"VR+移动端艺术元宇宙社区"——"Meta 彼岸"。

但由于地缘因素，广州缺少类似百度、蚂蚁、腾讯等领军科技大厂，在核心技术研发上目前尚难发挥引领作用，底层技术研发成果更多聚焦技术应用创新。

（六）实施意见发展目标基本达成，国家级区块链发展先行示范区雏形初现

为加快推进广州区块链和经济社会融合发展，市工业和信息化局于 2020 年 5 月 6 日印发了《广州市推动区块链产业创新发展的实施意见（2020—2022 年）》（以下简称《实施意见》），并明确了以下发展目标："到 2022 年，突破一批区块链底层核心关键技术，引进培育 2~3 家国内领先且具有核心技术的区块链龙头企业；推进以区块链为特色的中国软件名城示范区建设，打造 2~3 个区块链产业基地，培育一批具有安全稳定区块链产品的行业重点企业；形成一批可复制推广的区块链典型应用示范场景，建设成为国家级区块链发展先行示范区，力争我市区块链技术和产业创新发展、区块链和经济社会融合发展走在全国前列。"

回顾 2022 年广州在数字经济和区块链产业建设上的成果，不难发现《实施意见》中制定的发展目标已基本达成，广州已通过以区块链为代表的数字技术发展，逐步实现制度相容、经济相生、社会相通等深度融合。

二 2022年广州区块链产业发展存在的不足及原因分析

尽管2022年广州在区块链技术、产业、监管等方面取得了可观的成绩，但区块链发展仍然存在一些不足之处。

（一）资金支持以"补"为主，企业长期资金需求难以满足

从政策扶持上看，虽然元宇宙相关的政策无论从政策发布数量还是资金支持规模上都处于全国前列，但由于元宇宙产业覆盖面广，区块链产业企业将与XR等其他产业共同竞争，而针对区块链产业的专项政策在2022年尚未出台。成都政府于2023年1月10日正式发布了《成都市建设国家区块链创新应用综合性试点专项政策》，以"建强基础设施、深化创新应用、促进产业发展、营造良好生态"的思路，制定了4部分共10条专项举措对试点工作做出了响应，成为首个针对试点工作出台支持政策的试点城市。虽然广州在区块链创新发展上有先发优势，但面对这些后起之秀的竞争，广州区块链产业仍需加大专项扶持力度。在2022年出台的元宇宙相关扶持政策中，资金扶持多以一次性补助形式出现，这对于中小型创业企业有很大的吸引力，也能满足企业短期资金需求，但放眼中长期，研发型高科技企业需要持续的高研发投入，长期的资金需求较难通过"补"的方式一次性满足。在成都出台的专项政策中明确提道："区块链企业纳入成都新经济天使投资基金和成都新经济产业投资基金重点支持范围，对符合条件的区块链企业给予直投或跟投。"课题组认为，此类"投"式资金支持方式，一方面资金支持规模更为可观，另一方面展现了政府对企业长期发展潜力的背书，这对于企业的长期发展有很大帮助，值得借鉴。2019年10月29日，《广州市黄埔区 广州开发区加速区块链产业引领变革若干措施实施细则》发布，"鼓励设立10亿元规模区块链产业基金"，其中提到"由区属国企发起设立10亿元规模的区块链产业基金，具体基金设立方案另行研究制定"，但此基金设立方案至今尚未公布。

（二）产业链建设尚未完备，落地市场不确定性较大

广州在区块链技术创新应用落地方面开创了许多先河并进行了广泛探索，但其应用落地的规模和经济收益并不可观，产业链建设尚未完备。反观其他行业，电商领域的超级"独角兽"企业希音的发展和成功，离不开广州作为中国服装批发超级重镇的优异产业链基础，这是产业链上中游基础对下游企业的有力支持。而另一家自动驾驶赛道的"独角兽"企业小马智行，将中国总部设立在广州也应部分归因于广州强大的汽车产业基础，这是产业链下游基础反哺中游企业的标杆案例。区块链产业体系主要以"底层技术—平台服务—应用解决方案"的形式呈现，而广州目前的区块链企业主要集中在下游的应用解决方案，目前缺乏具备一定规模的刚需应用场景，落地市场存在较大的不确定性，不利于孵化培育或引入优秀企业。

（三）核心技术研发水平不高，人才培养体系有待进一步建设完善

广州已拥有超过1万家区块链企业，但具备核心研发能力的企业数量不多，更多的企业侧重于技术应用。2022年数字藏品在国内的热度刚有升温，便有一大批企业"跟风"而来，2022年11月8日发布的第十批境内区块链信息服务备案清单中，在19项来自广州企业的服务中，便有17项与数字文创和数字藏品相关，这种应用场景高度集中的现象对区块链龙头企业的建设并无益处。而对比福布斯最新发布的2023全球区块链50强中上榜的中国企业，连续5年上榜的蚂蚁集团，全球区块链专利超六成布局在核心技术领域，包括共识算法、密码、跨链、隐私保护、管理、存储等领域，主导制定了P3205跨链国际标准，并于2022年11月3日发布了区块链存储引擎LETUS（Log-structured Efficient Trusted Universal Storage）。2023年上榜的其他中国企业既有腾讯和百度这类互联网科技巨头，也有中国建设银行、中国工商银行、微众银行等聚焦区块链金融应用的银行业金融机构，这些企业无一不拥有深厚的核心研发能力，而广州正缺乏这类拥有强大核心研发能力的领军企业。

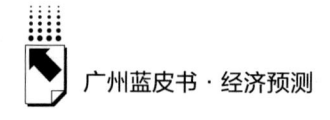

相比北京、上海及深圳，广州的研究型大学、科研院所、国家重点实验室等集聚不足，不利于专项人才培养。在区块链人才方面，广州尚未形成行之有效的人才培养体系，人才总量和结构尚无法完全满足市场需求。尽管微众区块链与华南理工大学形成了区块链教学合作等校企合作的人才培养模式，但其培养目标仍偏向区块链应用而非底层核心技术研发，且人才输送数量有限。上述这些问题将形成科技型企业的发展瓶颈，仅靠人才引入无法满足企业长期用人需求，且成本不可控。

（四）产业峰会规模影响力不够，未能形成足够声势

产业峰会的举办可促进产业合作及融合创新，对于生态建设大有裨益。2022年4月30日，"2022世界数字经济与区块链产业高峰论坛"在广州举行。8月10~12日，世界元宇宙生态博览会在广州举行。12月7日，由广州市区块链产业协会主办、十余家单位共同协办的2022可信数字经济湾区峰会在广州成功举行。尽管广州在2022年举办了上述产业高峰论坛、产业生态博览会和生态峰会，但其规模和影响力仍无法与在新加坡召开的"全球Web3生态创新峰会·新加坡"和2020年在杭州举行的世界区块链大会相媲美，未能营造足够的声势为产业发展集聚更多外部资源。

三 2023年广州区块链产业发展展望与建议

（一）设立专项引导基金，吸引更多社会资本

政府引导基金可以较好地平衡"政策导向"与"市场运作"，撬动社会资本投向实体企业，推动产业结构优化，从而促进广州本地产业高质量发展。广州市工业和信息化发展基金与广州市中小企业发展基金在促进云从科技和小鹏汽车发展以及在科创板及纽交所、港交所上市方面发挥了举足轻重的作用，同样的经验可以应用于其他高科技产业。2023年2月18日，1500亿元广州产业投资母基金和500亿元广州创新投资母基金宣告成立，基于此

设立的区块链产业专项子基金将有助于吸引更多社会资本参与区块链产业，推动区块链产业高质量发展。

（二）加大企业投资力度，解决企业长期发展的后顾之忧

在专项引导基金和其他社会资本参与集聚的基础上，广州需进一步加大对区块链产业企业的投资力度。高科技企业的特点之一是研发投入大、研发周期长，从企业初创到达到营收平衡直至盈利一般需要较长时间，如果没有充足的资金支持，很难熬过"黎明"前的"黑暗"。尤其是新兴的区块链产业，虽然其应用场景已较为丰富和广泛，但仍然缺乏已被证明的大规模刚需市场。NFT市场也在2021年下半年逐渐降温，国内NFT数字藏品市场刚刚起步，市场规模有待扩大。元宇宙市场在国内同样是新生市场，目前更多聚焦内容、硬件、扩展现实（XR）相关技术而非作为基础支撑的区块链技术。这些现状一方面给区块链产业带来了更多的想象及探索空间，另一方面也增大了企业发展的不确定性，因此更需要强大的资金支持。

（三）加快产业链建设，抓住实体经济数字化转型的机遇

随着区块链应用场景的不断拓展和深入，各种应用探索落地的步伐不断加快，但同时出现了应用分散、细分市场不明确以及相关产业链建设不完备等问题。因此，在明确细分市场的前提下，需要加快产业链建设的步伐，并加强产业链各环节之间的协同，进一步扩大"区块链+金融""区块链+跨境贸易"等特色试点工作成果。例如，数字人民币应用试点在广州已初见成效，可以进一步加快支付结算尤其是跨境支付结算相关的产业链建设，力争获得试点资格。此外，可进一步抓住实体经济数字化转型的机遇，加强企业上链及链上服务等相关产业链建设。元宇宙的火热也是一个很好的契机，借助这一风口，积极建设元宇宙产业链，连接各相关产业实体，可进一步扩大区块链产业影响力和提供落地市场。除此之外，还可以进一步加大区块链产业园宣传及建设力度，鼓励各类创新企业入驻，促进区块链产业生态的健康发展。

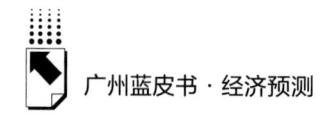

（四）重点引进和培育高新技术企业，加大科研投入和人才培养力度

从广州历史上对于"独角兽"企业的培养来看，一方面可以继续通过在资金和产业链上的支持孵化培育本地企业；另一方面也可从外部引进拥有高新技术的领军企业，通过"金融招商"或其他方式吸引企业落户广州，促进本地技术研发水平提升及产业发展。同时，需要加大科研投入，进一步加强高校、科研机构及企业的协同，加快推动建设一批高水平创新研究院，推动产业链关键核心技术研发。在人才培养方面，需要加大力度深化教育，培养更多更专业的高层次技术人才，同时面向全球引进符合产业方向的创新领军人才和团队，带动提升本地科研及教育水平。

（五）筹办有国际影响力的产业峰会，营造声势集聚资源

为更好地推动广州数字经济和区块链产业的发展，建议在2023年筹办一到两场更具国际影响力的高规模产业峰会。这样可以让广州数字经济和区块链产业与国际接轨，吸引更多国际企业和人才，促进交流合作。同时，在峰会上重点宣传广州对于高新技术企业及人才的相关扶持政策、产业支持和人文关怀，以此吸引更多优秀人才和企业前来落户。此外，为提高峰会的质量和影响力，可以邀请国内外知名的专家和企业代表参会，并在会议期间举办专业论坛和主题演讲，让峰会更加丰富多彩。通过这些举措，可以进一步提升广州数字经济和区块链产业在国际上的影响力和话语权。

参考文献

高奇琦：《将区块链融入科层制：科层区块链的融合形态初探》，《中国行政管理》2021年第7期。

朱婉菁、高小平：《区块链技术驱动下的城市公共安全韧性治理：一种理论诠释》，《行政论坛》2023年第2期。

朱婉菁:《基于区块链技术的多中心协同治理:技术促生的制度可操作化》,《电子政务》2021年第5期。

韩冬雪、符越:《区块链赋能数字经济高质量发展的理论意蕴和实践路径探索》,《企业经济》2023年第3期。

张玉洁、孙慧英:《大数据和区块链技术下制造业供应链管理研究》,《中国集体经济》2023年第5期。

B.19
数字经济赋能广州制造业高质量发展研究

民盟广州市委员会课题组*

摘 要： 数字经济赋能制造业高质量发展对我国制造业产业转型升级有重要意义。广州制造业数产融合发展涌现一大批出彩亮点，但存在数字资源覆盖有限、标准运行矛盾突出、"政校企"合作困难等问题。借鉴上海、重庆、深圳、苏州等数字经济赋能制造业高质量发展的成功经验，建议广州通过基础设施转型升级、数字信息互联互通、工业互联网深度赋能等手段，加快推动制造业数字智慧化、园区集群化、技术融合化、运营精细化、产业协同化及产业规范化发展。

关键词： 数字经济 制造业 高质量发展 数产融合 广州

一 广州制造业数产融合发展的出彩亮点

自2021年以来，广州深入贯彻落实国家制造业数字化相关决策部署，以数字经济为抓手，打造数产融合的制造业产业发展标杆城市，实施制造业

---

* 课题组成员：张蓓，华南农业大学经济管理学院，教授、博士生导师，研究方向为农业企业管理与数字经济；谭国戬，广东南方软实力研究院副院长，硕士生导师，研究方向为公司治理、数字货币及电子商务、知识产权保护；马如秋，博士，华南农业大学经济管理学院，研究方向为食物经济管理；招楚尧，华南农业大学经济管理学院，研究方向为工商管理；张雅竹，华南农业大学经济管理学院，研究方向为市场营销。执笔人：张蓓、谭国戬、马如秋。

产业造链、筑网、培基、建模等工程，采取稳增长、稳产业链、稳企业、稳平台等多种举措，全面落实制造强市战略。"十三五"期间，广州先进制造业增加值在规模以上工业增加值中的占比大幅提升，高达59.7%①，高端电子信息制造等制造业核心领域在全国位居前列，柔性印刷、半导体和集成电路等前沿领域稳健发展并实现突破式创新；生物医药与健康、智能网联与新能源汽车等前沿领域推进基础设施建设，制造业数产融合发展涌现一大批出彩亮点。

（一）基础设施建设加速，湾区资源集约供给

1. 强化互联网基础设施建设，推动广州制造"上云上平台"

广州加快建设工业互联网标识解析国家顶级节点，推动电子通信、汽车制造、船舶航母等先进制造业基础设施及5G、区块链等数字技术不断完善，K根镜像和A根镜像相继开通，设立数据同步系统、标识解析系统、标识搜索系统、标识查询系统等4类核心子系统，着力建设资源集约性强、安全程度高、覆盖范围广的新型工业互联网，大力推动人工智能公共算力中心和新型工业互联网创新中心等新型基础设施建设。截至2022年4月，广州全市"上云"企业数量已超10万家，处于全国第一梯队，此外，广州规模以上工业企业"上云上平台"率高达44%，为数字经济赋能制造业高质量发展提供了良好基础。②

2. 聚焦服务业基础设施建设，助力广州制造提质增效

广州深度挖掘服务业基础设施建设在推动制造业发展中的潜力，以"供需有效衔接、资源集约规划"为目标，从服务制造业发展需求出发，统筹规划制造业产业基础，打造可落地、可复制的服务型制造示范企业，并协同搭建数字化服务制造业平台。广州共拥有1个国家级跨行业跨领域工业互联网平台、4个国家级特色专业型工业互联网平台、5家数字化转型服务上

---

① 赖长强：《三大"聚焦"赋能广州 建设先进制造业强市》，《南方日报》2021年3月26日。
② 苏力：《广州数字经济：序幕拉开 大戏登场》，《南方日报》2022年5月17日。

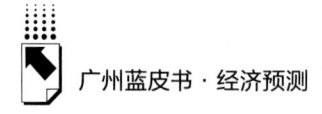

市公司。① 同时，广州积极实施"定制之都"532示范工程，为培育壮大服务制造业等产业新兴业态提供保障。

（二）数据要素应用加强，营商环境全国领先

1. 推动供应端数据分析

树根互联股份有限公司位于广州市海珠区琶洲人工智能与数字经济试验区，其着力促进制造业与数字经济相结合，打造"根云平台"，促进制造业供应端数据分析。现阶段"根云平台"已接入工业设备91万余台，涉及81个细分行业，业务覆盖超110个国家和地区，其着力打造制造业生产要素数字链、资源链，通过建设柔性管理平台、智慧生产线及数字化生产设备，推动供应端数据深度汇集和实时分析，将产品生产过程缩短了约77%，企业产品生产率和经营能力实现极大提升。

2. 推动需求端数据应用

如在医疗领域，广州着力推进智慧问诊、远程监护、AI影像辅助诊断等前沿领域发展，以医疗需求为导向，全面促进数字技术嵌入医疗产品研发创新，对智慧养老、数字病房等数据开展精准整合和实时分析，积极推动旅居养老等新型医疗业态发展，从而优化日常生活照料、数字健康监测等综合服务②；在交通领域，广州运用数字孪生、混合现实、全息投影等数字技术，通过开展出行人数预测、交通运营监控等数据可视化分析和精准化展示，驱动智能数控、智能道路等前沿领域转型发展，推进无人巴士等产品投入运营，实现人机实时交互、汽车自动巡航、智慧灵活避障等多元化功能。

3. 营商环境全国领先

广州深入推进营商环境改革，在审批服务便捷化、国际贸易便利化、市场监管体制深度革新等方面成效显著。2022年广州促进智慧技术、生物医

---

① 《首提"制造业立市"后，广州一季度工业贡献率较上年提升12个百分点》，21世纪经济报道，2022年4月26日，https://m.21jingji.com/article/20220426/herald/b11ea84c3ae1382372f4bc92bd1c0e54.html。

② 黄庆：《城市装"大脑""呼吸"更顺畅》，《广州日报》2021年5月23日。

药与健康等领域重大项目落地，推动企业智慧导办、优化市场准入机制、制造业用地清单等全面实施，并在促进新能源多维运用、提升产业运维效率等方面持续进行改革。

（三）智能技术研发创新，应用场景渐次丰富

1. 推进数字智能技术"强基筑魂"

广州市大力实施智能技术研发创新，加快布局基因递送、免疫检测、移动通信、神经芯片等前沿数字技术，发挥国家级、省市级实验室在制造业发展中的创新引领作用，为广州制造业高质量发展提供支撑和保障。现阶段，广州已将数字经济与制造业产业深度结合，孵化出奥格智能、云从科技、市井源机、佳都新太、品高软件等一系列先进制造业企业，为推进数字智能技术"强基筑魂"提供资源基础。此外，广州市天河区加快人工智能与数字经济试验区国际金融城建设，推动天河智慧城布局网易城，打造数字农业产业集群等五大智慧产业集群。

2. 丰富创新产业链应用场景

广州市持续加快部署新一代信息技术、智慧育种、低碳能源、半导体材料等新兴产业集群，聚力解码无人机产业、智能穿戴设备、光电技术、光电制造设备产业、军民融合技术装备等产业的新应用场景。

（四）数字标准规范设立，绿色制造有序推进

1. 数字标准精准设立

推动公共数据开发利用，广州探索发挥政府在数据挖掘、数据汇集、数据分析与数据运用方面的作用，设立制造业数据运行制度，推进数字标准规范设立，提升公共数据开发利用水平。广州构建制造业高质量发展数据共享系统，对各区制造业高质量发展开展指标制定与综合评估，并适时公开发展指数，以季节为时间节点推动发展指标数据互联互通、深度共享，在全国树立引领制造业高质量发展的行业标杆，提升广州制造业知名度和科技水平。此外，广州聚焦先进制造业集群建设，构建招商网络，形成重点招商目录清

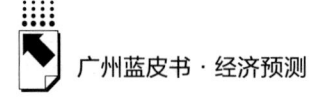

单和招商标准，对 IAB 和 NEM 等重点项目的引进，按"一项目一议"的方式给予重点支持并设立标准。

2.绿色制造有序推进

广州深入开展"粤港清洁生产伙伴计划"，推进绿色制造体系建设，大力发展清洁能源、绿色生产等领域基础设施，并持续出台、落实绿色金融、绿色信贷等制造业相关政策，保障绿色制造有序推进。如广州市番禺区运用数字技术打造制造业绿色化国际标杆，在全球范围内招商引资，深入推进智能网联与新能源汽车、"高精尖"技术等制造业核心领域发展。

（五）制造企业龙头示范，产业园区迅猛发展

1.强化龙头企业培育示范

广州强化制造业龙头企业在行业的示范作用，聚焦制造业产业目标，推动资源禀赋深度集聚、协同创新，着力培养制造业龙头企业；对外拓展国际贸易，助力占据制造业全球领先地位，创新招商引资方式，吸引世界制造业行业领先企业。智能网联与新能源汽车等新兴制造业产业取得创新成效，发挥汽车船舶、石油石化、家电等传统制造业企业集群优势，根据集群企业数量、企业发展禀赋、企业数字化转型程度等构建多梯次的制造业数字化发展模式。强化统筹兼顾、协同推进，促进制造业产业链布链、控链、延链、壮链，因地制宜依据区域制造业发展现状与未来趋势，对产业链各环节、各主体设定发展目标、推进任务落实，通过规划制造业数字化生态圈，实现制造业产业链高质量发展。

2.推动产业园区迅猛发展

积极发挥中国进出口商品交易会、中国留学人员广州科技交流会等平台的核心优势，通过强化人才引进机制、完善信息沟通交流渠道，促进中小企业先进制造业中外合作区建设，发挥"创客中国"国际中小企业创新创业大赛平台作用。支持既有技术核心竞争力又有资本运作能力的"专精特新"制造业龙头企业实现国际化布局、全球化发展，引进马斯特智能装备、创维智能产业创新基地、恒瑞医药产业化基地、维信诺第 6 代 AMOLED 模组等一批重大项目，以国际前沿技术赋能本土产业园区建设。

二 广州制造业数字化发展存在的问题

（一）数字资源覆盖有限，要素下沉渠道不畅

多数广州制造业企业仍处于技术研发、数据汇集、智慧应用的初级阶段，尚未建设涵盖制造业整体经营过程、多种业态模式的资源链和数据链；制造业相关企业生产数据、经营数据等数字资源分散性强、搜集成本高、分析难度大，各企业之间难以推进数据互联和信息交流，更容易形成"信息茧房"，导致数字资源覆盖有限；加之企业对外部数据的敏感性较弱，更难精准、全面地明确制造业相关数据的空间分布与更新频次。数字技术深度嵌入制造业发展面临瓶颈，制造业企业数字化转型不足、数字技术与企业经营过程的融合不深，对数字经济在制造业企业的应用推广造成阻碍。

（二）市场培育意识薄弱，数字价值难以激发

首先，产业联动程度有限。部分电子芯片、新型材料等领域的产品研发、制造仍然对国外企业存在高度依赖，制造业核心技术发展基础较弱，难以激发数字价值。此外，电子信息等前沿领域产业集群强、产业链条弱等特征明显，广州市工业和信息化局数据显示，2020年前三季度电子产品制造业仅同比增长0.2%，该年度增速首次转正。其次，数据开放水平尚需提高。企业数据获取意识不强，政府部门、事业单位等公共部门数据仍处于内部整合阶段，对社会公开程度有限且缺乏详细的披露规定。

（三）自主创新能力参差，企业数字化认知不够

通信网络、智慧技术等数字基础设施较薄弱，且部分制造业企业面临前沿研究领域研发不足、创新能力较弱并缺少核心专利技术等窘境。多数广州制造业企业在数字化转型过程中存在部门权责认定模糊、转型资金分配不均

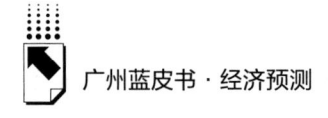

等问题，并且存在部门数字化转型标准、员工激励机制等不健全的问题，制造业企业之间、企业内部部门之间数字资源鸿沟明显。

（四）企业运行标准矛盾突出，人才供给相对短缺

制造业企业运行标准矛盾突出，数据格式差异大、兼容难，跨部门协同机制缺失，数据从获取到应用流程分工不明确等问题明显。制造业数字化过程具有系统性、复杂性，人才素质复合程度要求高，高层次人才供给短缺现象严重。此外，制造业企业数字化能力的培育与提升体系仍不足，基于制造业企业特性的数字化转型相关配套课程体系及培训机制仍然缺乏。

（五）"政校企"合作困难，产业链条协调不顺

"政校企"合作形式单一、企业积极性不高，存在内部沟通交流程度不高、协作性低等窘境，加剧制造业数字化过程中的资源浪费。此外，制造业重点产业链存在"产业高端、环节低端"、产业集群"大群弱链"等问题，本土制造业产业链上下游拓展空间不足，使广州制造业产业链韧性不足、抗风险能力弱。

三 国内数字经济赋能制造业高质量发展的实践经验

随着数字经济和互联网的不断发展，国内一些先进城市在竞争中不断摸索，涌现出一批借助数字经济赋能制造业高质量发展的成功案例，主要有以下显著的实践经验。

（一）数字新基建打造特色新园区

上海多方位加快建设数字基础设施，着力培育影响范围广、创新程度高的制造业数字化发展平台，并与全国各地制造业企业和数字设备进行精准连接；大力部署5G、IPv6等数字新基建；在上海市范围内建设数字智能工厂，引导人工智能、区块链、虚拟现实等前沿数字技术在智能机器人研发、智能

故障监测、数字远程操控等多元场景展开应用；着力建设市级制造业特色产业新园区，因地制宜利用区位地理优势，联动长三角地区周边城市，协同推进制造业数字化发展示范区建设，促进制造业数字应用方式不断革新。

（二）绿色新理念推进发展新模式

重庆积极借助大数据技术等数字化手段，通过企业低碳化改造等多元方式，积极构建绿色制造体系，助力实现制造业高质量发展。一方面加快推进传统制造业向生态化、智慧化转型发展，如借助重庆绿色智能再制造联盟、重庆绿色制造技术创新战略联盟等组织共同加强技术研发和经验交流，运用绿色新理念推动制造业整体科技化转型。另一方面加快发展能耗低、污染少的新能源、人工智能、集成电路等先进制造业和战略性新兴产业，使其成为绿色发展新动能。

（三）制造新需求突破核心新技术

深圳支持关键核心技术攻关项目，着力发展数字技术、绿色材料、芯片软件、医疗器械等科学领域，以市场需求为导向，开展技术智慧研发、完善激励约束机制，推动制造业领域数字技术攻关。深圳加大制造业数字化转型相关资金和政策扶持力度，在数字技术、芯片材料、工业母机等方面出台了一系列创新发展政策，为制造业高质量发展提供了支撑保障；强化重大创新平台支撑，加快5G、物联网、混合现实技术等新型数字技术在生物医药实验室等载体方面的创新应用，推动数字经济赋能制造业高质量发展惠及更多民众。

（四）品牌新标杆搭建"智造"新平台

苏州提出以"苏州制造"为区域品牌标杆，优化产业品类架构，完善品牌发展机制，以数字技术驱动为引领，打造政府部门主导、经营主体参与、市场实时监督、社会公众促进等的多主体联合的制造业品牌数字化发展生态圈，着力构建标准健全、质效提升、认证权威的苏州制造业品牌数字化发展体系，为向全国推广普及"苏州经验"奠定良好基础；搭建"苏州制造"工业互联网产业联盟平台。如举办工业互联网用户大会、工业互联网工作推进大会、国际机器人与智能制造大会等具备广泛影响力的大会，大幅提高"苏州制造"在世界范围内的影响力和知名度。

四 数产融合推动广州制造业高质量发展的对策建议

基于广州制造业数字化发展现状，围绕制造业产业发展面临的关键问题，结合全国先进省市数字经济赋能制造业高质量发展的实践经验，广州数字经济赋能制造业高质量发展应以新发展理念为引领、以数字信息网络为基础，深化5G网络、数据中心等新兴基础设施建设进程，依托粤港澳大湾区的地理位置、制度设计、资金保障、人才队伍、产业基础等制造业数字化生产要素优势，推动建成广州国家级新一代数字产业创新发展试验园区，打造信息深度互联互通的工业互联网平台，充分发挥制造业龙头企业和科研院所的标杆作用，加快国内数据治理规则与国际规则对接进程，围绕制造业产业和相关企业经营发展的现实需求，畅通数据要素流通应用渠道，加快制造业在产业业态和商业模式等领域的创新。

（一）基础设施转型升级，促进数字智慧化发展

一是持续健全粤港澳大湾区一体化信息基础设施。湾区制造业龙头企业充分发挥模范带动作用与产业链主力军优势，通过加大5G网络、双千兆网络等新兴通信技术基础设施在资金、用地、人才等方面的投入，为中小型制造业企业数字化转型提供免费数字技术诊断、数字运营咨询等多维服务。

二是持续健全粤港澳大湾区一体化融合基础设施。大力推进广州基础能源、交通运输、社会治理等领域的数智融合基础设施建设，如强化人工智能、区块链等数字技术在交通运输领域的深度运用，打造便利化、立体化的数字运输网络，并运用物联网等技术优化城市区域建设和生态规划。此外，需联动市区各能源部门，整合全市能源运行数据。

三是推动建设粤港澳大湾区一体化创新基础设施。促进新型技术与广州

制造业深度融合，推进三维建模、智能门禁、视频监控、智能视频识别与智能可穿戴设备等技术规模化应用，打造一批全时空、全方位、全智能安全管控的数字工厂。

（二）数字信息互联互通，促进园区集群化发展

一是运用数据要素重构制造业新业态，实现广州制造业产业集群发展降本。推进企业与政府、第三方行业机构、其他企业在数据应用、经营理念等方面开展共商共享，充分开发广州数字工厂数据资源价值，推进数字产业园区个性化定制、智能化生产、网络化协同、服务型制造等新业态创新。

二是依托数字科技赋能制造环节信息流，实现广州制造业产业集群发展提质。应用AI、自动化等技术对产品研发、生产运营、销售服务等环节赋能，实现关键业务环节信息流互联互通与高效协同。如在研发环节中借助AI技术的预测性能力优化产品开发生命周期。

三是以数据信息精准把握消费需求，实现广州制造业产业集群发展增效。在生产环节以数字信息优化需求预测、材料采购等环节的资源配置方式，落实生产要素"精准配比"。在销售环节利用大数据系统洞察市场前沿，以"精准配置"有效提高产品配置效率，增强产业供应链韧性。

（三）工业互联网深度赋能，促进技术融合发展

一是依托雄厚的科技创新能力搭建工业互联网平台，以云端数据赋能制造业优化升级。推进建设一批行业级、企业级实现泛在连接、数据智能采集分析的工业互联网系统，研发应用范围广、覆盖性强、稳定性高的制造业数字化互联网App，畅通数据要素流通应用渠道。

二是加快建设工业互联网标识解析国家顶级节点（广州）。推动国际主流标识解析方案OID、Handle与国内主流标识解析体系NIoT、Ecode、CID链接和标识互解。探索标识解析在交通运输、高端芯片、智慧光纤等领域的多维应用模式，驱动标识解析在关键产品追溯、供应链管理及产品库存优化等方面的集成创新应用。

（四）制造业企业全球引领，促进运营精细化发展

一是分层分类推进实施"专精特新"企业"上云上平台"专项培育行动。对制造业相关高新技术企业开展定期探访和监督指导，着力打造一批世界级制造业数字化"独角兽"企业，并推动一批规模以上工业企业转型升级为高新技术企业。

二是擦亮"广州制造"新名片，支持一批数字化转型优势企业"走出去"，通过借鉴世界范围内先进制造业企业数字化经验，开展本土企业资源整合分析、经营模式优化等，提高本土制造业企业国际影响力。

（五）数字贸易持续推进，促进产业协同化发展

一是建立与国际接轨的投融资、贸易、仲裁等营商规则体系。驱动粤港澳大湾区制造业产业供需数据、交易数据等跨国、跨区流动，推动试点商事登记确认制、落地商事登记"跨境通"，并优先在电子通信、智能交通、通关检验、工程建设等领域实现国际贸易大幅增长，为提高数字贸易自由度奠定坚实基础。

二是打造数字化产业协同生态圈。构建粤港澳大湾区现代产业体系，聚焦制造业优势产业建设智慧工厂、数控车间等，提升企业精细化加工、智能化生产的能力。推进消费领域与产业领域的数据协同，以数字技术促进不同制造业产业的边界融合，实现跨产业资源互联、信息共享。

（六）夯实制造支撑保障，促进产业规范化发展

一是数字制度强标准。一方面，构建完善的制造业数字化转型与数字经济法律机制。聚焦制造业核心生产技术、数字化建设、智能车间数控系统平台搭建方式等方面的细化标准和规则，针对制造业产业集群化建设、企业数字化发展等实施科学化、体系化标准。另一方面，围绕制造业产业链条、行业、企业、园区等不同主体，落实精准施策。以"一链一策""一行一策""一企一策""一园一策"为方针，针对重点产业链条、重点

行业、重要企业与重大园区项目,完善并实施广州制造业数字化转型法律法规及落实目标。

二是数字金融增扶持。一方面,优化财政专项资金管理机制。实行制造业企业资金分配、资金运用、经营特征、绩效评估等相结合的数字金融管理机制,推动制造业企业与中国银行、中国建设银行等开展联动合作,建立涵盖制造业生产加工全过程、应用普及全领域、企业经营全规模的阶梯式资金补贴机制。另一方面,加大工业互联网平台补贴扶持力度。支持制造业重点企业、互联网服务商与证券公司、保险公司等金融机构建立风险共担、收益共享的合作机制,打造制造业数字金融服务示范点。

三是数字技术提效率。一方面,探索多样化数据利用机制。构建部门协同、市区联动、政企合作的数据管理体制机制,加大对核心技术、前沿技术及"卡脖子"技术的研发支持力度,发挥数据要素的无边界优势,促进其他生产要素及创新要素的整合共享。另一方面,加快培育数据要素市场。发挥数据要素的乘数效应优势,引领数字技术贯穿研发、生产、流通、服务和消费全流程,提高传统生产要素的配置效率,使数字要素深度赋能不同产业,提升制造业各行业的整体发展水平。

四是数字引才促变革。一方面,制定并落实满足制造业数字化转型需求的人才引进政策。加大国家级领军人才、地方级领军人才引进力度,形成覆盖人才引进培养、生活保障、综合评价等方面的政策法规体系,以此助力数字技术在制造业企业经营过程中的应用创新,实现企业运营管理模式革新。另一方面,构建"外部招聘+内部培育"的双轮驱动人才培养机制。对外加大招聘引智力度,打通多种招聘渠道,并全方位提升人才待遇;对内聘请资深专家,增开多元化技能培训会,拓宽员工晋升渠道。推动校企深度合作,广泛建立校内外技能人才实训基地。

五是数字合作筑共赢。一方面,政府牵头引资,增强湾区创新活力。颁布数字经济高质量发展扶持政策,鼓励、夯实中国企业与外资企业在数字技术领域的合作,加强制造业产业链上下游企业信息交流与沟通,实现多边合作共赢,推动制造业产业链集群化发展。另一方面,智库力量会同

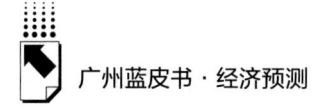

制造业龙头企业共建产学研合作机制。发挥高校和科研院所科研优势，协作推进工业互联网、人工智能、智能网联与新能源汽车等新兴产业和创新领域的试点示范项目研究，共同建设联合研究平台，推动项目成果的应用示范和推广。

B.20 广州美妆日化行业数字化转型对策研究

广州市工商联合会课题组*

摘 要： 作为数产融合全球性标杆城市，广州以美妆日化行业数字化转型为撬动点，加快推动传统产业数字化转型，是增创改革发展新优势、高质量实现"老城市新活力"的关键。本报告以研发设计、生产制造、供应链管理、市场营销、产品服务数字化转型为切入点，重点分析了广州美妆日化行业数字化转型的实践案例和面临的主要问题，提出了进一步推进广州美妆日化行业数字化转型的战略思路和对策路径。

关键词： 美妆日化行业 数字化转型 老城市新活力

一 广州美妆日化行业数字化转型的代表性案例

在实现"老城市新活力"过程中，广州部分代表性美妆日化企业数字化转型不断取得新进展、新突破，美妆日化行业发展载体建设提质增效，为未来行业实现高质量数字化转型提供经验，支撑广州传统产业数字化转型，助推广州焕发"老城市新活力"。

---

* 课题组组长：李洁明，广州市工商业联合会副局级干部。课题组成员：唐燕萍，广州市工商业联合会经济服务部部长；刘林，广州市工商业联合会经济服务部副部长；祁广菲，广州市工商业联合会经济服务部四级调研员；韩永辉，广东外语外贸大学广东国际战略研究院教授、博士生导师，研究方向为产业经济；麦靖华，博士，广东外语外贸大学广东国际战略研究院助理研究员，研究方向为全球经济；沈晓楠，广东外语外贸大学广东国际战略研究院助理研究员，研究方向为区域发展。执笔人：韩永辉、麦靖华、沈晓楠。

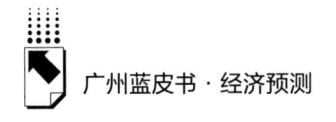

（一）广东芭薇生物科技股份有限公司

广东芭薇生物科技股份有限公司（以下简称"芭薇"）是一家集专业策划、研发、检测、生产于一体的化妆品 ODM/OBM 企业。目前，芭薇正在积极探索数字化转型。一是启动"精益智造"计划。聚焦研发国际化、数字化工厂、BWT 秒供，逐步改造现有半机械、半自动流水线为较高自动化程度的流水线。二是积极推进供应链管理智能化。筹划 APS、MES 等信息平台，结合现有的 SAP、芭薇云等信息系统，快速部署契合芭薇整体的信息体系。三是在检测端加快布局数字化转型。芭薇·悠质检测已引进实验室信息管理系统（LIMS），极大地简化了工厂和品牌在检测备案端的烦琐流程并减轻了压力。

然而在芭薇进行数字化转型的过程中，仍然存在一定问题。一是智能化配置需要更灵活的布局。化妆品产品迭代周期短，对个性化、智能化配置提出了挑战。二是应用数字平台间的联系仍需加强。芭薇 5 个工厂在人与设备、人与人、设备与设备三者之间暂未打通，企业研发生产效率受限。三是远程交互需要提高效率。芭薇与 500 多个国内外品牌达成合作，远程交流的效率需要及时提升。

（二）广州阿道夫个人护理用品有限公司

阿道夫是集研发、生产、营销于一体的专业高端洗护生产企业。阿道夫进行数字化转型，利用"云大物移智"等新兴技术为自身高质量发展赋能。一是打造智能工厂、智能仓库、智能防伪系统。在三地同时建设智能工厂，打造智能生产、数字物流、全景质控的完整供应链体系，在日化行业内建立了首个"黑灯仓库"，引入了自动化立体库、自动分拣系统和智能设备。通过"一物一码"，实现安全可预警、源头可追溯、身份可查询、责任可认定。二是构建以 SAP、ERP 为核心的数字化应用体系，实现初始阶段价值链贯通和提高一体化运营能力，推动各个业务环节有效协同。三是以数字服务为桥梁、以用户为核心实现线上线下强联动营销。推出"空中美课"等创新营销模式，借助社交软件将线下的营销场景转移至线上。

目前，阿道夫在数字化转型中仍然存在业务人员对数字化转型了解程度不足、上下游企业数字化协同程度不够、营销策略变动较大导致数字化转型适应困难、数字平台系统外包产生数据安全困局等问题。

（三）白云美湾广场

白云美湾广场进行全面升级后加强建设"一中心三平台"，其中"一中心"指化妆品指数中心，"三平台"指白云美湾研究院平台、众妆联平台、工业互联网平台，大力推动数字科技渗入美妆产业。一是引进研究平台，优化生产制造数据库。引入白云美湾研究院平台，以龙头企业为主导，联合相关高校和科研院所，高水平打造白云美湾国际研究院。二是搭建数据信息平台，数智化赋能企业供应链管理。白云美湾广场由区化妆品促进会投入3000万元建设化妆品指数中心，采集全球化妆品产业相关原料、包材、成品等多方面的产业数据，并且定期更新不同维度的数据，统筹联动各部门打造白云美湾广场数据处理中心。

白云美湾广场投用后，未来产销将继续活跃但仍然存在单个品牌体量不足、中小企业投入成本增加等问题。从全国化妆品产业链分布看，白云区以数量优势领先，但过往由于缺少引导和系统规划而出现"小散乱"、配套跟不上等问题。

（四）白云湖街化妆品产业集群

白云湖街拥有超过190家化妆品生产企业，集聚了好迪集团等多家美妆日化民营企业，企业积极进行数字化转型，提高自身竞争力。一是建立一套集团公司内部数字化运营系统。广州好迪集团把企业管理中遇到的各方面问题以数据形式呈现，管理者得以直观、完整、全面地对数据进行分析。二是与第三方平台合作构建数字化转型升级系统。广州笔匠公司与蜂眼互联合作，其开发的蜂眼精益生产执行SaaS系统协助企业在生产管理、计划管理、质量管理、生产数量统计等方面实现较大提升。三是数字化营销推动线下业务转型。丹姿集团针对线下渠道，上线了一套EBM在线运营模式，包含

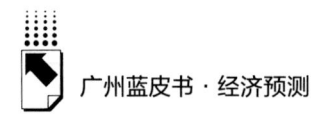

"在线快闪店""社群营销"等板块。

由于当前白云湖街的美妆日化行业仍然以劳动密集型产业为主，存在大量中小企业，在数字化转型中仍然面临转型成本较高、数字平台服务效果不佳、缺乏数字化转型人才等问题。

二 广州美妆日化行业数字化转型面临的主要问题

（一）广州美妆日化行业研发设计数字化问题分析

1. 软件和算法的开发能力较为落后

国产数字化软件研发起步晚，核心技术研究水平低。企业需长期大量投入研发资金，导致数字化软件研发的效益不显著。而美妆日化行业产品更新迭代频率高，研发端需要高效率进行大量定制化分析，所需原料、设备、研发人才需要大量资金。而广州化妆品企业多为中小企业，难以长期负担高额的数字化研发费用。政府在制造业软件研发方面的扶持与融资租赁专项服务更侧重于电子设备、电气设备、通用设备等行业，较少涉及美妆日化行业。另外，美妆日化行业营销数字化进程加快，易导致产品研发环节的成本被压缩，数字化研发困难。

2. 产学研用协同发展水平相对较低

在调研走访中，超过30%的美妆日化企业认为自身存在产学研用协同发展困难。尽管美妆日化行业产学研用协同机制正在推进建设中，但出于研发成本过高、利润空间有限等原因出现供需失衡问题，高校参与协同的内部动力不足，合作稳定性、长期性较差，不利于解决制约产业数字化转型的重大技术问题。同时，企业、高校和科研机构间的评价机制以及社会保障机制不同，产学研各方人员交流存在阻碍，企业难以引进支持数字化转型的技术人才。兼具专业知识、实践经验和跨领域多种能力的复合型人才稀缺，专业化技术人才与企业需求难以契合，人才供给明显不足。

（二）广州美妆日化行业生产制造数字化问题分析

1. 生产制造环节陷入价值俘获困境

在调研走访中，有约40%的企业认为，生产制造数字化转型的成本较高，企业难以获得明确的价值回报。生产制造数字化转型成本较高，加之经济环境不佳，导致企业融资能力下降，企业用于转型的资金不足，不利于生产制造数字化转型。而且由于美妆日化企业生产制造数字化转型周期较长、成本较高，再加之政府补贴不足，生产数字化转型试错成本较高，管理者无法确定投入多少资金以获得明确的预期回报，不利于生产制造环节的数字化转型。

2. 生产制造数据管理能力不足

企业缺乏对生产制造数据的管理能力，导致数据红利难以释放。使用第三方数字化平台管理数据存在数据泄露和平台堆积的问题，企业深度开发和利用生产制造数据的能力较为薄弱。数据链条无法联通，导致企业无法对数据进行整体的深度开发和利用。大部分企业对生产制造数据的利用和管理能力不足，缺乏对数据的开发和利用，不利于数据"变现"。生产制造数据管理能力不足，限制了数据价值的发挥，因此生产制造环节难以实现快速、高效的数字化转型。

3. 生产制造数字化认知存在偏差

企业对生产制造数字化的认识往往停留在设备升级层面，数字化工厂仅实现了生产制造信息化，而未真正掌握生产制造数字化。美妆日化企业未认识到使用数字化系统设备不仅是为了实现平台的信息化，而且为了根据平台提供的服务为企业带来长期增值和促进企业发展，忽视了数字化过程中由系统提供的服务对优化企业生产环节所产生的价值，不利于生产制造数字化转型的长期发展。

（三）广州美妆日化行业供应链管理数字化问题分析

1. 供应链上下游数字化协同发展共识需提升

在调研走访中，约60%的企业认为供应链上下游数字化协同发展存在较大问题。一是企业信息化系统建设水平不一，上下游数字化协同发展困难。虽然部分美妆日化企业采取了供应链系统化的信息管理，但企业上下游之间流转的数据都是自身系统的单据，在时间口径、数据准确性、效率方面缺乏信息化的沟通连接平台，上下游信息割裂分散，不利于企业间的协同发展以及建立可持续的良好合作关系。二是龙头企业辐射带动能力偏弱，对广州美妆日化行业实现数字化转型的带动作用有限。处于供应链金字塔"腰尾部"的化妆品工厂大约占据了90%以上，除栋方、芭薇、嘉丹婷等十几家头部企业的工厂之外，其余大部分均为中小工厂，数字化协同发展的共识需进一步提高。

2. 供应链信息综合管理平台未完善

尽管广州美妆日化行业致力于打造各种智慧供应链公共服务平台，但整体而言供应链一体化平台构建起步较晚。数字技术应用尚未规范，仍需进一步完善。2021年7月，广州白云区化妆品产业互联网平台才正式启动，相较于巴黎等先进城市的发展进程，广州美妆日化行业供应链数据信息共享平台起步较晚，难以支撑行业数字化转型，供应链信息管理建设在数据互信、数据安全、交易透明方面仍有提升空间。

3. 供应链管理智慧化水平较低

供应链管理智慧化建设、运行成本高。传统成形的软件如ERP、CRM、OA等业务功能不完善，一个系统无法满足企业的全部业务需求。同时，系统运行过程中需要实时监测、定时清理、批量执行任务、故障处置操作等，运行维护成本高，美妆日化中小企业能投入的资金有限，难以实现全业务的供应链智慧化管理。传统美妆日化用品企业与供应商之间计划、订单、质量、库存、物流等信息传递仍主要依靠电话、邮件等方式，供应链环节智慧化程度有待提升。同时，供需预测研究有待进一步深入。广州美妆日化传统预测难以适应复杂多变的市场环境，预测量过低将耽误项目进展，影响企业的生产计划；而预测过高将导致物资限制，增加采购成本，同时还将限制供应链的反应速度，导致供应链管理的难度和成本不断提高。

（四）广州美妆日化行业市场营销数字化问题分析

1. 以市场导向引致过度营销

为快速提升产品知名度和吸引力，大量美妆日化企业选择利用多种线上渠道进行大范围宣传推广，但缺乏对质量的把控，使得宣传推广过程中资源浪费现象严重。广州逸仙电商旗下品牌完美日记与 1.5 万名 KOL 开展深度合作，并在各大互联网平台大量投放营销素材，仅"小红书"就有超过 24 万篇推广笔记。但其缺乏对推广投放数量和内容的限制筛选，致使平台宣传内容重复度高、同质化严重。病毒式广告推广使其营销边际效益递减，后期营销对销量的带动作用减弱。同时，美妆日化企业过度投资数字和效果渠道，营销费用投入过量。以美妆日化企业广州逸仙电商为例，该企业 2018 年营销费用为 3.1 亿元，而到了 2021 年营销费用高达 40.06 亿元，其中 2019 年和 2020 年的营销费用分别较上年增长 304.85%、172.74%。[①] 然而，该企业的营销效益远低于预期。2021 年逸仙电商营收同比增速为 11.60%[②]，营收增速明显低于营销费用增速。营销费用的过度投入挤占了产品研发费用份额，导致其缺乏产品竞争力。

2. 满足市场个性化需求成本过高

在消费升级背景下，产品多样化、需求个性化趋势不断加强，但受成本因素制约，企业仍难以全面实现营销数字化、差异化、个性化。一方面，营销渠道多导致整合用户数据成本高。广州美妆日化行业仍处于数字化转型初期，除栋方生物、好迪集团等部分大企业有能力构建自己的数据库系统外，更多的中小型美妆日化企业只有渠道营销投入能力，不具备全渠道消费者数据回收整合能力，这影响了企业对用户消费偏好信息的获取，进而影响企业为消费者提供针对性服务的能力。另一方面，市场细分需求大，营销投入成本高。美妆日化行业服务用户范围广，用户需求呈现复杂化和多元化特征。

---

① 数据来源：逸仙电商 2018~2021 年年度报告。
② 数据来源：逸仙电商 2021 年年度报告。

为充分吸引各类消费者，抢占市场份额，美妆日化企业需要获取用户需求数据，加大市场细分力度，运营渠道随着市场的细分而增多，渠道维护成本也相应提高，这会进一步加大企业营销的投入压力。

3. 数字化营销手段单一

数字化营销具有用户触达度高、市场开拓速度快等特点。企业采用单一的数字化营销手段，过度追求数字化营销成效，而对自身品牌价值的建设不足。为在短期内取得可见的营销成效，美妆日化企业利用社交媒体、直播电商等平台开展大量促销活动。快速增长的销售量在营造企业繁荣假象的同时，提升了消费者对产品价格的敏感度、降低了消费者对品牌价值的认可度。数字化营销手段往往停留在打折的低端层面，这可能让企业陷入品牌核心价值模糊的困境，其产品难以对消费者产生持续的吸引力。

（五）广州美妆日化行业产品服务数字化问题分析

1. 在线服务效率有待提高

数量有限的人工客服和日益上涨的咨询需求导致在线咨询服务效率较低。在品牌与消费者之间联系日益密切的情况下，广州美妆日化行业积极推进数字化服务，推出线上客服，以提供全面的售前、售中、售后服务。然而，随着品牌消费者规模的扩大和消费者在线咨询需求不断上涨，数量有限的在线客服不能完全满足消费者的咨询需求，从而导致消费者对品牌好感度下降。大幅上涨的咨询服务需求与数量有限的人工客服、较高的人工客服成本之间的结构性矛盾仍较为普遍且有待解决。

2. 产品服务功能同质化严重

企业技术创新动能不足导致产品服务功能同质化现象严重。数字服务技术创新具有突破难、成本高、风险大的特点，因此目前依旧主要由国际头部企业带动。中尾部企业尽管在美妆日化市场的份额不断提高，在数字技术上依然只能追赶头部企业而难以超越，导致行业内部各品牌之间的数字化产品服务功能同质化现象严重。仅 AR 试妆和 AR 测肤这两项服务功能，就有包括丸美、完美日记在内的多家美妆日化品牌在提供，且技术、形式和内容大同小异,对于消费者而言可替代性强,产品数字化服务功能的程序和技术缺乏创新性突破。

3. 隐私保障政策不够完善

相关法律法规的空白导致用户的隐私保障政策不够完善。对消费者个人信息的采集和分析是美妆日化行业提供个性化、定制化数字服务的基础。其中,个人信息不仅包括性别、年龄、地区、电话号码等基础性信息,还包括人脸五官特征等生物识别信息。然而目前,由于相关领域法律法规的空白,广州美妆日化行业及相关企业尚未制定完善的隐私保障政策以规范数据的采集和管理,保障消费者的个人隐私。消费者的个人隐私一旦得不到保障,不仅会影响其安全感和对品牌以及产品服务的信任度,还可能会让企业自身面临法律风险。

三 广州美妆日化行业数字化转型的战略思路和对策路径

(一)总体战略思路

1. 一个战略目标

广州坚定落实习近平总书记赋予广州"老城市新活力""四个出新出彩"的使命任务,在奋力实现习近平总书记赋予广东的使命任务中勇当排头兵。实现"老城市新活力"是习近平新时代中国特色社会主义思想在广州的具体实践,广州以借助美妆日化行业数字化转型推动城市全局结构性突破,实现传统产业高质量发展转型、老城市迸发出新活力为战略目标。广州以美妆日化行业数字化转型为撬动点,加快推动传统产业数字化转型,抢占经济制高点,增创改革发展新优势、高质量实现"老城市新活力"。主动对接国家战略部署,落实落细政策文件,聚焦美妆日化等传统产业集群,促进产业从集聚化向集群化发展跃升,优化产业空间布局,统筹推进"白云美湾"、黄埔"南方美谷"、花都"中国美都"等产业集群的建设。扎实推动美妆日化行业向数

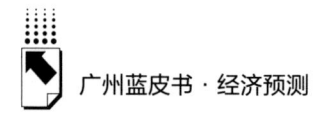

字化、网络化、智能化方向发展,形成"链式整合、集群带动、协同发展"新格局,力争将广州打造成为世界领先的数字经济引领型产业高地。

2. 两大功能

(1) 强化撬动功能:以美妆日化行业撬动传统产业数字化转型

推动美妆日化行业数字化转型作为广州传统产业数字化转型的撬动点,带动广州传统产业加快实现数字化转型。打造传统产业数字化转型样板,建设美妆日化行业数字化转型的示范点,鼓励美妆日化行业共享数字化转型成功经验,为其他传统产业提供成功范例以减轻传统产业数字化转型的压力,发挥其带动作用以促进传统产业实现数字化转型。

(2) 强化支撑功能:以传统产业数字化转型支撑广州迸发"老城市新活力"

推动优势产业转型升级和打造现代产业体系,支撑广州迸发"老城市新活力"。以数字产业化和产业数字化为核心,加快数字赋能产业转型步伐,推动广州传统产业集群数字化。构建数字经济发展体系,提升城市数字化、现代化治理水平,营造老城市的发展新环境、新优势。

(二) 对策路径设计

1. 成立支持数字化转型服务小组

成立专项领导小组,由市领导任组长,具体工作由镇(街道)政府或工商联配备的联络员和服务专员负责。培养具备较强沟通、表达、对接、协调等方面能力的复合型"政企联络员"和服务专员队伍,负责为企业数字化转型提供持续跟踪服务,收集企业在数字化转型过程中的现状、规划、面临的困难以及政策需求等情况,协调跟进解决。

2. 提升服务供给能级和质量效益

根据企业数字化转型面临的短板和瓶颈环节,开展辅导培训等综合服务,集聚战略设计、研发生产、营销管理环节,建立数字软件服务商名录,为企业数字化转型提供系统解决方案。按照分层联系、上下联动的原则,考虑选取市工商联机关干部和企业驻市工商联挂职干部,到美妆日化企业开展

"常态化"服务工作。依托专业服务机构,为美妆日化企业数字化转型提供咨询和技术服务,建立集展览、交易、服务等功能于一体的美妆日化企业名品展示中心,为中小企业提供更加便利、安全、可靠、低成本的产品服务和服务平台资源。

3. 搭建行业发展服务平台

积极推动与省、市有关部门的协调沟通,依托"伙伴日"主题服务活动,开展对国家和地方数字化转型政策文件的宣传解读,为企业提供政策支持、资源平台搭建和各类服务对接,促进上下游企业就数字化转型主题进行对话交流。依托广州政企沟通服务中心,提供涉企政策咨询,辅导企业进行相关扶持政策申报,协调解决企业遇到的困难和问题。充分利用与各级党委、政府及有关部门建立的政企沟通渠道,反映企业的呼声和诉求,帮助协调解决涉企政策落地等问题。

4. 打造数字化转型标杆"雁阵"

探索区域数字化转型标杆实践,鼓励扶持数字化转型"探路者",发挥其标杆效应,带动全链条中小企业转型升级。以公开征集的方式,集聚和筛选数字化转型标杆企业、案例,组织中小企业走入各地领军企业考察观摩,开展调研学习及资源对接。举办数字化转型"现场会",邀请专家和企业家剖析转型成功的企业案例,为其他企业提供转型范例,化解中小企业"不会转、不敢转"的问题。

5. 加强政银企合作

发动金融服务机构和优质生产性服务机构为美妆日化企业提供更精准有效的金融"活水",加大纾困帮扶力度,助力企业数字化转型创新发展。拓展金融机构合作范围,发挥广州"信易贷"等线上线下各类融资服务平台作用,为民营企业数字化转型提供融资服务。举办金融服务产品推介会活动,结合美妆日化企业的经营特点、发展困境及战略选择,着重介绍适合企业当前数字化转型需求的助企纾困金融产品及融资举措。落实《广州市"专精特新"中小企业培育三年行动方案(2022—2024)》和广州市服务民营企业科技创新"优创"行动,集中支持行业龙头企业实现数字化转型,

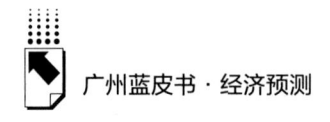

并在推广应用过程中将财政扶持等相应的权益用于降低中小企业成本,逐步推进行业数字化转型。

6. 全渠道提升企业品牌影响力

以白云美湾为切入点,依托广州建设国际消费中心城市的契机,加强广州本土美妆日化品牌宣传,形成推进名牌战略的社会氛围。支持企业参与线上展会,对参加"粤贸全球"线上境外展览会等相关活动的广州企业给予相应经费支持。利用数字网络技术,举办"美妆日化品牌节""品牌成长论坛"等活动,助力企业打造品牌商标。鼓励企业制定高于国家和行业标准的标准,为企业数字化转型技术需求、科研院所技术供给、中介机构技术服务提供对接撮合平台,支持企业推进关键环节数字化转型和柔性化改造。

7. 构建完善数字化转型人才体系

营造尊重人才、吸引人才、留住人才的浓厚氛围,面向美妆日化数字化转型企业一线员工和技术人才开展人才评选和奖励。强化"订单式"数字化人才培育机制,鼓励企业与高等院校建立人才共育机制,支持企业与高等院校联合建立企业或行业数字化转型博士后流动站。组建数字化人才培训机构,培训升级企业数字化营销人才梯队,为企业提供高标准创新型、复合型、应用型高素质数字化技术技能人才。

参考文献

邱海平:《实现民营经济健康发展、高质量发展——深入学习习近平总书记关于发展民营经济的重要论述》,《人民论坛》2023年第7期。

陶庆华:《松绑放权支持民企 一视同仁发展人才》,《中国人才》2020年第2期。

谭用发:《民企加强和改进人才工作的着力点》,《中国人才》2019年第1期。

林新奇:《不仅要"引才",还要"育才""用才""留才"构建完善的"引育用留"人才制度体系》,《人民论坛》2018年第15期。

俞家栋:《城市如何正确引才留才》,《中国党政干部论坛》2018年第6期。

B.21 "数字化、国际化、绿色产品化"助力广州期货交易所创世界一流交易所研究

民建广州市委员会课题组*

摘　要： 广州期货交易所是我国第五家期货交易所，定位为创新型期货交易所，其设立有助于为粤港澳大湾区内企业、共建"一带一路"国家的企业提供更多风险管理工具，助力粤港澳大湾区构建资本市场高地，加速推进大湾区国际金融枢纽建设。广州期货交易所应错位发展，坚持以数字化为基础、以碳排放权期货为核心品种，重点发展绿色金融，构建对绿色资产未来发展权的价格发现机制。同时坚持国际化，服务国家战略，让更多"大湾区价格""走出去"，扩大碳中和背景下重要资源全球定价影响力。

关键词： 广州期货交易所　绿色金融　数字化　国际化

一　发展广州期货交易所的重要意义

（一）广州期货交易所的设立带有创新使命，应加强对产业转型升级的金融引领

继上海期货交易所、郑州商品交易所、大连商品交易所、中国金融期货交易所之后的全国（不含港澳地区）第五家期货交易所——广州期货交易

---

* 执笔人：陈阳，广东华兴银行总行授信审批部高级经理，经济师，民建广州市经济委副主任委员、广州市第十四届政协委员，研究方向为产业经济、区域经济、产业金融。

所（简称"广期所"）于2021年4月19日经国务院同意、证监会批准在广州正式揭牌，粤港澳大湾区再添国家级金融基础设施平台。广期所定位为创新型期货交易所，为我国首家混合所有制交易所，其股东包括我国已有的四大期货交易所、港交所、中国平安、广州金控等企业，其设立有助于为粤港澳大湾区内企业、"一带一路"沿线企业提供更多风险管理工具，增强金融服务实体经济的能力。广期所在体制上是创新的，在产品和运行模式上也可开展更大程度的创新，充分发挥期货交易所对产业转型升级的金融引领作用，因此有必要立足国际化发展趋势对广期所开展的期货品种设立等情况进行创新探索。

（二）碳排放权交易对实现国家"双碳"战略具有重要意义

根据欧盟、美国以及我国的实践，碳交易会受到各种因素的影响，市场形成的价格经常是被扭曲的，这主要是因为期货交易匮乏。欧盟碳排放权价格在2017年以后有了飞跃性的提高，就是因为期货交易占比提高。因此，我国的碳排放交易市场应该尽快促进市场金融化，增加期货交易，允许相关金融衍生品的开发，吸纳金融机构与个人主体加入，带有创新使命的广州期货交易所正好可承担此历史使命，后续可进一步探索国际化。欧盟和美国碳市场的实践已经表明，碳排放交易体系是低成本降低碳排放的最有效工具之一，也为高效清洁企业提供了激励机制，长期看会促进未来的投资方向更清洁低碳。

（三）广州期货交易所应与已有的四大交易所错位发展

2019年初印发的《粤港澳大湾区发展规划纲要》提出，支持广州建设绿色金融改革创新试验区。《广东省人民政府关于印发2022年省〈政府工作报告〉重点任务分工方案的通知》发布，其中提及要制定绿色金融政策支持广东省碳达峰、碳中和实施方案。可以说大力发展绿色金融是粤港澳大湾区战略，是广东省政府交付给广州金融业发展的一项重要使命。目前，上海期货交易所、郑州商品交易所、大连商品交易所主要针对大宗商品原材料的价格发现机制，中国金融期货交易所主要针对金融要素的价格发现机制，因此广州期货交易所交易标的物应大力创新,可重点针对面向未来的绿色资产,创立对绿色资产未来发展权的价格发现机制,围绕绿色金融助力实现碳达峰、碳中和目标,以碳排放交易权期货为开端,不断推出绿色发展类、新能源类产品及相关服务,丰富绿色金融实践。

二 国内外期货业务的发展现状

(一)全球期货业务交易规模情况

2020年来自全球80家交易所的数据显示,全球期货及衍生品交易数量达467亿手,同比增长35%,期货与期权交易规模基本相当。

从地区看,亚太市场成交201亿手,所占市场份额最高;北美市场成交128亿手;欧洲和拉美分别成交56亿手和64亿手。

从交易所看,印度证券交易所以成交88亿手排名第一,巴西证券期货交易所以成交63亿手排名第二,芝加哥交易所以成交48亿手排名第三。国内交易所中大连商品交易所排名最高,排名第七;排名前20的还有上海期货交易所、郑州商品交易所、香港交易所。

从交易品种看,股指期货全年成交66万手,是全球期货交易中占比最高的品种;其次是利率期货和外汇期货;全部股票期货品种成交量均超过30亿手;全年能源期货成交量也接近30亿手。我国大宗商品期货中以农产品期货和金属期货为主,其余期货品种交易规模与世界主要市场交易规模差距较大。衍生品交易方面,股指、股票、外汇三大期权成交量均超过10亿手。在全球能源期货交易中,原油产品的交易主要集中在莫斯科交易所、纽约商业交易所和伦敦洲际交易所;而农产品期货、金属期货中的非贵金属的交易场所则以我国交易所为主。

(二)欧美期货交易所业务特点

2020年美国期货及衍生品成交量达127亿手,占全球的27%。芝加哥商业交易所、芝加哥期权交易所、纳斯达克集团、洲际交易所四大交易所集

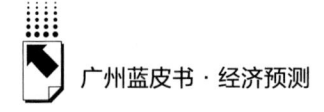

团占据全国90%的成交量。美国共有30家期货交易所，除四大交易所集团以外的其他交易所交易规模相对较小。美国期货及衍生品交易品种中，股指期货有标普500指数等6个品种进入全球交易量前20、利率期货有欧元和美元等11个品种进入全球交易量前20、能源期货有WTI轻质原油等7个品种进入全球交易量前20、金属期货有黄金等2个品种进入全球交易量前20、农产品期货有玉米等6个品种进入全球交易量前20。美国期货公司全球化特征显著，2020年管理全球客户权益达2485亿美元，最大的期货公司管理客户权益48亿美元。

2020年欧洲期货及衍生品交易量达56亿手，莫斯科交易所、欧洲期货交易所、洲际交易所三大交易所集团成交量合计占据欧洲的91%。欧洲期货及衍生品交易品种中，股指期货有欧元50指数等4个品种进入全球交易量前20、利率期货有欧元同业拆借利率等6个品种进入全球交易量前20、能源期货有布伦特原油等5个品种进入全球交易量前20、金属期货有白银等4个品种进入全球交易量前20。

（三）国内期货交易市场情况

2021年全国期货市场累计成交量约75亿手，成交额达581万亿元。按照成交量数据，上海期货交易所成交23.7亿手，占全国市场的31.6%；上海国际能源交易中心成交7523万手，占比为1.0%；郑州商品交易所成交25.8亿手，占比为34.4%；大连商品交易所成交23.6亿手，占比为31.5%；中国金融期货交易所成交1.2亿手，占比为1.6%。

国内交易额排名前三的大宗商品为螺纹钢、镍、铜，股指期货稳定发展但总成交量仍偏小，期权等衍生品交易规模较小，期权和金融期货规模与国外成熟市场差距较大。从国内大宗商品交易额看，螺纹钢为32.2万亿元、镍为23.4万亿元、铜为21.9万亿元；能源类中原油交易额为18.4万亿元，金融期货中沪深300股指期货交易额为45.2亿元，可以看出国内大宗商品的期权衍生品交易规模偏小。而香港交易所MSCI中国A50指数期货2022年日均成交量也仅约2万手。

（四）全国期货业协会相关会员情况

截至 2021 年末，全国共有 150 家期货公司，总部注册在上海的期货公司资产总额达 4772 亿元，注册资本达 261 亿元，远超过其他省份，总规模排名全国第一；深圳、北京分别排名第二、第三；广东省（未计深圳数据）辖区内期货公司排名全国第五，注册资本合计 73.7 亿元，资产总额达 1017 亿元。经统计，全国期货公司注册资本中位数为 4.7 亿元，资产总额中位数为 39 亿元，营业收入中位数为 2027 万元。

从四大一线城市看，总部在上海的期货公司共有 35 家；总部在北京的期货公司共有 19 家；总部在深圳的期货公司共有 13 家；总部在广州市的期货公司共有 7 家，分别是华联期货、广发期货、长城期货、摩根大通期货、华泰期货、广州金控期货、广州期货，其中注册在天河区的有 4 家，注册在南沙新区的有 2 家。

除期货公司外，期货业行业链中加入期货业协会的会员还有证券公司 85 家、资产管理公司 10 家、风险管理公司 97 家、期货私募基金 4 家、期货服务机构 4 家、期货技术服务商 20 家、登记观察机构 1 家。除证券公司外的其余期货业相关中介、服务、机构客户等企业主要集中在上海、北京、深圳三地，配套支持期货行业发展。

三　国内主要城市期货业务配套金融支持政策

（一）郑州

《河南省人民政府关于支持郑州商品交易所优势再造的意见》《郑州市人民政府关于支持期货行业优质发展全面实施"期货+"战略的实施意见》等政策于 2022 年出台，主要金融支持包括：对新设立和引进的法人期货公司，按照注册资本实缴规模给予 2% 的奖励，一次性最高奖励 1 亿元；对期货公司按注册资本实缴规模设立的风险管理、资产管理等子公司，给予 1%

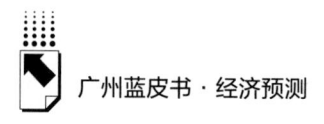

的奖励，一次性最高奖励 5000 万元；对地区总部、分公司奖励 20 万元至 200 万元不等。

（二）大连

大连于 2022 出台了《大连市支持期货市场建设的政策措施》，主要金融支持政策包括：对实缴注册资本 5000 万元（含）以上的新设或新引进期货总部，可给予最高 1 亿元（含）的奖励。在大连的期货公司总部增资扩股再奖励 100 万元封顶。在大连的期货公司总部开设异地一级分支，异地营业部、区域性管理总部均给予最高 300 万元奖励。

（三）北京

以朝阳区的政策为例，一是总部金融机构根据注册资本规模，一次性给予资金补助。注册资本在 1 亿元（含）以上的，最高可获得 5000 万元（含）奖励。对外资银行、金融控股集团、合资以及外商独资证券类企业、保险总部、国际评级机构等给予加倍支持。二是金融机构总部和一级分支机构，在朝阳区购买自用办公用房分 3 年补贴，每年补贴不超过 1500 万元。租赁住房按当年租金的 50%、每年不超过 1000 万元的标准进行补贴。

（四）深圳

《深圳市支持金融企业发展的若干措施》于 2022 年出台，主要政策包括：一是金融企业总部新注册在深圳的，奖励额度最高 5000 万元（实缴资本金 10 亿元及以上）。新迁入深圳的金融企业总部，除一次性落户奖励外，市政府还参照其一次性落户奖励标准给予搬迁费用补贴。二是首次购买金融企业总部办公用房最高不超过 5000 万元的，一次性按房价的 10%给予补贴。租房可分 5 年进行补贴。

（五）广州

以天河区的政策为例，广州市天河区出台了《关于天河区 2020 年促进经济提质发展若干政策意见的通知》，主要内容包括：一是对实收资本2亿元以上新入驻金融机构，按照企业入驻后第一、第二、第三个完整会计年度发放奖励，3年累计奖励不超过3000万元，分别按100%、50%、50%的比例奖励其对区内经济发展的贡献。二是新落户金融机构租房按600元/平方米的标准给予首年租金补贴，最高不超过当年对区经济发展贡献。购买办公用房奖励最高3000万元，按购房款的2%分3年发放。

四 碳排放权交易情况

（一）欧盟碳排放权发展情况

1. 欧盟碳排放权交易量及品种情况

欧盟碳交易系统自2005年运行至今，产品结构丰富，包含金融衍生产品，如现货和期货、期权等，以及欧洲的碳排放配额（EUA）、欧洲的航空碳排放配额（EUAA）、核证减排量（CER）。欧盟EUA期货于2005年4月开始交易，至2021年累计成交量已达871亿吨，受到政策影响CER品种交易量已经很小。欧盟碳交易系统的交易场所主要是洲际交易所（ICE）和欧洲能源交易所（EEX），分别负责对英国、欧盟碳配额进行拍卖。

2. 欧盟碳排放权交易的四个发展阶段

2005~2007年为第一阶段：价格方面，EUA和期货价格经历了过山车般的先扬后抑的变化，由最初的16.85欧元/吨一路攀升至40欧元/吨后，逐步回落至近0欧元，主要是因为碳排放配额的超额供应和配额无法进行跨期转移。

2008~2012年为第二阶段：欧盟对碳交易规则进行了一定的调整，包括将配额拍卖比例提高到10%，提高超额排放费用，并在第三个交易期内允许将配额结转使用。这些措施对提高碳价起到了积极作用，促进了碳排放权交易，但仍存在配额超发的问题，而且由于采用了CER等减碳产品，进一步减轻了控排企业的减排压力。欧盟EUA现货和期货价格在两方面因素的综合作用下仍然处于低位，但已经开始从第一阶段逐步好转，市场化的减排机制已经发挥作用。

2013~2020年为第三阶段：欧盟委员会在第三阶段对碳排放交易制度进行了深度改革，改善了配额供给过剩的状况，在总量设定方面，欧盟委员会建立了统一的配额总量限制制度，取代"国家分配计划"，将配额设定的权力集中在一起，以便于欧盟管理，同时规定每年配额总量削减1.74%。在总量限制方面，建立了市场稳定储备机制（MSR），以应对配额供给过剩问题。在配额分配方面，欧盟通过推动控排企业采取减排措施，逐步提高企业成本，提高拍卖分配比例，要求以拍卖方式逐步替代无偿分配。第三阶段前半段欧亚现货和期货价格维持在10欧元左右，后半段价格开始走高，控排企业的碳排放成本逐步提高，成交量也逐步上升，减排市场化机制日益显现。

自2021年开始的第四阶段：欧盟实施了更严格的碳排放控制，要求配额总量每年减少2.2%，已经不能再用减排信用来抵消了。欧盟EUA现货和期货价格继续走高，成交量也在一定程度上增加，控排企业减排成本不断上升。

3. 欧盟碳市场的机制特点

一是分层监管。欧盟对一级市场监管、各国对二级市场以及碳金融衍生品监管、交易所对市场行为监管。二是市场稳定储备机制。欧盟债务危机爆发后碳配额的供需出现了结构性失衡，市场稳定储备机制将累计过剩配额总数的24%转存，并在年度配额拍卖量中减去相应数额。三是碳金融衍生品丰富。碳金融衍生品包括碳排放现货、期货、期权产品等。四是行业范围及交易标的不断扩大。从电力及能源密集型、高能耗行业（炼油、黑色金属生产加工等）逐步扩展至航空、化工、有色金属等行业，后期将氧化亚氮、全氟碳化物也纳入减排范围。五是年总体碳排放许可量逐年紧缩。第一阶段为22亿吨CO_2/年，第二阶段为20.8亿吨CO_2/年，后期进一步将年均配额减少速率提高至2.2%。

（二）我国碳排放权发展情况

2011年，国家发展和改革委员会批复同意北京、上海、天津、重庆、湖北、广东、深圳7个省（市）开展碳交易试点。2016年福建加入，成为全国碳排放权交易市场第8个试点。试点本地交易所成交额普遍不高，除粤鄂津外其余地区成交额均不足亿元，2020年全国成交额仅16亿元。国内2013~2017年碳试点平均碳价格呈下降趋势，2020年大部分地区成交均价为20~40元/吨，只有北京地区明显偏高，可以达到80元/吨以上。2020年12月，生态环境部以发电行业为突破口，在全国率先开展碳排放权交易，打造全国性碳市场。

全国碳排放权交易市场于2021年7月16日正式启动，系统汇集了全国所有的碳排放权交易指令，并对交易进行统一配对。全国碳排放交易市场建设采取"双城"模式，即上海环能交易所负责交易系统建设，湖北武汉负责注册结算系统建设，其他省市采取共同方式，自愿参与碳市场交易系统建设。截至2022年7月，全国碳排放交易市场营运一周年，累计成交量达1.9亿吨，累计成交额达84.9亿元，为全球同期最大的现货碳市场。国内碳交易主要有以下特点：一是价格比较稳定。全国碳市场以48元/吨的价格开盘，成立一周年时收盘价为58元/吨，较启动首日开盘价上涨幅度不大。二是活跃度偏低，挂牌交易占比不足。约八成成交量由大宗协议交易达成，来自挂牌交易的成交量不足两成。三是市场流动性偏弱。"被动"交易履约的情况不在少数，约3/4的交易量发生在临近履约期前的一个月。

五 对广州期货交易所发展的政策建议

（一）广州出台配套重大金融扶持政策，加大奖励力度，大力发展期货生态圈

从北京、上海、深圳、大连等地出台的金融业支持政策可以看出，上述城市对引进金融机构奖励力度较大，显著推动了其金融业发展。对广期所发展的金融政策建议如下。一是广州尽快出台支持广期所发展的金融政策，加大财政投入和政策奖励力度，大力吸引国内外期货公司、证券公司的总部、

区域总部、一级机构在广州落户，同时加大培育及引进风险管理公司、期货私募基金、期货服务机构、期货技术服务商、行业协会、研究机构等期货行业的机构投资者、服务中介单位等的力度，推动期货行业的生态发展对广州期货交易所的发展至关重要。二是考虑到金融业人才对工作、居住、学习等方面的舒适度、便利度要求较高，且金融业通常具有高度区域集聚性，广州最适合金融业集聚发展的区域是天河区，其本就有雄厚的金融业基础，还有广州国际金融城高能载体，建议广州整合现有的支持政策，重点支持金融业以天河区为核心快速发展、重点集聚。

（二）推动国家以广期所为平台统筹全国碳排放权现货和期货

参考国外成熟市场的经验，碳排放权的成交量以期货成交量为主，期货对碳排放权交易具有较好的价格发现机制及风险管理手段，操作上较现货市场更为便利。一是向国家、省争取以广期所为核心平台统筹全国碳排放权配额规划，将广期所作为全国碳排放权现货、期货的核心载体统一管理，可首先从南方省份试点。二是进一步扩大参与行业范围，扩大碳排放权的交易规模，提高其活跃度。

（三）依托粤港澳大湾区制度灵活性的优势，探索增强广期货交易所国际化特色

一是制定金融开放规划，为广期所加快期货市场国际化步伐提供契机，依托粤港澳大湾区制度优势，逐步建设国际性金融资产交易平台，谋划国际化品种布局。二是服务国家"一带一路"倡议、《区域全面经济伙伴关系协定》等战略和协定，以碳排放权期货、新能源资源为试点推动更多"大湾区价格""走出去"。三是利用好股东与区域优势，加强与香港交易所及下属伦敦金属交易所的国际化合作。四是研究在天河区设立粤港澳大湾区金融合作示范区，积极向省市申请相关的金融业政策创新和试点，率先复制南沙自贸区在金融业方面的政策，加大与香港、澳门的金融联动力度，积极争取开展跨境期货业务。

（四）以数字化为基础做智慧期交所，以服务绿色低碳产业为基础做绿色金融期交所

一是充分利用云技术、区块链等技术做好期货交易信息化存储，对广州期货交易所存储交割仓进行数字化改造，建立场内全国性仓单登记中心。二是可探索以数字资源为期货交易所的品种，发展数字产业。三是发展新能源、半导体等战略性新兴产业涉及的硅、钴、锂等核心原材料资源的期货交易，后续扩大上述资源在国际上的人民币定价影响力。四是以大湾区为科技创新连接点，增强金融服务科技创新的本领，加速推动与前沿科技领域相关的新材料期货期权品种上市。五是探索在广期所交易"绿电"，助力节能减排。

（五）围绕期货生态圈发展优化金融业营商环境和政府服务，推动总部提质扩容

一是积极争取政策支持，支持注册总部、运营总部设立在广州的金融机构在全国扩张，做大做强。二是促进国家的金融开放政策在广州多落地，围绕广期所的发展制定专项招商规划和组建专门团队，加大政策实施力度及促进营商环境优化，吸引国内外知名金融机构落地，提供各类政策一站式引导，让金融业企业"拎包进驻"。

（六）创广州品牌高层次国际化期货类论坛，加强广州的期货学科和研究中心建设，扩大人才库

一是尽快成立广州自有品牌的高层次期货类论坛，瞄准国际化、碳中和、绿色金融，首届论坛可高规格邀请国家相关领导、港澳特别行政区领导、世界知名专家等参会。二是鼓励全国的重点高校、智库、金融总部等在广州成立期货研究中心，加大力度吸引国内外知名商学院在广州设立教学、学位点，扩大合作。三是吸引全球优秀金融人才来广州发展，增加在港澳常住的金融人才往来广州的便利政策，探索给予购房、社保、公积金、税收等

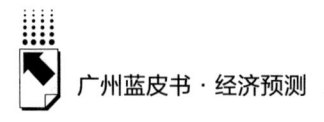

优惠待遇，建议将南沙制定实施的国际化人才特权政策复制到天河区，扩大金融人才吸引力。

参考文献

中国证券监督管理委员会、中国期货业协会：《中国期货市场年鉴（2021年）》，中国财政经济出版社，2022。

李竹薇等：《我国碳期权产品研发设计——以碳排放配额为基础标的》，《投资研究》2022年第5期。

郑州商品交易所期货及衍生品研究所有限公司：《期货市场创新发展研究——期货市场研究成果汇编》，中国财政经济出版社，2022。

姜洋：《中国期货市场发展回顾》，《中国金融》2019年第19期。

B.22
广州越秀区数字经济高质量发展的路径研究

任欣虹 王永红 杨俊杰*

摘 要： 发展数字经济已成为各城市实现高质量发展的战略共识和重要抓手。广州越秀区作为国家中心城市核心区，数字经济发展初具规模、特征明显，但是聚焦高质量发展，仍存在数字产业动力不足、龙头企业匮乏、产业数字化水平有待提高等问题。本报告系统梳理了越秀区数字经济发展现状及特征，厘清存在的问题，研究数字经济高质量发展的现实路径，为越秀区做优做强数字经济、实现高质量发展提供参考。

关键词： 数字经济 高质量发展 越秀区

党的二十大报告指出，"加快发展数字经济，促进数字经济和实体经济深度融合，打造具有国际竞争力的数字产业集群"。数字经济以其高创新、广辐射、强渗透等特性为经济社会发展提供新赛道和新动能，成为新一轮国际竞争的焦点。2015年我国提出"国家大数据战略"，数字经济蓬勃发展，不仅是新的经济增长点，而且是增强核心竞争力、推进高质量发展的重要引擎，发展数字经济已成为各城市实现高质量发展的战略共识和重要抓手。

广州长期处于全国数字经济发展第一梯队，已形成极具特色的数字经济

---

* 任欣虹，中共广州市委党校越秀分校教研部讲师，研究方向为产业经济学、现代服务业；王永红，中共广州市委党校越秀分校教研部主任，高级讲师，研究方向为党史、基层党组织建设；杨俊杰，中共广州市委党校越秀分校信息技术部助理讲师，研究方向为信息技术。

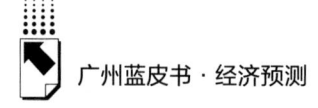

发展之路。越秀区作为广州建城以来从未迁移的城市中心，是全市的经济大区、文化中心、公共服务中心，经济密度稳居全省第一，城区综合实力居全国经济高质量发展百强区前列。近年来，越秀区依托国家超高清视频创新产业园区等重要载体，大力发展数字经济，2022年规模以上数字经济增加值超过110亿元，同比增长9%，占地区生产总值的比重为3%。但课题组在调研中发现，聚焦高质量发展，当前越秀区数字经济发展仍存在数字产业动力不足、龙头企业匮乏、产业数字化水平有待提高等问题。因此，亟须厘清越秀区数字经济发展现状及存在的瓶颈和挑战，进而找寻数字经济高质量发展的路径，助力越秀区经济社会高质量发展。

一 越秀区数字经济发展现状及特征

根据国家统计局发布的《数字经济及其核心产业统计分类（2021）》以及中国信息通信研究院提出的数字经济"四化"框架，结合越秀区发展实际和数据可获得性，本报告主要从数字产业化、产业数字化以及数字化治理三个方面分析越秀区数字经济发展现状及特征。

（一）数字产业化独具特色

越秀区依托黄花岗科技园人工智能产业园、花果山超高清视频产业特色小镇等载体，共建产业化运营平台、8K超高清视频产业应用示范点、数字医疗创新中心、生命健康超算广州中心越秀分中心等11个数字项目，培育形成信息技术服务业、数字创意产业、生命健康产业等独具特色的新兴产业集群。

1. 信息技术服务业主导地位突出

截至2021年底，越秀区规模以上软件和信息技术服务业企业共141家，实现营业收入128.97亿元，同比增长25.8%。其中，营业收入超亿元的企业有24家，超10亿元的企业有8家，引进和培育了久邦数码、用友软件、三盟科技、中浩控制等一批行业龙头企业，获批创建广东省"互联网+"小镇。花果山超高清视频产业特色小镇集聚超高清产业前中后端企业 70 多家，引进国科量子、4K 花园、数字广东、草莓 V 视等国内外行业龙头企业，形成超高清产业全链条雏形，产业集聚效应日益凸显，以超高清视频为核心的数字经济蓬勃发展。

2. 数字创意产业领先发展

越秀区在动漫原创、文化传媒等数字创意领域的发展领跑全市，全区共有动漫、电竞、直播、短视频等各类企业近千家，广州漫友文化科技、原创动力、奥飞动漫等数字创意企业发展势头良好，2021 年数字创意产业增加值达 220.4 亿元，同比增长 5.7%，占地区生产总值的比重为 6.1%。中国国际漫画节、华语动漫金龙奖等国际知名文创活动品牌落户越秀区，目前越秀区拥有国家认定的动漫企业数量占全市的 2/3，其中国家级重点动漫企业有 4 家，占全国国家级重点动漫企业的 1/8，全省国家级重点动漫企业的 2/3。拥有原创动漫 IP 形象近 1000 个，其中著名原创动漫 IP 形象 135 个，创造出喜羊羊、猪猪侠等一批具有良好经济和社会效益的优秀动漫形象。

3. 生命健康产业快速增长

越秀区依托自身在健康医疗领域的突出优势，强化政策引领，制定出台了《越秀区生命健康产业链三年行动计划（2022—2024 年）》，生命健康产业蓬勃发展。广州健康医疗中心被认定为省、市战略性新兴产业基地，广州市粤港澳大湾区重点项目。2020 年粤港澳大湾区生命健康产业创新区被纳入科技部"百城百园"亮点项目，2022 年累计建成 10 个生命健康产业特色园区载体，引进维医树医药科技、汇英医药、昊海健康等优质生命健康企业超 130 家。2022 年越秀区生命健康产业实现增加值 396.94 亿元，同比增长 7.2%，占地区生产总值的比重为 10.9%。

（二）产业数字化初见成效

越秀区以智慧园区、智慧商圈、"5G+超高清视频"等为切入点，瞄准商贸、文旅等优势服务业，加强政策引导，鼓励企业创新，持续拓宽数字应用场景，推动全区数字化转型。

1. 北京路步行街示范效应显著

作为全国第一条5G步行街，北京路将数字科技融入街区运营管理，打造智慧服务中心，链接智慧灯杆、防疫安防巡查车等智慧应用，提升街区管理效能。推广"5G+新零售"、3D试衣、智慧机器人、智能停车场、VR楼宇等商业应用，加速业态更迭创新。北京路新业态、新消费比例由2020年的38%提升至2022年的72%，商圈停车泊位利用率提高至90%以上，游客消费体验满意度达94.1%。首创北京路广府庙会和非遗街区两个主题的元宇宙，打造集文化、场景、消费为一体的商业新模式。2022年北京路被商务部评为首批全国示范智慧商圈。

2. 花果山超高清视频产业特色小镇示范作用明显

越秀区以花果山超高清视频产业特色小镇为核心构建"超高清视频+5G+主题应用"数字经济生态，以数字内容制作为核心，以智慧展示演示为支撑，拓展"超高清+"教育、医疗、文化、电竞、安防、体育、设计、商贸等示范应用项目，打造出超高清8K项目、产业化运营平台项目等一批精品数字应用示范工程，充分展现超高清技术越秀区应用标杆。

3. 专业市场数字化转型初具规模

越秀区现有专业市场155家，占全市总数的28%，近3年共完成80家市场的优化升级工作，完成数量连续3年位居全市各区第一。聚焦服装服饰、鞋业皮具、美妆日化等传统特色行业，通过数字化赋能、要素优化升级、全产业链拓展等模式，打造传统产业集群数字化转型样板。万菱广场、新大地服装城、流花服装批发市场入选广州市场采购贸易试点市场，数量占广州市的3/5。广州流花服装批发市场荣膺"外贸数字化创新典范"，其数字创新案例收录《2022企业创新发展白皮书》。红棉国际服装城获评工信部纺织服装创意设计示范园区（平台），全省仅此1家。

（三）数字化治理亮点突出

越秀区作为广东省首个数字政府改革建设示范区，公共服务总体满意度连续7年居全省各区县第一，数字化治理能力领跑广州市、亮点突出。

1. 创新打造"一中心三板块"数字治理体系

依托"一中心三板块"(越秀智库、越秀人家、越秀先锋、越秀商家)数字政府核心体系,推动数字技术在城市管理、政务服务、基层治理等领域广泛应用,"一中心三板块"数字治理体系连续两年获评"粤有数"最佳案例。其中"越秀人家"服务治理模式荣获2020年全国"互联网+政务服务"十佳案例,"越秀先锋"项目入选2021年全国数字治理十佳典型案例、中央党校"党政信息化最佳实践案例"等。

2. 创新数据管理机制

试点推行首席数据官制度,制定数据质量管理、安全管理、信息资源目录管理等9项数据管理规范,提升数据治理能力。通过在19个首批试点单位设立首席数据官和数据执行官,联动加强数据中心建设,汇聚138家成员单位的1307个数据主题、94.9亿条数据资源,提升数据应用质量,实现政务数据跨部门、跨业务协同治理。

3. 创新打造智慧社区

打造智慧社区IOC平台,运用物联网、5G、AI等技术手段,整合社区党建、网格化、安防、消防、医养、生活家政等现有资源,通过在社区内广泛布置高清摄像头、智能烟感探测器、智能手环等感知终端,实现社区安全实时监控、消防风险实时预警、老人健康实时呵护等诸多智慧应用场景,在基层治理、智慧社区建设等方面为全市积累了经验。

二 越秀区数字经济发展存在的主要问题

作为全市面积最小的区,越秀区产业用地仅占全区土地面积的12%,开发强度超过90%,经济社会发展受空间制约明显。加之内生动力不足,越秀区数字经济发展仍存在诸多问题。

1. 数字经济核心产业发展与北上广深杭等城市尚有差距

根据《数字经济及其核心产业统计分类(2021)》,数字经济核心产业包括数字产品制造业、数字产品服务业、数字技术应用业和数字要素驱动业。对于越秀区而言，规模以上数字经济增加值占地区生产总值的比重仅为3%，远低于北上广深杭等数字经济发展领军城市的水平。新一代信息技术、智能网联与新能源汽车和智能装备与机器人等战略性新兴产业虽增速较快，但规模较小，占地区生产总值的比重不高，分别仅为1.3%、0.3%和0.4%。互联网、软件行业马太效应明显，龙头企业数量少且产业规模占比较低。此外，越秀区工业基础薄弱，2021年工业增加值占地区生产总值的比重仅为0.97%，规模以上工业企业仅有14家且经营方向单一，工业互联网发展严重受限。

2. 具有引领带动作用的龙头企业匮乏

当前，数字产业领域人才、技术及产业链代表企业多集中于北上深杭等地，如北京的百度，上海的中芯国际、韦尔股份，深圳的腾讯、华为以及杭州的阿里、海康。与这些城市相比，广州缺乏具有明显带动作用的龙头企业，产业引领能力不足，且诞生在广州的网易、唯品会、酷狗、UC等一批知名企业均集中在天河区、海珠区。对越秀区而言，"叫得响"的龙头企业相对匮乏，且主要集中在快递服务、铁路运输、住宿和餐饮等传统行业，缺乏科技含量高、创新能力强、带动效应明显的数字产业领军企业。

3. 重点平台显示度有待提高

在以广州人工智能与数字经济试验区（海珠、番禺、黄埔、天河）为核心空间载体，以越秀、南沙、白云、从化、荔湾、花都等区域为重点平台支撑的"一核多点"数字经济协同发展格局下，越秀区11个国家级产业平台中只有花果山超高清视频产业特色小镇为其中节点之一，且平台引领作用、集聚引擎效应还不够，尚未带动高端资源、龙头企业进一步集聚，重点平台显示度在广州市数字经济整体布局中有待进一步提高。

4. 产业数字化水平仍有较大提升空间

产业数字化指应用数字技术和数据资源为传统产业带来的产出增加和效率提升，是驱动实体经济转型升级、变传统赛道为新赛道的动力源。越秀区商贸、物流等传统产业占比较高，工业互联网等基础设施建设比较薄弱，传统产业数字化转型规模效应不明显，中小企业"不会转、不敢转、不想转"

的现象较为普遍。服务业不同领域数字化水平差异较大，生活服务业产业链上下游原材料供应、物流运输环节的数字化水平亟须提升，教育、科研等资源优势尚未充分转化为产业优势，缺乏全国性、营利性服务平台。

三 越秀区数字经济高质量发展的现实路径

（一）优化数字经济发展环境，构建数字经济生态体系

1.探索建立数字经济监管沙盒

充分利用越秀区良好的营商环境，借鉴英国、新加坡、中国香港的经验，率先探索数字经济"沙盒"监管模式，区分行业特点、发展阶段、方式方法，量身定制监管规则标准，坚持包容审慎监管与促进创新的管理思维逻辑，为数字经济催生的新产业、新业态、新模式创造更加明确宽松的发展环境，打造数字经济创新试验场。深化数字领域"放管服"改革，简化行政审批事项，放宽数字经济领域的准入条件，降低企业设立门槛。

2.完善科技创新生态体系

发挥广东省具有最密集、最优质的高端科研机构和高层次科研人才队伍优势，以科技成果转移转化为重点完善科技创新生态体系。推动产学研深度融合，聚焦人工智能、超高清技术应用、生命健康等重点优势领域，加快科技成果转移转化，推动越秀区从科研资源集聚大区转化为科技创新强区。

3.以数据链融通产业链

发挥数据作为关键生产要素的作用，探索建立数据价值化分类体系，强化数据要素高质量供给，在首席数据官制度的基础上继续探索建立数据权属界定、开放共享、交易流通、监管保护等标准和体系。探索政企数据合作开发新模式，打通覆盖产业链全流程、各环节、全生命周期的数据链，推动产业链与数据链全面融通，加快数据赋能商贸、文旅、住宿和餐饮等传统产业数字化、智能化转型升级，提升传统产业链竞争力。

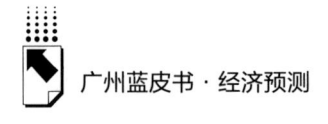

4.完善数字经济统计指标体系

课题组调研发现，在国家统计局发布《数字经济及其核心产业统计分类（2021）》后，数字产业化领域的统计标准已全国统一，但在"数字化效率提升业"即产业数字化领域并未明确界定各省市的统计标准，因而现阶段国内各城市关于产业数字化的统计口径尚未统一。基于此，越秀区应在国家统计制度框架下，结合自身的发展实际和发展特色，探索完善本区产业数字化领域统计办法，全面准确反映数字经济发展水平，为越秀区数字经济高质量发展提供数据参考。

（二）提升数字产业发展效能，夯实数字经济发展根基

1.优化基础设施布局

持续优化全区室外 5G 宏基站布局，加大区属公共物业开放力度，妥善处理 5G 宏基站新建难、续签难、投诉多等问题，持续提高 5G 网络覆盖密度。利用 5G 网络全区覆盖优势，率先推动城区基础设施 5G 化改造，扩大 5G 设施设备应用，培育数字安防、数字交通、数字教育等创新应用场景，加快建设万物互联城区。针对工业用地不足这一突出问题，探索工业用地改造模式和优化产业空间的"M1+M0"模式，叠加都市工业、商务、生活、人才公寓等多种功能，由单一性生产型载体经济向生产、服务、消费等多功能的都市型经济转型，实现"人产城创"的深度融合。

2.提升超高清视频产业能级

实施超高清视频产业强链工程，从采集设备、内容制作、网络传输、呈现设备、平台服务五个环节入手，不断健全超高清视频产业核心层、服务层、应用层全链条产业生态。瞄准制约产业发展的关键问题，健全"揭榜挂帅"、竞争择优等攻坚机制，全面提升超高清视频产业能级。整合花果山超高清视频产业特色小镇物业载体，盘活利用周边物业，形成"金融支持、产业入驻、科技加持"的发展模式，加大产业辐射带动力度，提升小镇显示度。聚焦补链、强链、延链重点环节开展精准招商，扩大超高清视频产业链集聚效应，将越秀区打造成超高清产业发展示范高地。

3. 推动新兴产业高质量发展

围绕人工智能、超高清视频产业、生命健康产业等重点领域，聚焦重点产业企业越秀区分公司、办事处等隐形存量，建立重点企业培育库，助推企业落地"子公司"，推动战略性新兴产业融合集群发展。落实孵化器扶持政策，优化科技企业孵化育成体系，加强与南沙自贸区交流联动，推动区内现有孵化器、众创空间开辟面向港澳青年的创业平台。依托区内金融资源优势，以国家产融合作试点城市建设为契机，完善科技金融服务体系，搭建产融信息对接平台，支持科技企业开展股权融资，联合金融机构组织信贷政策入园区活动，健全"创、投、贷、融"科创企业全生命周期金融服务。

（三）加快产业数字化发展进程，拓展数字经济发展空间

1. 以需求为导向建设数字应用场景

重点场景应用建设是数字产业化、产业数字化融合发展的重要手段，近年来北京、广州等地相继发布数字经济优质应用场景清单，助力数产深度融合发展。借鉴先进经验，越秀区可探索建立数字应用场景清单，强化面向高质量发展、基层社会治理等重大课题，以需求为导向的应用场景建设。围绕经济发展、民生服务中亟待解决的重点、难点、痛点，以数字化赋能经济社会发展、培育优化新经济为主线，突出实际应用，建设解决方案优、应用前景广，可推广、可复制的场景项目，并推动其商业模式、市场价值形成示范效应。

2. 推动产业数字化均衡发展

利用广州市"总链长+链长+链主+链长办"的重点产业"链长制"工作机制，通过"上云用数赋智"行动，拓展数字技术在制造业的运用广度，提升服务业的数字化渗透率。强化数字技术在产品全生命周期和产业链、供应链的深度赋能，利用数字技术对传统产业进行全方位、全链条整体改造升级，激发生产活力，构建基于数字技术的全新产业生态。

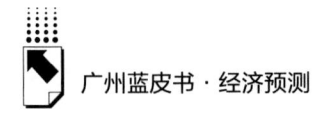

3.积极推动传统产业数字化转型

探索设立数字化转型产业基金,优化政府扶持补贴政策,发挥现有样板工程示范带动作用,激发传统产业数字化转型活力。聚焦时尚产业资源集聚优势,搭建文化创意、设计研发、展示贸易、人才交流等平台,通过直播电商、数字定制等数字技术,打造一批服装、鞋业、美妆、钟表等时尚产业专业市场集群,带动产业链向高端迈进。发挥顺丰快递等龙头企业的带动作用,打造智慧物流配送体系,加快物流网络建设,提高物流数字化水平,加快培育智慧物流园,积极建设公共海外仓,为跨境电商企业提供仓储、配送、展示、咨询和售后等一站式服务。

(四)强化数字化治理优势,保障数字经济健康发展

1.加强数据治理体系建设

探索数据自主采集汇聚、自动分析研判、前置监测预警、辅助智慧决策等全新路径,赋能城市运行、基层治理、政务服务等创新应用。深入推进首席数据官制度,探索政企数据合作开发新模式,推动公共数据与企业数据深度对接,提升数据共享开放和开发利用能力,实现资源整合、协同发展,全面提升数据资源应用价值和数字化治理水平。

2.提升智慧政务服务水平

以人民群众获得感和满意度为导向深化智慧政务服务改革,提升服务水平,优化服务效能。优化现有智慧政务品牌,开发并迭代更多实战管用、基层爱用、群众受用的应用场景,以需求为导向整合政务服务资源,提升用户参与感、满意度。进一步优化提升政务服务一体化平台,推动线上线下政务服务深度融合,聚焦解决难点、堵点、痛点,巩固拓展"全网办、跨域办、指尖办、一次办"的广度和深度,让更多政务服务事项"好办易办"。

3.加速基层治理数字化转型

针对跨部门、跨层级数据供需对接和共享应用,打造更多智慧服务场景,助力城中村数据治理专项行动。围绕基层人口数据精确共享,推广应用

人口动态管理系统，拓展从业人员管理职能，便利重点行业、重点区域服务治理。推广运用"越秀人家"，加强数据安全、网络安全管理。发挥"越秀先锋"整合社会治理资源、创新社会治理方式的平台作用，提升基层网格化管理效率，打造更安全、更便捷、更高效的数字化基层治理新模式。

参考文献

新华三集团·数字经济研究院、中国信息通信研究院云计算与大数据研究所：《中国城市数字经济指数蓝皮书（2021）》，2021。

张原、刘婧、何颖：《典型城市数字经济发展经验研究》，《中国计算机报》2022年1月10日。

张晓东：《国内外数字经济与实体经济融合发展的经验借鉴》，《当代经济》2022年第1期。

财税金融篇

Finance and Taxation

B.23 RCEP背景下发挥进出口税收职能作用促进广州外贸发展的调研报告

广州市税务学会课题组[*]

摘 要： 广州作为国际商贸中心，毗邻东南亚，面朝澳新、日韩，RCEP的生效为广州外贸发展带来了重大发展机遇和一定的挑战。本报告从进出口税收管理的视角，通过对出口和退税数据的整理加工，分析了广州外贸出口的发展现状、出口特点和对RCEP成员国的出口情况。另外，选取了广州对RCEP成员国出口额排名前100的企业进行了问卷调查，问卷从基础信息、对RCEP成员国货物出口情况和跨境服务提供情况等方面了解RCEP对被调查企业的影响程度和出

---

[*] 课题组组长：罗得力，国家税务总局广州市税务局副局长。课题组成员：黄智明，国家税务总局广州市税务局总会计师；陈志清，国家税务总局广州市税务局第二税务分局局长；邓耀全，国家税务总局广州市税务局第二税务分局副局长；夏宇，国家税务总局广州市黄埔区（广州开发区）税务局总会计师；郑亚健，国家税务总局广州市黄埔区（广州开发区）税务局第二税务分局业务二科主任科员；钱宝珍，国家税务总局广州市黄埔区（广州开发区）税务局进出口税收管理科副科长；张福文，国家税务总局广州市黄埔区（广州开发区）税务局办公室副主任；徐楚雯，国家税务总局广州市黄埔区（广州开发区）税务局进出口税收管理科一级行政执法员。执笔人：徐楚雯。

RCEP背景下发挥进出口税收职能作用促进广州外贸发展的调研报告

口预期。在此基础上，深入剖析RCEP带给广州外贸出口的利好和挑战，并从进出口税收服务外贸发展的视角提出了相应的对策建议。

关键词： RCEP 外贸出口 税收管理 广州

《区域全面经济伙伴关系协定》（Regional Comprehensive Economic Partnership，RCEP）是一个全面、现代、高质量、互惠的自贸协定，也是全球覆盖人口最多、经贸规模最大、最具发展潜力的自贸协定。在外部经济形势复杂的情况下，RCEP的生效对外贸发展具有重要的战略意义。中国是连接东盟等发展中国家和日韩澳新等成熟经济体的枢纽，RCEP将持续巩固中国在区域产业链、供应链中的地位，促进区域融合发展，推动形成开放性区域经济一体化新格局。

广州作为传统外贸大市，其经济发展中的外贸进出口占据重要地位。据广州海关统计，2021年广州外贸总值破1万亿元，成为全国第7座"外贸万亿之城"。当下，在需求端和供给端的双向挤压下，出口企业压力加大。广州作为中国经济的南大门，同时是粤港澳大湾区四个中心城市之一，更要紧抓RCEP机遇，进一步挖掘广州外贸新增长点，积极扩增量、防减量、强保障，全力以赴实现外贸"保稳提质"，稳住经济基本盘。另外，从企业层面来说，本报告的研究有利于企业了解RCEP生效后本行业出口环境的变化，有利于企业及时调整战略，从而推动广州外贸出口转型升级。

一 广州外贸出口和对RCEP国家出口特点

（一）广州外贸出口整体情况

1. 出口整体下跌，增速落后于国内主要外贸城市

受海运不畅、疫情、市场采购贸易扶持政策暂停实施等因素影响，广州外贸持续低迷。海关统计数据显示，2022年上半年广州进出口总额为5000.5亿元，

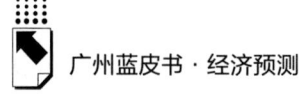

同比下降5.7%，其中出口总额为2767.0亿元，同比下降12.2%。广州出口增速分别落后全国和全省25.4个百分点和19.5个百分点（见表1）。市场采购业务量下降是导致出口下降的主要原因，如剔除市场采购，上半年广州出口同比增长8.3%，好于广东省的出口增速（7.3%）。2022年上半年广州进出口规模在全国城市中排名第七，在全国排名前10的主要外贸城市中，广州增速排名垫底，低于北京、重庆、宁波、苏州、厦门、青岛、东莞、深圳和上海。

表1 2022年1~6月全国、广东省及广州市外贸出口总额及同比增速

单位：亿元，%

地区	总额	同比增速
全国	111416.7	13.2
广东省	24680.5	7.3
广州市	2767.0	-12.2

资料来源：海关统计数据。

2.民营企业出口降幅较大，外资企业和国有企业增速较快

2022年上半年，广州民营企业出口额为1539.7亿元，同比下降23.1%。外资企业出口额为958.4亿元，同比增长7.6%。国有企业出口额为258.7亿元，同比增长10.3%。民营企业出口额占比达55.6%，是广州出口贸易的"压舱石"。终端需求的萎缩、东南亚经济体和长三角经济体的"替代效应"以及市场采购贸易扶持政策暂停实施是广州民营企业出口额大幅下降的主要原因（见表2）。

表2 2022年1~6月广州主要企业类型出口情况

单位：亿元，%

企业性质	金额	同比增速	比重
合计	2767.0	-12.2	100.0
民营企业	1539.7	-23.1	55.6
外资企业	958.4	7.6	34.6
国有企业	258.7	10.3	9.4
其他企业	10.2	-55.8	0.4

资料来源：海关统计数据。

3. 对日韩出口增长,对美欧出口微降,对RCEP成员国出口降幅较大

2022年上半年,广州对日本、韩国和中国香港出口有所增长,尤其是对韩国出口增幅达14.09%。对韩国出口增长较快的原因是自2022年以来广州对韩国公司的液晶屏产品出口增加。主要贸易伙伴中,广州对美国出口同比下降2.85%,对欧盟出口同比下降1.99%。另外,广州对RCEP成员国出口额占总出口额的比例约为1/4,自RCEP生效以来,受产业链转移和东盟国家需求不振等因素影响,2022年上半年广州对RCEP成员国出口额同比下降15.33%（见表3）。

表3 2021年1~6月、2022年1~6月广州对不同贸易伙伴的出口情况

单位:亿元,%

贸易伙伴	2022年1~6月出口额	2021年1~6月出口额	同比增速	2022年占比
中国(保税区)	376.78	378.99	-0.58	13.11
美国	344.56	354.65	-2.85	11.99
中国香港	304.53	291.93	4.31	10.59
越南	113.69	126.60	-10.20	3.95
日本	110.65	101.13	9.41	3.85
墨西哥	85.18	86.71	-1.76	2.96
马来西亚	83.19	142.06	-41.44	2.89
韩国	80.70	70.73	14.09	2.81
荷兰	67.03	75.81	-11.57	2.33
印度尼西亚	65.44	72.70	-9.99	2.28
RCEP成员国	667.79	788.74	-15.33	23.23
东盟	427.67	557.77	-23.33	14.88
参与共建"一带一路"国家	814.97	1019.50	-20.06	28.35
欧盟	376.89	384.56	-1.99	13.10

资料来源:税收管理系统的出口退税数据。

4. 跨境应税服务销售额同比增幅超100%,RCEP成员国服务销售额同比增速超平均增速

2022年上半年全市提供跨境应税服务的企业有41家,涉及应税服务销售额合计7.88亿美元,同比增长100.7%;办理出口退(免)税3.02亿元,同比增长96.16%。全市跨境应税服务以信息技术外包服务(57.79%)、软件服

务（20.38%）、技术性业务流程外包服务（16.04%）为主（见图1），且对外研发服务、业务流程管理服务营业额同比增长超300%。广州市跨境服务贸易收入增加，体现了信息技术、软件和研发服务等相关领域国际竞争力的提升。2022年上半年，从服务出口国家和地区来看，主要出口国家和地区有中国香港（57.06%）、英国（17.41%）、中国台湾（9.85%）和美国（6.62%）。其中，对RCEP成员国新加坡、日本、韩国等服务出口额合计占2.24%，且同比增幅达132.23%，超过了平均增速。

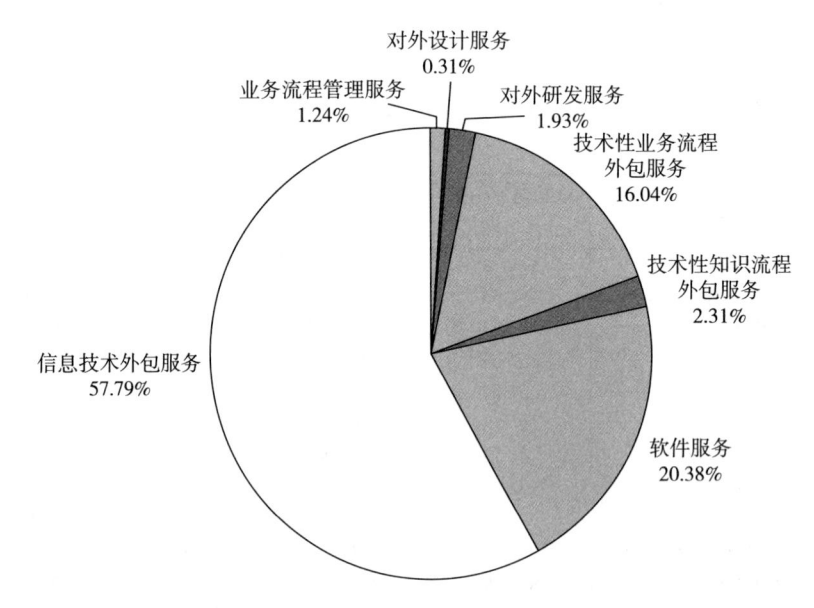

图1 2022年1~6月广州跨境应税行为营业额占比情况

资料来源：税收管理系统的出口退税数据。

从国际运输（港澳台运输）情况来看，自2020年以来，国际运输（港澳台运输）的营业额逐年下降，但下降幅度逐步放缓（见图2），2021年上半年同比下降44.97%，2022年1~6月同比下降34.57%。

（二）广州对RCEP成员国出口情况

2022年上半年，广州对RCEP成员国出口额为667.79亿元，占出口总

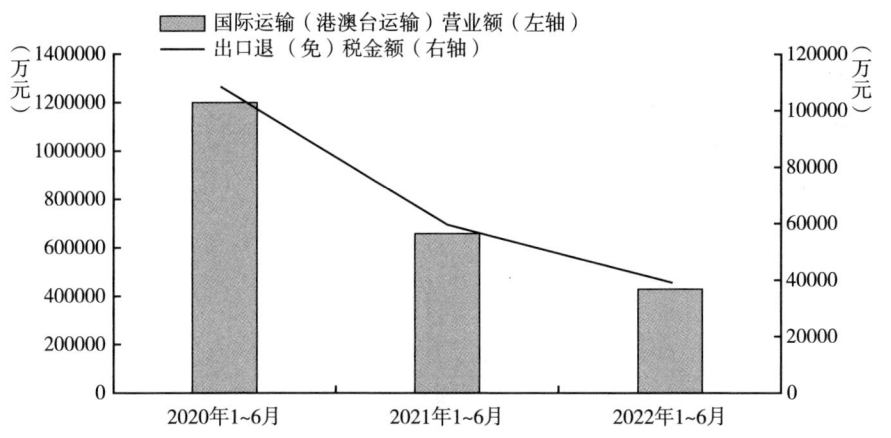

RCEP背景下发挥进出口税收职能作用促进广州外贸发展的调研报告

图2 2020年1~6月、2021年1~6月及2022年1~6月广州市国际运输（港澳台运输）营业额及出口退（免）税金额

资料来源：税收管理系统的出口退税数据。

额的23.23%。可见RCEP成员国是广州的重要出口市场。

1. 对RCEP成员国出口整体下降，但对日韩出口有所增长

2022年上半年，广州对RCEP成员国出口同比下降15.33%，其中，对越南出口同比下降10.20%，对马来西亚出口同比下降41.44%。不过，对韩国出口同比增长14.09%，对日本出口同比增长9.41%。目前，RCEP框架首次将日本纳入与中国的贸易协定，有利于降低如汽车零配件等行业进入日本等发达经济体的门槛，对汽车及相关配件企业较多的广州来说是拓展市场的契机。同期全国对RCEP成员国出口同比增长5.6%，广州对RCEP成员国出口增速落后于全国增速近21个百分点（见图3）。

2. 对RCEP成员国出口企业数量同比增加，民营企业数量占比超六成

2022年上半年，广州共有4182家企业向RCEP成员国出口，同比增长2%。从企业性质看，对RCEP成员国出口企业主要是私营有限责任公司。私营有限责任公司，外资企业，港、澳、台商独资经营企业和其他有限责任公司占比分别为64.97%、9.66%、8.3%和7.7%。可见民营企业是广州对RCEP成员国出口的重要力量。同期全市有出口业务的企业共12427家，出口到RCEP成员国的企业占全市有出口业务企业的比重为33.65%。

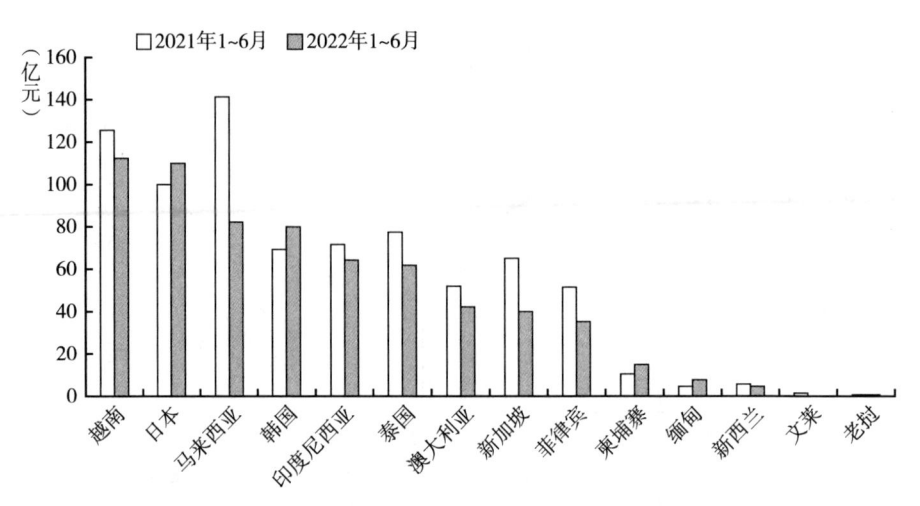

图3　2021年1~6月和2022年1~6月广州对RCEP成员国出口额

资料来源：税收管理系统的出口退税数据。

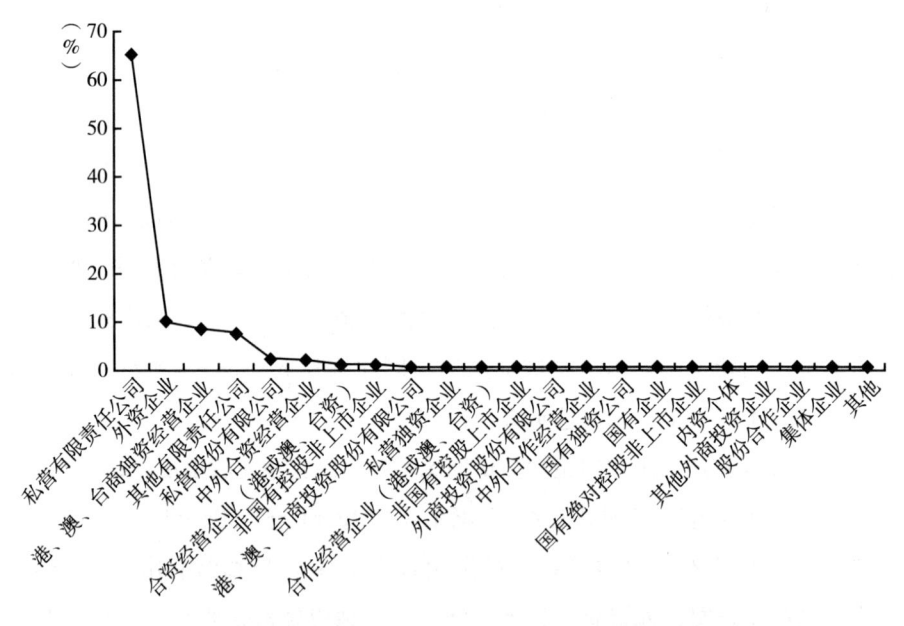

图4　广州对RCEP国家出口企业占比情况（按企业类型看）

资料来源：税收管理系统的出口退税数据。

3. 分行业看对RCEP成员国出口制造业占比超七成

从行业类别来看，制造业、批发和零售业、科学研究和技术服务业是对RCEP成员国出口的主要行业，出口额占比分别为72.88%、20.90%、2.37%。制造业，农、林、牧、渔业，建筑业和房地产业对RCEP成员国户均出口额超过了200万美元（见表4）。出口RCEP成员国的产品以电子器件、空调设备、汽车零部件及配件和化工产品为主。制造业是广州的立市之本，通过落实RCEP，可以最大限度地实现区域内各经济体的贸易便利化，提高生产效率。

表4 广州对RCEP国家出口情况（分行业看）

行业大类	出口RCEP成员国企业数量(家)	企业占比(%)	出口RCEP国家总额(万美元)	出口额占比(%)	户均出口额(万美元)
制造业	2058	49.21	462237.97	72.88	224.61
批发和零售业	1702	40.70	132537.95	20.90	77.87
科学研究和技术服务业	275	6.58	15031.25	2.37	54.66
其他	56	1.34	12524.67	1.97	223.65
租赁和商务服务业	36	0.86	4550.27	0.72	126.40
农、林、牧、渔业	1	0.02	2204.63	0.35	2204.63
建筑业	9	0.22	1943.44	0.31	215.94
房地产业	1	0.02	1489.96	0.23	1489.96
信息传输、软件和信息技术服务业	32	0.77	1478.59	0.23	46.21
交通运输、仓储和邮政业	7	0.17	202.41	0.03	28.92
教育	1	0.02	26.12	0.00	26.12
居民服务、修理和其他服务业	2	0.05	14.26	0.00	7.13
金融业	1	0.02	4.75	0.00	4.75
文化、体育和娱乐业	1	0.02	2.08	0.00	2.08

资源来源：税收管理系统的出口退税数据。

二 RCEP给广州外贸出口带来的利好和挑战

为了解RCEP对广州出口企业的具体影响，课题组选取了2022年上半年对RCEP成员国出口额排名前100的企业进行了问卷调查。本次调查共发放问卷100份，全部收回。结合问卷调查结果和对重点企业的调研，对RCEP给广州外贸出口带来的利好和挑战等情况分析如下。

（一）RCEP给广州外贸出口带来的利好

1. 形成统一的区域大市场，被调查企业持乐观态度

RCEP整合拓展了东盟与中国、日本、韩国等成员国的"10+1"自贸协定，通过原产地规则、削减关税、正面和负面清单等多项措施做出了高水平开放承诺，同时作为中日、日韩之间首个自由贸易协定，RCEP为区域经济发展带来了新的增长动力。在RCEP框架下，各项利好政策将促使出口成本降低，长期来看出口贸易额将有较大的增长。问卷调查结果显示，广州对RCEP成员国出口额排名前100的企业中，2022年上半年对RCEP成员国出口额有所增长的企业共38家，其中同比增长50%以上的有11家；出口基本持平的有47家；而出口同比下降的只有15家。从对下半年的预测来看，预计下半年出口增长的有34家，基本持平的有51家，同比下降的有15家。总的来看，较多出口企业对RCEP生效后带动出口额增长持乐观态度。

2. 原产地累计规则促进区域内贸易合作

在RCEP框架下区域适用原产地累计规则，来自RCEP任何一方的价值成分都可以适用协定优惠税率，相比其他自由贸易协定，这个规则意义重大，使企业采购原材料时将具备更大的灵活性。另外，相较于以往的"10+1"协定，RCEP进一步丰富了原产地证书的类型。经调查，广州对RCEP成员国出口额排名前100的企业中，出口到RCEP成员国的主要产品为液晶显示屏、汽车零配件等机电产品、化工产品、布料、金属制品等。这些产品的主要产地（零部件来源）为中国（93家），有7家的主要产地在境外（以日本、韩国为主），其中涉及RCEP多个成员国的有16家，这部分企业可以较好地适用有关政策，并享受协定优惠税率。

3. 货物贸易关税减让，提升贸易便利化水平

在货物贸易方面，RCEP生效后，区域内90%以上的货物将最终实现零关税（主要分为立刻降税到零和10年内降税到零），各成员国将逐步实施关税减让。其中传统的高税率行业，例如食品、农业、消费品和汽车等行业将大幅获益。企业在进口时未申请适用较低税率的情况下，如进行相关说明，可以日后追溯申请退还多缴纳的关税。同时，海关程序、检验检疫、技术标准等将逐步统一，能够有效促进新型跨境物流贸易发展，推动区域内经济要素自由流动。经调查，100家企业中有29家认为RCEP生效对外贸增长有较大贡献，如某化学公司反馈关税减让后进口环节税费减少，企业的现金流更加充裕；某外资公司反馈RCEP生效后，其对RCEP成员国出口有较大增长，预计减免税率随时间的推移降低后，出口贸易会获利更多。

4.采用正面和负面清单承诺，推动服务贸易发展

目前，中日韩自由贸易协定尚未签订，中日双方也尚未达成双边贸易投资协定。而RCEP首次将中日韩三国囊括其中，为原本没有自贸协定的中日、日韩间建立起自贸伙伴关系。在服务贸易方面，日本、韩国等7个成员国采用负面清单方式承诺，中国等其余8个成员国采用正面清单方式承诺，并将于协定生效后6年内转化为负面清单。目前，广州服务贸易发展迅速，经统计，对RCEP成员国出口额排名前100的企业中，开展服务贸易的企业有9家，其中7家对RCEP成员国出口服务，主要的服务类型有设计服务、咨询服务和飞机修理等，2022年上半年对RCEP成员国服务出口额同比增长174%。

（二）RCEP背景下广州外贸出口面临的挑战

1.中高端产业或面临更加激烈的竞争

机电产品、集成电路等中高端产品是日本、韩国对中国出口的主要产品。由于日本、韩国等RCEP成员国也直接享受RCEP中关税减让和原产地累计规则带来的好处，因此广州部分中高端产业或将受到来自日韩产品的冲击，产业转型升级难度加大。在调研的100家企业中，出口RCEP成员国的产品的主要原料产地是日本、韩国。以广州市某韩资显示屏公司为例，该公司2022年上半年对RCEP成员国出口额超2亿元，其主要原材料光阻剂、

玻璃基板、靶材等依赖于日韩的进口。RCEP生效后，进口成本降低，但日韩的先进制造业加速进入RCEP成员国将形成更充分的市场竞争，对中国制造业产生冲击。

2. 部分低端劳动密集型产业或将加速外移

RCEP成员国间关税减让优惠、原产地累计规则的便利，在促进区域产业链深度融合的同时，可能会导致部分产业外移。RCEP签订后，中国原有的优势如廉价劳动力和土地等，将被区域内享有RCEP普惠政策的成员国拉平，可能会导致成本敏感型的纺织品制造业向东盟等国家转移。广州是纺织品出口的大市，2022年第一季度，以越南为代表的东盟国家对广州的纺织品出口形成一定程度的替代。RCEP一揽子措施落地后，这一趋势将更加明显，或对全市部分产业链的稳定性造成一定影响。问卷调查显示，广州对RCEP成员国出口额排名前100的企业中，有19家企业反馈RCEP生效后有产业链转移至国外的趋势，主要涉及纺织服装、电子设备制造业等行业，出口商品为纺织品、液晶显示屏、变压器等电子配件。

3. 贸易便利化程度提升，出口骗税风险或提高

RCEP将逐步推动区域内90%以上的货物贸易最终实现零关税，涵盖农产品、纺织品等货物。而茶叶、中药、服装这些出口货物也是易发生骗税的敏感商品。2019年，四川破获以茶叶做道具的循环出口骗税大案，涉嫌骗取出口退税1633.85万元。2021年，贵州破获出口"貂皮大衣"骗税案，涉及金额高达2.13亿元，骗取出口退税2000万元。2022年，佛山市成功破获"9·30特大服装产业链骗取出口退税案"，涉案出口退税额约3亿元。近年来，通报的骗税案件中都有电子产品、农产品、纺织品的身影。尽管税务部门保持"严管重打"等高压态势，但骗税案件数量仍居高不下，出口骗税打防形势严峻。2022年上半年，广州电气设备类出口额占全市出口总额的比重为30.8%，服装和皮革类出口额占5.95%，出口比重合计超全市出口总额的1/3。随着RCEP生效，贸易便利化程度提升，关税优惠力度加大，骗税便利化和非法牟利空间也在进一步提升，需进一步警惕和严防潜在的骗税风险。

（三）出口企业的意见和诉求

1. 协议涉及税收优惠力度不足，覆盖商品不够全面

由于 RCEP 商品降税是分期、分批进行的，因此企业反馈，目前协议涉及税收优惠力度有限，覆盖面有待扩大。某外贸企业反馈，公司销量排名前 20 的商品税率适用原有的《中国—东盟全面经济合作框架协议》，该协议比 RCEP 涉及的税率更加优惠，日本某些产品的 RCEP 税率比普通税率稍有优惠，澳大利亚的 RCEP 税率与原优惠税率基本无差异。同时，目前 RCEP 覆盖商品不够全面，希望 RCEP 能加大税率优惠力度，覆盖更多产品，给企业带来更多利好。

2. 协议涉及税收优惠办理手续复杂，与实际贸易节奏不相适应

由于 RCEP 成员国对税收优惠办理的流程、手续有不同的要求，复杂的办理手续与快速的贸易节奏不匹配。某国际公司反馈，RCEP 发布后，公司已将关税减免纳入成本定价，而日本发货方反馈因当地手续复杂无法及时取得 RCEP 产地证（其中一笔进口设备税收优惠办理手续历经 21 天仍无结果，而货物从日本港到中国港只需 3 天时间）。为避免货物到港而无法及时清关产生的货柜租用等额外的仓储成本，该公司在实际进口环节只能放弃享受预期的税收优惠。建议 RCEP 成员国简化 RCEP 产地证办理手续，由商贸部门协助推动、协议地区政府配合，让政策红利真正落地。

3. 知识产权保护规划不足，恶性竞争冲击经营销售

强化知识产权保护是保障企业创新发展、提升"国货"国际竞争力的重要保障。但面对知识产权侵权行为，搜证取证难、审判周期长、维权成本高等问题在一定程度上对企业维护海内外市场及保护知识产权合法权益造成了损害。某电气公司主要出口电机节能控制器，该公司反馈由于产品技术壁垒不高、研发销售人员知识产权保护意识薄弱，产品技术容易被同类企业破解和盗用，产品外观容易被模仿，也无法专业、高效地维权，对公司自主创新和销售造成较大冲击。希望针对维权成功的案件设置专项扶持补贴，出台更多惠及中小企业知识产权成果扶持的政策,并加强公益性和专题性知识产权保护培训。

三 基于进出口税收职能的意见和建议

(一)用足出口退税和信用保险政策,助力外贸发展

一是促进出口退税"双提速"。在税务端,持续推行"随到随审""一个月多次申报"等措施,树立"端口前置,服务前移"的理念,加速企业资金回笼。同时提升企业端的申报便利度,实行全面"无纸化"和"非接触式"申报,畅通退税申报数据链,为出口企业参与国际竞争及时提供退税资金保障。二是多部门联合推广信用保险。信用保险是国际通行的符合世贸组织规则的贸易促进手段,对稳外贸可发挥重要的作用。当前,外贸发展面临的不稳定、不确定因素依然较多,但部分中小企业对出口信用保险认识不足,领取国家针对中小微企业提供的免费出口信用保险不积极。充分发挥出口信用保险风险保障和融资增信作用,需要信用保险、商务、税务等单位或部门加强协作,加大推广力度,为外贸出口提供更有针对性的支持。

(二)加强部门联动,辅导企业用足用好 RCEP

RCEP 内容繁杂,各项细则有待深入解读,为支持企业用好用足相关优惠政策,建议多部门联动,并与会计师事务所等第三方机构合作,多角度对企业开展辅导。一是辅导企业基于相关行业背景信息、产品特性及相应税号品目,依托广州新能源汽车、电子信息、纺织服装、鞋类玩具等优势产业,通过深入解读条款引导企业充分利用 RCEP 中的关税优惠和贸易承诺,积极发展相关进出口业务。二是辅导企业评估现有的产业链,充分利用原产地累计规则,在区域内建立更精细完善的分工体系,降低最终产品的生产成本,同时充分考虑到贸易争端等带来的不确定性,辅导企业结合 RCEP 和其他自由贸易协定(FTA),优化供应链安排;三是辅导企业持续关注 RCEP 各成员国的海关程序、检验检疫规则、技术标准的落地更新并做出应对,引导企

业积极申请 RCEP 各成员国的便利措施及优惠政策，评估现有物流安排，优化申报模式，充分降低贸易成本，缩短物流时间。

（三）强化综合治税网络，精诚共治为外贸发展添底气

出口骗税影响国家财政资金安全，并影响出口退税政策效应的发挥，扰乱国家正常的经济秩序和出口退税管理秩序。为进一步防范 RCEP 生效后可能带来的出口骗税风险，应营造公平公正的营商环境，一是打破"信息孤岛"，强化协调联动。进一步推动建立税务、海关、外汇等部门间数据互联互通互享，提升跨部门信息共享和部门内部数据流转效率，依托大数据找准企业涉税管理的薄弱环节，"对症下药"，助推企业规范健康发展。二是探索建立对出口企业的社会化管理网络，引导行业协会、社会团体、中介机构、街道社区等第三方力量参与协税护税，共同构建立体、多维、共赢的综合治税网络。三是进一步完善细化联合办案机制，联合公安、海关、中国人民银行共同开展打击"假企业、假出口、假申报"专项行动，营造公平公正的外贸发展环境。

（四）优化营商环境，抢抓国家深化粤港澳合作机遇

《广州南沙深化面向世界的粤港澳全面合作总体方案》（以下简称《南沙方案》）的发布给南沙及广州带来了极大的发展机遇，将进一步促进广州深化与港澳合作，进一步推动广州外贸经济发展。一是要抓住政策"风口"，积极推动智能网联与新能源汽车、高端装备制造、新一代信息技术、生物医药与健康等重点产业和项目的开展，加快形成对外贸更有力的支撑和经济增长点。二是加快完善产业发展生态，推动粤港澳大湾区基础设施互联互通，不断深化在地面交通、空港、口岸等领域基础设施等的合作，优化深港陆海空铁运力安排和提升外贸进出口便利度。三是持续加大稳外贸、稳外资力度，切实帮助本地外贸企业解决实际困难，保障广州市外贸产业链、供应链稳定，借鉴北京、上海、深圳等城市稳外贸、促增长的先进经验，加快研究出台广州市外贸稳增长工作方案，为推动《南沙方案》落地生效、提升广州外贸发展质效争取时间。

（五）培育并吸引新兴产业落地生根，推动产业升级

一是大力发展先进制造业和战略性新兴产业。继续深入支持本地的芯片、智能机器人、智能网联与新能源汽车等新兴产业发展，吸引智能网联与新能源汽车等产业集聚本地，鼓励和引导本地企业承接国内转出的外贸订单和产能，并积极依托RCEP为智能网联与新能源汽车等高端制造业拓宽市场渠道。二是大力发展现代服务业，在新一代信息技术服务、商务服务等行业积极打造现代服务业企业新集群。三是扎实推进广州跨境电子商务综合试验区建设，协同推进跨境电商线上综合服务与线下产业园区联动发展，形成具有区域特色的发展格局，成为引领跨境电子商务发展的创新集群。

参考文献

关之鸠：《RCEP生效在即，"亚洲时代"面临开启》，《中国对外贸易》2021年第12期。

毕世鸿：《RCEP：东盟主导东亚地区经济合作的战略选择》，《亚太经济》2013年第5期。

陈大波：《"区域全面经济伙伴关系协定"对中国经济的影响及对策研究》，《长江论坛》2013年第4期。

陈淑梅、倪菊华：《中国加入"区域全面经济伙伴关系"的经济效应——基于GTAP模型的模拟分析》，《亚太经济》2014年第2期。

陈淑梅、全毅：《TPP、RCEP谈判与亚太经济一体化进程》，《亚太经济》2013年第2期。

B.24
基于税收经济数据分析的广州上市公司发展研究

广州市税务学会课题组[*]

摘　要： 资本市场是经济持续快速健康发展的助推器，企业通过资本市场融资上市，有利于吸纳雄厚资金，加速企业发展壮大，是税收贡献的重要阵地。本报告通过对资本市场中最活跃的上市公司税源现状进行分析，并与国内其他主要城市进行比较，尝试揭示广州资本市场产税能力的特点、规律和税源发展存在的问题，并基于研究发现的问题提出优化资本市场服务、构建培育体系、扶持上市企业转型发展等对策建议，以期为扶持壮大上市公司税源主体、堵塞资本市场税收漏洞、助力地方经济高质量发展提供决策参考。

关键词： 资本市场　上市公司　税源发展　资产证券化

资本市场是经济持续快速健康发展的助推器。随着国内资本市场的不断完善和发展壮大，抓住历史发展机遇，推动企业上市融资和管理升级成为实现经济高质量跨越式发展的重要抓手。广州作为国家重要中心城市和粤港澳

---

[*] 课题组组长：罗得力，国家税务总局广州市税务局副局长。课题组成员：张镭，国家税务总局广州市税务局收入规划核算处处长；黄锦珍，国家税务总局广州市税务局收入规划核算处二级调研员；王经胜，国家税务总局广州市税务局收入规划核算处四级调研员；秦燊尧，国家税务总局广州市税务局收入规划核算处正科长级干部；胡顺习，国家税务总局广州市税务局收入规划核算处三级主任科员；林嘉欣，国家税务总局广州市从化区收入核算科一级行政执行法员。执笔人：林嘉欣。

大湾区的核心枢纽城市，以广州期货交易所揭牌成立为契机，围绕打造现代金融服务体系，推进国际金融城、金融创新服务区等金融功能区建设，资本市场蓬勃发展，为广州经济发展注入新的活力。

经过多年发展，我国资本市场持续推进改革，完善上市公司监管法规体系，为企业通过上市融资发展壮大提供良好平台。从广州情况来看，2021年全市资本市场服务实现税收69亿元，同比增长28.7%，两年平均增长20.7%。据Wind数据库统计，截至2022年7月25日，广州共有上市公司206家，其中，境内A股上市公司139家、境外港股上市公司67家、美股上市公司8家。[①] 由于境内、境外上市企业具有比较大的差异，遵循已有文献的通常做法，本报告以境内A股上市的139家企业为主要对象展开详细研究分析。

一 广州A股上市公司发展现状

（一）广州上市公司板块规模情况

1. 企业数量持续提升

近年来，广州市企业首次公开募股（IPO）趋势加快，如图1所示，新增上市公司数量稳步增长，尤其在2017年以后，增速明显提升，2019年累计上市公司数量首次突破100家，近5年（2017~2021年）新增上市公司55家，企业数量年均增速达11.6%，高于全国平均增速（9.6%）2.0个百分点。

广州上市公司数量在全国城市中排名第5，与位于第一梯队的北京（439家）、上海（400家）、深圳（384家）差距较大，比排名第4的杭州少61家，比排名第6的苏州多19家，比排名第7的南京多27家（见图2）。综合考虑城市地区生产总值规模，广州单位地区生产总值的上市公司数量也远低于北京、上海、深圳、杭州。以2021年各城市地区生产总值规模测算，广州平均每万亿元地区生产总值对应上市公司约49家，同样低于北京（109家）、上海（130家）、深圳（88家）、杭州（110家）。

---

① 由于部分企业在境内外多地同时上市，故存在上市公司数量散总不符的情况。

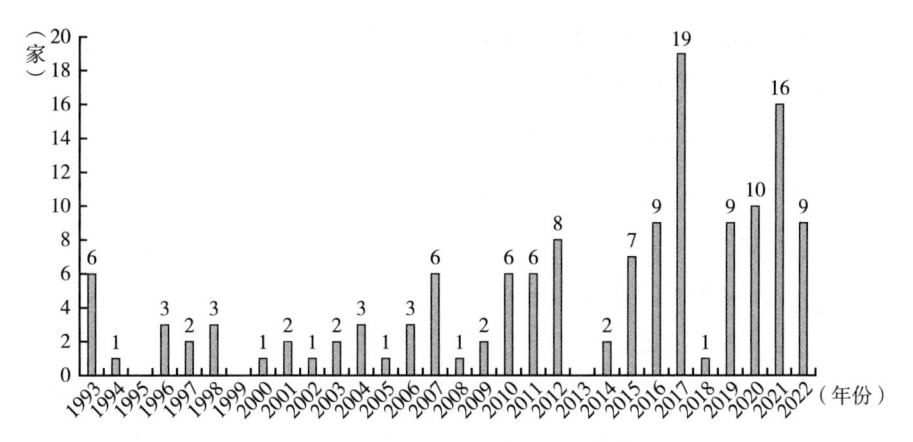

基于税收经济数据分析的广州上市公司发展研究

图1　1993~2022年广州新增A股上市公司数量情况

说明：2022年数据截至2022年7月25日。

资料来源：Wind数据库。

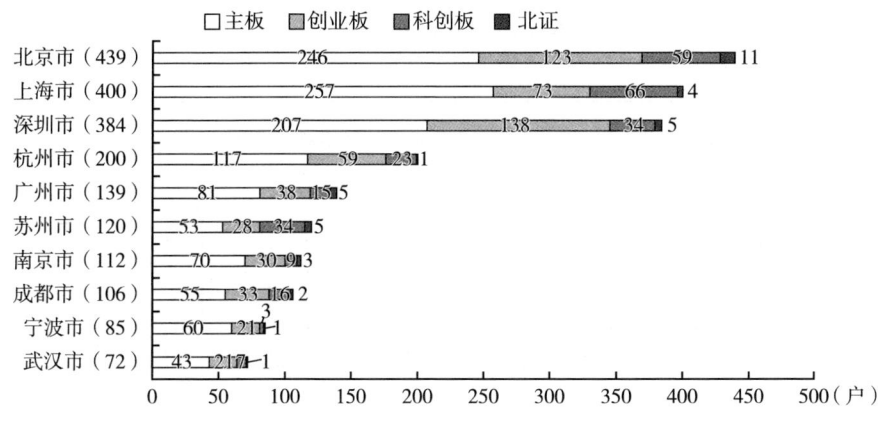

图2　截至2022年7月25日国内主要城市上市公司板块分布情况

资料来源：Wind数据库。

2.资本市场呈现多层次结构化的特点

从上市板块分布情况看，如图2所示，广州市主板上市公司数量较多，为81家，占比为58.3%；其次是创业板38家，占比为27.3%。科创板、北证（即北京证券交易所发行的A股）由于近几年才新开板，目前上市公司数量分别为15家、5家，数量占比相对较低，分别为10.8%、3.6%，但均

321

高于全国的总体水平（9.1%、2.1%），在一定程度上反映了广州科创企业和中小企业上市融资的步伐较快。

3. 上市公司集中聚集在中心城区

从区域分布情况来看，广州的上市公司主要分布在中心城区，企业数量达到两位数的有4个区，其中拥有广州经济技术开发区、广州高新技术产业开发区、广州保税区的黄埔区聚集的上市公司最多，达到49家，是广州资本运作最为活动的区域。天河、番禺两区并列第2，均有18家上市公司，天河区为广州的中心商务区，2021年广州期货交易所在天河区正式揭牌；番禺区具备科创、产业、人文等多方面优势，加快了广州国际科技创新城等重大创新平台项目建设，均为企业上市融资提供了助力。另外，排名第4的越秀区有15家上市公司，其中国有企业11家，数量居各区国有企业首位（见表1）。

表1 截至2022年7月25日广州上市公司区域分布情况

单位：家

企业性质	黄埔区	天河区	番禺区	越秀区	海珠区	白云区	南沙区	花都区	增城区	荔湾区	从化区	总计
民营	35	11	12	2	3	7	3	2	3	1	2	81
国有	8	7	2	11	6	1	1	2	2	2	0	42
外资	2	0	3	1	0	0	1	0	0	0	0	7
其他	4	0	1	1	0	0	1	2	0	0	0	9
总计	49	18	18	15	9	8	6	6	5	3	2	139

资料来源：Wind数据库。

4. 创造就业岗位超80万个

Wind数据库统计，广州市139家上市公司的员工总数达到83.4万人，就业人员占2020年末广州全社会从业人员人数①（1158万人）的7.2%，有32家企业员工总数超5000人。其中，南方航空就业人员最多，达到9.8万人，占上市公司员工总数的11.8%；其次是广汽集团，拥有员工9.7万

---

① 数据来自广州市统计局，2021年从业人员人数暂未公布。

人，占上市公司员工总数的11.6%；此外，保利发展拥有员工6.2万人，排名第三。

（二）广州上市公司税源分布情况

2021年，广州上市公司总共缴纳税收128.1亿元，同比增长3.3%，占全市税收比重为2.7%。其中有22家企业2021年缴纳税收超1亿元，合计入库税收85.6亿元，企业数量、税收金额分别占2021年全市"亿元企业"的3.7%、3.3%。

1. 制造业支撑起广州上市公司"半壁江山"

如表2所示，从企业数量来看，制造业上市公司最多，占比超过一半，达56.1%；其次是信息传输、软件和信息技术服务业（占比为12.9%）；其他行业企业占比较低。从税收规模来看，制造业上市公司2021年实现税收62亿元，金额占比为48.4%；其次是金融业，仅2家企业就贡献了19.7%的税收，家均产税金额较高。

表2　2021年广州上市公司行业税收分布情况

行业门类	企业数量（家）	数量占比（%）	2021年税收（亿元）	金额占比（%）
制造业	78	56.1	62.0	48.4
金融业	2	1.4	25.2	19.7
交通运输、仓储和邮政业	7	5.0	11.2	8.7
房地产业	3	2.2	7.5	5.9
信息传输、软件和信息技术服务业	18	12.9	5.5	4.3
科学研究和技术服务业	9	6.5	4.8	3.7
租赁和商务服务业	7	5.0	4.2	3.3
批发和零售业	3	2.2	3.5	2.7
电力、热力、燃气及水生产和供应业	4	2.9	1.5	1.2
建筑业	2	1.4	1.5	1.2
卫生和社会工作	1	0.7	0.5	0.4
文化、体育和娱乐业	2	1.4	0.3	0.3
水利、环境和公共设施管理业	1	0.7	0.3	0.2
采矿业	2	1.4	0.3	0.2
总计	139	100.0	128.1	100.0

资料来源：Wind数据库。

2.民营上市公司贡献近四成税收

如表3所示,从公司属性来看,民营企业是广州上市公司的主要组成部分,民营企业数量占比将近六成,税收贡献将近四成;其次是国有企业,数量占比为30.2%,税收占比为34.5%。

表3 截至2022年7月25日广州上市公司资本类型及税收分布情况

公司属性	企业数量（家）	数量占比（%）	2021年税收（亿元）	金额占比（%）
民营企业	81	58.3	51.1	39.9
国有企业	42	30.2	44.2	34.5
外资企业	7	5.0	5.8	4.5
其他(集体企业、公众企业)	9	6.5	27.0	21.1
总计	139	100.0	128.1	100.0

资料来源：Wind数据库。

3."百亿市值"上市公司入库税收比重超七成

据Wind数据库统计,截至2021年12月31日,139家上市公司的总市值达到2.4万亿元,其中有47家公司单家市值破百亿元,市值合计约2万亿元,2021年缴纳税收92.4亿元,税收占全体上市公司比重达72.1%。其中,市值超过1000亿元的公司有7家,市值合计约1万亿元,2021年入库税收44亿元;市值在500亿~1000亿元的公司有4家,市值合计约0.3万亿元,2021年入库税收7.5亿元。

该部分广州上市公司在全国同行业企业中同样占据头部地位,例如广发证券,根据中证协数据,2021年,全国有10家券商经纪业务收入突破50亿元大关,其中中信证券达到109.57亿元,也是唯一一家经纪业务创收超100亿元的券商；国泰君安名列第二,收入为83.51亿元；广发证券以72.91亿元名列第三。从2021年代理销售金融产品收入情况看,中信证券（26.76亿元）、广发证券（11.73亿元）、中金公司（10.70亿元）包揽前3。再如保利发展,据克而瑞数据,2021年全国百强房企平均销售额罕见负增长约3%,而保利发展销售额逆势增长,同比上升6.4%至5349.3亿元,销售额排名从2020年末的第五提升至第四。

二 广州上市公司发展存在的短板

(一)资产证券化率①低于国内主要城市

资产证券化是指将缺乏流动性的资产转换为在金融市场上可以自由买卖的证券的行为。资产证券化率高反映了区域经济具有较高的活跃度、流动性和发展质量,对于企业而言,也有利于降低债务杠杆,优化企业债务结构。一般来说,资产证券化率越低说明市场越被低估。相比于北上深,广州作为一线城市的资产证券化率相对偏低,如表4所示,2021年广州资产证券化率为84.6%,低于全国资产证券化总体水平(86.6%)2个百分点,远远低于北京、深圳、上海,与杭州相比也存在较大差距,这反映了广州资本市场仍具有较广阔的发展空间。

表4 2021年国内主要城市资本市场企业市值情况及资产证券化率

单位:亿元,%

城市	资本市场企业总市值	地区生产总值	资产证券化率
北京	201285.0	40270	499.8
深圳	103223.4	30665	336.6
上海	89709.2	43215	207.6
杭州	33843.4	18109	186.9
广州	23889.7	28232	84.6

资料来源:Wind 数据库,各地统计局官网。

(二)企业经营效益水平不及国内主要城市

据 Wind 数据库统计,如表5所示,在营业收入方面,广州上市公司

---

① 资产证券化率=上市公司总市值/地区生产总值。

2021年全年营业收入为1.2万亿元,与北京、上海、深圳等城市相比存在较大差距,低于企业数量排名第4的杭州约1万亿元,仅比排名第7的南京高出约1500亿元。再考虑企业数量的因素,广州上市公司家均年营业收入甚至低于南京。在营业利润方面,广州上市公司2021年总体营业利润率为22.6%,在国内上市公司数量排名前十的城市中,居第9位,仅略高于杭州(20.6%),其中深圳的总体营业利润率最高,达43.8%。

表5 2021年国内主要城市上市公司经营情况

城市	企业数量(家)	营业收入(亿元)	家均年营收(亿元)	2021年营业成本(亿元)	利润率(%)
北京	439	238076.57	542.32	146453.90	38.5
上海	400	60736.11	151.84	42026.73	30.8
深圳	384	59614.89	155.25	33507.40	43.8
杭州	200	21689.53	108.45	17221.82	20.6
广州	139	12091.01	86.99	9362.32	22.6
苏州	120	3737.40	31.14	2701.76	27.7
南京	112	10578.30	94.45	7738.82	26.8
成都	106	4705.59	44.39	3241.46	31.1
宁波	85	5386.31	63.37	3977.30	26.2
武汉	72	4238.74	58.87	3264.98	23.0

资料来源:Wind数据库。

(三)金融业上市公司较为匮乏

金融业作为广州市税收的主要支柱行业之一,2021年全年全市金融业实现税收520.4亿元,占全市总税收比重为10.8%。同时,金融业也是上市公司中家均税收效益最高的行业,2017~2021年广发证券年均税收超20亿元。如图3所示,广州金融业上市公司仅有2家,占上市公司数量的1.4%,占比低于北京(5.0%)、上海(4.3%)、杭州(4.0%)、深圳(2.1%)等城市。

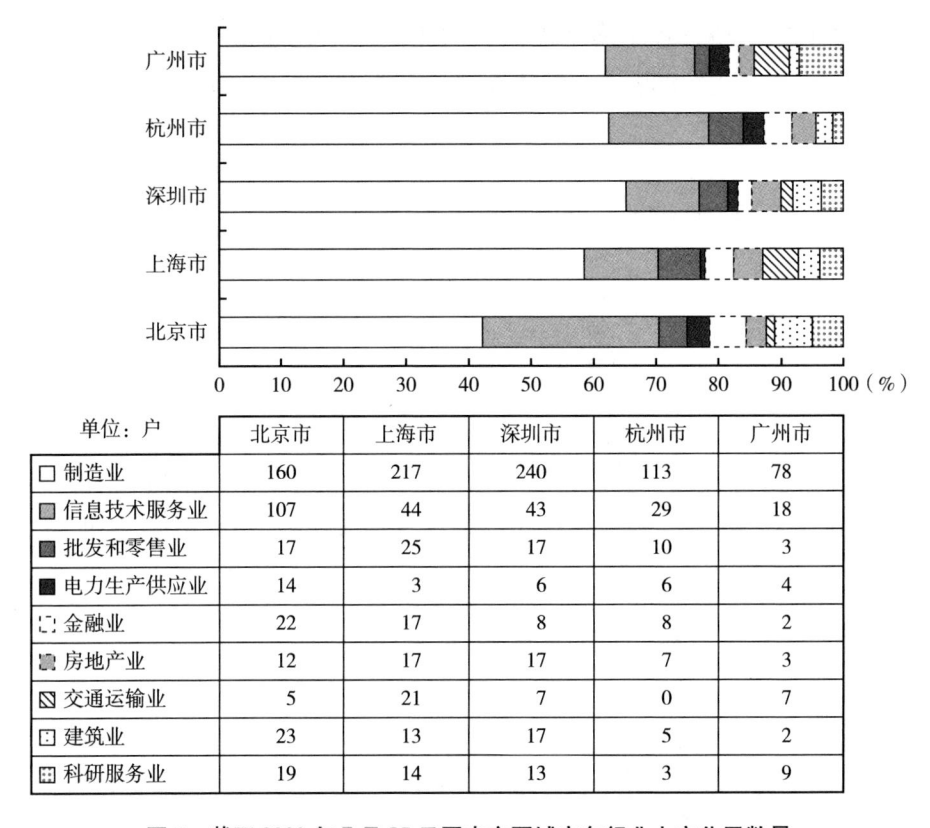

单位：户	北京市	上海市	深圳市	杭州市	广州市
□ 制造业	160	217	240	113	78
信息技术服务业	107	44	43	29	18
■ 批发和零售业	17	25	17	10	3
■ 电力生产供应业	14	3	6	6	4
金融业	22	17	8	8	2
房地产业	12	17	17	7	3
交通运输业	5	21	7	0	7
建筑业	23	13	17	5	2
科研服务业	19	14	13	3	9

图3 截至2022年7月25日国内主要城市各行业上市公司数量

资料来源：Wind数据库。

（四）税收贡献受经济环境影响波动明显

上市公司税收受经济环境（特别是资本市场环境）、政策和征管变动影响较大，尤其是近年来国际形势复杂严峻，国内经济持续下行，对资本市场造成的波动性影响比较显著，进而对企业税源平稳发展产生影响。在税收贡献方面，如图4所示，广州上市公司实现税收于2019年达到峰值（161.4亿元）后，受国际形势复杂等因素影响，税收出现较大幅度回落。南方航空受影响最为明显，国际流量下降超过95%，2020年营业利润为-156.4亿元，导致税收减少37.4亿元。此外，2019~2021年上市公司税收所占比重也有所下滑，由2019年的3.5%逐渐下降至2021年的2.7%。若剔除南方航空，2020年、2021年广州上市公司税收仍保持稳定增长态势，2019~2021年平均增速为4.8%。

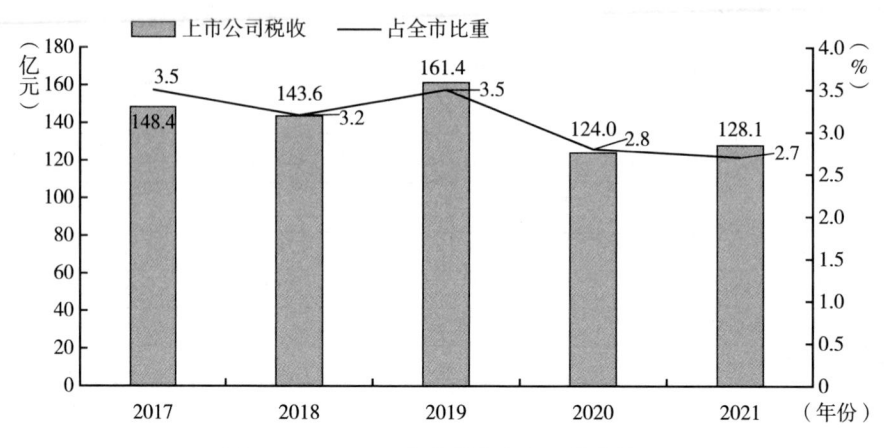

图4 2017~2021年广州上市公司税收情况

2022年1~6月，广州上市公司共缴纳税收37.5亿元，扣除留抵退税因素后，同比基本持平。其中，反映企业经营利润和个人收益的企业所得税、个税所得税分别为26.5亿元、15亿元，同比增长13.6%、21.1%，增收3.2亿元、2.6亿元，其中企业所得税增长主要由浪奇实业、达安基因（分别增收2.1亿元、2.1亿元）拉动，个人所得税增长主要是由广发证券（增收1.5亿元）拉动。

（五）资本市场税源监控难度较大

上市公司关联交易形式繁多、关系错综复杂，国际、国内资本的流动也纷繁复杂，容易发生利用关联交易转移利润或谋求不正当利益的现象，资本市场税源监控难度较大。部分上市公司利用税企信息不对称的现状，巧立名目罗织各类费用，增减费用分摊，通过在国内其他城市成立公司，要求集团内子公司向其支付在实际核查过程中难以体现的高额费用，如管理费、咨询费、代理费等，造成了当地的税收流失。

三 推动广州上市公司发展的对策建议

上市公司是区域经济中最具发展优势的群体,是资本市场投资价值的源泉。在当前经济恢复发展的关键时期,应该激励和引导上市公司积极对接资本市场,不断提升公司经营质量;培育和推动一批行业领军企业快速发展,全力打造广州经济增长的中坚力量。

(一)优化资本市场服务,创造良好发展环境

优化资本市场服务、推动资本市场健康发展是地方政府实施经济发展战略、调整产业结构的重要手段,更是建设现代金融服务体系的必然要求。应着力构建公开透明的资本市场秩序,遵循资本市场发展规律,优化资本市场服务,引导企业利用多层次资本市场融资和规范发展,推动资本市场更好地服务地方经济发展。并积极鼓励广州证券机构吸引客户在当地开户,扩大限售股转让税源。

(二)构建培育体系,大力扶持企业上市

用好广州各级领导定点联系服务重点企业机制,充分发挥政府在推动企业上市过程中的引导和鼓励作用,完善专门的扶持政策,加强对本地企业上市的指导和服务。畅通企业上市涉税流程,开启"绿色服务通道",主动加快拟上市企业股改及IPO申报、上市企业再融资及并购重组等涉税办理流程,并积极指导和帮助企业用好用足各项税收优惠政策,确保企业持续健康发展。

(三)扶持上市企业转型发展,提高企业获利创税能力

积极推动上市企业通过并购重组、再融资等方式,集聚优质资源,努力实现经营质效同增长,促进上市企业做优、做大、做强。落实税收优惠政策,促进企业利用资本市场实现转型升级,提高企业获利创税能力。

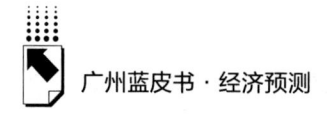

（四）加快区域行业结构调整，提升金融业证券化水平

在坚持"制造业立市"的同时，对于金融业优质领军企业加强培育，推动资质成熟的金融业企业加快上市，提升行业证券化水平，提升上市公司税收效益。密切关注资本市场政策走向，把握税源动向，提前做好相关布局谋划，结合本地税源特点，有针对性地补齐产业税源短板，扶持传统优势产业持续壮大。

（五）加强资本市场的税收监管，及时堵塞税收征管漏洞

密切监控资本市场环境，充分发挥税源培植联席制度作用，加大与发改、财政、规自等相关部门涉税信息共享力度，积极利用信息化手段采集资本市场参与者（转让方、受让方、中介服务机构等）的涉税信息，防范因信息不对称而出现税收征管漏洞。密切跟踪个人转让广州企业股权至外地公司的情况，依法督促外地公司在广州成立企业以进行个人转让所得个税的代扣代缴，尽可能留住广州税源。

参考文献

吴斌、徐雪飞、陈锋：《营改增、税收征管与资本市场质量——基于中国上市公司盈余质量视角的实证检验》，《宏观质量研究》2021年第1期。

曾姝：《资本市场压力、税收征管与企业避税行为》，《证券市场导报》2019年第11期。

刘唱、段佳萌、宋红尔：《研发投入、税收筹划与企业绩效——基于沪深A股上市公司数据》，《现代商业》2022年第14期。

詹正华、刘笑笑：《税收征管、企业避税与企业价值的关系研究——基于A股上市公司的经验证据》，《经济研究导刊》2021年第29期。

杨默如、黄婷婷：《我国上市公司现金股利政策个人所得税效应研究及其启示》，《东南学术》2018年第6期。

付佳、刘慧：《金融发展、市场地位和税收规避——基于中国上市公司的经验证

据》,《当代经济管理》2019 年第 4 期。

杨波、蒋如玥、方芳:《我国企业资产证券化短期财富效应研究——基于 A 股上市公司的实证分析》,《现代经济探讨》2018 年第 2 期。

向景、马光荣、魏升民:《减税能否提振企业绩效——基于上市公司数据的实证研究》,《学术研究》2017 年第 10 期。

吴嘉泽等:《上市公司关联交易新动向与税收管理应对分析》,《税务研究》2013 年第 9 期。

刘玮、欧阳翊、张星辰:《2019 年度 A 股上市公司税收负担率分析》,《注册税务师》2020 年第 12 期。

南沙专题篇
Nansha Special Topics

B.25 关于支持南沙民营企业高质量发展的调研报告[*]

广州大学广州发展研究院课题组[**]

摘　要： 民营企业、民营经济在南沙稳增长、促创新、增就业、优民生等方面发挥着关键性作用，面对当前民营企业面临的前所未有的发展困境，南沙亟须进一步优化服务机制和政策供给，加强对本土民营企业的针对性支持。建议抓住《广州南沙深化面向世界的

---

[*] 本报告系广东省决策咨询基地广州大学粤港澳大湾区改革创新研究院、广东省高校新型特色智库及广州市新型智库广州大学广州发展研究院的研究成果。

[**] 课题组组长：涂成林，广州大学二级教授、博士生导师，广东省区域发展蓝皮书研究会会长，研究方向为城市综合发展、文化科技政策、国家文化安全及马克思主义哲学。课题组成员：谭苑芳，博士，广州大学广州发展研究院副院长、教授，广州市粤港澳大湾区（南沙）改革创新研究院理事长，研究方向为宗教学、社会学以及城市文化、城市发展战略；罗建中，中共南沙区委统战部副部长、南沙区工商联党委书记；曾恒皋，广州市粤港澳大湾区（南沙）改革创新研究院研究总监，研究方向为科技创新政策、国家文化安全研究；于晨阳，广州大学博士后研究员，研究方向为区域经济、环境经济；周雨，博士，广州大学广州发展研究院主任、讲师，广州市粤港澳大湾区（南沙）改革创新研究院副院长，研究方向为公共政策绩效评价、创新创业管理；臧传香，博士，广州市粤港澳大湾区（南沙）改革创新研究院研究员，研究方向为区域经济和区域规划。执笔人：涂成林、臧传香、罗建中。

粤港澳全面合作总体方案》实施机遇加快改革创新试点和政策突破，为民营企业高质量发展营造出更加公平、开放的市场环境、融资环境和用工环境。

关键词： 民营企业　高质量发展　营商环境　南沙

1993年国务院批准设立广州南沙经济开发区，特别是2005年设立南沙独立行政区以来，民营经济从无到有、从弱到强，现在已成为南沙举足轻重的市场主体，在南沙稳增长、促创新、增就业、优民生等方面发挥着关键作用。而且民营企业也是与港澳资本、人才、项目高效对接合作、高质量服务的市场主体，是关系《广州南沙深化面向世界的粤港澳全面合作总体方案》（简称《南沙方案》）的各项任务能否顺利推进并完成的核心力量。但当前在外部环境严峻，下游需求减弱，回款难、资金链紧绷等多重不利因素影响下，南沙民营企业特别是中小微企业遭遇前所未有的发展困境，亟须进一步优化支持民营企业发展的服务机制和政策供给，在融资、用地、市场、人才等方面出台更有力的支持民营企业发展的改革创新政策，为助企纾困、促进民营经济发展壮大营造更加优质的营商环境。

一　南沙大力支持民营企业高质量发展的必要性与重要性

（一）从扶持民营经济发展入手提振发展信心、恢复市场活力，是党中央做出的重大经济部署

毫不动摇巩固和发展公有制经济，毫不动摇鼓励、支持、引导非公有制经济发展，是党中央的一贯方针路线。

在2022年底召开的中央经济工作会议上，习近平总书记再次清晰表达了党中央大力鼓励支持民营经济和民营企业发展壮大的强大政治意愿。明确将落实"两个毫不动摇"作为改善社会心理预期、提振发展信心的关键抓手，要求从制度和法律上把对国企民企平等对待的要求落下来，从政策和舆论上鼓励支持民营经济和民营企业发展壮大。依法保护民营企业产权和企业家权益。各级领导干部要为民营企业解难题、办实事，构建亲清政商关系。

（二）稳经济、保民生，需要南沙大力支持民营企业高质量发展

民营经济在我国经济发展格局中有一个著名的"五六七八九"定律，即民营经济贡献了全国50%以上的税收，创造了60%以上的GDP，产出了70%以上的技术创新成果，提供了80%以上的城镇劳动就业岗位，占据了我国90%以上的企业数量。民营经济在经济社会发展中的举足轻重地位说明，没有民营企业的发展，就没有整个经济的稳定发展；支持民营企业发展，就是支持整个国民经济的发展。

南沙与全国情况基本一致。从纳税情况看，2021年国企及国有控股企业在南沙的直接纳税总额占比极小，不到1.5%，南沙的税收主要来源于非公企业，其中区内民营企业纳税总额占到47.41%；从企业缴纳社保人数数据看，2021年南沙国企为7863人，在南沙的直接就业带动力度较小，占比不到2%，而南沙的民企为29.32万人，就业人口贡献率达到了60.15%；从企业数量和行业分布看，2021年全区登记的市场主体总量已达28万余家，其中九成以上为民营企业。已有"四上"民营企业1567家，占到全区2067家"四上"企业的75.8%。其中，规模以上工业企业390家，占全区规模以上工业企业数量的63.4%；限额以上批发和零售业企业554家，占全区限额以上批发和零售业企业数量的90.5%；规模以上服务业企业368家，占全区规模以上服务业企业数量的72.9%；等等。

（三）稳预期、保未来，南沙同样需要加快推进民营经济高质量发展

第一，从南沙现实发展状态的角度看，引进大型国企的基建和大项目投资搭建起了南沙发展建设的"大骨架"，下一步的重点就是在这些大型的高楼大厦、产业和商业平台中注入充满市场活力的项目元素，通过各行各业中小微企业的产业和商业投资，为南沙扩大就业、集聚人口提供坚实支撑，使南沙构建的经济框架变得"有血有肉"，而这方面的投资主体就是我们的民营企业。

第二，从落实《南沙方案》的角度看，南沙要打造成为立足湾区、协同港澳、面向世界的重大战略性平台，成为港澳青年安居乐业的新家园，既要引进大项目、大平台、大装置，也要大力支持民营企业发展壮大。因为民营企业才是与港澳资本、人才、项目高效对接合作，实现高质量服务发展的市场主体，进一步强化与港澳科技创新产业、青年创业就业、金融服务、城市规划建设等的合作也都需要体制更加灵活的民营企业的积极参与和配合。

二 当前南沙民营企业面临的主要困难和问题

课题组在2022年下半年实地走访调研了南沙的一些民营企业、区镇街商会和行业协会，发现大部分民营企业经营发展困难，仅有部分企业能正常发展。具体表现在以下几个方面。

（一）下游需求严重不足，大部分民营企业面临生存问题

南沙民营企业数量不少，但整体实力不强，多处于产业链、供应链的中低端，抗风险能力较弱，对市场变动的适应性较差。近几年，原有经济体系、经济活动的改变，导致部分市场需求整体萎缩。

（二）应收账款回收困难，使多数民营企业本就不足的资金流雪上加霜

由于民营企业大部分是中小企业，市场话语权较小，在与政府、大型企

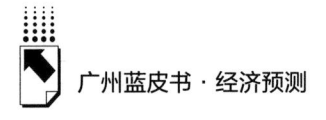

业的交易中处于弱势地位，应收账款回收一直较为困难。目前，缩短账期、回收账款是民营企业经营中关注的重点和亟须解决的难点。

（三）对传统行业领域的本土民营企业重视程度不足，这部分企业难以获得较大的资源倾斜和政策支持

有部分企业反映，目前南沙的政策、资源更多地向大型国企、高新技术企业倾斜，对土生土长的中小企业、传统行业重视不足，这部分企业在拓展业务空间、解决历史遗留问题等方面难以获得相关部门的资源倾斜和政策支持。

（四）专业化金融服务机构的数量不多、质量不高，融资难、融资贵依然是南沙民营企业发展壮大的主要瓶颈

虽然南沙区政府层面对鼓励金融创新、支持金融服务有诸多政策和奖励，但当前南沙的专业化金融服务机构数量不多、质量不高，基本无法满足民营企业多样化、专业化的金融服务配套需求。同时，虽然国家对各大银行均有扶持中小企业、发展普惠金融的要求，且自2022年以来，针对"专精特新"企业，有特别的扶持政策，但由于门槛设置较高，中小型民营企业仍普遍面临融资渠道少、融资成本高、融资额度小等问题。课题组在调研中发现，少部分小微企业、个体工商户仍只能通过民间借贷的方式解决短期资金短缺问题。

（五）人才难招、人员难留问题突出，严重制约了南沙民营企业的转型升级和发展壮大

全员创业、网络直播、网红经济等为现在的年轻人提供了更多的就业渠道和机会，同时使得实验室研究员、一线产业工人等待遇一般、工作枯燥的岗位不再受到青睐，现在区内民营企业大部分面临人才难招、人员难留、人力成本上升等一系列问题，而高层次技术人才更愿意去待遇更高、更加稳定的国企工作。缺少对接渠道、人才引进困难、人员流失严重等问题已严重制约民营企业的转型升级和进一步发展壮大。

三 进一步支持南沙民营企业高质量发展的建议

（一）进一步优化服务机制和政策供给，加强对本土民营企业的针对性支持

第一，建立更加精准高效的扶持机制。建议在当前的工作领导小组、常态化挂点联系重点企业制度的安排下，进一步构建完善针对重点民营企业、需要重点扶持发展行业的定制化服务机制，为解决企业、行业面临的个性化问题配置定制化服务团队，更加高效地满足民营企业用地、融资、用工、人才等个性化需求。并建立相应的监督考核机制，确保服务到位、责任到位。

第二，注重发挥工商联的桥梁和纽带功能，建立产业链、供应链上企业间的精准对接与市场合作机制。在本地基建投入逐年增大、大型供应体系逐步完善的背景下，建议由政府相关部门、各级商会牵头、组织、对接，寻求与在本地发展的大型央企、国企以及其他企业的合作机会，在产品质量优良、产品价格适中的前提下，增加本地中小企业的业务拓展机会，帮助中小企业更好地发展。由区工商联牵头建立、重点扶持民企"四链扶持基金"，为民营企业在产业上建链、入链、固链提供更多的资金和政策支持。

第三，切实加强对民营企业回款难问题的清理整治和服务支持。建议成立工作专班，定期开展针对民营企业经营情况、回款情况的调研，由相关部门对拖欠账款金额大、期限长的机构和企业进行约谈，敦促其及时支付账款。逾期不解决的，依法将企业、机构拖欠中小民营企业的款项信息列入政府信息主动公开范围。针对大型企业的供应链企业，提供在账期内应收账款的低成本融资服务，缓解企业的资金压力。

第四，建立民生领域中小企业特别扶持发展基金。大量传统行业、中小企业承载了维持就业人口、维护社会稳定、提供服务支持等多项社会职能，是稳经济、稳就业、保民生的重要力量。对于经营困难的本土民营企业应该给予更大的资源倾斜和政策扶持，帮助它们更好地生存、发展。

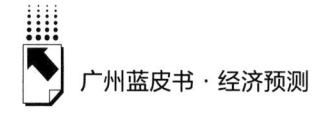

（二）以落实《南沙方案》为契机加快制度创新，为民营企业发展提供更加优质的市场和金融支持

当前南沙民营企业面临的需求不足、融资难等问题，其产生的深层次原因是国内长期存在的对民营企业的一些不合理的歧视性规定和各种隐性壁垒，因此需要进行大胆的制度型开放。国务院出台的《南沙方案》，在金融、投资、开放市场等方面为南沙提供了一系列先行先试的重大改革契机。建议抓住机遇加快改革试点，为民营企业发展壮大创造更加公平、开放的市场环境、融资环境。

第一，根据《南沙方案》中提出的支持南沙"对标CPTPP、DEPA等国际高水平自贸协定规则，加大压力测试力度"的要求，以粤港澳大湾区实行更加开放的一体化负面清单压力测试先行试验区为抓手，彻底消除民营企业在市场投资、银行贷款、创新资源配置、参与政府项目等方面面临的各种不合理规定和隐性限制壁垒，使民营企业与国企、外企切实做到权利平等、机会平等、规则平等，充分激发民营企业的潜力、活力和创造力。

第二，根据国务院赋予南沙打造金融市场互联互通新高地的任务要求，抓住国家支持港澳投资者在南沙设立证券公司、期货公司、基金公司等持牌金融机构，设立大湾区保险服务中心和大湾区国际商业银行等历史机遇，加快拓展民营企业的融资渠道，增加融资工具，鼓励金融机构开发更多贴近民营企业发展需求的轻资产、信用类特色金融创新产品，提高金融资源适配性，进一步降低民营企业的融资难度。

（三）进一步优化完善人才政策，帮助民营企业提升人力资源的配置能力

解决南沙民营企业人才难招、人员难留问题，既需要重视拓宽各类人才的引入渠道，也需要重视完善各层次人才的安置方式。针对各类企业不同层次的人才需求，首先，南沙相关部门应为民营企业人才引进、人员招聘搭建更多的信息平台，发掘多样化的人才引进渠道。例如，通过教育部门直接对

接高校，走入校园，组织南沙人才专场。又如，针对较高层次的人才需求，通过专门的人才猎头渠道，优先服务南沙企业等，搭建综合人才引进平台，满足企业日益增长的各类人才需求。

其次，南沙出台了一系列人才奖励政策，特别是高端人才的奖励政策，但适应面相对较窄，企业大量需求的中低层人才难以享受相应的优惠政策支持。而外地来南沙工作的企业员工同样有住房、教育、医疗等方面的安置需求。特别是针对各类人才层次，满足其（特别是一线产业工人和基础科研人员）子女教育的基本需求，对企业来说非常重要。建议相关部门进一步优化南沙的人才安置政策，以更好地满足企业各层次人才的安置需求。

参考文献

《习近平在民营企业座谈会上的讲话（全文）》，《人民日报》2018年11月1日。

《2022中央经济工作会议公报（全文）》，经济形势报告网，2022年12月1日，http://www.china-cer.com.cn/guwen/2022120122413.html。

《国务院关于印发广州南沙深化面向世界的粤港澳全面合作总体方案的通知》，广州市人民政府网，2022年6月15日，https://www.gz.gov.cn/zt/nsygahzfa/ztfa/content/post_8338163.html。

余剑春、杨超：《广州民营实体产业链的优化策略研究》，载涂成林、赖志鸿主编《2021年中国广州经济形势分析与预测》，社会科学文献出版社，2021。

广州市粤港澳大湾区（南沙）改革创新研究院、广州南沙区工商联联合课题组：《广州南沙依托非公经济开展对口产业扶贫的实践探索》，载涂成林、赖志鸿主编《2021年中国广州经济形势分析与预测》，社会科学文献出版社，2021。

广州统计局工业处课题组：《广州民营工业企业发展调研报告》，载涂成林等主编《2022年中国广州经济形势分析与预测》，社会科学文献出版社，2022。

刘志强、邱超奕、韩鑫：《民营经济只能壮大、不能弱化》，《人民日报》2022年6月14日。

B.26
关于支持南沙打造国际高端会展新平台的建议[*]

广州大学广州发展研究院课题组[**]

摘 要： 高端会展平台作为"触摸世界的窗口"，是世界各大都市争相抢夺的战略资源。广州是我国现代会展业的起源地，但其具有的先发优势正面临激烈竞争，处于逐渐弱化的境地。为此建议广州抓住《广州南沙深化面向世界的粤港澳全面合作总体方案》赋予的加快共建高水平对外开放门户、构建国际交往新平台的重大机遇，在南沙全力打造"立足湾区、协同港澳、面向世界"的国际高端会展新平台。并在南沙及周边区域谋划建设高端会展成果转化基地——"读懂世界"博览城，推动广州"读懂中国"与"读懂世界"并驾齐驱，为构建人类命运共同体贡献广州力量。

关键词： 会展经济 国际交往中心 南沙

---

[*] 本报告系广东省决策咨询基地广州大学粤港澳大湾区改革创新研究院、广东省高校新型特色智库及广州市新型智库广州大学广州发展研究院的研究成果。

[**] 课题组组长：涂成林，广州大学二级教授，博士生导师，广东省区域发展蓝皮书研究会会长，研究方向为城市综合发展、文化科技政策、国家文化安全及马克思主义哲学。课题组成员：顾涧清，广东省政府文史馆馆员，广州市政协经济委原主任；谭苑芳，博士，广州大学广州发展研究院副院长、教授；曾恒皋，广州市粤港澳大湾区（南沙）改革创新研究院研究总监，研究方向为宗教学、社会学以及城市文化、城市发展战略；周雨，博士，广州大学广州发展研究院主任，讲师，研究方向为公共政策绩效评价、创新创业管理；臧传香，博士，广州市粤港澳大湾区（南沙）改革创新研究院研究员，研究方向为区域经济和区域规划。执笔人：谭苑芳、顾涧清、臧传香。

关于支持南沙打造国际高端会展新平台的建议

2022年6月，国务院印发的《广州南沙深化面向世界的粤港澳全面合作总体方案》（以下简称《南沙方案》），赋予了南沙、广州加快构建国际交往新平台、共建高水平对外开放门家的重大任务和历史使命。以推进《南沙方案》落地落实为契机，依托南沙现有"国际金融论坛""大湾区科技论坛"等多个高端会议资源，全力打造"立足湾区、协同港澳、面向世界"的国际高端会展新平台，并以南沙为主体谋划建设高端会展成果转化基地——"读懂世界"博览城。这对加快补齐广州高端国际会议举办能力不足、成果转化滞后、高端会议配套的专业展览缺乏等发展短板有重要价值和意义，也是为广州未来申办世博会做好前期准备。

一 支持广州南沙打造国际高端会展新平台的迫切性

（一）广州会展经济先发优势逐渐弱化，亟须打造国际高端会展新平台，构建广州会展经济发展新优势

会展经济具有较强的拉动效应，是衡量国际大都市发展水平的基本参数和重要标尺。高端会展平台作为"触摸世界的窗口"，是世界各大都市争相抢夺的战略资源。广州是我国现代会展业的起源地，也是我国会展业三大一线城市之一。2019年，广州市重点场馆的年展览面积已达到1024万平方米，展览规模连续9年位居全国第二。2020~2022年，广州会展业依然展现出强大的韧性和市场活力，2022年，广州的场馆年展览面积达到302.82万平方米，展会规模首次跃居全国首位，成为全球会展业最活跃的城市。[1]

但必须看到，目前杭州、成都、深圳、南京、武汉等国内一些城市正在投建更大型的会展场馆、提升软硬件水平以吸引知名会展企业和展会项目，广州在会展业方面具有的先发优势正面临激烈竞争，处于逐渐弱化的境地。广交会综合性展览虽强，但各行各业的特种专业展览不够，举办国际会议的

---

[1] 中国国际贸易促进委员会广州市委员会：《2020~2022广州展览业专题调研报告》，2023。

场馆设施落后与能力不足更是明显，如不谋求变革创新，广州在全球会展格局的地位将逐步边缘化，甚至丧失国内会展城市第一方阵的地位。据国际会议及大会协会（ICCA）发布的《ICCA国际会议统计分析报告》，2019年北京、上海举办的国际会议分别为91场次、87场次，而同期广州仅举办17场次，在国内主要国际会议目的地城市中排第8位。广州举办国际会议能力在与北京、上海差距拉大的同时，面临被成都、杭州、南京等国内新兴会展业发展城市赶超的风险。亟须依托高端国际会议打造会展业新平台，重建广州会展经济新优势。

（二）广州高水平建设国际交往中心城市，亟须推动"读懂中国"与"读懂世界"并驾齐驱发展，为构建人类命运共同体贡献广州力量

"文明因交流而多彩，文明因互鉴而丰富。文明交流互鉴，是推动人类文明进步和世界和平发展的重要动力。"①习近平总书记在党的二十大报告中指出，"当前，世界之变、时代之变、历史之变正以前所未有的方式展开"。构建人类命运共同体是世界各国人民前途所在，中国"坚持交流互鉴，推动建设一个开放包容的世界"，呼吁"以文明交流超越文明隔阂、文明互鉴超越文明冲突、文明共存超越文明优越，共同应对各种全球性挑战"。

携手应对全球性挑战，促进各国交流互信，构建人类命运共同体，既需要外界真正读懂中国，也需要国人真正读懂世界。广州作为国家中心城市和综合性门户城市，是世界了解中国的重要窗口，也是中国了解世界的重要前沿基地，在粤港澳大湾区建设中承担着"培育提升科技教育文化中心功能，着力建设国际大都市"的重大战略任务。作为增进中外相互了解、推动中外交流对话的国际平台，2019~2021年"读懂中国"国际会议连续三届在广州举办，2022年1月"读懂中国"国际会议永久会址正式落户广州。这既充分体现了广州在推动国际社会共同读懂中国、全力服

---

① 引自国家主席习近平2014年3月27日在巴黎联合国教科文组织总部的重要讲话。

务中国特色大国外交方面的责任担当,也为广州高水平建设国际交往中心城市、国际会展之都、全球国际会议目的地城市争取到了宝贵的重大战略平台。

"读懂中国"国际会议永久会址落户广州,下一步自然应该加快推动"读懂中国"与"读懂世界"并驾齐驱,需要我们发挥粤港澳大湾区"一国两制"的优势,谋划在南沙打造协同港澳、面向世界的高端会展新平台,并谋划建设高端会展成果转化基地"读懂世界"博览城,这不仅展现了推动全球合作、同世界上一切进步力量携手前行的中国担当,也体现了世界命运与共的天下情怀,为构建人类命运共同体贡献广州力量。

二 支持广州南沙打造国际高端会展新平台的可行性

(一)支持南沙打造国际高端会展新平台,是推进《南沙方案》落地落实的重要举措

构建国际交往新平台,在粤港澳大湾区参与国际合作竞争中发挥引领作用,携手港澳建成高水平对外开放门户,这是《南沙方案》赋予南沙的重大机遇和使命。《南沙方案》明确要求南沙探索举办"一带一路"相关主题展会,构筑粤港澳大湾区对接"一带一路"建设的国际经济合作新平台,举办好国际金融论坛(IFF)全球年会等国际性主题活动,积极承办国际重要论坛、大型文体赛事等对外交流活动。

(二)南沙在广州建设国际会展之都中拥有副核心的地位,是"十四五"提升广州会展增量的重点区域

《广州市商务发展"十四五"规划》提出,为支撑"十四五"期间广州会展之都建设实现新跨越,使全球会议目的地城市更具吸引力、影响力,要求在会展场馆空间布局中加快构建"一主两副为核心、五小片、多点支

撑"的发展新格局，以南沙等重点区域的会展场馆建设带动形成各具特色的会展集聚区。其中南沙作为两个副核心之一，明确要求，"在空港经济区和南沙自贸试验区规划建设现代化会展综合体及相关配套设施，提升全市会展增量，打造主核和副核联动协同发展的会展新格局"。

（三）南沙地处粤港澳大湾区地理几何中心，具有打造国际高端会展新平台的综合优势

第一，南沙地处粤港澳大湾区互联互通的战略要地，方圆100公里范围内汇集了大湾区11座城市以及五大国际机场，同时随着广深港高铁、港珠澳大桥、南沙大桥、地铁18快速线等重大交通枢纽工程的相继建成并投入使用，以及深中通道、南中高速等工程的加快建设，南沙与深圳、中山、珠海、东莞等大湾区城市"半小时交通圈"即将形成，非常适合发展国际高端会展业。第二，在南沙打造国际高端会展新平台，可以与广州市中心的海珠、北部的白云两大传统会展中心"串珠成链"，实现优势互补，并将广州会展经济影响力延伸到整个大湾区，有助于进一步巩固广州会展业在粤港澳大湾区中的核心地位。

（四）国际金融论坛、大湾区科学论坛的永久会址均已落户南沙，为南沙打造国际高端会展新平台提供重大机遇

目前，总建筑面积约24.84万平方米的国际金融论坛永久会址项目主体工程已建设完成，预计2023年即可承担IFF年度会议、丝路国家国际性会议等功能；规划用地面积约10万平方米的大湾区科学论坛永久会址项目已于2022年9月在南沙正式动工，大湾区科学论坛是由"一带一路"国际科学组织联盟（ANSO）发起、广东省政府主办的大湾区最高级别的科学盛会。南沙依托这两大论坛打造高水平的国际金融、科技、政务、商务会议中心的格局已基本成形，发展以会议为中心的会展经济已有良好的基础条件，并能尽快补齐当前广州缺乏举办大型国际性会议场馆的短板。

三 支持南沙打造国际高端会展新平台的具体建议

（一）推进申办国际高端会展的基础工作，为广州未来申办世界博览会做好超前准备

世界博览会是展示影响世界的突破性创新、鼓励国际参与者交流思想和经验的重要载体，其特点是举办时间长、展出规模大、参展国家多、影响深远，享有"经济、科技、文化领域的奥林匹克盛会"的美誉。按照国际展览局规定，世界博览会分为两种：一种是注册类世博会，展期通常为6个月，每5年举办一次；另一种是认可类世博会，展期通常为3个月。在2022年6月的国际展览局第170次大会上，2030年综合类世博会申办方意大利、沙特阿拉伯和韩国先后向国际展览局成员国陈述了各自对申办2030年世博会的愿景，2027/2028年专业类世博会的5个申办国泰国、塞尔维亚、西班牙、阿根廷和美国也先后向国际展览局成员国陈述了各自的申办愿景，这两类世博会都是国际顶级的会展活动，能给举办城市带来巨大的国际影响和综合效益。

对南沙来说，举办这两类世博会意义尤其重大，建议南沙从现在起为申办这两类世博会做准备。其中，专业世博会可以考虑以"生物科技时代的人类健康"、"水与城市"或"互联互通的未来世界"为主题，综合类世博会则以"涵养城市，绿色生活"为主题。同时，建议广州为申办2035年注册类世博会做好积极准备。

（二）以南沙为中心建设高端会展成果转化基地"读懂世界"博览城，并依托大企业筹建各种专题场馆

建议按世界博览会永久场馆的标准来设计和布局南沙"读懂世界"博览城，实现会展经济与文旅经济的完美融合。建议广泛运用数字孪生、虚拟现实、物联网、区块链、高保真等高新技术展示世界各地的最新发展成就和发展趋势，增强体验效果。各种专题场馆的筹建和后期运营维护可广泛依托

大湾区企业的科技和经济力量，实现合作双赢。迪拜世博会中国馆的主题是"构建人类命运共同体——创新和机遇"，腾讯参与了中国馆展区的建设，向世界展示了广东数字技术的最新应用，建议与腾讯合作以此为基础建设数字专题馆。

（三）以国际金融论坛、大湾区科学论坛等一系列大型会议为基础，配套发展专题性会展产业

依托国际金融论坛、大湾区科学论坛等永久会址场馆设施，支持南沙积极承接国际组织、粤港澳大湾区、广东省和广州市承办的重要国际性会议，加快打造国际高端会议品牌，不断提升南沙的国际会议中心地位，并尽快扭转广州会展业重展览、轻会议的畸形发展局面。同时，充分借鉴国内外会展经济发达地区经验，支持南沙依托国际金融论坛、大湾区科学论坛等高端会议品牌，在论坛项目所在金融岛、科技岛配套发展金融、科技等专业化展览和成果孵化产业园，延伸南沙会展产业链。

（四）设立全球国际城市创新经典案例馆及园区，联合世界大都市协会等国际组织设立全球市长论坛永久会址

广州国际城市创新奖（以下简称"广州奖"）暨全球市长论坛及世界大都市协会世界大会，是由广州市与世界城市和地方政府组织、世界大都市协会创设的，每两年举办一届，每届获奖城市不超过5个。该奖项已累计收到全球参评城市项目1300多个，涵盖全球90多个国家和地区的550多个城市，涉及全球城市治理和可持续发展的全流程、全领域，具有覆盖面广、参与面广、类型多样的特征，每届新增的城市项目与案例均被录入广州奖数据库，并向全球每一个城市开放共享，以共同丰富全球城市创新发展与治理的案例宝库与知识体系。为此，可考虑在南沙设立全球国际城市创新经典案例馆及园区，联合世界大都市协会等国际组织设立全球市长论坛永久会址，这对全球城市提升治理能力、进一步增强市长论坛品牌影响力具有重要意义。

（五）以推进《南沙方案》落地落实为契机，整合邮轮、游艇资源，合力打造广东"海上丝路"特展城

游艇自由行是世界湾区的标配，也是彰显中国高水平对外开放的标志性活动。建议充分发挥《南沙方案》赋予广州南沙的构建国际交往新平台、助力"一带一路"建设的功能定位优势，以推进《南沙方案》落地落实为契机，整合南沙游艇会、南沙邮轮母港等场馆资源，推动粤港澳三地规则有效衔接，使其转型为广东"海上丝路"特展城。还可以将南沙及其周边区域的现有产业基础紧密结合，积极抢占无人机、机器人、水下和空间装备等特种专业展的制高点，搭建"大众化海陆空新兴休闲旅游生活方式体验示范平台"及"海陆空产业链交易展示服务平台"，使之成为中国首个室内外水陆结合的"海上丝路"特种专业场馆。

（六）筹建中国岭南文化博览馆和国际保税艺术品会展交易中心，打造南沙的超级文化 IP

岭南文化是中华文脉的重要组成部分，自古以来广州就是我国岭南文化的中心地，但广州目前仍缺少一座以岭南文化为主题的综合性、标志性博览馆，用以集中保存和展示岭南文化的精华，为更好地传承、贯通中华文脉，在粤港澳大湾区中心节点上规划建设"中国岭南文化博览馆"正当其时。

同时，充分利用南沙在艺术品保税方面的政策优势和粤港澳大湾区的市场优势，支持南沙打造具有国际影响力的保税艺术品交易中心，为国际顶级画廊、艺术品拍卖公司、艺术品博览会举办国际顶级艺术品拍卖会、艺术品博览会、艺术家交流会等活动提供优质展示平台，联动香港、深圳等大湾区城市共同做大做强国际艺术品拍卖会展产业。

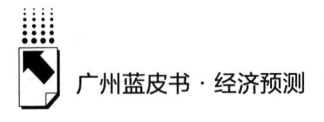

参考文献

《广州会展面积跃居全国首位》,《羊城晚报》2023年2月23日。

广州市人民政府办公厅:《广州市商务发展"十四五"规划》,2022年4月18日。

杨朝越等:《广州会展经济的发展现状及可持续发展对策研究》,《商展经济》2021年第14期。

《国务院关于印发广州南沙深化面向世界的粤港澳全面合作总体方案的通知》,广州市人民政府网,2022年6月15日,https://www.gz.gov.cn/zt/nsygahzfa/ztfa/content/post_8338163.html。

B.27
广州南沙建设协同创新试验区的路径探讨

贾帅帅*

摘 要： 南沙区肩负着构建区域协同创新共同体、打造高水平科技创新平台、建成全球科技创新高地的战略使命，但目前南沙建设协同创新试验区存在高端科研实验条件不齐备、科研创新基础设施不完善、科研成果转化机制不成熟等诸多现实挑战。科技资源共享有助于提高科技资源的利用效率，也有利于开展协同创新。南沙区可以通过科技资源共享机制提高科研创新效益、降低企业创新成本、促进科创活动可持续发展。

关键词： 科技创新　资源共享　协同创新试验区　南沙区

一 资源共享理论与科技资源共享

习近平总书记在中国科学院第十九次院士大会、中国工程院第十四次院士大会上指出，国家创新体系整体效能还不强，科技创新资源分散、重复、低效问题还未从根本上得到解决。

通过文献综述可以发现，依据共享理论，共享资源有利于降低经济成本。而共享科技资源，又有利于科技设备与科技人才的耦合，推动协同创

---

* 贾帅帅，博士，广州大学金融研究院（广州国际金融研究院）助理研究员，中国民主同盟盟员，研究方向为宏观经济统计、金融统计。

新。在政策层面，我国已经为推动科技资源尤其是重大科研设备共享制定了执行方案，各地区不仅应贯彻落实，还应在其主旨精神的基础上结合本地实际加以推广。为落实《关于深化中央财政科技计划（专项、基金等）管理改革的方案》中有关国家科研基地优化整合的任务要求，解决现有基地之间交叉重复、定位不够清晰的问题，2017年制定了《国家科技创新基地优化整合方案》（国科发基〔2017〕250号）。为推动国家重大科研基础设施和大型科研仪器的开放共享，充分释放科研设施的服务潜能，根据《中华人民共和国科学技术进步法》、《国务院关于国家重大科研基础设施和大型科研仪器向社会开放的意见》（国发〔2014〕70号），2017年制定了《国家重大科研基础设施和大型科研仪器开放共享管理办法》（国科发基〔2017〕289号）。

二 广州南沙建设协同创新试验区的背景与挑战

（一）广州南沙的基本情况

南沙区是广州市市辖区，地处珠江出海口和粤港澳大湾区地理几何中心，是广州市唯一的出海通道，也是连接珠江口两岸城市群和港澳的重要枢纽。同时，南沙区历来是广州开发开放的前沿阵地，1993年5月获批设立广州南沙经济技术开发区，2012年获批国家级新区，2014年获批成为中国（广东）自由贸易试验区最大的片区。2019年2月18日，中共中央、国务院印发《粤港澳大湾区发展规划纲要》，明确提出打造广州南沙粤港澳全面合作示范区。2022年6月6日，国务院印发《广州南沙深化面向世界的粤港澳全面合作总体方案》（以下简称《南沙方案》），明确提出加快推动广州南沙深化粤港澳全面合作，将其打造成为立足湾区、协同港澳、面向世界的重大战略性平台，在粤港澳大湾区建设中更好地发挥引领带动作用。

《粤港澳大湾区发展规划纲要》提出构建开放型区域协同创新共同体，

打造高水平科技创新载体和平台，建成全球科技创新高地和新兴产业重要策源地的战略目标。《南沙方案》提出，"到2025年，南沙粤港澳联合科技创新体制机制更加完善，区域创新和产业转化体系初步构建；到2035年，南沙区域创新和产业转化体系更趋成熟，携手港澳建成高水平对外开放门户，成为粤港澳全面合作的重要平台"的战略目标。

表1展示了2022年广州市及南沙区经济发展状况的数据。2022年，南沙区实现地区生产总值2252.58亿元，比上年（初步数为2131.61亿元）增长5.68%。其中，三次产业结构为3.2∶44.2∶52.6，其中，第一产业增加值为72.28亿元、第二产业增加值为995.50亿元、第三产业增加值为1184.81亿元，三次产业同比增幅分别为5.20%、6.30%和2.50%。同期，广州地区生产总值增长率为1.00%，第一产业、第二产业和第三产业的增加值同比增速分别为3.17%、1.07%和0.97%。简单测算，可以发现2022年，广州除南沙区以外的地区生产总值同比增速远低于广州地区生产总值同比增速和南沙区同比增速。可见，南沙区可谓广州开发的"热土"，已经成为广州经济最重要的增长极。

表1 2021~2022年广州市及南沙区经济发展数据

单位：亿元，%

指标	广州市 2021年	广州市 2022年	增速	南沙区 2021年	南沙区 2022年	增速
地区生产总值	28231.97	28839.00	1.00	2131.61	2252.58	5.68
第一产业增加值	306.4	318.3	3.17	69.96	72.28	5.20
第二产业增加值	7722.7	7909.3	1.07	885.95	995.50	6.30
第三产业增加值	20202.9	20611.4	0.97	1175.70	1184.81	2.50

资料来源：依据广州市政府官网《2022年广州经济运行情况》及《广州市南沙区2022年国民经济和社会发展计划执行情况与2023年计划草案的报告》整理所得。

创新是第一动力，科技是第一生产力。推动《南沙方案》落地落实，"牛鼻子"是整合科技资源、推动科技创新。但推动南沙科技创新还存在

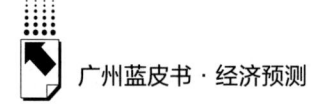

一定的局限与短板。当前南沙高端科研实验条件不齐备、科研创新基础设施不完善、科研成果转化机制不成熟，与开放型协同创新共同体还存在显著差距。突破体制机制障碍，完善粤港澳协同创新资源共享体系建设，以颠覆式制度创新打造粤港澳创新合作示范区具有重大意义。

（二）广州南沙科创资源现状与建设协同创新试验区面临的现实挑战

1.高端科研实验条件不齐备，难以满足前沿科技创新需求

广州是我国的科教重镇，但南沙区传统科教基础薄弱、科创设施匮乏，尤其在高端科研实验条件方面存在明显短板，缺乏有力支撑创新创业的科研设备与科研条件。目前，广州市有中山大学和华南理工大学两所高校入选一流大学A类建设高校名单，另有暨南大学、华南师范大学、广州中医药大学、华南农业大学和广州医科大学入选一流学科建设名单，但有关高校或学科都未在南沙区布局。在2022年9月香港科技大学（广州）开学前，南沙区甚至没有一所本地高校。《南沙方案》规划在南沙建设世界一流研究型大学和研究机构，但引进国内外资源新建大学校区存在程序繁、投资大、周期长、见效慢等局限；《南沙方案》规划培育发展高新技术产业，但目前行业引领性企业缺位，在科创基础不足、科创氛围薄弱、产业链条不全的前提下，引进科创企业难度大、培育科创企业成本高、保有科创企业配套难。

总而言之，南沙区相对于国内外科研创新高地存在科研基础设施配套不完善的先天局限，尤其是高端科研实验条件不齐备，甚至较之本市的海珠区、天河区或番禺区都有较大差距，难以满足探索前沿科技创新的需求。

2.科研创新基础设施不完善，难以支撑大规模协同创新需求

科研创新活动既是知识密集型活动，也是高端人力资源密集型活动，一般需要大规模协同创新。不同的科创活动之间往往存在上下游配套，需按照全产业链协同创新的方式打造具有市场潜力与竞争力的创新产品。因此，需要配套的专业学术资料图书馆、科技查新站、学术交流中心等科研基础设施。目前，南沙区尚不具备服务于大规模协同创新的科研基础设施，难以同时满足大量科研工作者文献查询、科技查新与学术交流等需要，更无法满足大规模协同创新需求。

2021年，南沙区财政科技投入达27.96亿元，同比增长57.3%。共有高新技术企业744家，同比增长9.1%，其中被认定为国家级专精特新"小巨人"的企业有3家，入选广州"独角兽"创新企业榜单的企业有11家。全区全年专利授权11510件，同比增长26.3%；其中发明专利授权1348件，同比增长44%。技术合同认定成交总额达297.37亿元，同比增长109.6%。总体来看，南沙区科创活动在快速发展，但是相较于广州市1.23万家高新技术企业的总量而言，南沙区占比仅为6.0%；相较于广州市55家专精特新"小巨人"企业而言，南沙区仅占5.5%；相较于广州市有效发明专利拥有量首次突破10万件，南沙区发明专利增量也较少。总体而言，南沙区科创活动增速较快，但是基础薄弱的现状没有改变。南沙区在缺乏高等院校与科研院所布局、科研创新基础设施不完善的情况下，很难支撑大规模协同创新，难以保障在广州市内脱颖而出并建设全球性的科创中心。

3. 科研成果转化机制不完善，难以满足可持续创新活动需求

投入大、风险高、转化难是国内外科创活动面临的普遍难题。科技成果转化率低、转化难度大是加大科技创新力度的巨大障碍。若不能有效控制科创成本、降低科创风险，则难以加大科创投入力度；若不能有效提高成果转化率并降低转化难度，科创活动积极性也会受到抑制；科创投入不足、科创活动缺乏积极性，必然难以保障单个企业与个人创新创业活动的可持续性和示范效应，最终会影响本地区整体科创活动的可持续发展，不利于打造有影响力的区域科创活动中心。

《南沙方案》提出要打造华南科技成果转移转化高地。但是，目前粤港澳实体与科研人员的协同创新面临诸多体制机制障碍，包括适用法规体系不同、沟通机制不畅、利益诉求不同、薪酬税制差异等。体制机制障碍严重影响粤港澳大湾区依托内地、联通世界区位优势的发挥。

三 广州南沙打造协同创新试验区的建议与路径

(一)多措并举提升硬件实力,以共享资源提高科研创新效益

一是引导驻穗高校新建实验室与研究中心落户南沙区先行启动区,通过与区内企业共享科研设备,创新产学研合作模式。这在实现相应高校合理配置增量科研设备的同时,又无须南沙区额外投入过多资金与资源,同时还能拓展相关高校的办学空间,促进企业与科研院所在协同创新与人才培养等方面的交流合作。

二是协调以港澳为重点的国内外知名高校和头部企业在南沙区共建研究中心与实验室,共担风险,共享权益。共建研究中心与实验室的流程简便、针对性强,有利于就高端制造、先进计算、海洋科学、生物医药等"卡脖子"领域迅速组建攻关团队。既能够有针对性地根据国家与地方需要实现协同攻关,又有利于提高科研人员收入,激发创新活力。

三是促进区内企业、科研机构与驻穗各高校、中科院相关院所之间的资源共享,畅通资源共享互惠机制,实现同城联动。这既可提高科研院所现有科研设备利用率,区内科研人员的加盟也可扩大协同攻关队伍规模,实现科研人才与科研设备的完美耦合与双向促进。

四是完善南沙科学城内科研设备与实验器材的共建共享机制,提高大企业科研投入积极性,降低初创企业创业成本。以灵活的制度设计开展科研设备与实验器材的共建共享,既可以提高头部大企业现有科研设备类资产的利用率,又能够分担企业新增科研设备的成本,鼓励企业加大科研投入。共享科研设施的体制机制,可以节省初创企业团队的研发投入,促进初创团队轻装简行,尽早实现盈亏平衡,培养更多"独角兽"企业;同时,该制度的良好运行,必将进一步吸引更多创新人才和初创团队加盟南沙科学城创新创业,形成区域性创新创业"高地"和"热土"。

（二）以点带面统筹推进配套设施建设，以共享设施降低企业创新成本

一是构建全链条创业服务体系和全方位、多层次政策支撑体系，打造集经营办公、科研创新、文化娱乐于一体的综合性创客社区，降低企业创新的场地成本。大胆突破、先行先试推动治理体系与治理能力现代化，构建与青年人才生活和沟通习惯相适应的管理机制，打造青年友好型公共服务体系，营造良好的创新创业环境。

二是建设共享实验室、共享图书馆、共享自习室、共享会议室等共享资源体系，减少科创企业场地与设备等固定资产投资和资金占用。同时，可以采用共建共享、共同开发的方式引进社会资本尤其是港澳资本参与共享科创资源体系的投资，符合条件的可以给予土地出让金、城建税、企业所得税、个人所得税等税费优惠。

三是打造适合青年创新创业人才就业与发展的新型人才市场，以零工经济、远程共享工程师、专业人才工作室等方式平衡人才需求与供应，充分利用区内外人才资源，降低企业创新的人力支出成本。同时，南沙区可以通过大力建设公共租赁住房、对青年人才进行个人所得税补贴、完善青年人才培育机制等方式，吸引青年创业人才入驻。

四是形成区内机构科创物资集中采购平台，以规模效应提升采购定价权和话语权，降低企业物资采购的谈判成本、物流成本等，降低科创企业的日常要素投入成本。将科创物资集中采购平台纳入区域公共服务体系，由财政出资并提供运营服务，由科创企业代表进行管理。在科创企业端借助互联网等方式实行无纸化、远程订单模式；在科创产品提供端设立集中代理展销点，积极引入竞争机制。

（三）先行先试完善科技成果转化机制，以共享共担机制促进可持续发展

一是在粤港澳大湾区范围内多方筹措共建南沙协同创新促进基金。组建

专业的基金使用审批与监管团队，经深入评估后用于区内企业和团队创新的风险投资，可以通过加强过程监管来协助提升创新成功率并保障投资安全。

二是探索打造南沙协同创新利益共同体。推动港澳资金进军园区物业及保供体系，尝试引导办公物业以额定比例租金入股创新创业企业以降低当期场地租金成本，规范引导园区标上企业各拿出部分股份（例如10%）组建互保股份池以实现风险共担与利益共享。

三是专门组建高水平创业咨询服务机构。由政府部门、园区、企业、高校等各方组建专业咨询团队和服务机构，为园区企业提供专业咨询服务并提供科技成果撮合机制，保障科创活动顺利开展和科研成果迅速转化。

四是健全科技成果交易平台。积极助力科技成果转化与收益变现，保障科创团队与科创人员知识产权与收益权。完善适应粤港澳三地合作的知识产权信息公共服务，完善立足粤港澳大湾区、面向全球的科技成果公开交易与转化体系。

参考文献

陈敏、郭百涛、刘钰：《多学科资源共享实验室大型仪器开放平台探究》，《实验室研究与探索》2020年第2期。

葛秋萍、李文香：《大数据背景下区域科技资源共享型智能服务平台模式研究》，《中国科技论坛》2020年第6期。

顾新建等：《科技资源共享的需求、内容、方法体系框架》，《科技管理研究》2020年第23期。

李玥等：《区域科技资源共享平台集成服务能力结构维度研究》，《科技进步与对策》2021年第12期。

王宏起、李佳、李玥：《基于平台的科技资源共享服务范式演进机理研究》，《中国软科学》2019年第11期。

王家宝等：《基于分享经济与零工经济双重视角的企业创新用工模式构建研究》，《管理现代化》2020年第5期。

岳素芳、肖广岭：《制度变迁视角下科技资源共享的实践路径研究》，《科技管理研究》2020年第17期。

附　　录
Appendices

B.28
附表一
2022年广州市主要经济指标

指标	单位	绝对数	比上年增减(%)
年末家籍总人口	万人	暂无	
年末常住人口	万人	暂无	
地区生产总值	亿元	28839.00	1.0
第一产业	亿元	318.31	3.2
第二产业	亿元	7909.29	1.1
工业增加值	亿元	6946.67	1.0
第三产业	亿元	20611.40	1.0
规模以上工业总产值	亿元	23467.57	0.1
固定资产投资额	亿元	8321.28	-2.1
社会消费品零售总额	亿元	10298.15	1.7
实际使用外资金额	亿元	574.13	5.7
商品出口总值	亿元	6194.79	-1.8
商品进口总值	亿元	4753.61	5.3
地方一般公共预算收入	亿元	1854.73	-1.5
地方一般公共预算支出	亿元	3014.22	-0.2
货运量	万吨	90510.96	-7.8

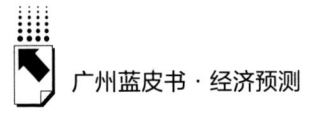

续表

指标	单位	绝对数	比上年增减(%)
客运量	万人次	17280.79	-21.5
港口货物吞吐量	万吨	65592.03	0.7
邮电业务收入	亿元	1318.14	4.9
金融机构本外币存款余额	亿元	80495.07	7.3
金融机构本外币贷款余额	亿元	68918.60	12.3
城市居民消费价格总指数(CPI)	%	102.4	2.4
城市居民人均可支配收入	元	76849	3.3
农村居民人均可支配收入	元	36292	5.1

注：地区生产总值、规模以上工业总产值增长速度按可比价格计算。

B.29 附表二

2022年国内十大城市主要经济指标对比

指标	单位	广州 总量	广州 增速(%)	上海 总量	上海 增速(%)	北京 总量	北京 增速(%)	深圳 总量	深圳 增速(%)	重庆 总量	重庆 增速(%)
规模以上工业增加值	亿元	5144.53	0.8	—	-0.6	—	-16.7	10366.77	4.8	—	3.2
固定资产投资额	亿元	8321.28	-2.1	—	-1.0	—	3.6	9708.28	8.4	—	0.7
社会消费品零售总额	亿元	10298.15	1.7	16442.14	-9.1	13794.25	-7.2	9708.28	2.2	13926.08	-0.3
商品出口总值	亿元	6194.79	-1.8	17134.21	9.0	5890.02	-3.8	21944.80	13.9	5245.30	1.5
商品进口总值	亿元	4753.61	5.3	24768.53	-0.5	30555.48	25.7	14792.72	-8.5	2913.10	2.9
实际使用外资金额	亿元	574.13	5.7	239.56	0.4	174.10	12.7	109.70	0.1	—	—
金融机构本外币各项存款余额	亿元	80495.00	7.3	192293.00	9.4	218629.00	9.5	123401.00	9.7	49567.00	8.0
金融机构本外币各项贷款余额	亿元	68919.00	12.3	103139.00	7.4	97820.00	9.9	83423.00	8.0	50052.00	6.7
城市居民消费价格总指数(CPI)	%	102.4	2.4	102.5	2.5	101.8	1.8	102.3	2.3	102.1	2.1

指标	单位	苏州 总量	苏州 增速(%)	成都 总量	成都 增速(%)	武汉 总量	武汉 增速(%)	杭州 总量	杭州 增速(%)	天津 总量	天津 增速(%)
规模以上工业增加值	亿元	—	—	—	5.6	—	5.0	4198.00	0.3	—	-1.0
固定资产投资额	亿元	—	1.5	—	5.0	—	10.8	—	6.0	—	-9.9
社会消费品零售总额	亿元	9010.71	-0.2	9096.50	-1.7	6936.20	2.1	7294.00	5.8	—	-5.2

续表

指标	单位	苏州 总量	苏州 增速(%)	成都 总量	成都 增速(%)	武汉 总量	武汉 增速(%)	杭州 总量	杭州 增速(%)	天津 总量	天津 增速(%)
商品出口总值	亿元	15475.04	4.0	5005.10	3.7	2153.00	11.6	4646.47	10.6	3803.59	-1.9
商品进口总值	亿元	10246.07	-1.9	3341.30	-1.4	1379.20	-3.3	2424.16	-10.8	4644.93	-1.0
实际使用外资金额	亿元	74.20	35.9	—	—	—	—	78.10	-4.4	58.90	10.0
金融机构本外币各项存款余额	亿元	—	—	53189.00	10.9	35754.00	5.9	69592.00	14.0	40488.00	12.8
金融机构本外币各项贷款余额	亿元	—	—	53053.00	14.3	44384.00	8.7	62306.00	10.7	42495.00	3.5
城市居民消费价格总指数(CPI)	%	102.1		102.4		102.3		102.2		101.9	

注：1. 资料来自各城市统计月报。2. 除广州外其他城市未发布固定资产投资额总量数据。3. 实际使用外资金额中上海、北京、深圳、苏州、杭州和天津的计量单位为美元。4. 一般公共预算收入增速按自然口径计算。

360

B.30 附表三

2022年珠江三角洲主要城市主要经济指标对比

指标	单位	广州 总量	广州 增速(%)	深圳 总量	深圳 增速(%)	珠海 总量	珠海 增速(%)	佛山 总量	佛山 增速(%)	惠州 总量	惠州 增速(%)
规模以上工业增加值	亿元	5144.53	0.8	10366.77	4.8	1480.82	6.9	5761.84	1.6	2424.82	6.3
全社会固定资产投资额	亿元	8321.28	-2.1	—	8.4	—	-8.8	—	-3.6	—	8.8
社会消费品零售总额	亿元	10298.15	1.7	9708.28	2.2	1044.67	-0.3	3593.57	1.0	2040.52	3.1
商品进口总值	亿元	4753.60	5.3	14792.70	-8.5	1124.80	-21.6	1075.30	-6.8	1045.80	13.3
商品出口总值	亿元	6194.80	-1.8	21944.80	13.9	1928.70	2.3	5562.50	11.1	2045.10	-4.1
实际使用外资金额	亿元	574.13	5.7	714.33	-2.2	87.73	-56.6	73.14	118.1	103.99	39.8
金融机构本外币存款余额	亿元	80495.07	7.3	123400.52	9.6	11794.30	12.4	23787.77	15.4	8396.63	7.5
金融机构本外币贷款余额	亿元	68918.60	12.2	83422.99	8.0	10312.70	15.7	18234.52	10.7	9479.08	11.8
城市居民消费价格总指数	%	102.4	—	102.3	—	101.2	—	102.2	—	102.7	—

指标	单位	东莞 总量	东莞 增速(%)	中山 总量	中山 增速(%)	江门 总量	江门 增速(%)	肇庆 总量	肇庆 增速(%)
规模以上工业增加值	亿元	5267.39	-1.3	1399.52	-1.4	1359.35	3.1	836.38	1.5
全社会固定资产投资额	亿元	—	0.8	—	-0.7	—	-0.8	—	-14.9
社会消费品零售总额	亿元	4254.87	0.4	1593.42	4.1	1309.05	2.4	1117.07	-3.8

续表

指标	单位	东莞 总量	东莞 增速(%)	中山 总量	中山 增速(%)	江门 总量	江门 增速(%)	肇庆 总量	肇庆 增速(%)
商品进口总值	亿元	4686.50	-17.6	470.70	1.6	326.10	0.7	112.20	-15.9
商品出口总值	亿元	9240.10	-3.3	2328.00	4.3	1446.50	-1.3	273.40	0.5
实际使用外资金额	亿元	78.87	-17.3	41.63	10.3	35.20	53.2	11.06	36.0
金融机构本外币存款余额	亿元	23514.02	15.7	8267.18	12.7	6570.65	12.0	3429.96	12.4
金融机构本外币贷款余额	亿元	16780.23	12.4	7055.21	8.8	5497.83	10.6	2939.68	11.4
城市居民消费价格指数	%	102.7	—	101.9	—	102.2	—	102.3	—

Abstract

"Analysis and Forecast of Guangzhou's Economic Situation in 2023" was jointly researched and innovated by Guangzhou University, Guangdong Provincial Regional Development Blue Book Research Association, in collaboration with Guangzhou Municipal Bureau of Statistics, the Policy Research Office of the Communist Party of China Guangzhou Municipal Committee, and the Research Office of Guangzhou Municipal Government. The content structure is divided into eight sections: general report, industry development, modern industry, high-quality development, digital economy, finance and taxation, Nansha special topics, and an appendix. It is an important reference material on Guangzhou's economic operation and related topics of analysis and expectation, bringing together the latest research results of many experts, scholars and practical department workers on economic issues from research groups, universities and government departments in Guangzhou. In 2022, Guangzhou strictly implemented the important requirements of the Central Committee of the Communist Party of China of "Prevent the epidemic, stabilize the economy, and secure development". With multiple measures, the city effectively coordinated epidemic prevention and control and economic and social development, realizing a tenacious economy throughout the year. Overall growth trend was under pressure but upward, the emerging driving forces were continuously strengthened, the industrial structure was optimized and upgraded, and the economic recovery was stable and long-lasting.

In 2023, Guangzhou's economy is facing a situation where opportunities and challenges coexist, and crises and pre-emptive opportunities coexist. On the one hand, as Guangzhou implements a package of policy measures for steady economic growth by the State Council, and focuses resources on promoting the acceleration of new projects to release capacity, stimulating consumption potential through consumption policies, and grasping the construction of projects to promote investment, consumption is expected to rebound, private investment confidence will gradually be restored, and Guangzhou's economic operation will show a favorable trend of accelerated overall improvement. On the other hand, new difficulties and challenges brought by the intensified external risks and increasing pressure of being overtaken cannot be ignored.

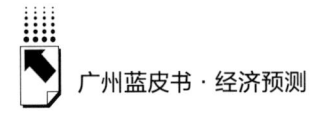

It is recommended that Guangzhou should adhere to the "bottom line" of establishing a city with a manufacturing industry, expand high-quality development space through industrial upgrading, make full use of the advantages of business culture formed by the millennium business capital, and the advantages of innovative talents formed by the full integration of large institutions and research institutions, further enhance Guangzhou's urban primacy. Take the lead in creating three major open systems, stimulate high-quality development vitality through both internal and external opening up, strengthen institutional and mechanism reforms, take the lead in crossing the "middle technology trap", and truly achieve the transformation of new and old economic growth drivers. Make good use of the Nansha platform to build a domestic and international "dual circulation", and accelerate the development of Nansha into a regionally embedded world-class economic platform.

Keywords: High-quality Development; Digital and Financial Integration; Guangzhou

Contents

I General Report

B.1 Analysis and Outlook of Guangzhou's Economic Situation in 2022 and 2023

Guangzhou Development Research Institute of Guangzhou University, Guangzhou Bureau of Statistics Joint Project Group / 001

Abstract: The larger the boat, the heavier its load. The faster the horse, the further it runs. In 2022, Guangzhou faced numerous challenges and managed to stabilize its economy, yielding impressive results with a GDP of 2.88 trillion CNY. 2023 is a critical year in the "Fourteenth Five-Year Plan", and it's also a key year for promoting the return to normalcy across all sectors under the new phase of comprehensive epidemic prevention and control in China. Amid opportunities and challenges, crises and pre-emptive opportunities, Guangzhou will continue to prioritize high-quality development as the primary task and important measure for modernization. The government will continuously boost market confidence, stabilize growth expectations, and implement a series of measures to attract projects, stabilize production, promote consumption, stabilize domestic demand, and support enterprises. It will further stimulate economic vitality, restore urban vitality, enhance development potential, and make every effort to accelerate overall economic improvement, taking the lead in achieving a more solid and firmly grounded high-quality economic development.

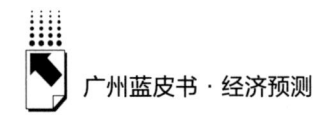

Keywords: Economic Situation; Manufacturing City; High-quality Development; Guangzhou

Ⅱ Industry Development

B.2 2022 Report on the Operation of Service Industry Above Designated Scale in Guangzhou

Service Industry Department Research Group of
Guangzhou Municipal Bureau of Statistics / 031

Abstract: In 2022, facing a severe epidemic prevention and control situation and complex external environment, the service industry above designated scale in Guangzhou operated under pressure, and growth slowed down. However, with the continuous optimization of epidemic prevention and control measures and the gradual manifestation of policy effects, social benefits have improved, and the growth rate of operating income ranked second among the five key cities. After the major adjustment of the epidemic prevention and control policy from December, it is expected to accelerate the stabilization and recovery and improve quality and efficiency in 2023. Still need to continue to pay attention to the recovery of contact industries such as transportation, warehousing and postal services, do a good job of policy services for industry recovery, guide industrial upgrading and optimization, expand domestic demand to boost consumption confidence and promote high-quality economic development.

Keywords: Above-scale Service Industry; Expand Domestic Demand; Guangzhou

Contents

B.3 Analysis Report on the Operation of Foreign Trade and
Foreign Investment in Guangzhou in 2022
Trade and Foreign Economic Office of Guangzhou
Municipal Bureau of Statistics / 046

Abstract: In 2022, Guangzhou made concerted efforts to implement the plans for stabilizing foreign trade and foreign investment. The total import and export value and actual use of foreign capital in the city reached historical highs, the foreign trade structure continued to optimize, and the quality of development steadily improved. However, there are still problems such as pressure on foreign trade exports, decline in the export of electromechanical products and high-tech products, and decrease in the number of newly established foreign-funded enterprises. It is suggested to optimize the business environment, consolidate the industrial base, deepen trade diversification, and play the role of innovative platforms to continuously promote the steady development of foreign trade and foreign capital.

Keywords: Import and Export; Actual Use of Foreign Investment; Guangzhou

B.4 Research Report on the Development of the Leasing
and Business Services Industry in Guangzhou *Li Jiahui* / 061

Abstract: As a specialized auxiliary service in economic development, the leasing and business services industry has continuously infiltrated the value chains of various industries, promoting innovation in all industry enterprises while also enhancing its own benefits. This paper analyzes the development of the above-scale leasing and business services industry in Guangzhou since the 19th National Congress of the Communist Party of China through multiple dimensions. It compares with the industry development in other major domestic cities, analyzes the weak links in the development of the above-scale leasing and business services industry in Guangzhou, and finally proposes targeted suggestions for continuing to promote high-quality development in the leasing and business services industry in the new stage.

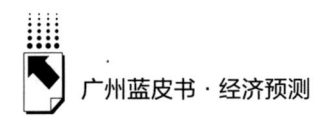

Keywords: Leasing and Business Services Industry; High-Quality Development; Guangzhou

B.5 An Analysis of the 2022 Developmental Trends in Guangzhou's Real Estate Market

Guangzhou Development Research Institute of Guangzhou University / 081

Abstract: In 2022, Guangzhou's real estate market policies saw a shift, marked by the relaxation of pricing, purchasing, and lending restrictions, and the introduction of differentiated talent settlement schemes. The market dynamics exhibited a sharp contraction in supply and demand across primary, secondary, and tertiary real estate markets, with transaction volumes sinking to a six-year low. The market continues to grapple with issues such as fragile confidence, hurdles in adjusting the reference prices for residential properties, and enduring supply-demand conflicts.

Keywords: Real Estate Market; Trend Analysis; Tailored City Policies; Guangzhou

B.6 An Analysis of Guangzhou's Transportation, Postal, and Telecommunication Services in 2022 and Strategies for Future Growth

Service Industry Department Research Group of Guangzhou Municipal Bureau of Statistics / 093

Abstract: In 2022, the overall situation of Guangzhou's transportation industry continued the low-level operation since the pandemic in 2020, with a slow recovery of freight volume and a volatile decline in passenger volume. The telecommunications business has grown rapidly, while the postal business has continued to decline. Faced with problems such as sluggish demand and declining efficiency that restrict the development of the transportation, postal and telecommunications industries, it is necessary for Guangzhou to focus on building an international comprehensive transportation hub in the new stage, promote the deep integration of various modes of transportation, and increase the joint promotion of the transportation and tourism industries, thereby facilitating high-quality development.

Keywords: Transport Industry; Postal Service; Under Pressure Operation

B.7 An Investigation into the Standardized Development of Live-streaming Marketing in Guangzhou *Pan Xu* / 103

Abstract: In recent years, the phenomenon of live-streaming marketing has seen an explosive expansion due to the rapid development of the internet. However, it has also given rise to numerous issues that need to be addressed. This paper conducts a survey of 170 residents who have had shopping experiences via live-streaming marketing platforms, aiming to understand their consumption and right protection experiences, and the problems currently existing within the live-streaming marketing sector. The paper also puts forward policy recommendations to further standardize the development of this industry.

Keywords: Live-streaming Marketing; Consumer Rights Protection; Industry Standardization

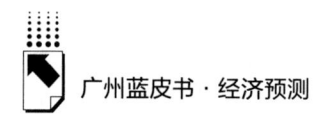

III Modern Industry

B.8 An Investigation into the Effectiveness of Guangzhou's Development of a Modern Industrial System

Comprehensive Department Research Group of Guangzhou Municipal Bureau of Statistics / 113

Abstract: Constructing a modern industrial system is key to achieving an orderly transition from old to new growth drivers. To understand the development of Guangzhou's modern industries, this paper analyzes the city's effectiveness in developing a modern industrial system from the perspectives of emerging industries, industrial high-end development, modern services, and technological innovation. It also identifies weaknesses in Guangzhou's modern industrial system, including the relative weakness of some leading industries in emerging sectors, lack of core competitiveness, instability in the development of advantageous industries, low integration level of production service and lack of clear intellectual characteristics in productive services. The paper proposes targeted suggestions to further strengthen the automobile industry, enhance the agglomeration effect of the new-generation information technology industry, and seize the layout of breakthrough technology industries.

Keywords: Modern Industrial System; Transition from Old to New Growth Drivers; Guangzhou

Contents

B.9 Practice and Exploration Study on Promoting Orderly Industrial Transfer in Guangzhou in the New Era

Research Team of the Guangzhou Municipal People's Government Research Office / 122

Abstract: Promoting the orderly transfer of industries to foster regional coordinated development is a crucial step in implementing new development concepts and constructing a modern industrial system. It is an urgent need for implementing the "High-Quality Development Project for Hundreds of Counties, Thousands of Towns, and Tens of Thousands of Villages" and realizing common prosperity. In recent years, Guangzhou, led by its city-owned enterprises and using industry support and collaboration to aid Bay Area manufacturing businesses to "go global" as a major focus, has actively encouraged the expansion of its advantageous industries to the East, West, and North of Guangdong. This has led to the formation of an orderly industry migration known as the "Guangzhou Model." In the new stage, it is suggested that Guangzhou continue to work hard in areas such as high-level co-construction of industrial chains and supply chains, high-standard construction of industrial transfer bases, high-specification establishment of investment promotion platforms, and efficient promotion of business environment optimization, to provide strong support for higher-level urban and rural regional coordinated development in Guangdong and Guangzhou in advancing modernization.

Keywords: Industrial Transfer; Regional Coordination; Industrial Chains; Supply Chains

B.10 Research on the Countermeasures to Promote the Development of Biomedical Industry in Guangzhou

Yi Weihua, Li Yilian / 132

Abstract: Biomedical industry is one of the key strategic emerging industries in Guangzhou. Guangzhou has formed a biomedical industry pattern with coordinated development of "two cities and one island" and "three centers and multiple regions", and formed industrial comparative advantages in biotechnology, biopharmaceuticals and biomedicine. However, there are also problems such as weak industrial competitiveness, weak innovation ability and insufficient utilization of advantageous resources. In the future, the great breakthroughs in biomedical technology will drive a new round of industrial changes, the cross-fertilization between biotechnology and artificial intelligence will deepen, social demand will drive the rapid development of biomedical industry, and the safety of the industrial chain and supply chain will be of great concern, suggesting that Guangzhou should further optimize the industrial chain, enlarge and strengthen the advantageous enterprises, enhance the clinical service capability, improve the scientific and technological innovation capability, and strengthen the talent team, and continuously promote the healthy and rapid development of biomedical industry.

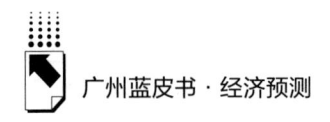

Keywords: Biomedical Industry; Cross-Fertilization; Industrial Chain; Guangzhou

B.11 Analysis of the Current Situation and Countermeasures for the Development of Cross-border E-commerce in Guangzhou

Guangzhou Development Research Institute Research Group of Guangzhou University / 144

Abstract: After a decade of development, the "Capital of Cross-border E-commerce" has become a new label for Guangzhou. However, in terms of compliance, logistics, cross-border payments, and talent, there are still significant challenges. Therefore, while Guangzhou is committed to addressing issues such as policy implementation and talent shortages, it also needs to effectively cope with compliance challenges in the new environment, promoting standardized and transparent development of cross-border e-commerce.

Keywords: Compliance Development; Cross-border E-commerce; Guangzhou

B.12 Suggestions for Enhancing the Professional Construction and Operation Level of Industrial Parks in Guangzhou

Research group of Democratic Progressive Committee of Guangzhou / 153

Abstract: Industrial parks are the main battlefield and boosters for the development of the real economy and high-quality economic growth. As the land use situation in Guangzhou becomes increasingly tense, there is an urgent need to revitalize existing industrial park resources and promote changes in the quality, power, and efficiency of industrial parks. The key to improving the quality and efficiency of industrial parks is to fully implement professional construction and operation, shifting from a focus on attracting investment to selecting and nurturing businesses. This paper analyses five models of industrial park construction and operation, and in response to the issues that need to be resolved for the high-quality development of parks, suggests pushing for professional park operation, a convenient business environment, and continuous policy innovation to enhance the professional construction and operation level of Guangzhou's industrial parks.

Keywords: Industrial Park; Professional Construction and Operation; High-quality Development

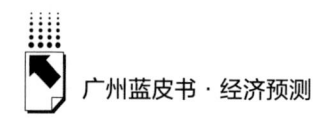

Ⅳ High-quality Development

B.13 Evaluation Report on High-Quality Development of Science and Technology Enterprises in Guangzhou

Research group of Data and Digital Research Institute of Guangzhou Daily (GDI Think Tank) / 162

Abstract: Science and technology enterprises are the main force of innovation-driven development and an important carrier for promoting high-quality development. In order to better evaluate the innovative development of science and technology enterprises in Guangzhou and support the high-quality development of Guangzhou's science and technology enterprises and the overall economy and society, the Data and Digital Research Institute of Guangzhou Daily (GDI Think Tank) has established a high-quality evaluation index system for science and technology enterprises based on principles such as scientificity, comprehensiveness, feasibility, and data availability. By utilizing big data mining techniques, the institute has developed rankings such as "Top 100 High-Quality Development of Science and Technology Enterprises in Guangzhou", "Top 50 Benchmark Science and Technology Enterprises in Guangzhou", "Top 50 Science and Technology Enterprises in R&D Investment in Guangzhou", and "Top 50 Innovative Science and Technology Enterprises in Guangzhou" to establish new benchmarks for innovation, stimulate new vitality in enterprise innovation, and build a new pattern for enterprise innovation.

Keywords: Science and Technology Enterprises; High-Quality Development; Evaluation Index System; Big Data Mining

B.14 Research on Countermeasures for the High-Quality Development of Guangzhou's Manufacturing Industry under the Vision of "Manufacturing City"

Liu Sheng, Chen Yicheng and Liu Youqian / 185

Abstract: The transformation from manufacturing to intelligent manufacturing is an important symbol of urban progress, and accurate and effective strategies play a leading role. In recent years, the manufacturing industry in Guangzhou has been upgraded and iterated, with advanced manufacturing and high-tech manufacturing gradually strengthening. However, there are still issues such as the need for a leap in the development level of the manufacturing industry, insufficient regional coordinated development of manufacturing services, relatively insufficient international reputation of manufacturing, insufficient independent research and development in manufacturing, and the lack of a closed-loop manufacturing pattern. In response, this article sorts out the problems in the current stage of Guangzhou's manufacturing industry and puts forward targeted policy ideas, providing a reference basis for further driving the transformation and upgrading of Guangzhou's manufacturing industry and high-quality development during the "14th Five-Year Plan" period.

Keywords: Manufacturing Industry; Real Economy; High-Quality Development; Guangzhou

B.15 Research on Countermeasures for Promoting the High-Quality Development of Guangzhou's Industrial and Information Industry Under the "Chain Commander System"

Research Group of Guangzhou "Chain Commander System" Office / 202

Abstract: As the bridge and bond for the smooth circulation of the national economy, the industrial chain plays a crucial role in building a new dual-cycle development pattern. In 2021, Guangzhou launched the construction work of the "Chain Commander System" to promote the development of 21 industrial chains. This paper analyzes the current situation, working conditions, and existing problems of the development of key industrial chains in the field of industrial and information, and proposes path suggestions for promoting the construction of an industrial ecosystem and strengthening of industrial chains, cultivating and expanding "chain commander" enterprises, promoting the innovative development of industrial chains, and strengthening "four modernizations" actions.

Keywords: Industrial and Information Industry; Chain Commander System; Industrial Chain; Industrial Cluster

B.16 Research on Energy Consumption and Industrial Transformation of Guangzhou's Manufacturing Industry under the Dual Carbon Strategy

Energy Department Research Group of Guangzhou Municipal Bureau of Statistics / 216

Abstract: In the context of carbon peaking and carbon neutrality, it is very important to coordinate the high-quality development of the manufacturing industry and energy-saving and carbon-reducing work for the advancement of Guangzhou's manufacturing city strategy. Based on a comprehensive analysis of the trends and characteristics of energy consumption in Guangzhou's manufacturing industry over the past five years, this paper points out the challenges facing the current development of Guangzhou's manufacturing industry, such as increasingly fierce domestic and international competition, tightening energy constraints, increasing pressure to ensure the supply of energy and electricity, and pressure on production and operation costs. It proposes suggestions such as actively and prudently promoting carbon peaking and carbon neutrality, accelerating the high-end, intelligent, and green transformation of the manufacturing industry, and building a safe, efficient, and modern energy system.

Keywords: Manufacturing Industry; Energy Consumption; Industrial Transformation; Carbon Peaking; Carbon Neutrality

V Digital Economy

B.17 Analysis of the Development of Guangzhou's Digital Economy in 2022 and Outlook for 2023

Wang Yutong, Liang Haizhen / 231

Abstract: In 2022, the development momentum of Guangzhou's digital economy was strong, and significant work achievements were made in the construction of new digital infrastructure, the improvement of digital industry innovation capabilities, the empowerment of the real economy development by digital technology, network security assurance, and digital economy governance. However, there are also problems such as insufficient breakthrough innovation in digital technology and weak industrial strength of the digital economy. In 2023, Guangzhou will focus on becoming a global benchmark city for the integration of the digital and industrial economy, accelerate the construction of a modern industrial system led by the digital economy and supported by the real economy, build a high-level technological innovation city and a leading ground for the development of digital industrialization, and further enhance the core competitiveness of the digital economy.

Keywords: Digital Economy; Integration of Digital and Industrial Economy; Digital Industrialization; Guangzhou

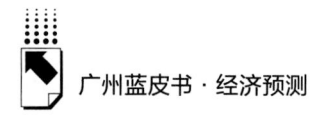

B.18 Analysis of the Current Status of Guangzhou's Blockchain Industry in 2022 and Development Suggestions

Guangzhou Development Research Institute Research Group of Guangzhou University / 244

Abstract: This report briefly reviews the basic trend of Guangzhou's blockchain development in 2022 from five aspects: comprehensive review of innovative development, policy support, regulatory exploration, industrial ecosystem construction, and technological research and development innovation. It points out that despite considerable achievements in blockchain technology, industry, and regulation in Guangzhou in 2022, there are still shortcomings such as insufficient financial support and an incomplete industrial chain. It is suggested that efforts should be made to accelerate the establishment of a special guidance fund to attract more social capital, promote the high-quality development of the blockchain industry, accelerate the pace of industrial chain construction, enhance the coordination between different links of the industrial chain, and further expand the results of the characteristic pilot work of "blockchain + finance" and "blockchain + cross-border trade".

Keywords: Blockchain; Digital Economy; Industrial Ecosystem; Guangzhou

B.19 Research on High-Quality Development of Guangzhou Manufacturing Industry Empowered by Digital Economy

Research Group of the Guangzhou Municipal Committee of the China Democratic League / 256

Abstract: The empowerment of the manufacturing industry's high-quality development by the digital economy is of great significance for the industrial transformation and upgrading of our country's manufacturing industry. A large number of outstanding highlights have emerged in the digital and industrial integration development of Guangzhou's manufacturing industry, but there are problems such as limited coverage of digital resources, prominent contradictions in standard operations, and difficulties in "government-school-enterprise" cooperation. Drawing on the successful experiences of Shanghai, Chongqing, Shenzhen, Suzhou and other provinces and cities in empowering the high-quality development of the manufacturing industry by the digital economy, it is suggested that Guangzhou should accelerate the promotion of digital intelligence, park clustering, technology integration, fine operation, industrial coordination, and standardized development of the manufacturing industry through means such as infrastructure transformation and upgrading, digital information interconnection, and deep empowerment of the industrial internet.

Keywords: Digital Economy; Manufacturing Industry; High-Quality Development; Digital and Industrial Integration; Guangzhou

B.20 Research on the Digital Transformation Strategy of the Cosmetics and Daily Chemical Industry in Guangzhou

Research group of the Guangzhou Federation of Industry and Commerce / 269

Abstract: As a global benchmark city for digital and industrial integration, Guangzhou uses the digital transformation of the cosmetics and daily chemical industry as a lever to accelerate the digital transformation of traditional industries, which is key to creating new advantages in reform and development, and achieving "new vitality in the old city" with high quality. This paper takes the digital transformation of research and development design, production manufacturing, market marketing, product service, and supply chain management as the entry point, focuses on analyzing the practical cases of digital transformation in Guangzhou's cosmetics and daily chemical industry and the main problems faced, and puts forward the strategic thinking and countermeasure path to further promote the digital transformation of Guangzhou's cosmetics and daily chemical industry.

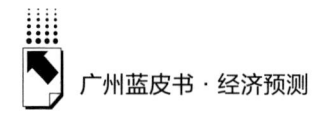

Keywords: Cosmetics and Daily Chemical Industry; Digital Transformation; New Vitality in the Old City

---

B.21 Research on "Digitalization, Internationalization, and Green Productization" to Support Guangzhou Futures Exchange in Becoming a World-Class Exchange

Research Group of Guangzhou China Democratic National Construction Association / 281

Abstract: Guangzhou Futures Exchange is China's fifth futures exchange and aims to be an innovative one. Its establishment will help provide more risk management tools for enterprises in the Guangdong-Hong Kong-Macao Greater Bay Area and those along the "Belt and Road" initiative, promote the construction of a capital market highland in the Greater Bay Area, and accelerate the development of an international financial hub in the region. Guangzhou Futures Exchange should focus on differentiated development, firmly base itself on digitalization, prioritize the development of green finance with carbon emission rights futures as the core product, and create a price discovery mechanism for the future development rights of green assets. Meanwhile, it should adhere to internationalization, serve national strategies, and allow more "Greater Bay Area prices" to reach the global market, thereby gaining influence over the global pricing of important resources under carbon neutrality.

Keywords: Guangzhou Futures Exchange; Green Finance; Digitalization; Internationalization

Contents

B.22 Research on the Path of High-Quality Development of
Digital Economy in Yuexiu District, Guangzhou

Ren Xinhong, Wang Yonghong and Yang Junjie / 293

Abstract: The development of the digital economy has become the strategic consensus and an important focus of all cities to achieve high-quality development. As the core area of the national central city, Yuexiu District in Guangzhou has initially scaled and distinctive characteristics in the development of the digital economy. However, focusing on high-quality development, there are still issues such as insufficient driving force of the digital industry, lack of leading enterprises, and the need to improve the level of industrial digitization. This paper systematically sorts out the current situation and characteristics of the digital economy development in Yuexiu District, clarifies existing problems, studies the realistic path of high-quality development of the digital economy, and provides a reference for Yuexiu District to optimize and strengthen the digital economy and achieve high-quality development.

Keywords: Digital Economy; High-Quality Development; Yuexiu District

VI Finance and Taxation

B.23 Research Report on Promoting Guangzhou's Foreign Trade
Development by Leveraging Import and Export Tax
Functions in the Context of the Regional
Comprehensive Economic Partnership (RCEP)

Guangzhou Taxation Society Research Team / 304

Abstract: As an international trade center, Guangzhou, neighboring Southeast Asia and facing Australia, New Zealand, Japan, and South Korea, experiences significant development opportunities and challenges in its foreign trade development with the implementation of the Regional Comprehensive Economic Partnership (RCEP). This report, from the perspective of import and export tax management, processes export and tax rebate data to analyze the current status, export characteristics, and export situation of Guangzhou's foreign trade to RCEP countries. Furthermore, a questionnaire survey was conducted among the top 100 companies in terms of export volume to RCEP countries, gathering information about the impact of RCEP on these enterprises and their export expectations, including basic information, goods export situation to RCEP countries, and the provision of cross-border services. Based on this, the paper deeply dissects the benefits and challenges brought by RCEP to Guangzhou's foreign trade exports, and proposes corresponding policy suggestions from the perspective of import and export tax services promoting foreign trade development.

Keywords: Regional Comprehensive Economic Partnership (RCEP); Foreign Trade Export; Tax Management; Guangzhou

B.24 Research on the Development of Guangzhou Listed Companies Based on Tax Revenue Economic Data Analysis Comprehensive Economic Partnership (RCEP)

Guangzhou Taxation Society Research Team / 319

Abstract: The capital market is a booster for the sustained, rapid, and healthy development of the economy. Companies' public listings through the capital market are conducive to attracting substantial funding and accelerating corporate growth, making it a vital area for tax contribution. This paper analyzes the current status of tax sources for the most active listed companies in the capital market and compares it with other major domestic cities, aiming to reveal the characteristics and issues related to the development of tax sources in Guangzhou's capital market. Based on the identified issues, it suggests optimizing capital market services, improving the level of financial securitization, and enhancing the taxcreating ability of corporate profits. The study intends to provide policy references for supporting the growth of tax sources for listed companies, blocking tax loopholes in the capital market, and promoting high-quality local economic development.

Keywords: Capital Market; Listed Companies; Tax Source Development; Asset Securitization

Ⅶ Nansha Special Topics

B.25 Research Report on Supporting the High-Quality Development of Private Enterprises in Nansha

Guangzhou Development Research Institute Research Group of Guangzhou University / 332

Abstract: Private enterprises and the private economy play a key role in areas such as steady growth, innovation promotion, employment increase, and improving people's livelihoods in Nansha. Given the unprecedented developmental difficulties currently faced by private enterprises, there is an urgent need to further optimize service mechanisms and policy supplies and strengthen targeted support for local private enterprises. It is suggested to seize the opportunity of implementing the "Nansha Plan" to accelerate reform and innovation pilots and policy breakthroughs, creating a more equitable, open market environment, financing environment, and employment environment for the high-quality development of private enterprises.

Keywords: Private Enterprises; High-quality Development; Business Environment; Nansha

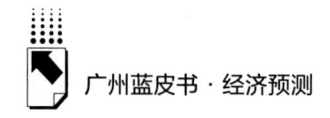

B.26 Suggestions for Supporting the Development of Nansha's Exhibition Economy and Building a New International High-End Exhibition Platform

Guangzhou Development Research Institute Research Group of Guangzhou University / 340

Abstract: High-end exhibition platforms, as the "windows to touch the world", are strategic resources that major cities around the world are competing for. Guangzhou is the birthplace of China's modern exhibition industry, but its first-mover advantage is facing fierce competition and is gradually weakening. Therefore, it is suggested that Guangzhou seize the major opportunities granted by the "Nansha Plan" to accelerate the joint construction of a high-level open gateway to the outside world and build a new international exchange platform in Nansha. The aim is to create an international high-end exhibition platform that is "based in the Bay Area, collaborating with Hong Kong and Macao, and facing the world." This article recommends the construction of the "Read the World" Expo City in Nansha and the surrounding areas, which is planned to be a base for the transformation of high-end exhibition results, to promote the development of Guangzhou's "Read China" and "Read the World" in parallel, and to contribute Guangzhou's strength to the construction of the community of human destiny.

Keywords: Exhibition Economy; International Exchange Center; Nansha

B.27 Discussion on the Path of Building a Collaborative Innovation Experimental Zone in Guangzhou's Nansha District

Jia Shuaishuai / 349

Abstract: Nansha District shoulders the strategic mission of constructing a regional collaborative innovation community, creating a high-level scientific and technological innovation platform, and becoming a global highland for scientific and technological innovation. However, there are many practical challenges in the construction of a collaborative innovation experimental zone in Nansha, such as inadequate high-end scientific research experiment conditions, imperfect scientific research innovation infrastructure, and imperfect mechanisms for the transformation of scientific research results. The sharing of scientific and technological resources helps to improve the efficiency of utilization of scientific and technological resources and is also conducive to collaborative innovation. Nansha District can improve the benefits of scientific research innovation, reduce the cost of corporate innovation, and promote the sustainable development of science and innovation activities through the mechanism of sharing scientific and technological resources.

Keywords: Science and Technology Innovation; Resource Sharing; Collaborative Innovation Experimental Zone; Nansha District

Ⅷ Appendices

B.28 Schedule1 Main Economic Indicators of Guangzhou in 2022 / 357

B.29 Schedule2 Comparisons of Main Economic Indicators of Ten Cities in China in 2022 / 359

B.30 Schedule3 Comparisons of Main Economic Indicators of the Main Cities in the Pearl River Delta in 2022 / 361

社会科学文献出版社

皮 书
智库成果出版与传播平台

❖ 皮书定义 ❖

皮书是对中国与世界发展状况和热点问题进行年度监测,以专业的角度、专家的视野和实证研究方法,针对某一领域或区域现状与发展态势展开分析和预测,具备前沿性、原创性、实证性、连续性、时效性等特点的公开出版物,由一系列权威研究报告组成。

❖ 皮书作者 ❖

皮书系列报告作者以国内外一流研究机构、知名高校等重点智库的研究人员为主,多为相关领域一流专家学者,他们的观点代表了当下学界对中国与世界的现实和未来最高水平的解读与分析。截至2022年底,皮书研创机构逾千家,报告作者累计超过10万人。

❖ 皮书荣誉 ❖

皮书作为中国社会科学院基础理论研究与应用对策研究融合发展的代表性成果,不仅是哲学社会科学工作者服务中国特色社会主义现代化建设的重要成果,更是助力中国特色新型智库建设、构建中国特色哲学社会科学"三大体系"的重要平台。皮书系列先后被列入"十二五""十三五""十四五"时期国家重点出版物出版专项规划项目;2013~2023年,重点皮书列入中国社会科学院国家哲学社会科学创新工程项目。

皮书网

（网址：www.pishu.cn）

发布皮书研创资讯，传播皮书精彩内容
引领皮书出版潮流，打造皮书服务平台

栏目设置

◆ **关于皮书**
何谓皮书、皮书分类、皮书大事记、
皮书荣誉、皮书出版第一人、皮书编辑部

◆ **最新资讯**
通知公告、新闻动态、媒体聚焦、
网站专题、视频直播、下载专区

◆ **皮书研创**
皮书规范、皮书选题、皮书出版、
皮书研究、研创团队

◆ **皮书评奖评价**
指标体系、皮书评价、皮书评奖

◆ **皮书研究院理事会**
理事会章程、理事单位、个人理事、高级
研究员、理事会秘书处、入会指南

所获荣誉

◆ 2008年、2011年、2014年，皮书网均
在全国新闻出版业网站荣誉评选中获得
"最具商业价值网站"称号；
◆ 2012年，获得"出版业网站百强"称号。

网库合一

2014年，皮书网与皮书数据库端口合
一，实现资源共享，搭建智库成果融合创
新平台。

皮书网　　"皮书说"　　皮书微博
　　　　　微信公众号

权威报告·连续出版·独家资源

皮书数据库
ANNUAL REPORT(YEARBOOK) DATABASE

分析解读当下中国发展变迁的高端智库平台

所获荣誉

- 2020年，入选全国新闻出版深度融合发展创新案例
- 2019年，入选国家新闻出版署数字出版精品遴选推荐计划
- 2016年，入选"十三五"国家重点电子出版物出版规划骨干工程
- 2013年，荣获"中国出版政府奖·网络出版物奖"提名奖
- 连续多年荣获中国数字出版博览会"数字出版·优秀品牌"奖

皮书数据库　　"社科数托邦"微信公众号

成为用户

登录网址www.pishu.com.cn访问皮书数据库网站或下载皮书数据库APP，通过手机号码验证或邮箱验证即可成为皮书数据库用户。

用户福利

- 已注册用户购书后可免费获赠100元皮书数据库充值卡。刮开充值卡涂层获取充值密码，登录并进入"会员中心"—"在线充值"—"充值卡充值"，充值成功即可购买和查看数据库内容。
- 用户福利最终解释权归社会科学文献出版社所有。

社会科学文献出版社 皮书系列
卡号：898381237942
密码：

数据库服务热线：400-008-6695
数据库服务QQ：2475522410
数据库服务邮箱：database@ssap.cn
图书销售热线：010-59367070/7028
图书服务QQ：1265056568
图书服务邮箱：duzhe@ssap.cn

法律声明

"皮书系列"(含蓝皮书、绿皮书、黄皮书)之品牌由社会科学文献出版社最早使用并持续至今,现已被中国图书行业所熟知。"皮书系列"的相关商标已在国家商标管理部门商标局注册,包括但不限于LOGO( )、皮书、Pishu、经济蓝皮书、社会蓝皮书等。"皮书系列"图书的注册商标专用权及封面设计、版式设计的著作权均为社会科学文献出版社所有。未经社会科学文献出版社书面授权许可,任何使用与"皮书系列"图书注册商标、封面设计、版式设计相同或者近似的文字、图形或其组合的行为均系侵权行为。

经作者授权,本书的专有出版权及信息网络传播权等为社会科学文献出版社享有。未经社会科学文献出版社书面授权许可,任何就本书内容的复制、发行或以数字形式进行网络传播的行为均系侵权行为。

社会科学文献出版社将通过法律途径追究上述侵权行为的法律责任,维护自身合法权益。

欢迎社会各界人士对侵犯社会科学文献出版社上述权利的侵权行为进行举报。电话:010-59367121,电子邮箱:fawubu@ssap.cn。

社会科学文献出版社